运动
营养全书
第 5 版

[美] 南希·克拉克 (Nancy Clark) 著

刘惠 郑秋林 赵嫣然 金海刚 杨凡 王顶 张泽鹏 译

Nancy Clark's
SPORTS
NUTRITION
Guidebook
FIFTH EDITION

人 民 邮 电 出 版 社
北 京

图书在版编目（CIP）数据

运动营养全书：第5版 / （美）南希·克拉克
(Nancy Clark) 著；刘惠等译. -- 北京：人民邮电出
版社，2022.10
（悦动空间·健身训练）
ISBN 978-7-115-55792-6

Ⅰ. ①运… Ⅱ. ①南… ②刘… Ⅲ. ①体育卫生－营
养学 Ⅳ. ①G804.32

中国版本图书馆CIP数据核字(2021)第016380号

◆ 著 [美]南希·克拉克（Nancy Clark）
　译　　　　刘　惠　郑秋林　赵嫣然　金海刚
　　　　　　杨　凡　王　顶　张泽鹏
　责任编辑　郎静波
　责任印制　陈　犇
◆ 人民邮电出版社出版发行　　北京市丰台区成寿寺路 11 号
　邮编　100164　电子邮件　315@ptpress.com.cn
　网址　https://www.ptpress.com.cn
　北京联兴盛业印刷股份有限公司印刷
◆ 开本：700×1000　1/16
　印张：25.5　　　　　　　　2022 年 10 月第 1 版
　字数：437 千字　　　　　　2022 年 10 月北京第 1 次印刷
　著作权合同登记号　图字：01-2016-9007 号

定价：128.00 元
读者服务热线：(010)81055410　印装质量热线：(010)81055316
反盗版热线：(010)81055315
广告经营许可证：京东市监广登字 20170147 号

内容提要

本书针对运动人群，从如何制订高效的饮食计划讲起，引出怎样长期保持健康的饮食习惯，然后介绍了适合运动人群的早餐、午餐、晚餐以及零食的营养标准等。紧接着本书对人体蛋白质与肌肉的增长原理以及运动流汗后如何补充水分进行了讲解，在此基础上又介绍了运动前、运动中与运动后的能量补充方法，以及如何满足特定时期身体的营养需求等知识。最后本书针对节食与运动减肥给出了科学的饮食指导。

本书适合运动员、健身人士以及对运动营养感兴趣的读者阅读。

献给我的丈夫约翰和孩子们，感
谢你们让我懂得了生活的意义。

前　言

"我一直努力想弄明白如何更健康地饮食、保持运动员般的身材，并且能够使身体处于最佳状态。"

"我一直都很努力地训练，但效果却不佳，我想知道到底还需要补充哪些营养。"

"我尝试过许多疯狂的节食方案，以至于现在都不知道该怎样正常地饮食。虽然运动能力很强，但我的饮食真的很糟糕。"

这些都是我经常从业余锻炼者与专业运动员口中听到的一些问题。他们对以下问题比以往感到更加困惑：吃什么，什么时候吃；运动前、运动中、运动后到底要如何补充能量；怎样选择最好的运动食物；怎样准备健康的正餐与零食来帮助我们减脂和增肌。这些问题对你来说听上去熟悉吗？

毫无疑问，在正确的时间里适当饮食会极大地改善你的运动表现，帮助你控制体重，以及获得长久的健康和幸福。我帮助过许多运动员成功增肌、提升跑马拉松的成绩以及改善比赛状态；我同时也帮助了很多健身者更好地训练、减重，并使他们都取得了好成绩。然而，太多热爱运动的人士未能做到合理饮食，未能通过锻炼取得最佳效果，也未能体验到合理饮食与运动给人体带来的全新的改变，甚至还有些人认为所谓健康饮食就意味着剥夺他们享受美味佳肴的乐趣。事实完全不是如此。

这本书主要帮助你解决以下困惑：应该摄入多少碳水化合物、蛋白质和脂肪，如何享受丰富的美味和营养，又能帮助你达到最佳运动状态。从本书中，你将了解到以下运动人士所关注的相关话题。

如何高效省事地准备食物？

如何安排运动前的饮食以让自己在运动期间（或高强度工作中）不会虚脱？

如何在减少赘肉的同时让自己有足够的能量来进行运动？

如何抵制甜食的诱惑？

如何选择适量的碳水化合物来为肌肉供能，并摄入适量的蛋白质来增肌？

如何选择含有适量（不过多也不过少）脂肪的食物？

作为一名素食主义者，如何在每一餐里摄入足够的蛋白质？

如何吃得更干净，更环保？

如果你的目标是达到更高层次的健康、实现更好的运动表现，本书也会有些实用的建议来帮助你实现目标。你可以学到以下与饮食相关的知识：原始人饮食法、无麸质饮食、能量饮料、运动食品、高果糖浆、肌肉痉挛、有机食物、低钠血症、康复饮食，以及如何将这些知识运用到饮食与训练当中。

如今关于营养建议的信息十分繁杂，如果你试图在令人困惑的信息洪流中寻找清明之路，我诚意邀请你来阅读本书，它定能帮助你探索出适合自己的、合理又可持续的饮食方案。

不管你做什么，都不要只顾运动而忽视饮食的重要性！因为没有合理的饮食为你提供能量，你永远不可能达到最佳的运动状态。

最后，衷心地祝愿你身体健康，充满活力。

南希·克拉克

致　谢

由衷感谢我的家人：我的丈夫约翰、儿子迈克尔以及女儿玛丽。他们的关爱与支持给了我写这本书的动力。生活里，也正是这份爱使得我在工作中获得了更多的活力与灵感。

感谢琼·史密斯和凯瑟琳·法雷尔将他们跑马拉松的心得分享给我。

感谢客户对我的信任，他们分享的运动饮食经历，使我能够更好地帮助遇到类似营养问题的人。在本书里，为保护隐私，我化名分享了他们中一些人的故事。

感谢无数食谱分享者，他们给那些忠实的食谱实践者——我的家人以及邻居雷克斯·霍利——带来了极大的信心。

最后，衷心感谢雷纳·马滕斯、马丁·巴纳德、杰森·穆兹尼奇、克莱尔·马蒂、泰勒·沃尔珀特、苏珊·奥特洛、亚历克西斯·孔茨、克里斯蒂娜·约翰逊、南希·拉斯马斯以及金·麦克法兰。

目　录

第一部分

每天合理膳食　塑造积极人生

第 1 章
制订高能量饮食计划

> 我擅长运动，但不擅长饮食。营养是我最弱的一环，因为我总是被互相矛盾的营养信息所包围，我甚至不知道该如何改善自己的饮食，我需要这方面的帮助！
>
> ——伦尼

如果你与伦尼（以及我的大多数客户）有着一样的困惑，你一定已经意识到食物对于供给人体能量和保持健康的重要性，但是你并不知道如何保持合理的膳食。学生、家长、业余运动员以及专业运动员都会在尝试高质量的饮食过程中遇到诸多困惑。长时间的工作、减重的意愿和花过多时间去锻炼都可能导致饮食成为一种压力的来源，而不是生活中的一种享受。如今，人们对于食物的好坏之争，也使合理膳食这件事变得更加困难。

在本章中，你将了解在忙碌的生活方式下，每天该如何合理膳食才能为身体补充足够的能量。不管是在健身俱乐部锻炼、为竞技团队打比赛、准备参加奥运会，还是仅仅为了与你的孩子一起玩耍，又或是你因公务繁忙，打算随便抓起什么就往嘴里塞时，你都可以通过摄入营养密集型食物[1]来保证身体的健康与活力。

在接下来的章节里，我会告诉大家如何吃早餐、午餐、晚餐和零食，但在本章中，我将重点介绍以天为单位，如何建立一个健康且均衡的运动饮食方案。你将了解到如何通过摄入更多好的、对的食物，来打造可以帮自己改善运动表现、控制体重的健康饮食计划。

---

[1] 营养密集型食物指热量相对较低，而又能提供大量营养（如多种维生素）的食物。

第1节　建立健康的饮食计划

　　合理饮食的关键就在于不要在太饿的时候才进食！当一个人处于饥饿状态时，他更在乎眼前的食物能否填饱肚子，而不是它们是否真的有营养价值。那么怎样可以控制过度饮食的欲望呢？那就是平均分配一整天的热量摄入量，也就是说将食物适当分配在一天当中，并且真正能通过享受食物来犒劳自己。而不是像有些人那样在白天努力节食，到了晚上却大吃特吃。

　　当你准备建立健康的饮食计划时，请记住以下3点。

　　1. 每餐的营养密集型食物至少要有3种（4种更好，理想是5种）。 美国农业部推荐每餐吃5种食物：含蛋白质的食物、谷物、水果、蔬菜和奶制品（见图1.1）。你所吃的食物种类越多，身体吸收的维生素、微量元素和其他的营养物质就越多。

　　我的很多客户选择的食物种类都很单一，如燕麦粥、燕麦粥、燕麦粥；苹果、苹果、苹果；能量棒、能量棒、能量棒。这种单一的饮食可以让生活变得简单，不用在购物上花很多时间，但同时也可能造成人体的营养不良。因此，每周尽量要摄入超过35种不同的食物，而不是一直重复吃10～15种食物。与其每天早晨享用由麦片牛奶加香蕉做成的早餐，为什么不尝试用不同品种的燕麦与谷物，搭配不同的水果和坚果做成的早餐呢？午餐时，你可以吃一份简单的火鸡三明治，也可以选择用不同种类的面包搭配低脂奶酪、牛油果和胡萝卜。那么，让我们开始增加饮食的多样性吧！

　　2. 适度原则。 你在享受健康饮食的同时，也无须拒绝自己所喜爱的食物。与其将食物按照好坏来分类，不如适量摄入所有种类的食物。尝试做到摄入85%～90%的健康食物，另外10%～15%的食物则可以是你很想吃，却没什么营养的食物。这样一来，就连巧克力和饼干都可以进入你的食谱，你只需要权衡好选择的食物就可以了。

　　3. 尽量吃"干净"的食物。 选择非加工或极少加工的食物，例如那些不含标签的（即散装的）食物。选择橙子好于橙汁，香蕉好于能量棒，烤土豆好于土豆泥。食物在自然状态下或者稍微加工的状态下，会有更高的营养价值和更少的钠、反式脂肪及其他损害人体健康的成分。

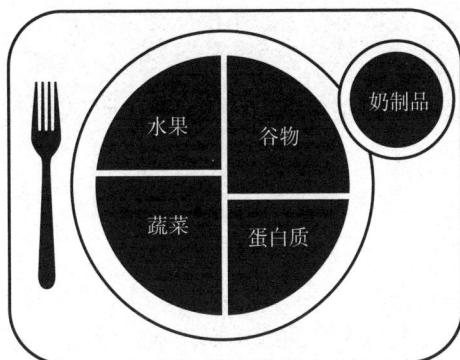

图 1.1　你盘子里的食物与上图中美国农业部推荐的食物相似吗？如果无法包含 5 种食物，至少要包含 3 种。这样你才能获得健康平衡的维生素、矿物质、蛋白质与碳水化合物。

第 2 节　不只是吃，更要吃得对

建立健康运动饮食计划的关键在于：从 5 种基础食物组合（水果、蔬菜、谷物、蛋白质和低脂高钙类食品）中吸收不同的营养成分。美国政府每 5 年提供一次营养指南，帮助人们挑选食物。2010 年的美国饮食指南的主旨是，摄取营养密集型食物，保持健康的体重。以下是该指南大致的内容。

- 吃更多的蔬菜和水果。
- 享用多种有色蔬菜，尤其是深绿色、红色和橙色的蔬菜。
- 用全谷物食品代替加工过的谷物食品。
- 多摄入脱脂或低脂乳制品，如牛奶、酸奶、奶酪和高钙豆制饮品等。
- 选择含丰富蛋白质的食物，包括海鲜、瘦肉、家禽肉、鸡蛋、大豆、豆制品、无盐坚果和种子类食物。
- 增加海鲜类食物的摄入，代替家禽以及其他肉类食物。
- 摄取蛋白质类食物时，尽量选择相对低脂低热量的食物（如鸡肉、鱼肉和坚果），不选择含脂肪量高的肉类（如汉堡中的碎肉、肋骨肉）。
- 烹饪调味时，选择液态类油脂（如橄榄油和菜籽油）来代替固态油脂（人造黄油）。
- 选择钾元素、膳食纤维、钙元素以及维生素含量高的食物，这些食物包括蔬菜、水果、谷物、牛奶及奶制品。

以下是每天 7200 千焦热量（即使是在减脂的运动员，每天也至少需要 7200 千焦的热量）的饮食计划。

- 水果：1.5 杯水果汁。很简单，一份新鲜的水果冰沙，加上香蕉、草莓、橘子汁即可。
- 蔬菜：2.5 杯（大约 400 克）不同颜色的蔬菜。制作一碗含有土豆、胡萝卜和菠菜的蔬菜沙拉，一点都不费事。
- 谷物：180 克谷物食品，其中至少一半为全谷物食品。30 克的量相当于 1 片面包或半份意大利面或 1 份米饭。早餐吃全谷物麦片，午餐的三明治用黑面包，晚餐吃米饭或意大利面，这些不同的谷物食品能帮你达到营养的均衡。
- 奶制品：3 杯（大约 700 毫升）低脂或脱脂的牛奶或酸奶。60 克天然奶酪或者 45 克固体奶酪，这相当于 1 杯（240 毫升）牛奶的钙含量。高钙奶和无糖牛奶也是很好的选择。
- 肉及其他：30 克肉等同于 1 个鸡蛋、1 勺花生油或 15 克坚果。每餐再来 1 小份含蛋白质的食品就更好了。

以上信息能帮助你不只是吃，而且吃得对，不管你是每餐在外面吃，还是在家下厨。

全谷物和淀粉

如果想吃得对，在你的饮食中就要有一个"全"字，即全谷物！全麦面包、麦片以及其他谷物食品不仅是运动饮食的首选，在其他饮食中也同样重要。天然或稍经加工的谷物是人体获取碳水化合物、膳食纤维、维生素 B 的最佳来源。它们可为肌肉供能，防止其疲劳，同时还可以减少便秘。与大众普遍的认知相反，谷物中的碳水化合物不会使人发胖，摄入过多的热量才会使人发胖。过多的热量常来自多种油脂（黄油、美乃滋、浓稠的酱料），以及与之搭配的面包卷、三明治和其他类型的含碳水化合物的食物。如果你体重偏高，我建议你吃全麦面包和其他谷物，这些食物可帮你对抗饥饿并控制体重。健康的碳水化合物类食物应该是运动饮食和减重的基础。

在美国，人均热量摄入有 25% 来自谷物。但不幸的是，大多数谷物都是精加工的，这对我们的健康不利，例如面包及由面粉加工制成的其他食物。在精加工的过程中，我们除去了谷物的胚芽与麸糠，也因此流失了膳食纤维、抗氧化物、矿物质及其他一些对健康有益的成分。那些习惯吃精制谷物的人更易患慢性疾病，如糖尿病或心脏病。相对而言，习惯摄入全麦食物的人患心脏疾病与中风的概率要低 20% ～ 40%。

多少才是充足的?

为了获得足够的碳水化合物来给肌肉供应能量，你需要每餐都摄取碳水化合物。为此，你每一餐至少要摄入 800 千焦的热量，如一碗燕麦粥、两片面包或一碗米饭。不过，这对每餐需要 2400 ～ 3600 千焦热量的运动员来说远远不够。大多数热爱健身的人士普遍需要吃到麦片和意大利面包装盒上所写标准量的 2 ～ 3 倍才够。

最佳选择

如果你平时主要摄入的是精加工的谷物（面粉、面包、米饭和意大利面），以下这些技巧或许可以帮助你摄入更多的全谷物。它们不只会让你的饮食更美味，还会让其更有营养。请记住食品标签上的"谷物"（或五谷杂粮）并不意味着其为"粗粮"。食物颜色比较黑，也许只是添加了食用色素，所以确认标签上有一个"全"字才是关键。无论如何，不要误认为谷物会使你发胖而试图远离它，事实并非如此。

全谷麦片。Wheaties、Cheerios、Total、Kashi 及 Shreded Wheat 等麦片品牌的标签或包装盒上都有全谷物的标识。

燕麦。燕麦不论是制作成美味的热粥或与牛奶搭配着吃都是可以的。它们都是可以降低胆固醇、抵抗心脏疾病的完美早餐。有些人甚至将做好的燕麦粥放在办公室里，下午热一下作为午后的甜点。燕麦本身就是全谷物，含有丰富的碳水化合物，可为人体持续供能，是运动前不错的选择。

全谷物与黑麦面包。当你选择面包产品时，请记住全谷物面包的营养价值高于白面包。在超市购物时，请优先选择以丰富的全麦、黑麦、燕麦为原料的面包。将健康的面包放入冰箱中保存，以便你可以随时为自己制作一份美味的三明治。当你购买三明治时，不妨购买黑麦面包夹番茄与火鸡肉的三明治。

全麦与全谷物饼干。这些低脂肪的小点心是完美的富含碳水化合物的运动营养餐。确保你选择的是低脂肪的全麦饼干，而不是吃完后满手都是油的那些。

爆米花。无论是原味的还是加少量芥花油的爆米花，都是一种摄入全谷物的有趣食品，制作窍门是避免用过多奶油和盐焖制。稍微喷一些佐料倒是不错的选择。

你的食谱应体现一个"全"字

全谷物食品可为人体提供数百种营养元素，这些元素在降低人体患心脏疾病、糖尿病以及癌症等疾病的过程中发挥着重要的作用。作为全谷物食品，它的标签中至少要含有以下名称。

苋　菜　黑小麦　黑　米　大　麦　荞　麦　玉　米
小麦粒　燕　麦　小　米　全黑麦　爆米花　全小麦
藜　麦　野生稻　高　粱

"全谷物"字样一般不会出现在营养标签上，而常常出现在成分列表的顶端。同时，你可以在食品标签上寻找"全谷物"的邮票图标（见图1.2），选择至少能提供8克（半份量）以上全谷物的食物。100%的全谷物食品，每份应含有16克的全谷物，你的目标应该是每天至少摄入48克全谷物——3份的量。

图1.2　全谷物邮票

注意：高膳食纤维的食品不等同于全谷物食品，其只是含有麦麸层，并不一定包含胚芽及胚乳等部分。

不喜欢谷物？

你也许因为腹腔疾病、麸质过敏或纯粹个人喜好等原因不吃小麦类食物。如果仔细计划，你仍可以享用丰富的健康饮食。参考第6章，你可以了解更多关于如何准备无麸质运动饮食的知识。

真相揭秘

藜麦是高级的谷物食品

事实：藜麦（实为种子类，尽管我们把它称作谷物）被宣传为高级谷物是因为它提供的蛋白质比其他谷物多。但正如表 1.1 所示，藜麦并不是蛋白质含量很高的食物。当然，为了平衡饮食，通常一餐中把藜麦、豆腐或酸奶结合起来也可以保证蛋白质的含量在 20 ～ 30 克。

藜麦的价格比糙米高很多，但是它烹饪的时间较短（不到 15 分钟），吃法多变，也算是一种不错的食物选择。

表 1.1　谷物中蛋白质的含量表

谷物或淀粉	1 杯	热量 / 千焦	蛋白质 / 克
意大利面	60 克（干）	800	7
全麦意大利面	60 克（干）	800	8
大米	65 克（生）	900	4
糙米	65 克（生）	900	5
粗麦粉	65 克（生）	860	7
藜麦	65 克（生）	800	8

蔬菜

与水果一样，蔬菜中的碳水化合物在运动饮食中也发挥着重要的作用。我把蔬菜称为大自然的维生素丸，因为它含有丰富的维生素 C、β- 胡萝卜素、钾、镁和其他维生素，此外还含有微量元素和其他对健康有益的物质。通常，蔬菜提供的营养多于水果。因此，如果你不怎么吃水果，可以多吃些蔬菜，这样也可以获得人体所需的维生素和微量元素。

多少才是充足的？

一般建议是每天至少摄入 400 克蔬菜。但实际上，很多忙碌的人一个星期都吃不到这个量。如果你不是素食主义者，这里有个小窍门：在你吃蔬菜时，吃大份的，并且为了真正有益于你的健康，尝试一天两次，例如午饭时吃一大份蔬菜沙拉，晚餐吃一份西蓝花。食品行业正努力让吃蔬菜变得容易，超市中绿叶蔬菜、小胡萝卜、剥好皮切成小块的小南瓜都有已包装好的，供你随时享用。你也可以选择冷冻包装的蔬菜，需要时加热一下就可以了。

最佳选择

任何蔬菜对你都是有益的。当然，菜园里刚刚采摘的新鲜蔬菜是最好的，但这样的蔬菜不太容易获得。冷冻蔬菜也是不错的选择，冷冻后蔬菜的营养价值并不会被破坏。此外，罐装蔬菜也是不错的选择，其加工过程迅速，因此很好地保留了蔬菜原有的营养。过度烹饪会破坏蔬菜中的主要营养物质，所以在微波炉、蒸锅、炒锅中烹饪新鲜蔬菜至皮脆肉嫩时即可出锅。若是重新加热，让蔬菜达到温热就可以，不必将它加热到很高的温度。

真相揭秘

白色或淡色的食物营养价值低

事实：有些白色的食物是很好的营养来源，包括香蕉、花椰菜、洋葱和欧洲萝卜（又称防风草）。蛋白（蛋清）、大豆、酸奶也都富含蛋白质。白面粉制成的面包营养价值虽然不高，但是它和其他食物搭配可以起到均衡饮食的作用，另外面包还富含维生素 B 和铁。

深色或有颜色的蔬菜通常比浅色蔬菜更有营养。如果你决心提高饮食质量，就多摄入些有色蔬菜，如西蓝花、菠菜、甜椒、番茄、胡萝卜和南瓜。它们比浅颜色的生菜、黄瓜、绿皮西葫芦、洋葱和芹菜有更高的营养。以下列出了部分最佳蔬菜的选择。

西蓝花、菠菜、彩椒（绿色、红色或黄色）。这些低脂且含钾的蔬菜蕴含大量维生素 C，以及可帮助身体制造维生素 A 的胡萝卜素。1 份中等大小的西蓝花可以提供人体一天所需的维生素 C，半个彩椒也可提供同样多的维生素 C。比起把苹果当零食，我更喜欢吃彩椒，它能提供比苹果更多的维生素和钠，而且热量更少，多么划算呀！

番茄和番茄酱。在沙拉、意大利面或比萨里，番茄制品是另一种易于增加蔬菜摄入的好方式。它们是钾、纤维素、维生素 C（1 个中等大小的番茄可以为你提供半天所需的维生素 C）、胡萝卜素以及其他营养元素的良好来源，并且可以帮助你预防某些癌症。直接饮用番茄汁（或其他蔬菜汁）可为忙碌或不喜欢进厨房的人节省时间。然而，市场上的番茄制品钠含量相对较高，高血压的人应减少摄入，或选择低钠的品牌。一些出汗量大的训练者，在高强度训练之后可以吃些番茄或喝杯番茄汁，这都有助补充随汗水流失的钠。

十字花科的蔬菜（卷心菜家族）。卷心菜、花椰菜、芽甘蓝、羽衣甘蓝、大头菜、萝卜和芥菜可以帮助人体预防癌症。选择这些蔬菜对你的健康很有好处，多吃不会错的。

如果你很少吃蔬菜，那么请保证自己所吃的蔬菜是营养含量较高的。表1.2可引导你做出更好的选择，而第 4 章中介绍沙拉的内容也会对你有帮助。

表 1.2　蔬菜的比较

蔬菜	数量	热量 / 千焦	维生素 A/ IU*	维生素 C/ 毫克	钾 / 毫克
芦笋	8 根，煮熟	100	1200	9	270
甜菜	1/2 杯，水煮	140	30	3	260
西蓝花	1 杯，煮熟	220	2145	100	455
芽甘蓝	8 颗，煮熟	240	1300	105	535
卷心菜	1 杯，煮熟	140	120	55	300
胡萝卜	1 个（中等大小），生	120	12030	5	230
花椰菜	1 杯，煮熟	120	15	55	175
芹菜	根茎（18 厘米长）	20	180	2	105
玉米	1/2 杯，冷冻	240	130	5	145
黄瓜	1/3 段（中等大小）	60	105	3	145
绿豆	1 杯，煮熟	180	875	10	180
羽衣甘蓝	1 杯，煮熟	140	17700	55	300
生菜	7 片	60	525	3	150
生菜	2 杯，切粗丝	60	8200	5	230
蘑菇	1 杯，生	80	0	0	315
洋葱	1/2 杯，切块	120	2	5	115
青豌豆	1/2 杯，煮熟	260	640	10	215

蔬菜	数量	热量 / 千焦	维生素 A/ IU*	维生素 C/ 毫克	钾 / 毫克
青椒	1 杯，切丁	120	550	120	260
红椒	1 杯，切丁	180	4665	190	315
土豆	1 个（带皮）	1160	30	25	1645
菠菜	1 杯，煮熟	160	18865	15	840
南瓜	1 杯，煮熟	140	380	10	345
笋瓜	1 杯，烤	300	10700	20	500
红薯	1 个（中等大小），烤	400	21900	25	540
番茄	1 个，生	60	760	15	215
推荐 摄入量	男		>3000	>90	>4700
	女		>2310	>75	>4700

（1 杯相当于 100 克）
* 国际单位

水果

　　水果会为你的运动饮食添加基本的碳水化合物。它不仅富含碳水化合物，而且富含纤维素、钾和维生素，尤其是维生素 C。水果中的营养元素还可以提高人体的免疫力，有助于身体恢复，减少患癌症、高血压和便秘的风险。

多少才是充足的？

　　美国饮食指南中推荐每天至少喝 1.5 杯水果汁。美国疾病控制与预防中心建议人们吃更多的水果，以便抵抗因年龄增长而带来的疾病。如果你实在不怎么喜欢吃水果，我建议你将水果放入你的早餐计划当中，1 杯 240 毫升的橙汁和中份的香蕉麦片粥就可以满足一整天所需补充水果的量，或者将 1 杯由菠萝、浆果、香蕉和酸奶混合而成的冰沙装进你的运动背包里。尽可能在一天当中多吃水果。运动前的加餐可以用干果来代替能量棒，也可以吃蘸有花生酱的苹果片，或撒几粒葡萄干在你的沙拉上，这些都是不错的选择。

最佳选择

当你打算吃水果，但发现没有现成的水果，或者水果已经变质，以下方法可以帮你更加均衡地摄入营养。确保你的营养计划中优先选择以下水果。

柑橘类水果或果汁。无论是新鲜、冷冻还是罐装的柑橘类水果（如橙子、葡萄、柑橘、橘子），都比其他的水果含有更多的维生素 C 和钾。

如果剥橘子或剥葡萄对你来说有点麻烦，那就喝果汁吧，总比不吃强。吃天然的水果会更有营养些，但一杯果汁也会起到相应的效果。仅仅 240 毫升的橙汁就可以给人体提供一天所需要的维生素 C（75 毫克）、长时间运动所消耗的钾、合成蛋白质和红细胞所需的维生素 B。你还可以选择高钙橙汁，来促进骨骼健康。

香蕉。香蕉是低脂高钾类的水果，最适合忙碌的人，它所提供的钾元素可以预防人体患上高血压。为促进钾的吸收，你可以放一些香蕉片至麦片粥当中，还可以将香蕉打包作为午餐后的甜点，或者任何时候都可以将它当作你的加餐，这既方便又简单。一直以来，我最喜欢把香蕉和花生酱、全麦饼干以及牛奶搭配在一起，这不仅可为我提供丰富的碳水化合物（香蕉和饼干），还可提供充足的蛋白质（花生酱、牛奶）。

为了防止香蕉过熟，你可以把它放入冰箱中，虽然它的颜色会变深，但仍然是新鲜的。另一个小窍门是将香蕉块冷冻，然后与牛奶一起搅拌制成冰沙。它吃起来就像冰淇淋一样。

毫无疑问，香蕉是最受欢迎的运动零食。我曾经看到骑行者将香蕉绑在头盔上，当需要时，直接拿来吃，真是很方便。

哈密瓜、猕猴桃、草莓和其他浆果。这些高营养含量的水果同样富含钾元素和维生素 C，我的很多客户都把浆果与瓜果块放在冰箱中，在需要时将它们制作成冰沙，作为早餐或者运动前后的加餐。

水果干。便携的水果干富含钾元素和碳水化合物，它们可以代替能量棒装在你的健身背包里。

如果你吃的水果很少，那就要确保所吃的水果是营养价值较高的。表 1.3 可帮你做出更好的选择。

表 1.3　水果的比较

水果	数量	热量 / 千焦	维生素 A/ IU*	维生素 C/ 毫克	钾 / 毫克
苹果	1 个（中等大小）	320	80	5	160

续表

水果	数量	热量 / 千焦	维生素 A/ IU*	维生素 C/ 毫克	钾 / 毫克
苹果汁	1 杯	460	2	2	250
杏	10 个（剖开），干	340	1260	1	400
香蕉	1 个（中等大小）	420	75	10	425
蓝莓	1 杯，生	320	80	15	115
哈密瓜	1 杯，切片	240	6000	65	475
樱桃	10 颗，甜	200	50	5	180
蔓越莓汁	1 杯	560	20	110	35
枣	5 个，干	480	5	0	240
无花果	1 个（中等大小），干	140	70	1	115
葡萄柚	半个	200	1415	40	165
葡萄柚汁	1 杯	380	20	70	380
葡萄	1 杯	240	90	5	175
蜜瓜	1 杯	240	85	30	390
猕猴桃	1 个（中等大小）	180	60	65	215
橙子	1 个（中等大小）	280	350	83	230
橙汁	1 杯	440	500	125	500
桃子	1 个（中等大小）	240	570	10	285
菠萝	1 杯，生	320	95	80	180
菠萝汁	1 杯	520	10	25	325
梅子	5 块，干	460	370	0	350
葡萄干	1/3 杯	580	0	1	360
草莓	1 杯，生	200	20	90	235
西瓜	1 杯	180	875	10	170
推荐 摄取量	男		>3000	>90	>4700
	女		>2310	>75	>4700

（1 杯相当于 100 克）
* 国际单位

营养"彩虹"

尽量多吃不同颜色的水果和蔬菜。不同颜色的食物可以提供不同种类且有益身体的营养元素，并减少人体患病的概率（见表 1.4）。

表 1.4　不同颜色的水果和蔬菜

颜色	水果	蔬菜
红	草莓、西瓜、樱桃	红椒、番茄
橙	芒果、水蜜桃、哈密瓜	萝卜、南瓜、番薯
黄	菠萝、杨桃	南瓜、玉米
绿	猕猴桃、葡萄、甜瓜、鳄梨	豌豆、菠菜、西蓝花、甘蓝
蓝或紫	蓝莓、葡萄、西梅	茄子、甜菜
白	香蕉、梨	大蒜、洋葱

以下是享用含多种颜色的膳食的一些建议：早餐喝点橙汁、燕麦粥，燕麦粥里放一些冻浆果，或制作浆果冰沙；午餐吃些胡萝卜、青椒，再搭配另外一种蔬菜或番茄汤；加餐可以选择杏仁干或菠萝干，也可喝一点蔬果汁；晚餐享用拌上番茄酱的意大利面、配上青椒的比萨或者炒一些蔬菜也不错。

有机食品更好吗？

我的很多客户都想知道他们是否应该购买有机的水果和蔬菜。那么，有机食品是不是更好、更安全、更有营养呢？根据美国儿科学会的研究报告，有机食品上存在的农药和细菌相对较少，这对农民更安全，对环境也更好。但是在营养价值上，有机食物并没有太明显的优势。至今还没有证实与普通食品相比有机食品可以更有效地减少人体患病的风险。显然，对有机食品的争论已超越了传统农业的范畴，而是牵涉到营养、健康和个人价值观等诸多因素。以下是目前为止我们比较常见的一些论点。

"有机"是指农民种植或加工水果、蔬菜、谷物、肉、鸡蛋和奶酪等产品的一种特殊方式。食物只有在生长或加工的过程中符合美国农业部的相关标准，才能称为有机食品（注意：标签上有天然、无激素等词语的食品并不一定是有机食品）。在有机农场，人们不使用化肥、农药、除草剂，也不会使用激素与药物去促进动物的生长或预防其患上疾病。

有机水果和蔬菜的价格要比一般产品贵 30%，有时甚至更多。这额外的花费到底值不值得？从口感方面，有些运动员觉得有机食品更好。从营养角度看，一些研究显示有机食品含有微量元素更多一点，但这个差距并不显著，你可以选择吃更多的普通蔬菜与水果来弥补这一点。

有些人选择有机食品，其中一个原因是为了减少体内农药的残留，防止患上癌症。关于食品的农药残留，美国国家环境保护局（EPA）已经建立了比安全量严格 100 ～ 1000 倍的安全标准。而安全量的设立是基于食用的农药量不会导致"人体健康风险"的科学数据。马萨诸塞州艾摩斯特市的农业专家（同时也是一名农耕者）理查德·博纳诺博士表示 65% ～ 75% 的传统产品并没有被检测出农药（当农药被适时适量使用时，它会被分解掉）。马萨诸塞州农场里的蔬菜被检测出 100% 无农药残留，同时普通环境下生长的食物只有 0.5%（进口食物中有 3% ～ 4%）超出了美国国家环境保护局的标准。在 2005 年，一项对 13621 个食物样本的调查结果显示：有 0.2% 样本的农药残留超过了标准范围。博纳诺认为将有机食品鼓吹成又好又安全的食物是商家的一种营销策略。然而，监管部门仍提醒我们：少量的农药不断在体内积累，会增加患癌症的风险，并扰乱激素分泌，阻碍生育，甚至导致生育缺陷。在人体成长期，尤其是儿童时期，农药是你需要特别关注的问题。有些儿童可能会因农药摄入过多，而患上学习障碍和多动症。但是关于人体到底能耐受多少农药，同时又不会给人体带来伤害，目前还未有定论。

选择了有机或天然食品，你就同时在选择减少摄入容易让人发胖的加工食品。这类加工食品可导致更多、更大的脂肪细胞产生，这会改变人体的新陈代谢，扰乱激素分泌，促使人体变胖。这就解释了为什么越来越多的儿童变胖，现在瘦的人也比以前胖，病态肥胖、2 型糖尿病等现象的增多。

我们需要更多地研究这些加工食品中容易让人发胖的物质，研究如何减少它们在环境中出现的频率。这也是促使我们选择有机食品的原因。

那么，一个容易饥饿、却没钱的运动员该怎么办呢？

- 吃多种食物，将因只吃单一食物而摄入某种固定农药残留的危险降到最低。
- 用水冲洗水果与蔬菜，这可以减少 99% 的农药残留。
- 将土豆、苹果、胡萝卜和梨等去皮食用，但是皮所含有的营养也将会丢失。
- 去掉芹菜、生菜和卷心菜的头部或外面的部分。
- 如果你经常吃某种食物，推荐你购买该类食物中有有机标签的，例如你一天要吃 5 个苹果，那就应尽量购买有机的苹果。

环境监察专家指出，美国政府允许的农药残留水平太宽松了。然而他们同时也认可：多吃水果蔬菜给人体带来的好处要大于摄入农药残留的危害。他们推荐购买农药残留符合美国国家环境保护局标准的水果和蔬菜，包括苹果、芹菜、青椒、桃子、草莓、油桃、葡萄、菠菜、卷心菜、黄瓜、蓝莓和土豆。

　　为了省钱，你可以选择以传统方式生产的食物（它们的农药残留较少或要去皮才可以吃），包括猕猴桃、菠萝、芒果、哈密瓜、甘薯、芦笋、鳄梨、卷心菜、茄子、洋葱、玉米和豌豆。

　　除了考虑健康因素以外，购买有机食物——最好是当地生长的有机食物，还有一个重要的原因：更有利于保护环境，让地球可持续发展。同时也会让农民生活得更好。否则，他们会因为利益诱惑，卖自己的土地给房地产开发商。而这些土地是我们原本可以骑车、跑步、户外游玩的绿色空间。

　　但是请仔细想一想，如果你总是专程去大型的连锁超市购买有机食品，也正因为有市场需求，这些有机食品会从几百公里外运输过来，必然会消耗燃料，从而污染空气和环境，这不是违背你的本意了吗？所以，最好的折中方式就是购买当地的有机食品。

奶酪和高钙食品

奶制品，如低脂牛奶、酸奶、奶酪可以为人体提供蛋白质，食用起来既简单又方便。它们同时还富含维生素 D 和钙元素，也包含对儿童和各个年龄段的男性、女性都很重要的微量元素。富含钙与维生素 D 的饮食可以使人体骨骼更加强壮，避免骨质疏松并防止高血压。维生素 D 除了可预防癌症，还可以预防纤维性肌痛综合征、糖尿病、多发性硬化症以及类风湿性关节炎。

奶制品不仅是钙元素的天然来源，而且对于忙碌的人来说也非常方便。如果因为身体无法吸收乳糖或者本就不爱吃奶制品，那么你就不太能从天然食品中摄取到人体每日需要量的钙元素。例如，喝 1 杯牛奶所吸收的钙元素的量，需要你吃 3 杯花椰菜、8 杯菠菜、2.5 杯芸豆、6 杯芝麻或 30 杯普通的豆奶。那么，添加富含钙的食物，像高钙豆奶，加钙橙汁以及燕麦粥可以帮你达到目标。表 1.5 列举了一部分常见的高钙食品，也列出了人体吸收 300 毫克钙元素所需要的食物量，还提供了不同食物所含维生素 D 的量。

表 1.5　钙元素含量的对比

含钙食物	300 毫克所需的量*	维生素 D/IU 目标 400 ～ 600 IU
奶酪类食物		
牛奶（加维生素 D）	1 杯（240 毫升）	100
奶粉	1/3 杯（40 克），干	90
酸奶	230 克	0 ～ 115
切达奶酪	45 克	10
山羊奶酪	2 杯	—
冷冻酸奶	1.5 杯	10
奶酪比萨	2 片	—
蛋白质		
豆奶（加钙）	1 杯（240 毫升）	40 ～ 120
豆腐	150 克	—
鲑鱼（带骨鱼肉罐头）	120 克	440
沙丁鱼（带骨鱼肉罐头）	90 克	160 ～ 300
杏仁	90 克	

含钙食物	300 毫克所需的量 *	维生素 D/IU 目标 400 ～ 600 IU
蔬菜		
西蓝花，煮熟	500 克	—
芥蓝或萝卜叶，煮熟	200 克	—
甘蓝，煮熟	200 克	—
包菜	240 克	—
含钙食物		
麦片（加钙）	30 克	40 ～ 70
橙汁（加钙与维生素 D）	240 毫升	140

* 每份食物含 300 毫克的钙。

真相揭秘

补钙剂对于不喜欢喝牛奶的人来说是不错的替代品

事实：补钙剂不能完全替代钙含量丰富的奶酪和豆制品，因为低脂牛奶和酸奶可以提供维生素、微量元素和蛋白质，而补钙剂只能提供钙元素，以及维生素 D；奶酪、酸奶不仅含有维生素 D，还有丰富的钾、磷等元素，它们可以促进人体钙元素的吸收，牛奶含有丰富的可以将食物转化为能量的维生素 B_2，相比喜欢安静的人，热爱运动的人需要更多的维生素 B_2。如果你拒绝奶酪，维生素 B_2 的摄入量会很低。

虽然食用补钙剂总比没有吸收任何钙元素好，但是会增加人体患心脏疾病的风险。因此，建议你在日常饮食中能摄入适量包含钙元素的食物。你也可以咨询优秀的营养师，他们可以帮你更合理地选择食物，并使你的营养达到均衡健康的状态。

脱脂（或低脂）的牛奶或豆奶，以及其他含钙及维生素 D 的食物应该一直是你饮食中重要的组成部分。因为你的骨骼每天都需要钙和维生素 D。尽管你的骨骼可能在 20 岁时就不再长了，但是你的骨骼密度在 30 ～ 35 岁才会达到最高。在此年龄段，你的骨骼里的钙储存量对你日后是否容易骨折至关重要。人体在 35 岁以后，骨骼就如人体其他部位一样，会开始走下坡路。多吃含钙食品再加上适量耐力运动和强化肌肉的训练，可以减慢这个过程。

多少才是充足的?

从表 1.6 中可以看出，各个年龄段对钙的需求是不同的。年轻人需要 4 份的量，成年人需要 3 份的量。如果你不经常喝牛奶，可能会觉得这个量很多，但即使是想控制体重的运动员每天也至少需摄入 3 份低脂奶制品来获取钙，同时其热量也只有 1.2 千焦。所以请尽量尝试吧，实在不行，至少也要摄入一半的量。

表 1.6　钙的需求

年龄 / 岁	目标 / 毫克	份数
儿童		
1～3	700	2.5
4～8	1000	3.5
青少年		
9～18	1300	4
女性		
19～50	1000	3
大于 50（或停经）	1200	4
运动员（无月经）	1200	4
孕妇及哺乳期女性	1000～1300	3～4
男性		
19～70	1000	3
大于 70	1200	4

有些人很难消化牛奶，因为他们缺少一种可以帮助人体消化牛奶中的乳糖的消化酶。他们可以将酸奶（特别是希腊酸奶）、固体奶酪（如车达干酪和帕尔马干酪）或少量的牛奶与其他食物混合食用，这样更容易消化。他们还可以在超市买一些无糖的豆奶。大多数情况下，存在乳糖不耐症的客户会忽视人体对钙元素的需求。

增加钙的摄取量

下面的一些提示可以帮助你促进钙的摄取，强健骨骼。

- 早餐喝 1 杯低脂或脱脂的牛奶燕麦粥。
- 用酸奶泡一些松脆的麦片，如即食麦片或全麦片。
- 热 1 杯牛奶燕麦粥，加 1/3 杯（40 克）的奶粉和几颗杏仁在里面。
- 当你想快速饮食的时候，可选择 1 个三明治或包装好的低脂奶酪，或者吃一些苹果和饼干。
- 运动后喝巧克力牛奶对身体的恢复特别有效。
- 在沙拉中加一些低脂奶酪、鲑鱼罐头、豆腐块或杏仁可以增加钙元素的吸收。
- 将软豆腐或酸奶与沙拉拌在一起做成钙含量丰富的调味品，注意豆腐包装上的标签，应选择用硫酸钙加工的品牌，否则豆腐的钙含量会很低。
- 中饭时喝一杯低脂或脱脂豆奶，晚饭吃一些点心。
- 加一些牛奶（代替奶油）在咖啡里，就是一杯拿铁了。
- 放一些奶粉，而不是奶精在办公室。
- 喝热可可牛奶，而不是咖啡。
- 用豆奶制作冰沙。
- 水果口味的酸奶要好于冰淇淋。
- 吃一些低脂牛奶制成的布丁。
- 午餐可以选择带一些鲑鱼或沙丁鱼罐头，将它们抹在脆饼干上食用。
- 下午可以吃一些杏仁来补充能量。
- 喝豆腐汤或者吃炒过的蔬菜也都是很棒的选择。

最佳选择

为了强健骨骼，你需要吸收大量的钙（每天需要 1000 ～ 1300 毫克）。因此你每一餐的饮食计划都应该包含高钙食品，并且要平均分配一天的摄入量，从而更好地促进人体对钙的吸收。

加维生素 D 的低脂（或脱脂）牛奶或豆奶。它们是钙的最佳来源，在去掉大多数脂肪的同时，还保留了所有的钙元素和蛋白质。1 杯全脂牛奶（含 3.5% 的脂肪），但是脱脂牛奶是几乎不含脂肪的。虽然新的调查发现 45 岁以上患心脏疾病的人与食用牛奶、奶酪等食物中的脂肪没有关联，但是脂肪毕竟会产生更多的热量，所以坚持摄入低脂牛奶、酸奶和奶酪是明智的选择。

低脂或无脂酸奶。原味酸奶是钙含量最高的食品之一，希腊酸奶和大豆酸奶含钙量会少一点。酸奶里的活性菌也有助于人体摄入更多的钙元素。冷冻酸奶（或酸奶冰淇淋）的含钙量要少一点。其实我认为后两者只是含糖量高的食物，几乎没有太多牛奶的成分。1 杯冷冻酸奶的含钙量和 1/3 杯（40毫升）牛奶的含钙量相同，但是热量却是牛奶的两倍。

低脂奶酪。因为很多品牌的无脂奶酪的口味不怎么好，所以我建议选择低脂的，它们尝起来更美味。还可以搭配三明治、意大利面、青椒和其他蔬菜来促进钙元素和蛋白质的吸收。大豆奶酪也是不错的选择。

深绿色蔬菜。西蓝花、包心菜（生活中常见的蔬菜）和甘蓝都是钙的最佳来源。菠菜、甜菜、绿豆和莴苣也含有钙，但是它们同时含有很多可以与钙结合的草酸（草酸在胃肠道会阻碍人体对钙的吸收）。

高蛋白食物

来源于动物的蛋白质（肉、海鲜、鸡蛋、家禽）与来源于植物的蛋白质（坚果、豆类）都是日常饮食的重要组成部分，但是你应该把它们与含有碳水化合物的水果、蔬菜、谷物搭配在一起食用。如果每餐中的高蛋白食物占到 1/4 ～ 1/3，那么你就可以得到充足的氨基酸，从而让肌肉更强壮。选择含有铁、锌的肉类，可以减少因缺乏铁元素而造成的人体贫血。

多少才是充足的？

运动员吃的蛋白质要么太多，要么太少，这取决于他们的健康意识、营养准则及生活方式。有些运动员吃很多肉，而有些声称自己为素食主义者，并用豆类代替牛肉，但实际上这些不吃肉的人经常会缺乏蛋白质。

牛排和汉堡在运动员的菜单中无一席之地，把足够量的蛋白质平均分配在一天中各餐是重要的，食物中含有的丰富的蛋白质是人体强健肌肉、修复组织的重要成分。本小节的目的是强调如何简易且快速地选择蛋白质食物，更多关于运动员的蛋白质需求情况请参见第 7 章。

对于大多数人（包括运动员）来说，一天 150 ～ 200 克的高蛋白食物加上 2 ～ 3 份牛奶、酸奶或奶酪就足以为人体提供丰富的蛋白质了。然而一天 150 克的量远少于大部分美国人一餐的量：300 克的牛排、180 克的鸡胸肉和一些烤牛肉。很多运动员午餐吃完所需要的蛋白质后还会继续吃 1 ～ 2 倍的量。这里需注意的是摄入过量的蛋白质并不会增强肌肉。

另外一些人，他们每餐都会吃一些水果、蔬菜、谷物，如早餐吃一根香蕉，午餐吃一些沙拉，晚餐吃配上番茄酱的意大利面，却忽略了蛋白质的摄入。尤其是那些节食者，很容易就只吃一些沙拉和蔬菜而忽略蛋白质的摄入。

最佳选择

各种高蛋白质的食物都含有重要的氨基酸。表 1.7 是最受欢迎的高蛋白质食物之间的对比，下面推荐的食物可以优化你的运动饮食结构。

鸡肉和火鸡肉。一般来说，家禽肉的饱和脂肪较少，所以家禽肉是有利于人体心脏健康的选择。只是要注意购买去皮的肉，或者烹制前去掉含油脂的皮。烹饪到酥脆的鸡皮相当诱人，但它同时也是热量密集的食物。

鱼。新鲜或冷冻的鱼不仅可提供蛋白质，还含有 Omega-3 不饱和脂肪，有益于人体的健康。美国心脏协会推荐每周至少吃 200 克或 2 份新鲜的鱼。最佳的选择是深海中的油性鱼，如鲑鱼、马鲛鱼、金枪鱼、沙丁鱼、鲱鱼，当然吃鱼总比不吃好。本书的第 2 章提供了更多关于鱼类食物的介绍。

表 1.7　常见食物蛋白质含量的对比

食物	蛋白质含量 / 克	食物	蛋白质含量 / 克
动物蛋白质			
鸡蛋，1 个	3	鸡胸肉，120 克，煮熟	30
金枪鱼，1 罐（150 克）	22 ～ 26	烤牛肉，120 克，煮熟	30
植物蛋白质			
坚果，30 克	6	花生酱，2 大匙	9
豆奶，1 杯（240 毫升）	7	豆腐，120 克	11
鹰嘴豆酱，1/2 杯（125 克）	8	素（蘑菇）汉堡，75 克	13
豆沙，1/2 杯	8		
奶酪制品			
酸奶，170 克，1 小杯	6 ～ 7	希腊酸奶，170 克	18

食物	蛋白质含量/克	食物	蛋白质含量/克
切达奶酪，30 克	7	山羊奶酪，1/2 杯（113 克）	15
牛奶，1 杯（240 毫升）	8		
面包、燕麦、谷物			
面包，1 片	2	燕麦粥，1/2 杯（40 克），或 1 杯，煮熟	5
麦片，30 克	2	意大利面，60 克，煮熟	8
米，1/3 杯（65 克），或 1 杯，煮熟	4		
高淀粉含量的蔬菜 *			
豌豆，1/2 杯，煮熟	2	甜菜，1/2 杯，煮熟	2
胡萝卜，1/2 杯，煮熟	2	土豆，1 小个	2
玉米，1/2 杯，煮熟	2		

* 高淀粉含量的蔬菜含有少量蛋白质，而大多数含水量较多的蔬菜几乎不含蛋白质，根据你自己每天摄入的蔬菜量，它们大概可为你提供 5 ～ 10 克的蛋白质。

瘦牛肉。一份瘦牛肉三明治用两片全谷物面包制作而成，富含碳水化合物，也是人体吸收蛋白质、铁（预防贫血）、锌（帮助肌肉成长）和维生素 B 的最佳选择。大腿肉、肋眼肉是牛最精瘦的一部分肉。考虑到人体心脏的健康，一份瘦牛肉三明治好于奶酪三明治和鸡肉沙拉三明治的原因是它的脂肪含量低，而且含有更多铁和锌。

花生酱。尽管一瓶花生酱会打破你的节食计划，但将一勺的量涂在全麦面包、苹果和香蕉上作为甜点或加餐，是可以为人体快速提供蛋白质、维生素和纤维素的。花生酱中含有可保护心脏的多元不饱和脂肪。每周至少吃两次花生酱可减少人体患心脏病的危险。尽情享用花生酱吧！

花生酱中含较少的反式脂肪，因此是不错的食物选择。如果你和家人不喜欢打开罐头时满眼的油，可将上面的油刮走。

豆类罐头。素的豆泥酱、鹰嘴豆酱、罐装腰豆是三种常见的可为你带来植物蛋白和碳水化合物的食物。如果你觉得豆类会让你胀气，也可以在健康食品店或药店买专治胃胀的补剂来帮助身体消除胃肠中的胀气。

豆腐。豆腐可以很方便地被加入到你的菜单中，因为它不需要过多去加工。它的味道很温和，所以很适合放入沙拉、意大利酱、炒菜和砂锅当中。

你在便利店的蔬菜区可以找到豆腐。硬豆腐可以切成块，软豆腐可以搅拌成冰沙，或制成蘸酱。

运动员即使不做饭，也可以在饮食中搭配一些含丰富蛋白质的食物。例如在熟食店买一些烤熟的瘦牛肉、烤鸡肉、鸡胸肉，或者开 1 罐金枪鱼或鲑鱼罐头，再搭配些杏仁和毛豆。

脂肪和油类

运动饮食家曾建议少吃脂肪，但如今我们认为应正确地吃脂肪，尤其要做好以下几点。

- 限制对固体饱和脂肪的摄入。这些食物包括牛油、猪油和人造黄油。根据 2010 年美国居民膳食指南的建议，我们从含饱和脂肪的食物中吸收的热量不应超过每天摄入总热量的 10%，美国心脏协会建议不能超过 7%，这相当于对每天消耗 8000 千焦热量的人来说，摄入的饱和脂肪应为 15 ~ 20 克，也就是每天 3 ~ 4 勺的量。
- 多吃软脂肪或者液态的单元不饱和脂肪以及多元不饱和脂肪类食物。这些食物包括植物油、橄榄油和芥花油。这意味着你吃的鱼要多于肉，橄榄油要多于黄油，并且要从这些食物中获得每天总热量的 5% ~ 10%。
- 远离部分氢化油（反式脂肪酸）。它们在加工类食品中很常见，如饼干、蛋糕、炸薯条和糕点。反式脂肪是工业制作过程中，在不饱和脂肪酸中加氢的过程中产生的。美国心脏协会建议人体需避免摄入反式脂肪酸，因为它会使血液产生坏的低密度胆固醇，同时也降低了好的高密度胆固醇的摄入。尽量将从含反式脂肪酸的食物中摄入的热量降至每天所需总热量的 1% 以下。也就是说，如果你每天需要 7200 千焦的热量，只能摄入含 72 千焦热量的反式脂肪酸，即 2 克的反式脂肪酸，不能更多了。

多少才是充足的？

在你的饮食中，20% ~ 35% 的热量可以来源于好的油脂。一些运动员早餐吃黄油吐司、午餐吃奶酪沙拉、晚餐吃腊肠比萨，这样的饮食会使人体摄入很多脂肪。如果你每一餐都选择高脂肪含量的食物，请尽量选择优质的脂肪，例如：吃烤面包时，用花生酱代替黄油；吃沙拉时，用橄榄油代替沙拉酱；吃比萨时，用橄榄代替腊肠。尽量每餐摄入大量有益健康的食物，来控制你对易引起人体动脉阻塞的炸薯条、曲奇和其他高脂肪类食物的兴趣。

最佳选择

以下含脂肪的食物对你的运动饮食有积极的作用，它们可以抵抗炎症并促进人体健康。

- 橄榄油。橄榄油所含的单不饱和脂肪酸可以降低人体患心脏疾病和癌症的风险。它可以用于拌沙拉、炒菜，还能防止意大利面粘连。如果想要健康的橄榄油，那么推荐购买未经加工过的特级初榨橄榄油（尽管有点贵），它可提供更多的酚类元素——可减少人体炎症的抗氧化剂。
- 花生酱（或其他坚果酱）。所有天然的花生酱都是最好的选择，因为它们加工的程度较轻，可提供能保护人体健康的油脂。
- 核桃、杏仁或其他坚果。它们可以预防心脏疾病的发生，坚果（坚果油，如核桃油）也是燕麦粥、沙拉和意大利面中很好的调味品。
- 牛油果。它营养丰富，可将它加入到你的饮食当中。你可以把它捣碎做成牛油果酱，也可以切碎与火鸡肉制成卷饼，或者用它拌沙拉，尽情享受这样的绿色水果甜点吧。它是蛋黄酱和其他沙拉酱更健康的替代品。
- 亚麻籽油。它含有 Omega-3 脂肪酸，人体吸收后会在体内转化为少量对健康有益的不饱和脂肪酸 EPA 和 DHA。你可以在麦片上撒一些磨碎的亚麻籽，或者和奶昔搅拌，也可将它添加到薄饼中食用。
- 鲑鱼、金枪鱼和其他油性鱼类。每周只需要吃两次（200～360 克），它们就会为人体提供有益健康的 Omega-3 脂肪酸。

糖和甜食

均衡健康的饮食也可以包含少量的糖和甜食，关键在于要适量。饮食计划的第一步应该是选择健康的食物；其次，如果你很想吃甜食，也可适度摄入一些甜点。也就是说，午餐吃完三明治后吃点黑巧克力并不是什么错误，但是把巧克力作为午餐就是大错特错了。对于运动员来说，我推荐世界卫生组织的建议，即运动员摄入的糖类应限制在一天总热量的 10% 以内。对于超重的人，美国心脏协会建议女士限制在 400 千焦，男士限制在 600 千焦，相当于摄入 480 ～ 720 毫升的运动饮料，不能再多了。

下列的几种食物，是你想吃糖或甜食时的较佳选择。

- 糖蜜。一般而言，食物的颜色越深，就越有营养，糖蜜属于糖类中颜色最深的，所以营养最丰富。只要你吃上几勺，就可以得到丰富的钾、钙和铁。为改善口味，还可以将它加入牛奶、酸奶当中，或涂在花生酱三明治上享用。

- 果酱。树莓、草莓及黑莓果酱中均含有对人体健康有益的纤维。相比果冻，它们提供更多的营养物质，但是别忘了它们也是糖的来源。

第 3 节 制订最佳的运动饮食计划

你应该已经知道哪些食物是最佳的选择。但最关键的还在于将这些食物纳入到你的饮食计划当中。我建议你尝试每餐都从不同类型的食物中至少选择 3 种食物。表 1.8 的内容可以给你更多帮助。

表 1.8 每餐的食物组合

食物	第一餐	第二餐	第三餐
谷物	燕麦粥	全麦卷饼	意大利面
水果	葡萄干	牛油果	水果沙拉
蔬菜	蔬果汁	沙拉	番茄酱
奶酪	低脂牛奶	低脂奶酪	低脂酸奶
蛋白质	杏仁	火鸡肉	火鸡肉丸子

多种食物的组合可以使你每一餐的营养都变得更加均衡。例如全麦比萨搭配青椒、洋葱和蘑菇（这绝对不是垃圾食品）。低脂的干酪可提供丰富的钙，搭配的蔬菜富含钾、β- 胡萝卜素、维生素 C，谷物则含有丰富的碳水化合物，比起高脂肪、高蛋白质的鸡肉沙拉，这样的饮食更适合作为你的运动餐。

你可以通过摄入 4800 ～ 6000 千焦的多种食物，吸收到人体所需的维生素、微量元素、氨基酸和其他营养物质。许多热爱运动的人会摄入 8000 ～ 20000 千焦的热量（取决于年龄、运动水平、体形和基因），此时他们就更有可能吸收到大量的维生素和其他营养物质。另一个角度来说，节食的人倾向于摄入更少的热量，因此在选择食物时需要更加小心，才能做到既可以满足营养需求，又不会有太高的热量。

总的来说，吃得好并不是一个艰巨的任务，只要简单做到以下几点即可。

- 吃各种健康的食物，帮助身体吸收多种有益健康的营养物质。尽量做到每餐吃至少3种食物，每次加餐吃到两种食物。并且尽量选择好的食物，减少摄入不健康但是美味的食物。
- 每天合理分配热量，每2～4小时进一次餐要好于1天只吃1餐。
- 饿了就吃，饱了就停止吃。经常问问自己的身体真的需要补充食物吗？
- 认真对待你的就餐时间。

后面的章节会帮助你选择合适的运动餐，以为你的健康人生打下坚实的基础。

第 2 章
维持长期健康的饮食

美国人的平均寿命是 78.5 岁。如果你希望自己更长寿，那么只有活得更健康，才能体会到更多的人生乐趣。

我们首先要有健康的观念，并充分意识到食物在预防老龄化疾病方面的作用。错误的饮食观念十分有害健康，反之亦然，合理的饮食观念则有益健康。合理的膳食可以代替药物来降低人体的胆固醇、血糖、血压，同时还可以解决人体的一些其他健康问题。可以说没有任何一种药物的效果能与健康的饮食相提并论。普通人用来维持健康的食物，同时也可以帮助人们提高身体的活力。而任何高质量的运动饮食都能够帮助伤口愈合，减轻炎症并使人远离替补席。

关于什么是对健康"有益"或"有害"的食物，人们总是非常困惑。我的客户总是问我："什么样的食物我不应该吃？"我的标准答案则是，所谓"有害"的食物，仅指那些变质或有毒的（或者你对它过敏的）食物。而其他所有的食物，只要适度摄入，都可以被加入你的健康饮食计划当中。

尽管没有一种食物是"坏"的，但却有坏的饮食方式。不停地进食，大量吃富含饱和脂肪酸和精制糖的垃圾食品，确实会导致肥胖、心脏病、癌症、高血压、糖尿病、肾衰竭以及其他因过度饮食而引起的疾病。正如在第 1 章中所述的，选择健康的饮食计划（包括谷物、水果、蔬菜、坚果、瘦肉、低脂奶类和高钙食物），不仅能帮助人们享受积极的生活方式，而且也是对人体健康与良好运动表现的最佳投资。本章的目的在于帮助你选择最佳的食物，从而收获终身的健康与幸福。

第1节　饮食与心脏的健康

在美国，心血管疾病是排名第一的"杀手"，它不仅是"男性的疾病"，对女性也是如此。根据美国心脏协会的统计：不论中风、心脏病还是心脏衰竭，心血管疾病剥夺女性生命的比例比起乳腺癌要高 10 倍以上。男性患心血管疾病的平均年龄，也许比女性早 10 年（因为女性在绝经前受雌性激素的保护），但是女性因心血管疾病死亡的比例却比男性高出 7%。

保持身体健康与合理膳食，是降低患心血管疾病概率的两种方式。然而，一些热爱运动的人士通常认为可以不遵循有益健康的饮食规律，仅通过锻炼维持身体健康，就可以帮助他们远离心脏疾病的困扰。这种想法大错特错！我的一个朋友 48 岁，是一位看上去很健康的马拉松跑者，却由于急性心脏病而猝死。他跑了 2 小时 10 分钟后，"人生的时钟"突然停止，在跑道上被人们发现时已停止了呼吸。当时在场的每个人都十分震惊。

不幸的是，即使是最具健康意识的人群也意识到：他们被不断更新与变化的营养信息所困惑。人们想知道这些问题真正的答案：牛肉是有害的吗？那么鸡蛋呢？我是选择天然黄油还是人造黄油呢？因为我们的遗传基因不一样，所以答案因人而异。不久的将来，一定会有基于基因检测结果的饮食计划出现。然而就目前来说，这里有一些以最新的营养学研究为基础的建议可以帮助你优化自己的饮食结构，它们至少可以延缓心血管疾病的发生（如果因为基因问题而不能避免患这种疾病的话）。

了解你的身体

胆固醇是累积在血管壁（特别是心血管壁）周围像蜡一样的物质。它最终会导致动脉硬化。胆固醇的积累会限制血液流向心肌，最终导致心脏病。当你吃动物肝脏时就会摄入胆固醇（胆固醇是动物细胞的组成部分）。同时，你的身体也会制造胆固醇。含饱和脂肪酸的食物（黄油、猪油）和反式脂肪酸（主要来自加工食物、人造黄油）会增加血液中胆固醇的含量，促使心血管疾病的发生。表 2.1 提供了一些例子，它们可帮助你减少饱和脂肪酸的摄入。

表 2.1　如何调整你的菜单以减少饱和脂肪酸的摄入

高脂肪含量的食物	替换物
贝果涂奶油芝士（一种硬面包圈）	贝果涂花生酱
煎蛋：3 个鸡蛋配芝士	煎蛋：1 个鸡蛋配低脂芝士
薯片与洋葱酱	烤玉米片配牛油果泥
芝士包火鸡肉	牛油果包火鸡肉
蔬菜配奶酪	蔬菜拌鹰嘴豆泥
奶油沙拉酱拌沙拉	橄榄油拌沙拉
180 克烤牛里脊（菲力牛排）	180 克牛后腿肉制成的牛排
黄油烤土豆	希腊酸奶配烤土豆
汉堡，80% 瘦肉	汉堡，90% 瘦肉
加全脂牛奶的拿铁咖啡	加脱脂牛奶的拿铁咖啡
Gourmet（品牌名）冰淇淋	低脂冰淇淋

　　由于遗传因素在血管疾病中扮演重要角色，即使你吃得很健康，也可能因为自身血液的胆固醇水平偏高，而导致患心血管疾病的风险过高。当一位 28 岁的铁人三项运动员被查出血脂含量过高时，他感到非常惊讶。这很可能遗传自他的父亲或爷爷，他们都在 50 多岁时患上了心脏病。我的另一个客户是患有神经性厌食症的跑者，尽管他采用低脂饮食，但仍被检查出血液中的胆固醇含量过高。这个案例中，神经性厌食症反而会导致胆固醇水平偏高。这也是神经性厌食患者存在的一个普遍现象（解决方式是恢复到正常体重）。

　　通过了解自己的胆固醇等级，你可以评估自己患心脏病的风险。因此请检查以下血液指标。

- 总胆固醇。身体需要不同种类的胆固醇，包括高密度脂蛋白胆固醇和低密度脂蛋白胆固醇，两者的总和被称为总胆固醇。理想的水平是每升血液含有少于 200 毫克的总胆固醇。
- 高密度脂蛋白胆固醇（HDL）。高密度脂蛋白胆固醇是好的胆固醇，因为它与降低心脏病风险相关。虽然有些血液中富含高密度脂蛋白胆固醇的人也患有心脏病，但是研究显示其有降低患心脏疾病风险的功能。美国心脏协会建议高密度脂蛋白胆固醇高于每百毫升 60 毫克。

- 低密度脂蛋白胆固醇（LDL）。低密度脂蛋白胆固醇是坏的胆固醇，它会堵塞动脉。当它的含量高于每百毫升 160 毫克时，会增加人体患心脏病的风险。每百毫升低于 130 毫克是可以接受的，最佳的含量是每百毫升低于 100 毫克。
- 总胆固醇与高密度脂蛋白胆固醇的比例。总胆固醇中高密度脂蛋白胆固醇至少应占到 25%。因为锻炼可以升高高密度脂蛋白胆固醇的含量，所以运动者血液中好胆固醇的含量会更高。同时他们的总胆固醇含量通常比久坐者要高。但是只要有高于 25% 的高密度脂蛋白胆固醇，你患心脏类疾病的风险会更低。可见，高密度脂蛋白胆固醇的含量越高，对身体越好。

当得知自己的胆固醇情况后，你就可以更严格地遵循健康的饮食标准。例如，你的胆固醇是每百毫升远低于 200 毫克的，而且父母已经 97 岁了，还活得很健康，那你就不需要太过于改变饮食习惯。而那些血脂处于危险值（250 毫克左右），父亲在 54 岁时由于心脏病突然去世的人，就需要注意日常的饮食习惯了。

有家族心脏病史的人，也可以去检查载脂蛋白，并确定载脂蛋白 B 和载脂蛋白 A-1 的比例。第三项可做的检查是测量 C- 反应蛋白。它是检测炎症的一项指标。尽管这些检查中没有一项可以预测你将来是否必然会患上心脏病，但它们可以让你清楚自己与心脏病之间可能存在的关系。

有益心脏健康的饮食

为了你的心脏健康，请在日常食物选择上做出细小的改变，日积月累就会产生巨大的效果。美国心脏协会推荐以下饮食与生活方式。它们可帮助你减少患心血管疾病的风险。

- 达到或者保持一个健康的体重值。
- 多摄入含蔬菜、水果、全谷物、高纤维的饮食。
- 限制饱和脂肪酸、反式脂肪酸和胆固醇的摄入。
- 用坚果、牛油果、蔬菜油等富含的健康不饱和脂肪酸代替饱和的动物类脂肪酸。
- 限制饮料以及含糖食物的摄入，以控制自己的体重。
- 购买或者自制少盐及无盐的食物。

- 适量喝些红酒（如果一定要喝酒的话）。

- 不在家进食时，选择恰当的食物。

- 每天进行 30 分钟以上的运动。

本书会提供更多详细信息，帮你更好地了解并遵循美国心脏协会的建议。

真相揭秘

豆类蛋白，例如豆腐、豆奶、毛豆均可以帮助你降低胆固醇

事实：曾经，食用豆类被认为可以帮助人体降低血液中坏胆固醇的含量，并提高好胆固醇的含量。这种转化自然对心脏病的发生起到了预防作用。但最新的研究表明，豆类含有的大豆异黄酮不能预防心脏病。不过，豆类食物仍对健康有益，因其含有多元不饱和脂肪酸、纤维素、维生素和矿物质。同时豆类中饱和脂肪酸的含量也较低。所以请放弃美味的肋排和其他易引起动脉阻塞的食物，而选择豆类食物作为晚餐。

瘦牛肉与心脏健康

运动员普遍认为摄入牛肉会导致动脉阻塞，从而避免食用它。当然，如果你摄入的是油腻的汉堡或热狗，的确如此，但是少量的瘦牛肉根本不会对运动员有任何坏处。从营养学的角度来说，瘦牛肉是铁、锌和其他营养元素的绝佳来源，这些也正是运动员身体所需要的。因此，事实与人们以往普遍认为的相反：牛肉不是含高胆固醇的食物，也并不比鸡肉、鱼肉含有更多的饱和脂肪酸。除此之外，我们现在知道比起胆固醇，饱和脂肪酸才是导致心脏病的罪魁祸首。的确，牛肉的饱和脂肪酸比鸡肉或鱼肉多，这也是为什么牛肉享有坏名声的原因。饱和脂肪酸在室温下会呈凝固状，例如，牛肉脂肪就会比鸡肉脂肪（饱和脂肪酸相对少些）要硬。

美国心脏协会建议，我们每天摄入的热量中应有少于 7% 的热量来自饱和脂肪酸（美国人的平均饱和脂肪酸摄入量是 11%），而在我们的热量来源中，脂肪占到 25% ～ 35%。美国心脏协会有一个专用的脂肪计算器可以帮助你制订适合自己的日常饮食计划。例如你计划制订一个每天 7200 千焦的饮食计划，7%（14 克）的饱和脂肪酸大概相当于一个麦当劳的芝士汉堡。如果你每天运动量很大，需要摄入 12000 千焦的热量，那么 7% 来自饱和脂肪酸的热量，大概相当于一个汉堡王的双层芝士堡。

但并不是所有的牛肉都是高脂肪含量的。如今的农场工人已经知道如何提高动物的瘦肉量，而且屠宰业也会去除牛肉中更多的肥肉，因此牛肉和其

他肉类的健康程度都相应得到了提高。只要将某些部位，例如眼肉、后臀肉、牛腰肉、里脊肉等切下来，你就可以轻松地将一块约手掌大小的牛肉（猪肉或羊肉）列入到一顿有益心脏健康的运动餐当中。如果是在家自制牛排，而不去餐馆里食用自诩鲜嫩多汁的牛排（富含饱和脂肪酸），你便可摄入更多富含营养且健康的瘦牛肉。

鱼肉与心脏健康

如果身体健康是你一直以来的追求，那么鱼肉对你来说一定是必不可少的。调查发现，吃鱼不仅能预防心脏病，而且能预防高血压、癌症、关节炎、哮喘以及其他我们已知或未知的疾病。Omega-3 脂肪酸是在鱼油中发现的一种特殊的不饱和脂肪酸，可以阻止很多有害的生化反应。这些反应会导致血管阻塞（诱发心脏病和中风）以及心律不齐（心脏病发作时的症状之一）。一些研究者相信：鱼油可以阻止心脏病发生，而不仅仅是在疾病初始期有预防作用。

美国心脏协会建议我们每周摄入 200 克的油性鱼（约一条大鱼或两条小鱼的量），为人体提供相应的鱼油，从而降低心脏病病发的概率。晚上吃鱼不仅有助于在你的膳食中增加鱼油，而且避免了摄入来自其他肉类中的高饱和脂肪酸。下面的清单可以帮助你选择富含 Omega-3 脂肪酸，受污染程度低（很少被汞或者其他污染物污染）且有益生态平衡的鱼类。

Omega-3 脂肪酸的最佳来源
长鳍金枪鱼（钓或鱼叉捕捞）

淡水三文鱼（养殖）

牡蛎（养殖）

太平洋沙丁鱼（野生）

虹鳟鱼（养殖）

三文鱼（野生）

Omega-3 脂肪酸的优质来源
北极红点鲑（养殖）

澳洲肺鱼（养殖）

太平洋螃蟹（野生）

长鳍鱿鱼（野生）

蚌（养殖）

你需注意的是用低油的方式来烹饪鱼类，而不是用黄油去煎制或烤制。如果你实在不愿自己烹饪鱼类，也可选择即食的鱼类罐头或用箔纸包装的金枪鱼、三文鱼和沙丁鱼，又或者在餐厅里选择鱼肉作为你的主菜。

但是，你仍需要避免吃太多鱼肉。因为现在的海水易被工业排放物污染，导致含 Omega-3 脂肪酸的鱼类也含有一定剂量的甲基汞。长期摄入甲基汞可能会导致成年人产生神经类和心血管类疾病，同时也会对婴幼儿脑部发育造成损伤。如果你喜欢垂钓，吃寿司或者每天午餐时吃金枪鱼，那么就需要注意甲基汞很可能已在你的身体里堆积，从而导致健康问题（手脚刺痛、疲劳和肌肉疼痛）。

然而，美国食品药品监督管理局（FDA）建议孕妇每周摄入 360 克鱼肉，因为鱼油对人脑的正常发育至关重要。虽然 360 克的量对于孕妇是足够安全的，但是孕妇还是需要避免食用鲨鱼、剑鱼、鲭鱼和瓦鱼，并且限制摄入金枪鱼的量，最好每周不超过 180 克。因为这些鱼类体积大且长寿，它们会吃很多含甲基汞的小鱼，从而体内也会堆积一定量的甲基汞。最安全的鱼类要属产自阿拉斯加的三文鱼、罐装鲑鱼（红鲑鱼，银大马哈鱼等品种）、虾、鳕鱼、鲶鱼以及没有什么添加剂的金枪鱼罐头。

真相揭秘

如果你不喜欢吃鱼肉，也可以选择吃鱼油胶囊

事实：美国心脏协会并不认为鱼油胶囊可以代替鱼肉。也就是说，吃鱼获取的好处是吃鱼油胶囊代替不了的。曾经有研究认为吃鱼油胶囊有益人体健康，可惜并没有解释其中的因果关系，只显示了吃鱼油胶囊的人可能过着更健康的生活方式。但是最近研究人员在 22 项研究中发现：鱼油胶囊并不能对患心脏疾病（包括中风、心脏病、心率紊乱和心脏衰竭）产生防护效用。这也告诉我们需要关注的是完整健全的饮食，而不是选择依赖某种营养补充品。

相信你也认可将 Omega-3 脂肪酸纳入自己的日常膳食当中。但如果你不吃鱼该怎么办呢？另一个摄取 Omega-3 脂肪酸的方法是从植物中获取，例如亚麻籽、核桃、豆腐、豆类、芥花油和橄榄油。这些植物可提供一种被称为亚油酸的物质（可在体内转化为 Omega-3 脂肪酸）。虽然二者并不完全一致，但是有 Omega-3 脂肪酸总比没有好。

鸡蛋和心脏健康

鸡蛋是富有营养的食物，且富含高质量的蛋白质。蛋黄所含的类胡萝卜素还可以抵抗由年龄增长引起的黄斑病变和白内障。曾经，医学专家告诉我们吃鸡蛋不好，因为一个中等大小的鸡蛋包含 185 毫克的胆固醇，这近乎美国心脏协会所推荐人体每天摄入胆固醇 2/3 的量。美国心脏协会建议人体每天最多摄入 300 毫克胆固醇，用以维持正常低密度脂蛋白胆固醇的水平。

今天，我们知道摄入人体的胆固醇与血液中所含胆固醇并不是一个概念。大多数血液中的胆固醇其实产自肝脏。而饮食中的饱和脂肪酸会抑制人体对"坏的"低密度脂蛋白胆固醇的清除能力，从而成为阻塞动脉的元凶。最新研究显示，鸡蛋中的胆固醇对大多数人（特别是平日采取低脂饮食的人）的血液胆固醇含量影响并不大。因此，2010 年的美国居民膳食指南宣布：每天 1 个鸡蛋既不会增加血液中胆固醇的含量，也不会增加健康人士患心血管疾病的风险。至于已经患有心脏病或家族有心脏病史的人士，则仍需继续遵循美国心脏协会的建议：每周至多摄入两个蛋黄（包括烹饪所用的鸡蛋）。

减掉身体多余的脂肪是降低血液胆固醇含量的绝佳方式。那么富有营养的鸡蛋对于注重饮食健康的人士来说恰恰再好不过了。早餐吃两个鸡蛋，搭配两片涂抹果酱的烤面包，与芝士百吉饼和酸奶提供的热量一样高，但给人体带来的饱腹感却高很多。因为鸡蛋给人的饱腹感较强，所以你不容易感到饥饿，且可少摄入 1000 千焦的热量。如果你不是先天基因造成的高胆固醇和心血管疾病患者，那么鸡蛋对你来说是很棒的早餐选择。

某些鸡蛋同时也会提供 Omega-3 脂肪酸。这些鸡吃一种特殊素食饲料（含有芥花油），可以提高蛋黄的脂肪含量。因此，"特制鸡蛋"如 Eggland's Best 这个品牌的鸡蛋就比普通鸡蛋含有多一倍的 Omega-3 脂肪酸。如果你吃两个此种鸡蛋，就可以摄入 230 毫克的 Omega-3 脂肪酸。鉴于美国心脏协会提倡患有心脏疾病（或有患病风险）的人士每天摄入 1000 毫克的 Omega-3 脂肪酸，而一份三文鱼就能提供 2000 ～ 4000 毫克的 Omega-3 脂肪酸，因此我建议你主要依靠吃鱼，然后用鸡蛋作为辅助来获得 Omega-3 脂肪酸。

燕麦片和心脏健康

在大麦、扁豆、豌豆等豆类中存在一种纤维（可溶性纤维），可以预防心脏疾病。因此，你需要想方设法在自己的膳食中加入这些食物，例如将吐司或贝果换成一杯燕麦片。

调查发现，每天吃 1 碗燕麦（1/2 杯，熟）有助于降低血脂。此外燕麦片也特别适合低脂膳食和习惯计算饮食中胆固醇含量的人士。一项为期 6 周的调查显示：健康的成年人每天早晨吃燕麦，继而血脂降低了 10 个百分点。当然，合理的日常饮食和吃燕麦片一样重要。换句话说，你不可以早晨吃燕麦片，中午吃芝士，晚上吃辣香肠比萨，还指望自己的血脂会下降。

如果你没时间在家做燕麦粥，也可以将即食燕麦片作为上午或下午的加餐，或者和我一样在早餐中加入燕麦片。小麦和原始燕麦可以说是我最喜爱的美味谷物。

坚果、花生酱和心脏健康

尽管很多人因为怕胖而试着远离坚果和花生酱，但你不妨观察一下，那些经常吃坚果的人并不比不吃者胖。一项针对 26000 多人的调查显示：每周吃 5 次坚果或花生酱可以减少 50％ 患心脏病的风险。这项调查还显示，摄入坚果可使人体患上 2 型糖尿病的概率减少 25％。此外，坚果中还富含单不饱和脂肪酸（同时含有叶酸、烟酸、维生素 B_1、镁、纤维素和其他营养元素）。

在燕麦片中加入核桃，在百吉饼上涂抹花生酱，把杏仁片撒在沙拉上，这些都是让饮食更健康的小妙招。当然午餐享用一份老式花生酱三明治也是不错的选择。不过要注意将饮食里加入的坚果和花生酱的热量同时计算到所摄入的总热量当中。680 千焦的热量意味着 30 克的坚果：22 粒杏仁、28 粒花生、20 颗山核桃、45 颗开心果或 1/4 杯的葵花籽。将坚果纳入饮食当中，好的一面是坚果可使人有饱腹感。30 克（或者更少）的坚果可以让你在稍长的时间内感觉不到饥饿。因此节食者完全可以将坚果、花生酱及其他健康脂肪的来源纳入自己的饮食计划中，从而更有助于你成功减肥。

将脂肪融入你的饮食

请你不要试图采用完全脱脂的饮食方式，这毫无必要。而应尝试将饱和脂肪酸替换成单元或多元不饱和脂肪酸。例如将面包涂黄油替换成浸沾橄榄油的吃法。而且一定量的脂肪对于促进人体维生素的吸收至关重要，还可为你的肌肉供能，并帮助你满足口腹之欲。

不论是在运动饮食中，还是有益心脏健康的膳食中，你摄入的总热量中应有 25％ ～ 35％ 来自脂肪。美国心脏协会建议多摄入植物油和鱼油，而少摄入饱和的动物脂肪；同时建议减少摄入反式脂肪酸、椰子油和棕榈油这三种常用于加工食品的高饱和植物油。

通过限制油炸和高脂肪含量的食品（黄油、人造黄油、沙拉酱、冰淇淋、饼干和薯片）的摄入，你会少摄入25%的脂肪。其实你并不需要每次都严格计算脂肪的摄入量，但如果你和我的其他客户一样热衷参考食品上的热量标签，你也许会想要更清楚地知道自己的脂肪摄入量。

体重（1千克=2.2磅）可以作为参考来估算你每天饮食里所需要的脂肪量。更精确的计算方法如下。

（1）估算你每天所需的热量（参见第16章）。

（2）将每日的总热量乘以25%就是你每天所需通过脂肪摄入的热量。

（3）将每天所需通过脂肪摄入的热量除以36来确定你每天所需脂肪的质量（1克脂肪约提供36千焦的热量）。

因此，如果你是一位中等运动量的女性运动员，一天摄入8000千焦的热量，那么其中2000千焦可以来自脂肪，也就是说你可以每天吃大概56克的脂肪。

这个数值远比大多数人普遍认为的量要多得多！而且如果体重偏轻或者运动量很大，那你就需要更多来自有益脂肪的热量，以此来提高总的热量摄入。因此在你的饮食里加入更多含有有益心脏健康的脂肪的食品吧，例如花生酱、坚果、橄榄油或芥花油。试着学会通过阅读食品标签来认清日常所摄入的脂肪量。当然关键问题还在于限制饱和脂肪酸的摄入，转而选取可提供健康的单元或多元不饱和脂肪酸的食物。

食用油和心脏健康

当人们谈及选择有益心脏健康的烹饪用油时，第一要点就是"越软越好"。也就是说，软（液态）植物油中的不饱和脂肪酸含量比硬（固态）脂肪（如黄油或人造黄油）的含量要高很多。其中橄榄油和芥花油是有益心脏健康的优质不饱和脂肪酸的来源。这些油富含单元不饱和脂肪酸，比玉米油、葵花籽油及其他植物的多元不饱和脂肪更好，所以请尽量使用橄榄油和芥花油来制作沙拉、酱料、意大利面或煎制其他食物。但如果你想减肥，一定要适量食用含有不饱和脂肪酸的油。虽然它比含饱和脂肪酸的油要健康，但食用过多仍会导致体重增加。

用橄榄油或芥花油烹饪食物，比用黄油、人造黄油、猪油、培根油及其他在室温下是固态的动物脂肪要健康得多。如果你每天摄入两汤匙（2 克）的橄榄油或芥花油，就可以将身体里低密度脂蛋白胆固醇的含量降低 10% 或更多。

真相揭秘

为了心脏健康，使用人造黄油代替黄油

事实：黄油的确比人造黄油含更多饱和脂肪酸，但这一类饱和脂肪酸并没有你想象的那么可怕（堵塞动脉）。相反，人造黄油的饱和脂肪酸含量虽然相对少些，但它含有一种反式脂肪酸（配料表上"部分氢化"的字眼意味着该产品可能包含反式脂肪酸）。即使标注"零反式脂肪酸"的人造黄油也可能含有每份少于 0.5 克的反式脂肪酸。如果你食用过多人造黄油，那摄入的反式脂肪酸的量也会随之增加。

因此最佳选择是少量食用你所喜欢的每一种油脂，并且注意搭配其他食物。美国心脏协会推荐人体每天所需的热量中，至多 7% 的热量来自饱和脂肪酸。因此，如果你是肉食爱好者，就不得不进行一些改变，例如吃更少的汉堡或黄油。不管什么食物，过量摄入都是不健康的。

补充剂与心脏健康

许多人想知道更多关于维生素补充剂的信息，并希望知道它们到底是否有益于人体的健康。如果我们通过吃药就可以弥补糟糕的饮食和不佳的遗传基因，那么健康生活就会变得简单。不幸的是，对试图通过维生素和抗氧化剂来减少心脏疾病的案例的研究发现：服用高剂量的 β- 胡萝卜素、硒和维生素 E 的好处很少，甚至还会给人体带来潜在的危害。包括对叶酸和其他维生素的研究，结果都令人失望。因此，美国心脏协会鼓励人们从水果、蔬菜、全谷物和植物油中获取维生素和抗氧化剂。合理膳食才是有效促进健康的正道。更多关于维生素补充剂的信息请参见第 11 章。

第 2 节 饮食与高血压

高血压是引起心脏病或中风的主要原因，影响着 25% ～ 30% 的美国人。你可以通过经常测量血压的方式来判定自己是否处于健康的状态。还有一

点，血压值会随着年龄的增长而增加。总的来说，降低血压会减少你患心脏病的风险。

什么导致高血压？

肥胖、吸烟、压力大、肾功能薄弱和糟糕的饮食都会导致高血压。大多数锻炼者普遍不受肥胖的困扰，不吸烟并且饮食相对健康，因此患高血压的风险也较低。许多有运动习惯的人，事实上血压也的确比较低。但是你不能改变其他一些潜在的因素（如基因和年龄），它们也可能导致高血压，即便你的生活方式很健康。此外，你也不能忽视这样的事实：年龄增长可能会带来高血压。在一项针对30～54岁血压处于临界点的人士的调查显示：那些减少钠摄入长达10～15年的人会比一般人更不容易患上心脏病和其他心血管疾病。

真相揭秘

吃高盐的食物会导致高血压，减少盐的摄入可以降低血压

事实：减少盐的摄入并不总能够降低血压。在美国，只有10%的高血压案例有明确的诱因，其余90%的案例并没有找到明确的诱因。健康专家们一直在争论是否有必要减少钠的摄入。然而因为关于摄入多少盐的持续争论，芬兰人已经在近30年期间减少了大约1/3的盐的摄入。事实上，在芬兰65岁以下的心脏病患者与中风者减少了75%～80%。所以，长期看来，减少钠的摄入对于降低心血管疾病的患病率来说是个明智的选择。

运动员与盐

盐是由40%的钠与60%的氯组成。钠的作用在于维持身体细胞内外液体的平衡，因此你的身体需要摄入钠——大约每天1000毫克。然而，许多美国人每天摄入量达到了3400毫克之多，其中只有10%来自未加工食物自带的天然钠；5%～10%来自调味品；其余皆来自加工和包装食物中所含的钠。因此，享用自制的饭菜，以及用水果、坚果和其他健康食物作为零食会大幅减少钠的摄入。

　　2010 年发布的《美国居民膳食指南》中，建议人体每天摄入少于 2300 毫克的钠（一茶匙大约为 2300 毫克）。对于高危人群（约占美国人口的一半，包括患有高血压、糖尿病以及慢性肾病的人士，以及 51 岁以上的成年人）的建议是每天摄入 1500 毫克钠。即使你出汗量很大（钠流失也会相对多），例如有些运动员比一般人出汗要多，大多数进行锻炼的人士仍能够从天然食物中获取足够的钠。正常人每天只要有 180 ～ 500 毫克的钠就可正常活动了。

　　如果你在炎热环境下锻炼超过 6 小时，那么你就需要刻意为身体补充些盐分。同样，如果一定时期内训练强度大，你也需要酌情为自己补充盐分。例如，专业足球运动员在夏季训练两小时所流的汗水中的钠含量为 1500 ～ 11000 毫克。更多信息请参考第 8 章和第 10 章中关于汗水流失与钠补充的注意事项。

　　对于出汗量大的运动员来说，建议每天钠的摄取量有些低。如果你血压正常或者偏低，也没有高血压的家族病史，并且平日训练强度大、出汗量也大，那么摄取低钠饮食就不是好的选择了。然而你若是不怎么出汗，那么减少钠的摄入就是明智的选择。

减少盐分的摄入

　　如果你希望自己的日常饮食有助于降低血压，那最佳的选择是购买天然的食物，例如生的无盐花生和新鲜的蔬菜，并且在饮食计划里纳入大量新鲜水果、蔬菜、低脂奶制品和瘦肉。表 2.2 对比了不同食物的钠含量。

表 2.2　食物的钠含量

食物种类	平均钠含量	备注
麦片（冷）	250 毫克 / 30 克	参考食物标签，因品牌而不同
烘烤类食物	250 毫克 / 份	1 天 1 次，如果一定要吃的话
奶酪（低脂）	200 毫克 / 30 克	适量，30 ～ 60 克 / 天
面包	150 毫克 / 片	参考食物标签，因品牌而不同
牛奶，酸奶（低脂）	125 毫克 / 240 克	参考食物标签

续表

食物种类	平均钠含量	备注
肉，鱼，禽	80 毫克 / 120 克	未加工，无盐
鸡蛋	60 毫克 / 个	未加工，无盐
黄油，人造黄油	50 毫克 / 勺	选择无盐黄油
蔬菜	10 毫克 / 份	新鲜或冷冻；若是罐头，建议先冲洗一下
水果，果汁	5 毫克 / 份	天然低钠

商业加工食品以及饭店里的饭菜是日常摄入钠的最主要来源，因此吃更多自制、未加工的食物是降低盐分摄入的最简单方式（食用快餐的人日均盐分摄入量会多于 4000 毫克）。如果你超重，也可以通过努力减轻些体重来降低血压。以下食物若能少吃也可减少钠的摄入，并且有助于降低血压。

- 商业加工的食物。例如冷冻晚餐、罐装汤和即食快餐，除非食物标签上标注为低钠食物。加工食物中含有的钠占据美国人饮食中钠含量的 75%。运动员饥饿时会吃大量的方便食物，这很容易导致摄入过多的钠。具体来说，钠从何而来？1 杯意大利肉酱面的酱汁就有 960 毫克的钠；1 杯 Rice-A-Roni（美国的谷物品牌）包含 970 毫克的钠；一罐 Campbell（品牌名）鸡肉汤搭配米饭和通心粉含有 2225 毫克的钠；一罐 425 克的 Beefaroni（品牌名）牛肉罐头含有 1460 毫克的钠。

- 调料盐。请把桌上的盐罐去掉。在烹调或烘焙时不放盐或减少所放的分量，并不会给菜品的口感带来太多的影响。如果必须要加盐，在食物上桌前加盐，而不应在做菜的过程当中放盐。将盐添加到食物的表面会使食物尝起来更咸。

- 含盐小吃。包括加盐的脆饼、薯片、椒盐卷饼、爆米花、坚果、橄榄以及泡菜。如果有低钠小吃，请尽量购买低钠的。

- 经烟熏加工的肉和鱼。例如火腿、培根、香肠、牛肉、热狗、腊肠、意大利蒜味肠、意大利辣香肠和熏鲑鱼。如果实在喜欢，尽量选择低钠的。

- 奶酪。尤其是某些低度加工且低脂的奶酪，其比普通奶酪要含有更多的钠。

- 调味品和佐料。例如番茄酱、芥末、开胃菜、辣酱油、酱油、牛排酱、味精和大蒜粉。

- 小苏打和苏打水。泻药里面的钠含量也比较高。

你可以试用香草和香料来增强食物的风味。此外，在你尝试一种新的调料时，最好一点一点地添加。以下搭配你也许会想试一试。

- 牛肉：干芥末、胡椒、红酒或雪利酒。
- 鸡肉：欧芹、百里香、龙蒿叶、咖喱、白葡萄酒或苦艾酒。
- 鱼：月桂叶、辣椒、咖喱、洋葱或大蒜。
- 鸡蛋：咖喱、香葱、胡椒、西红柿或糖。

增加钾的摄入

如果说钠是引起高血压的"坏家伙"，那么钾就是帮助我们降低血压的"好伙伴"。大多数天然食物里都富含钾元素，例如水果、蔬菜、全麦面包、燕麦片、扁豆、大豆、坚果和蛋白质类食物。精制和高度加工过的食物，如糖果和油制品（如沙拉酱、黄油）里面的钾含量就很少。你可以通过吃下面的食物来增加钾的摄入。

- 用全麦、燕麦和黑麦面包来代替白面面包和其他的面制品。
- 多吃沙拉以及生（或蒸）的蔬菜。由于钾元素在水中易流失，所以尽量少用水来煮蔬菜。食物在蒸的过程只流失 3% ～ 6% 的钾元素，而通过水煮的方式会流失 10% ～ 15%，除此之外，微波也是保留食物中钾元素的好选择。
- 食用土豆多于米饭、面条或意大利面。
- 用天然水果汁代替水果饮料或其他饮料。
- 一个普通人日常的钾摄入量应该保持在 4700 毫克。其中一小部分钾会在流汗中流失。0.5 千克汗水里含有 85 ～ 105 毫克的钾。大多数运动量大的人可以通过摄入足够的富含钾的食物来弥补汗水中流失的钾，但是你仍需更关注钾的吸收。

DASH 饮食

为了解血压和饮食之间的关系，美国国立卫生研究院资助了"停止高血压的饮食方案"（DASH 饮食）这一研究项目。此饮食方案建议人们摄入两倍平常所吃水果、蔬菜和奶制品的量；而牛肉猪肉的摄入量则减少到平常的 1/3，烹饪用油减少一半，沙拉酱减少一半，零食和甜品减掉 3/4。超过 400 人采用了此饮食 3 个月后，其血压都降低了。研究者们得到一个结论：富含钙、钾、镁和纤维素的饮食对于降低血压很有帮助。当人们同时减少钠的摄入时，其血压则可降得更低。每天摄入 1500 毫克钠的人的血压比每天摄入 3300 毫克（大多数美国人的日摄入量）的人降得更低。

此研究表明血压不仅仅与钠的摄入量相关。此外，吃富含钾元素的食物也可以预防高血压。钾可以更好地保护血管，防止随着年龄增长而来的血管损伤。钙也可以平衡饮食中摄入过量钠而产生的负面影响。表 1.2 与表 1.3 可帮你了解一些常见蔬菜与水果中的钾含量，表 1.5 列出了常见的高钙食物。

第 3 节　饮食与癌症

在美国，癌症是继心脏病之后最常见的致死类疾病。癌症不是某一种疾病，而是好多种疾病的总称。每一种癌症都拥有各自的高危人群、发病率和治愈率，以及发病原因。其中饮食约占发病原因的 35%，所以，健康饮食的防癌效果远比你想象的高。

令人沮丧的是，每 5 个人中就有 2 个人可能患有癌症，但好消息是饮食结构的改变可以降低 1/3 的癌症死亡率。例如，和那些每天吃两种水果蔬菜或更少的人相比，每天吃至少 5 种水果和蔬菜的人患癌症（尤其是肺癌、结肠癌、胃癌和食道癌）的风险会降低 40%。具有丰富水果、高纤维素的防癌饮食，同时也是可提高运动表现的健康饮食。

保护性的营养物质

预防癌症的关键在于提高人体的抗氧化能力，或是降低体内有害物质——自由基的含量。自由基是通过每天正常的生理活动而产生的。此外，环境污染（如香烟、汽车尾气、辐射以及除草剂等）也会诱发自由基的产生。自由基可以攻击、渗透和伤害身体的细胞结构。幸运的是，我们身体中天然的控制系统，足以将自由基的活性降至最低。这些天然控制系统中含有很多维生素和矿物质，其中主要包括以下这些。

- 类胡萝卜素。它会在体内转化为维生素 A。橙子和绿色水果蔬菜中含有 40 多种类胡萝卜素，可帮助人体阻止自由基的形成。好的类胡萝卜素的来源包括胡萝卜、菠菜、红薯、羽衣甘蓝、杏仁和甜瓜。（如果摄入过多富含类胡萝卜素的蔬菜水果，你的皮肤可能会变黄。一旦发生此种情况，就应减少摄入！）

- 维生素 C。它可以阻止人体细胞内的有害反应。好的维生素 C 的来源包括猕猴桃、柑橘类水果、花椰菜、青椒和草莓。人体每天需要摄入 200 毫克的维生素 C。你可以通过吃四杯水果和蔬菜来达到这一目标。

- 维生素 E。它可保护人体细胞壁免受自由基的破坏。当你希望平衡饮食中的热量时，应确保每一餐中都有富含维生素 E 的食物。但是需要注意的是这类食物通常都具有较高的热量。好的维生素 E 的食物来源包括蔬菜类油（以及用其制成的食物，如沙拉酱）、杏仁、花生、瓜子、芝麻、麦芽、亚麻籽和全谷物（见表 2.3）。维生素 E 的每日建议摄取量为 15 毫克。

表 2.3　食物中维生素 E 的含量

食物种类	每一份食物的分量	维生素 E 的含量 / 毫克 *
小麦胚芽油	1 汤匙	20
葵花籽	1/4 杯（30 克）	8
杏仁	1/4 杯（30 克）	7
麦芽	1/4 杯（30 克）	5
菠菜（煮熟）	1 杯（44 克）	4
花生	1/4 杯（30 克）	3
花生酱	两汤匙	3
菜籽油	1 汤匙	3
橄榄油	1 汤匙	2
牛油果	1/4 个（60 克）	2

* 每日建议摄取量（RDA）为 15 毫克。

- 硒。它可以保护人体细胞壁免受自由基的伤害，增强免疫系统的反应力及抗癌能力。硒的最佳来源包括金枪鱼、肉类、鸡蛋、牛奶、谷物、大蒜和海产品。我不建议你服用补充剂，因为长期摄取超过 200 微克的硒会导致硒中毒。

其他可以预防癌症的食物还包括富含纤维素的食物。虽然研究表明吃很多谷物、水果和蔬菜的人患癌症的概率会降低，但科学家也不是很确定是不是纤维素对人体起到了保护作用。除了水果、蔬菜和谷物中的维生素及矿物质以外，还有数百甚至数千种鲜为人知的物质有益于我们的健康。这也是为什么你需要将更多的精力投入到健康的饮食当中，而不应去思考应选择哪种纤维素补充剂。

虽然研究人员一度希望通过药品中高含量的抗氧化剂来降低某类癌症的发病率，但目前得到的结果令人失望。除了维生素 E 和硒可能会降低前列腺癌的发病率外，研究人员发现补充抗氧化剂对健康几乎没有益处。只是研究对象中吃大量水果蔬菜的人（同时血液中有较高的抗氧化剂含量）给了人们希望：抗氧化剂可以防癌。今天，大多数健康领域的专家都强调从食物中获得这些营养成分的重要性，而不建议通过补充剂获得这些营养成分。但是科学家还不能明确指出蔬菜水果中的上千种营养元素中，到底哪种真正对身体起到了保护作用。

预防癌症

世界癌症研究基金会和美国国家癌症研究所在关于饮食与癌症的研究报告中，建议人们每天吃至少 420 克蔬菜水果，每周最多摄入 540 克红肉，避免摄入加工过的肉类（如热狗、腊肠和辣味香肠），限制酒精的摄入，并尝试仅通过饮食来满足人体的营养需求。报告不推荐食用补充剂来预防癌症，所以一定要多吃花椰菜、胡萝卜、羽衣甘蓝、红薯和其他种类的蔬菜。请记住，没有任何一种补充剂能够弥补只吃快餐、没有水果蔬菜的饮食结构对身体造成的伤害。

癌症（和其他健康问题）不仅与饮食习惯相关，也与你的生活方式密切相关。放松、平和的心态、积极的人生观都是积极有效地促进健康的因素。总而言之，癌症预防的方法包括享用美味、平衡且低脂的膳食；将锻炼纳入日常生活当中；悠闲地去享受生活中的各种乐趣。

第 4 节　饮食与糖尿病

　　如今，越来越多的人有肥胖和糖尿病等问题，这种现象不只是在成年人中出现，甚至许多儿童也未能幸免。他们习惯吃超大份的快餐，并且花太多时间看电视和上网，而不去户外玩耍。有一种类型的糖尿病是由身体不能生产出足够的胰岛素来代谢血糖而导致的；第二种类型和其他更多类型的糖尿病经常发生在那些超重或有不健康生活方式的人群中。这些人群需要减重、运动以及吃更好的食物，有些人甚至需要药物治疗，否则高血糖会增加他们患心脏病、中风、肾脏疾病和失明的风险。

真相揭秘

吃大量糖会导致糖尿病

　　事实：超重和亚健康都是导致人体患糖尿病的原因。一个针对 50多岁、3200 个超重且血糖较高的人的调查报告表明：人们在禁食和吃完饭之后血糖会升高（糖尿病的一个危险信号）。其中一些人需要服用药物来降低血糖；还有一部分人每周锻炼至少 150 分钟（一周 5 次，每次约 30 分钟）来减掉部分体重（大约总体重的 7%）。另外一些人不做任何改变。那些运动量增加，并且成功减轻体重的人患糖尿病的概率降低了 58%。那些吃药的人在 3 年内患病概率降低了 31%。可见通过积极参加运动，可以有效降低患糖尿病的风险，同时也可降低随年龄增长而患上其他疾病的风险。

糖尿病最好的治疗方式是预防。平衡的饮食与有规律的少食多餐可预防糖尿病，而且还会使你的体重恢复正常，且不需要禁食碳水化合物。即使服用胰岛素的人群每天每餐都可以摄入 30 ～ 60 克的糖类。随着运动强度的增大，可摄入的糖类也可增加。关键在于均衡地从每餐中摄取营养。你需要摄入由水果、蔬菜和全谷物制成的食物，且在瘦肉蛋白质、低脂乳制品和健康的油脂中取得平衡。

第 5 节　饮食与骨骼健康

骨质疏松、因老年化引发的骨骼薄化会导致人体弯腰驼背，且骨骼也变得更易碎。尤其女性经历更年期后，骨质疏松将是个严重的健康问题。一项针对 200000 名 50 岁以上的健康女性的调查显示：40% 的女性骨质缺乏，7% 的女性骨质疏松（其中大部分女性并未察觉到）。骨质疏松的女性在一年内骨折的可能性是普通女性的 4 倍；骨质缺乏的女性骨折的可能性则是普通女性的两倍。同时，骨质疏松也是 70 岁以上男性面临的问题，所以男性也应该在早期照顾好自己的骨骼。此外，自行车骑行者与游泳者如果不经常进行力量训练，也需要更关注身体的骨骼健康。

一些经期不正常的年轻女性运动员也面临骨质缺乏的风险。更年期和更年期后的女性缺少足够的激素来维持骨骼的密度。那么好消息是骨质疏松也是可以预防的，它并不是随着年龄增长而必然会出现的一种现象。你可以通过养成以下这些健康的习惯来降低骨质疏松的发生率。

- 高钙饮食。长期的高钙饮食可帮你打造出强壮的骨骼，同时还可帮你维持骨骼密度。为达到最佳效果，你每天需要摄入 1000 ～ 1300 毫克的钙（见表 1.6），同时还要摄入 400 ～ 800IU（国际单位）的维生素 D，因为它能帮你更好地吸收钙。如果你是家长，请确保孩子在

11 ～ 14 岁时多喝牛奶、少喝汽水。钙是青春期到 30 岁期间人体所需的重要元素。

不幸的是，25 ～ 40 岁的女性一般只摄入推荐量（1000 毫克）一半的钙，这也许是 65 岁的女性当中，有 25% 的人患有骨质疏松（其中 12% 可能死于由此引起的并发症）的原因。如果你认为摄入钙片是代替牛奶的简单方式，那么请三思。从食物中摄入钙的女性比依靠钙片等代替物的女性的骨骼健康很多。每一餐都选择高钙食物（平均分布于一整天），可以帮助你摄入足够的钙。这对于长身体的孩子以及成年人都很重要。因为随着年龄的增长，身体真正吸收摄入的钙元素的比例也会随之减少。

- 规律的锻炼。注意定期参加体育锻炼，例如负重的有氧操和力量练习（如果是游泳者或骑行者，你也许需要加入一些跑步、跳绳和其他负重练习来维持骨骼的强壮）。

提升钙的摄入

一个提升钙摄入的绝佳方法是享用调味奶（乳品或豆奶、巧克力或香草牛奶），作为锻炼后恢复能量的食物。如此，你不仅可以摄入钙与维生素 D，同时还可摄入水、钠以及高质量的蛋白质。注意杏仁露属于饮料，不可作为奶制品的替代物。例如每 240 毫升的杏仁露只可提供 1 克蛋白质，而同等量的豆奶则有 6 克，牛奶则有 8 克。

酸奶是一种比较受欢迎的可提升钙摄入量的食品。酸奶包含更多的益生菌——可增强你的免疫力并促进消化。如果你曾进行过抗生素治疗，酸奶也会对你特别有益。因为抗生素不光杀死你身体里坏的细菌，同时也消灭了好的益生菌。酸奶可以帮助我们修复这些好的益生菌。此外，这些益生菌还有助于消化乳糖，对于那些乳糖不耐受的人来说是极好的选择。

因为市面上的风味酸奶含糖量较高——以 240 毫升为例，比天然酸奶多 12 克糖，所以我们最好选择原味无糖酸奶加上一匙蜂蜜或果酱。记住，冷冻酸奶已无活性菌，营养价值不高，所以请尽量不要选购。

对于运动员来说，酸奶是易消化的碳水化合物和优质蛋白质的混合物，所以锻炼前后都可以摄入。一项针对疲劳运动员的研究告诉我们：那些经常喝酸奶的运动员与普通运动员相比，有更强的免疫力。所以，不妨在运动后来一点水果和酸奶。

- 正常的激素水平。女性如果雌性激素低下则更容易骨质疏松，哪怕是摄入高钙饮食并进行力量训练也不能弥补（月经不调的女性运动员总是有更高的骨折风险）。月经不调的女性运动员普遍认为摄入避孕药可以帮助自己保护骨骼，但是研究表明这是无效的。对于月经不调的女性运动员来说，最好的做法是通过合理膳食来保持月经的正常。
- 低钠饮食。因为摄入过多的钠会阻碍人体对钙的吸收，所以你最好控制盐的摄入。

不幸的是，大部分女性几乎很少遵循这些原则。我曾经为一位过瘦、24 岁且月经不调的有氧操教练提供过咨询服务，她的骨骼已经处于正常人 60 岁时的状态。尽管如此，她仍很少喝牛奶（因为她认为牛奶会使她发胖），同时其日常饮食中的热量和蛋白质含量也都很低。

她几乎没有意识到：这样的饮食会导致月经不调，并且将自己置于一种危险的境地，同时也会导致骨骼状况的进一步恶化。她原以为只要坚持锻炼就可保持骨骼健康。因为她听说锻炼可以维持骨骼密度。的确，锻炼会有所帮助，但是钙、雌性激素以及足够的热量同样至关重要。

医生建议她通过恢复经期来保护骨骼的健康。没有月经也就意味着营养不良。我建议她通过摄入更多蛋白质与高钙低脂的牛奶或酸奶，来提高身体的活力。这样坚持两个月之后，她恢复了月经——迈出了终身健康的第一步。

第 6 节　纤维素有益健康

纤维素有益于身体健康，它存在于全谷物、水果、蔬菜和豆类中。纤维素是植物细胞中不能被人体消化的部分。食物加工的过程（例如将全谷物加工为白面粉，脱去谷物的外皮）移除了其中的纤维素，因此为了达到每天至少摄入 25 克纤维素的基本要求，请尽量选择天然的食物。

热爱运动的人士听说纤维素可以降低胆固醇，促进正常的肠胃蠕动，改善血压，因此他们在运动饮食里也注重加入高纤维素的食物。水果、蔬菜、全谷物、豌豆、扁豆和坚果等食物中含有纤维素和其他营养物质，尽管很难判断到底哪种食物对身体最有益，但多吃粗粮是不会错的。

　　一直以来，纤维素被认为可以降低人体患结肠癌的风险。但是最新研究发现纤维素并没有起到保护结肠的作用。不过纤维素对于预防心脏病、糖尿病，控制体重和防治便秘都有积极的作用。

　　你应该在日常饮食中尝试加入各种富含纤维素的食物，你应该摄入以下两种主要的纤维素。

- 不可溶性纤维素。此种纤维素塑造了植物的结构，不溶于水，普遍来源于麦麸、蔬菜和全谷物。它会吸收水，使得大便成型，还有助于排便。
- 可溶性纤维素。此种纤维素在水里可溶解成胶质。它存在于燕麦、大麦、芸豆中。可溶性纤维素可以降低胆固醇，同时帮助稳定血糖。因此摄入高纤维素的食物是人们锻炼前非常好的选择。

真相揭秘

纤维素可加速食物从消化到排泄的过程

　　事实：纤维素可以帮助食物在肠胃里更好地消化，同时增加排便量和次数，但是它不会减少食物从消化到排出的时间。这个时间因人而异，通常是 2 ～ 4 天。同时，也会随着压力、锻炼和饮食而变化。作为热爱运动的人士，你最好摸索出适合自己且能够促进规律排便的纤维素饮食计划。如果你因为摄入高纤维素含量的饮食而导致经常排便，那就需要对饮食结构进行相应的调整。

　　可以参考《美国居民膳食指南》推荐的方案（每 8000 千焦热量的食物中含 28 克的纤维素），以帮助自己增加纤维素的摄入量。

- 尽可能在你的正餐和加餐里加入水果和蔬菜。
- 选择高纤维素含量的麦片（每份至少包含 5 克纤维素），或者将不同纤维素含量的麦片混合起来享用，并加入浆果和其他水果。
- 选购百分之百的全麦面包、谷物和饼干。
- 选择糙米、藜麦、玉米或其他全谷物。
- 在酸奶、麦片以及烘焙食物中加入坚果、芝麻、麦芽和亚麻籽。
- 吃更多的豆子，可将它们撒在沙拉中或混在米饭及汤里。
- 加餐时吃自己用芥花油制作的爆米花、水果干或坚果。
- 注意查看食物的标签。不同牌子的果汁和酸奶的纤维素含量是不同的。

表 2.4 中的信息将有助于你选择富含纤维素的食物。

表2.4 食物中的纤维素含量

谷物	纤维素 / 克	谷物	纤维素 / 克
Fiber One（品牌名）	14	藜麦，1 杯	5
All-Bran Extra Fiber，1/2 杯	13	爆米花，3 杯	5
All-Bran，1/2 杯	10	糙米，1 杯	5
Kashi Go Lean，1 杯	10	全麦饼干，7 片	4
Raisin Bran，Kellogg's，1 杯	8	杂粮面包，1 片	2
Cheerios，1 杯	3	意大利面，1 份	2
即食燕麦，1 包	3	白米，1 杯	1
蔬菜类	纤维素 / 克	水果类	纤维素 / 克
马铃薯，1 大个带皮	7	梨，1 个中等大小	6
球芽甘蓝，1 杯	4	西梅干，5 个	5
菠菜，1 杯	4	苹果，1 个中等大小	4
胡萝卜，1 个中等大小	2	橙子，1 个中等大小	3
玉米，1/2 杯	2	奇异果，1 个中等大小	2
生菜，1 杯	1	葡萄干，1/4 杯	2
豆制品	纤维素 / 克	坚果和种子	纤维素 / 克
小扁豆，煮熟，1/2 杯	8	亚麻籽，1 汤匙	3
鹰嘴豆罐头，1/2 杯	7	杏仁，28 克	3
芸豆罐头，1/2 杯	7	花生酱，2 汤匙	2
黄豆，1/4 杯	3.5	腰果，28 克	1

关于水果和蔬菜

不论你最关注的健康问题是什么（预防癌症、心脏病、糖尿病、肥胖、高血压或其他疾病），来自各个健康机构最重要的建议为多吃水果和蔬菜。然而，90% 以上的美国人并没有摄入到推荐的量。

理想情况是，你应该在每一餐里都加入一定比例的水果和蔬菜。下面有些小贴士可以帮助你提高此类碳水化合物的摄入。

• 早餐打一杯水果奶昔，放入橙汁、香蕉和各种浆果。

• 在你的煎蛋上，加甜椒、西红柿和蘑菇。

• 在薄煎饼上加蓝莓或者香蕉片，也可抹上些苹果酱。

• 麦片里加入桃子、葡萄干、枣碎和蓝莓。

- 将晚餐剩余的蔬菜加进午餐的沙拉或汤里。
- 准备一些方便携带的零食，例如葡萄干、水果干、天然冷冻的水果汁、小番茄、胡萝卜等。

第 7 节　为了你的健康

不管你试图减少患癌症、心脏病、高血压和糖尿病等任何一种疾病的发病率，健康专家认为最好的饮食必定是各种水果、蔬菜、全谷物以及低脂的食物组合；食物搭配中含有适量瘦肉蛋白（饱和脂肪酸较少）；低钠（经简单加工的食物）。所以在动筷子之前请三思，并将以下基本原则记在心中。

- 享用适量的瘦肉（见第 7 章）。
- 每餐加入 1～2 种水果或蔬菜。早餐可加入橙汁和香蕉；午餐可加入胡萝卜和苹果；晚餐可加入蔬菜。
- 提升"好脂肪"的摄入，可选择橄榄油来烹饪或做沙拉，多吃坚果和坚果酱。
- 合理膳食、配合适量的锻炼，就是对身体的最好投资。尽管在人体患心脏疾病、癌症、高血压和骨质疏松症的概率中，基因起到重要作用，但你仍然可以通过合理膳食来降低发病的概率。

第 3 章
运动饮食的关键——早餐

只有在油箱里的燃料充足时，你的车才会跑得更好；同理，只有早餐摄入充分的营养时，你的身体和大脑也才能保持良好的状态。然而，许多人会饿着肚子度过繁忙的一天，其结果可能是身体活力降低、渴望甜食、大吃零食，甚至体重增加。因此我可以肯定地说："早餐毫无疑问是一天中最重要的，一定要吃好！"

第 1 节　别不吃早餐

在你可能犯的饮食错误中，不吃早餐是最大的错误。习惯晨练的莱雅通过一种很危险的方式才意识到不吃早餐的严重性。她在一次早起锻炼中，因为低血糖晕倒了。她本想坚持完成 1 小时的单车课，但在中途却感到头晕目眩，最后不幸倒在了地板上，周围的锻炼者都被她吓到了。因为没有足够的热量供给大脑，所以她晕倒了。

发生在莱雅身上的故事说明：不吃早餐不仅会妨碍你的锻炼，也会使你在一天中剩余的时间里感到精疲力尽。相反，一顿丰富的早餐可让你一整天都保持活力。尽管如此，许多忙碌的人总能为不吃早餐想出各种熟悉的借口。

我早上没有食欲。

我实在没时间吃早饭。

我不喜欢早餐中的食物。

我在节食。

如果我吃早餐，反而会更饿。

这都是借口！如果不吃早餐，你很可能在接下来的工作或学习中无法集中注意力，而且工作或学习的效率也会很低，且极易感到劳累烦躁，又或者由于身体缺少足够的热量而在下午的锻炼中突然摔倒。如果你是经常不吃早餐的父母，那么你的孩子更可能不吃早餐，结果是他们会吃更多的零食，导致饮食习惯变差。这些不良的饮食习惯会影响孩子的体重，而且会使孩子们在午餐前无法集中注意力听课。针对上面提到的不吃早餐的借口，下面会有更好的理由来说服你去吃早餐。

早上没有食欲

如果你早上感觉不饿，那么很可能是你在头一天晚上摄入了太多的热量。有些人经常在晚上 9 点左右吃一顿大餐；晚上一边看电视一边吃薯条；或者上床前狼吞虎咽下一个冰淇淋，作为对自己忙碌一天的犒赏。这些零食的摄入确实会抑制你早晨的食欲，但是最关键的是，这对你的健康很不利。对于你来说，用晚上的零食替代健康的早餐是不正确的运动饮食方式。

马克是一位 35 岁的电脑程序员，同时也是一位跑者，他早上不饿有另一个理由：晨练导致他没有食欲。但是到上午 10 点的时候，他又有食欲了，这时他会尽力克服饥饿感一直撑到午餐，结果 5 天的锻炼里，他"扫荡"糖果箱 3 次。我建议马克提前准备好一些早餐要吃的食物（能量棒、混合坚果和即食麦片），以便在工作期间享用。这些不易坏的食物也能组成一份快速方便又营养的早餐。

对于晨练者来说，健康的早餐（牛奶泡麦片、希腊酸奶泡燕麦、吐司配香蕉和花生酱）包含碳水化合物和蛋白质。它们能够迅速补充人体已消耗一空的肝糖原，并且为肌肉供能，以便你在接下来的训练中保持活力。你早餐吃得越早，身体恢复得也会越快越好。你可以参考第 10 章，了解更多关于锻炼后补充能量的知识。

如果你每天锻炼两次，那么一顿可恢复体力的早餐就尤其重要。我通过和运动员交流得知：他们在早晨第 1 次训练后经常一点食欲都没有，然后午餐时他们又担心吃得太多会妨碍下午的锻炼，结果就是第 2 次锻炼的效果很差。在这种情况下，我建议他们正常吃早餐和午餐，或吃一顿早午餐，让身体充分消化所吸收的食物，为下午的训练提供足够的能量。你也可以在早晨饮用提神的饮料，例如果汁、巧克力牛奶以及奶昔，这些都能为你提供能量，还解渴。如此之后，你会发现自己的身体充满更多的能量，你第 2 次锻炼的效果也会更好。

你一定有时间吃早餐

"我真的没有时间吃早餐。我 5：30 起床，接着去溜冰场练习 1 小时，然后 7：45 还要急忙赶回学校。"

这位冰球运动员尼克如此安排早晨的时间，很显然，这不会让他有时间放松悠闲地吃早餐。但是尼克仍然需要足够的能量来应对上午的课程。我提醒尼克：早餐不一定非得是坐下来吃现做的食物，也可以在冰球练习之后，骑车去学校的路上吃些东西。我建议他前一天晚上就准备好即食早餐。既然可以利用好时间来训练冰球，那么也一定能为更好的训练效果而抽出时间好好吃早餐。

尼克随后发现他的"运动早餐包"对自己极有帮助。两份花生酱香蕉三明治、1 瓶葡萄汁足以在他饥饿时满足他的食欲，并且也使他上课时的注意

力更集中了。自然而然，他再也不用坐在教室看着钟表盼下课吃午饭了，也再听不到肚子饿得"咕咕"响了。而且因为他能够在课程上集中注意力，他的学习成绩也有所提高。

马伊拉是一位护士，她正在为自己的第一次马拉松比赛而进行训练。她也说自己没有时间吃早餐。她 6 点起床，6：45 到达医院。她声称因运动而不想要吃早餐。但是她通常会在 10 点休息时变得异常暴躁，不能专注于工作，因为她一心想着要吃甜甜圈、黄油饼干。

我建议马伊拉在早上 7 点到 9 点期间吃点健康的食物，避免随即而来、无法忍受的饥饿。此外，还能集中注意力，愉快地对待病人。于是马伊拉努力每天做到以下任意一项。

- 带 1 个三明治去上班，在 10 点之前抽空吃掉它。
- 去咖啡店买 1 个贝果硬面包圈、1 杯酸奶和 1 瓶橙汁。
- 在早班时，提前一点休息，去自助餐厅享受一顿热乎乎的早餐。
- 在抽屉里放一些应急食物：麦片棒、杏仁和混合好的坚果。

不久后她就成为了早餐推崇者，因为充满能量后工作的状态比饿着肚子要好太多。

如果想知道什么早餐快速又方便，那么下面的食物可以帮助你快速制作一份早餐，且有助于你从此养成定时吃早餐的习惯。

- 酸奶。保证冰箱里有足够的存量，可搭配麦片和碎坚果喝。
- 香蕉。吃一根超大的香蕉，涂上坚果酱，再喝一大杯牛奶。
- 混合饮料。把果汁、水果、酸奶或全脂奶粉搅拌在一起制成饮料。
- 混合坚果。将杏仁、麦片棒和葡萄干（或其他干果）混合后，放进小塑料袋内塞入包里。
- 全麦贝果。搭配两片低脂奶酪，再配一杯果汁。
- 全麦饼干。想象它是松脆版的"花生酱三明治"与低脂拿铁一起享用。
- 皮塔饼。与山羊奶酪、鹰嘴豆泥、切片火鸡肉或其他食物一起享用。

第 2 节　节食者的早餐

每个想要减重的人都认为节食需从早餐开始，真是这样吗？大错特错！不吃早餐并不会帮你减重。研究表明，那些不吃早餐的节食者最终会变得更胖。请务必记住一点：你不会因为吃早餐而增重。相反，你会因为不吃早餐而倍感饥饿，从而可能导致晚餐时过度进食。如果你真打算少吃一餐，那么省去晚餐要比早餐更明智。因为你总需要为白天的活动供能，而夜晚的热量消耗相对少些。

真相揭秘

早餐吃巧克力会使你发胖

事实： 丹尼尔·雅库博维奇 的调查显示，在一顿健康的早餐里加入一个 1200 千焦的巧克力蛋糕（或其他甜点）可能会帮你减重！这项研究的对象是 193 名没有糖尿病的肥胖人士，他们的早餐分为两种类型：1200 千焦的低碳水化合物型的早餐；含有蛋白质和巧克力蛋糕（或其他甜点）的 2400 千焦的早餐。两组人员都努力摄入一定的（推荐）总热量：女性是 5600 千焦，男性为 6400 千焦。32 周后，早餐吃甜点的人士比另一组多减重了 9 千克，原因是这类人能够更好地遵循安排的节食计划。

雅库博维奇还注意到：早餐食用蛋糕的人士，在一天当中的其他时刻，对碳水化合物类食物以及糖类的渴望要减弱很多。通过预先摄入足够的能量，他们一天之内也更有饱腹感，从而不会打破节食计划。因此比起早餐吃得相对少的人士，他们更能控制对于含糖类食物的渴望。

一项针对 3000 名减重超过 14 千克，保持一年以上人士的调查发现：78% 的人有吃早餐的习惯，88% 的人一周至少吃 5 次早餐，只有 4% 的人从不吃早餐。此外，他们也认可吃早餐会让人在一天当中更加充满活力的观点。这项研究正说明了早餐是成功减重的一个关键环节，所以尽情享用早餐吧！

我经常建议节食者尽量在白天补充能量，夜里少吃，这时他们会恐惧地看着我。一位想要减重的全职妈妈曾对我解释："如果我吃了早餐，反而会变得更饿，导致接下来吃更多。"她吃的早餐只有半个麦芬蛋糕，这显然不足以满足她的胃。但是当她摄入足足含 2000 千焦热量的早餐后，她会感到很满足，从而下午也不会吃太多。尽管一开始她对我的建议半信半疑，但真正这么做后，她发现事实的确如此。表 3.1 提供了一些可提供 2000 千焦热量的早餐。

表 3.1　可提供 2000 千焦热量的早餐

食物	热量 / 千焦	食物	热量 / 千焦
传统早餐			
贝果，1 个中等大小	1200	花生酱，两汤匙	800
总计	2000		
非传统早餐			
两片芝士比萨	2000		
总计	2000		
便携早餐			
即食燕麦，2 袋	1000	杏仁，17 颗	480
葡萄干，1 小袋（42.5 克）	520		
总计	2000		

第 3 节　最棒的早餐——谷物麦片

我的客户经常向我咨询关于早餐的建议。一般说来，我的回答是早餐至少应吃到 3 种健康的食物。更具体的回答是谷物早餐 [1]，因为这是最简单的可以获得 4 种食物（全谷物、低脂牛奶、坚果和水果）的组合，此外还可给人体带来其他好处。早餐来一碗牛奶泡谷物，再来点水果，你就轻松获得了人体每天所需水果和谷物标准量的一半，要是加上蛋白质（鸡蛋、山羊奶酪、坚果或希腊酸奶），那营养就更齐全了。

谷物麦片到底好在哪儿

我热衷谷物早餐主要因为它们有以下特质。
- 快速简单。所有年龄段的人，不管有无烹饪经验，都只需将谷物麦片倒入碗内即可享用，无须烹饪，清洗也方便。

---

[1]　这里的谷物早餐，正是在第 1 章里提及的流行于欧美的用来冲泡的即食早餐。它是一种以五谷（主要是大麦、小麦、玉米、大米、燕麦）为原料加工而成的食品。

- 方便。即使赶时间，你也可以从橱柜、健身背包、办公桌抽屉里拿出麦片食用。哪怕食用包装袋里的干麦片也比什么都不吃好。将它们倒在手心，混入坚果和葡萄干，放进嘴里嚼一嚼，也是一顿不错的营养餐。
- 富含碳水化合物。你的肌肉需要碳水化合物来补充能量。麦片、香蕉和橙汁构成一顿高质量的早餐，可再加入牛奶以提供蛋白质。你也可以加入坚果、希腊酸奶或鸡蛋来提升早餐里蛋白质的含量。
- 富含纤维素。如果你选择含糠和全谷物的麦片，也意味着其中所含的纤维素可以使你更好地享受运动，而不被便秘干扰。自然也更有利于身体健康。
- 富含铁。素食主义者需选择铁含量高的麦片品牌。这样你可以轻松增加铁的摄入量，从而降低贫血的风险。此外，富含维生素 C 的橙汁和麦片搭配食用可促进铁的吸收。
- 富含钙。用麦片搭配低脂牛奶、酸奶、钙强化的豆奶，可使你的早餐富含钙元素。尤其对女性和儿童来说，钙有助于维持人体骨骼健康，防止骨质疏松。
- 脂肪和胆固醇含量低。比起传统的黄油土司、涂满奶油芝士的百吉饼或培根煎蛋搭配的早餐，麦片早餐对于人体心脏健康是极好的选择。
- 种类多样。如果你总是吃同一个牌子的麦片，可能会腻。那么你可以尝试一下混合麦片。我的橱柜里有 10 ～ 18 种口味的麦片（为此我还被我的朋友们取笑过）。同时，我还会加入不同的混合物，如香蕉、葡萄干、蓝莓干、杏仁、肉桂、枫糖浆和香草。

麦片的选择

总体而言，麦片可以说是最棒的早餐选择，尤其是全谷物类麦片，经常食用有助于降血压，减少患心脏病的风险。然而有一些品牌的营养价值相对更高。以下有 5 点提示，可帮助你作出更好的选择。

1. 选择富含铁的燕麦

对于热爱运动的人来说，富含铁的饮食特别重要。因为铁是人体血红细胞的组成部分。血红细胞的功能是将氧气从肺部输入肌肉组织。如果你贫血（血液中铁含量不足），那么在锻炼过程当中，会很容易感到疲劳。如果你较少摄入红肉（红肉是铁元素最好的来源），甚至不吃红肉，吃一顿铁含量高的麦片早餐，是增加铁吸收的简易方法。

你可以选购含铁的麦片，也可以查看食物包装袋上的营养成分表。如果某品牌能提供你身体每天所需营养元素的 25%，那是最好的选择。参考表 3.2，你可以更好地选择富含铁的天然谷物麦片。

表 3.2　常见麦片[1] 品牌的营养成分

麦片品牌	数量	热量/千焦	糖/克	脂肪/克	纤维素/克	钠/克	铁（DV*）
All-Bran Extra Fiber	1/2 杯	320	6	1	10	80	25%
Cap'n Crunch	3/4 杯	440	12	1.5	1	200	25%
Cheerios	1 杯	400	1	2	3	160	45%
Complete Bran Flakes	3/4 杯	360	5	0.5	5	210	100%
Corn Flakes,Kellogg's	1 杯	400	3	—	1	200	45%
Cracklin'Oat Bran	3/4 杯	800	15	7	6	150	10%
Erewhon Supergrains	1 杯	880	6	3	5	210	9%
Fiber One	1/2 杯	240	0	1	14	105	25%
Froot Loops	1 杯	440	9	0.5	3	170	25%
Frosted Flakes	3/4 杯	440	11	—	<1	140	25%
Frosted Mini-Wheats	21 片	760	11	1	6	0	90%
Golden Grahams	3/4 杯	480	10	1	2	140	25%
Grape-Nuts	1/2 杯	800	5	1	7	290	90%
Great Grains	3/4 杯	840	13	5	4	135	50%
Honey Nut Cheerios	3/4 杯	440	9	1.5	2	160	25%
Kashi Go Lean	1 杯	560	6	1	10	85	10%
Kashi Heart to Heart	3/4 杯	480	5	1.5	5	85	10%
Life	3/4 杯	480	6	1.5	2	160	50%
Puffed Rice, Quaker	1 杯	280	0	—	—	—	30%
Puffins	3/4 杯	360	5	1	5	190	2%
Quaker Oatmeal Squares	1 杯	840	9	2.5	5	190	90%

[1]　表格中的麦片品牌均为国外常见的麦片品牌。

麦片品牌	数量	热量 / 千焦	糖 / 克	脂肪 / 克	纤维素 / 克	钠 / 克	铁（DV*）
Quaker 100% Natural	1/2 杯	840	15	6	3	25	6%
Raisin Bran, Kellogg's	1 杯	760	18	1	7	250	25%
Rice Krispies	1 1/4 杯	520	4	—	—	190	50%
Smart Start	1 杯	720	14	1	3	280	100%
Special K	1 杯	480	4	0.5	—	220	45%
Total	3/4 杯	400	5	0.5	3	140	100%
Uncle Sam	3/4 杯	760	—	5	10	135	10%
Wheaties	3/4 杯	400	4	0.5	3	190	45%

*DV 为每日营养价值含量百分比，它是基于普通人每日 8000 千焦的饮食摄入量得出的。下文 DV 含义相同。

如果你更喜欢纯天然或有机无添加的麦片，请记住："无添加"也意味着没有添加铁元素，例如 Kashi、Puffins、granola、Shredded Wheat、Puffed Rice[1] 和其他天然麦片的品牌。当然，你也可以混合天然的和富含铁的麦片，搭配食用，或选择在午餐和晚餐里多摄入其他富含铁元素的食物。

此外，麦片中的铁并不能充分被人体吸收，可以通过饮用橙汁或食用富含维生素 C 的水果（橙子、葡萄、哈密瓜和草莓）来提高身体吸收铁的能力。

2. 选择富含叶酸的谷物麦片

谷物中所含的叶酸很少，但少部分品牌的麦片中含有大量叶酸（100 ~ 400 毫克，占人体每日所需叶酸的 25% ~ 100%）。叶酸可以预防婴儿的畸形，同时被认为可以降低人体患心脏病的风险，但是关于维生素治疗的试验并没有证实这一说法。

3. 选择全麦高纤维素的谷物早餐

每 30 克麦片中至少含有 4 克纤维素，所以麦片是早餐最好的选择。不仅因为纤维素有助于解决人体便秘的问题，另外研究显示，纤维素还可以降低人体患心脏病的风险。

---

[1] 均为美国的麦片品牌。

麦片可以提供的纤维素比大多数水果和蔬菜都多，高纤维素的麦片品牌有 Kashi Good Friends、All-Bran、Fiber One、Raisin Bran、Oat Bran、Bran Flakes。你也可以将其他麦片与纤维素含量高的麦片混合起来食用，也可再加上些坚果、亚麻籽、葵花籽或奇亚籽。

4. 选择健康的麦片

这里所说的"健康的麦片"，指的是"糖"不在成分列表第一位的麦片（成分列表按照质量大小来排序）。你可以通过阅读包装盒上的成分列表来判断麦片的含糖量。将糖的质量乘以 16，就是每份麦片所含的热量。例如 Quaker Oatmeal Squares[1] 这款麦片里含有的红糖与糖分别位于成分列表的第 3 位和第 4 位。也就是说，每一份总热量 840 千焦的麦片里就包含 10 克糖（10 克糖 ×16 千焦／克 =160 千焦）。这也意味着，热量的 19% 来自糖。假设人体每天可以从糖中获取总热量的 10%，那么你每天可从糖中获取的热量为 800 ～ 1200 千焦，此款麦片中的 10 克（160 千焦）糖完全在每日可摄入糖的范围之内。记住：糖本身并不是毒药，它可为肌肉提供能量。因此，我希望你能更多地关注麦片中的纤维素以及全谷物成分，而不用过度在意糖分。麦片的总体营养价值要比其所含的少量糖分重要得多（见表 3.1）。

5. 选择低脂麦片

与其纠结麦片里的糖分，不如更关注它的脂肪含量。脂肪对人体健康可造成更大的威胁，且与人体肥胖、患心脏病和癌症等疾病都息息相关。如果你喜爱食用高脂麦片，应尽量将低脂麦片与其混合起来食用。

第 4 节　麦片的替代品

如上文所述，麦片是你最佳的早餐选择，但并不是唯一的选择（见图 3.1）。一些人真的就不喜欢吃麦片，那么他们仍可以通过享用其他早餐来为新的一天注入活力。可参考一些高碳水化合物的早餐食谱来准备你的早餐，例如可以选择一个麦芬蛋糕搭配低脂牛奶，再来点水果或果汁的早餐。

---

[1]　Quaker 是人们熟悉的品牌：桂格。

```
                      营养元素
              每份1杯（30克），每盒共约12份

         每份的含量

         总热量440千焦中，来自脂肪的
         热量 20千焦
                                         % DV*
         总的脂肪量0.5克                    1%
            饱和脂肪酸0克                   0%
            反式脂肪酸0克
         胆固醇0毫克                        0%
         钠210毫克                          9%
         碳水化合物                       23克
         纤维素5克                          0%
         糖2克
         蛋白质3克

         维生素A    25%   维生素C    15%
         钙         0%    铁         50%
         维生素D    10%   维生素B₁   25%
         维生素B₂   25%   维生素B₃   25%
         维生素B₆   25%   叶酸       25%
         维生素B₁₂  25%   磷         15%
         镁         10%   锌         25%
         铜         8%

         *DV 为每日营养价值含量百分比，
         基于一个8000千焦热量的饮食来统计。

         成分：玉米、燕麦、小麦胚芽、果糖
         玉米糖浆、维生素C、铁、锌、维生
         素E、维生素A、叶酸、维生素B₁₂、
         维生素D。
```

- 每份脂肪不超过3克
- 少于250毫克的钠
- 每份5克或更多纤维素
- 每份8克或更少的糖
- 每份至少含25%的铁
- 糖没有列在前几个配料中
- 富含铁元素

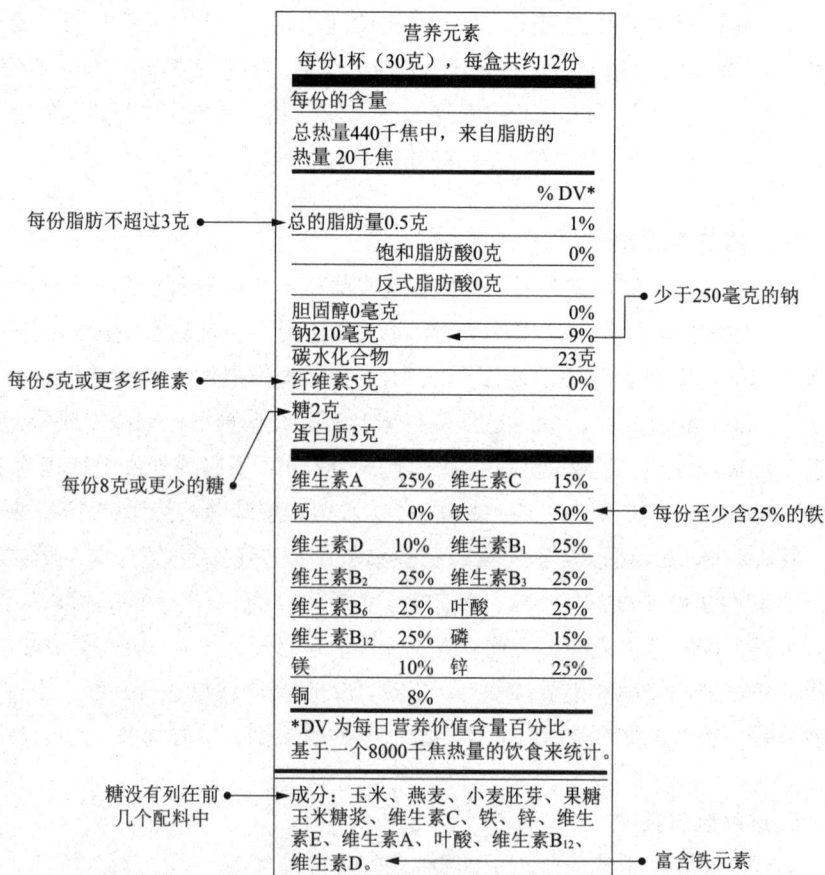

图 3.1　可根据早餐食物的营养成分表来搭配自己的早餐

　　如果你想要更好地管理体重，那么享用一份高蛋白的早餐吧。研究表明：比起早餐吃玉米片泡牛奶或羊角面包配橙汁的人，食用高蛋白早餐（含有鸡蛋）的人在晚餐期间可摄入更少的热量。这可能也是迪米特里（Dimitri）轻易减掉 9 千克体重的原因。他具体的做法是拿鸡肉、鱼肉和瘦牛排，搭配一大碗水果沙拉和全麦吐司作为早餐，并且在晚餐时享用麦片（午餐通过吃各种沙拉来摄取人体每天所需的维生素）。

速食作早餐

　　如果你不得不在速食店食用早餐，请注意以下事项。

- 选择鸡蛋搭配松饼或卷饼，而避免拿高脂肪含量的培根、香肠、牛角包或饼干作早餐。此外，燕麦粥、薄煎饼、冷麦片、果汁、贝果（涂上低热量的奶油）、松饼（加果酱）、低脂麦芬蛋糕和水果酸奶燕麦棒都可以是你早餐的选择。

- 因为在菜单上很难找到新鲜水果，不妨带个苹果或者橙子在包里，或者你也可以在离家之前为自己准备一大杯水果汁。
- 为自己买杯低脂拿铁，以更好地获取更多蛋白质与钙质，避免购买加奶油的咖啡。
- 寻找一家提供新鲜贝果、水果、果汁和酸奶的食品店。
- 携带一盒麦片、杏仁片和葡萄干去办公室，拒绝甜甜圈和羊角面包等类似食物的诱惑。上班的路上，你也可以购买咖啡和新鲜的牛奶。如果在外旅行或住在旅店里，你完全可以自己携带些麦片和干果作为早餐，这样既可帮你省钱又可帮你排除其他早餐的诱惑。如忘记自带奶粉，可在街角买一杯低脂或脱脂的牛奶。

非传统早餐

如果你因为不喜爱传统的早餐食物而不吃早餐，不妨尝试吃些其他食物。谁说早餐一定要吃麦片或面包呢？你在一天中其他时间所吃的食物同样可以作为早餐。我就喜欢将吃剩的比萨偶尔放在第二天早晨时享用。

你可能也想在早餐吃自己最爱的食物。我的一位客户就喜欢在早餐时吃巧克力羊角包，她发现比起一直只吃麦片，前者可让她在下午不再渴望吃黄油饼干。

早餐的热量应占全天总热量的 1/4 ～ 1/3。吃前一晚剩下的食物、烤土豆配山羊奶酪、花生酱搭配蜂蜜三明治、酸奶配水果片加葵花籽、西红柿汤配饼干或一些特殊的节日时才吃的食物都是可以接受的。是的，为什么不能在早餐时享用高热量的美味呢？剩余的生日蛋糕又或是感恩节的馅饼。你在早晨享用完它们，并在白天将其热量消耗完，要远远好于在晚餐食用这些美味。最后再强调一下，吃早餐比不吃早餐明智，丰盛的早餐比简陋的早餐更值得推崇。用心搭配的富含蛋白质的健康早餐是改善人体健康，提高运动表现的最佳选择。

增加蛋白质的摄入

　　对于想要增肌的运动员来说，他们需要每3～4小时摄入至少20克蛋白质。这对于想要减重，但又不想流失肌肉的运动员也同样适用。蛋白质能够满足人们的胃口，并且抑制人体想吃零食的冲动。每餐都带有蛋白质的饮食定会让人们受益。下面是帮助你在早餐时增加20克蛋白质摄入的方法。

- 3个鸡蛋或1个鸡蛋加4个蛋白。
- 90克低脂奶酪。
- 90～120克晚餐时剩下的火腿或火鸡肉。
- 180克希腊酸奶。
- 240克山羊奶酪。
- 为制作一顿富含蛋白质的早餐，也可以在早餐里加入山羊奶酪炒鸡蛋、煎鸡蛋或是煎鸡蛋白搭配火腿碎与低脂奶酪片、希腊酸奶和牛奶制成的水果奶昔。对了，还可用昨晚剩余的鸡肉搭配一碗麦片来作为早餐。

第5节　提神醒脑——咖啡因

　　咖啡是全世界人民都喜爱的饮品。当然，不同文化背景的人会钟爱不同品种的咖啡因类饮品：英国人和中国人喜欢茶、美国人钟情加糖加奶的咖啡。在美国，人们每天会摄入约200毫克的咖啡因，这相当于每天喝掉一大杯咖啡（约360毫升）。

真相揭秘

咖啡会导致人体血压上升，并增加患癌症以及心脏疾病的风险

　　事实：不论喝高浓度还是低浓度的咖啡，你都可能比不喝咖啡的人活得更久。咖啡之所以有益健康，不是因为咖啡因，而是咖啡中所含的其他成分，如多酚类或镁元素。以往的研究也并未发现咖啡因与心脏病、癌症或高血压等疾病相关。相反，喝咖啡的人患糖尿病以及帕金森病的概率会降低，而且我们还发现运动前喝杯咖啡的确能够帮助我们提升运动表现（见第9章）。

大约 10% 的美国人每天摄入多于 1000 毫克的咖啡因，同时，他们在喝咖啡时要加入奶油与糖（顺便再抽几根烟）。由于糟糕的饮食及不健康的生活方式，他们患心脏病当然并不奇怪。

除了吸烟者，对咖啡因上瘾的人也容易胃痛。有贫血问题的运动员也应当避免摄入咖啡因。因为咖啡和茶里含有一种会影响人体吸收铁的物质。如果你患有贫血，却经常在吃饭期间或饭后一小时内饮用咖啡或茶，那么你的这种习惯并不好。如果你喝 1 杯咖啡并吃 1 个汉堡，原本身体可从汉堡中吸收的铁元素，会因为咖啡的摄入而导致其吸收率降低 40%。然而，在饭前 1 小时饮用咖啡似乎对人体吸收铁的能力没有太多影响。

关于饮用咖啡对人体健康最大的担忧，均与以下习惯有关。

• 添加奶油会增加人体摄入饱和脂肪酸的机会，容易导致心脏疾病。因此你可以换成添加牛奶或奶粉。

• 只喝咖啡而不吃早餐。含有两份奶油和两份糖的咖啡包含了 280 千焦无营养的热量。3 杯这样的咖啡就和 1 碗有营养的麦片具有相同的热量。表 3.3 提供了一些常见的咖啡饮料的脂肪含量。许多早晨只喝咖啡的人士，如果能吃一顿丰富健康的早餐以及午餐的话，自然会减少喝咖啡的量。而比起咖啡，食物显然是人体更好的能量来源。

表 3.3　咖啡的热量

饮料名称	热量 / 千焦	脂肪 / 克
唐恩都乐（美国快餐连锁店）黑咖啡	20	0
加奶油加糖的冰咖啡，480 毫升	480	6
奥利奥脱脂奶咖啡（唐恩都乐连锁店的产品），480 毫升	960	3
奥利奥咖啡加 2% 的奶，480 毫升	1280	7
奥利奥咖啡加奶油，480 毫升	1720	7
奥利奥咖啡加奶油，1000 毫升	3880	52
草莓水果 Coolatta，480 毫升	920	0
印度香草茶，420 毫升	1320	8
热巧克力，300 毫升	880	7
摩卡拿铁，300 毫升	880	6
草莓奶昔，720 毫升	1200	2

续表

饮料名称	热量／千焦	脂肪／克
星巴克全脂加奶拿铁，360 毫升	720	9
脱脂奶拿铁，360 毫升	400	0
星冰乐，360 毫升	720	2.5
星冰乐，720 毫升	1440	5

- 喝咖啡来提神。比起喝咖啡，好的睡眠其实才是更好的选择。此外，你也可以试着喝一大杯冰水来使自己打起精神。另外，有时候缺水也会导致疲劳。

如果对咖啡因与健康之间的关系有疑惑，你也许想要转而喝茶。喝茶者患心脏病的概率要更低些。这也许是因为茶里富含的类黄酮，有利于预防心脏病，又或是喝茶者普遍更具有健康意识，他们更少吸烟，同时会吃更多的水果蔬菜。

那么，咖啡在健康饮食中到底扮演怎样的角色，以下是一些常见的问题与解答。

咖啡对我的身体有什么影响？

咖啡因是一种温和的兴奋剂，能够提升中枢神经系统的活跃度。因此咖啡因能够帮你打起精神，提高专注力。咖啡因的兴奋作用在人体摄入一小时左右达到高峰，随后逐步下降。如果你只是偶尔喝咖啡，比起那些每天喝咖啡的人，自然会对咖啡因的兴奋作用更加敏感。

适当饮用咖啡确实有助于提神醒脑、提升运动表现、改善心情，但是，过量饮用咖啡会对人体产生不良影响——紧张、胃酸和焦虑。每天饮用超过1 升的咖啡或 2 升的茶就是过度的。

人们真的会对咖啡上瘾吗？

尽管几世纪以来，咖啡在全世界已成为一种流行的饮品，但是持续流行不等同于上瘾。如果你原本定期喝咖啡，在决定不再喝咖啡后，你可能会感到头疼、疲劳和嗜睡。你需要通过循序渐进地减少咖啡因的摄入量来使自己逐渐适应这一改变，而不是一下子就完全停止喝咖啡。注意，如果因头疼而吃一些缓解疼痛但含咖啡因的药物，会使你想要减少喝咖啡的计划化为泡影。

改为喝茶会减少你的咖啡因摄入（喝茶还有助于减少患心脏病和癌症的风险）。其他方法包括饮用更多不含咖啡因的替代品：去咖啡因的咖啡、无咖啡因的茶、花草茶、柠檬水、苹果酒与苹果汁等。毋庸置疑，最好的提神醒脑的方法还是锻炼。在新鲜的空气中快走一番，比喝一杯咖啡的效果更好。

真相揭秘

可口可乐与百事可乐含有咖啡因

事实：一瓶 360 毫升的碳酸饮料可能含有 35 ～ 50 毫克咖啡因，这个量远远少于 1 杯咖啡里含有的 200 毫克咖啡因。即使是红牛，每罐也只含有 80 毫克咖啡因。关于碳酸或功能类饮料，人们真正应该担心的是糖分，而不是咖啡因。

浓缩咖啡中的咖啡因有多少？

浓缩咖啡所含咖啡因大约是普通咖啡的 2 倍。但 1 份浓缩咖啡的分量会比较小，你即使喝 2 份浓缩咖啡，也只摄入了 35 ～ 65 毫克咖啡因，而 1 杯 240 毫升普通咖啡里往往含有 135 毫克咖啡因。

女性喝咖啡有什么需要注意的吗？

怀孕的女性应将每日的咖啡因摄入量限制在 300 毫克内（少于 450 毫升的咖啡）。咖啡因很容易渗透进胎盘，摄入过度可能导致早产。此外，如果你是正在母乳喂养孩子的女性，也应该限制咖啡因的摄入。咖啡因会进入母乳，从而使宝宝兴奋得睡不着觉。除此之外，尝试备孕的女性也需要减少咖啡因的摄入。但是，关于咖啡因对生育具体的影响，还需要更多研究证实。有一类女性关注骨质疏松症，她们也许听说过咖啡因可能导致骨密度降低。因此，为了每天获得足够的钙，除了至少喝到 720 毫升牛奶或食用其他高钙食物之外，也可以选择在咖啡里添加更多的牛奶或饮用拿铁咖啡。

如果我喝了太多酒，咖啡是否可以帮助我醒酒呢？

这是个很常见的错误观念。咖啡只会使你保持清醒，但它并不能加速肝脏代谢酒精的时间。喝咖啡的同时，水也会进入你的体内，这对醒酒会产生积极的影响，但这不意味着在喝完酒后喝杯咖啡就可以自己开车了。

喝咖啡可以计算在每日所需水分里吗？

是的。所有的液体都应该被计算在内——白开水、果汁、汤甚至咖啡。咖啡会导致人体脱水其实是谣言，缺乏科学依据。没错，饮用咖啡后的两小时内小便次数可能会增多，但不会 24 小时一直如此。即使是在高温下锻炼，运动员也可以喝咖啡，而不用担心脱水。

第4章
午餐和晚餐——在家里吃、没空吃和在路上吃

　　一顿理想的午餐或晚餐应该是精心准备、色香味俱全，且与家人朋友一起享用的。但是，对于大多数热爱运动的人士及家庭来说，这种理想并不会经常实现。更常见的情况是人们抓起食物，便大口吞食。我的客户们普遍对这种就餐方式不满。其实，当你生活越是忙碌充满压力时，有计划地抽出时间来享用一顿营养均衡的餐食，反而越是明智之举。这可以帮你解压并缓解疲劳。本章提供一些饮食方面的小技巧，以帮助你更好地平衡工作、健身与家庭，同时帮你减少压力，从而获得身心健康。

第1节　午餐

　　高强度训练者需要在训练前后循环补充能量，以保证训练效果。针对此类人士，午餐是每天第二重要的一餐（当然最重要的仍是早餐）。午餐可以为晨练或午间锻炼的人士补充或提供能量。如果锻炼者们每4小时就会感到饥饿，那么可以在早晨7点或8点吃早餐，然后11点或12点吃午餐。但是，如果早餐吃得太少，那么你可能在10点就会感到饥饿，这会打乱一整天的饮食计划。

　　针对"我等不到中午就需要吃午餐"的解决方案很简单：可以吃一顿足够丰盛且能让你到中午都不会饿的早餐；或者在上午过去一半时，吃个小加

餐（相当于吃两顿小早餐）；又或者吃两顿小午餐（10 点吃一顿，下午 2 点再吃一顿）。

对于一些没有吃午餐习惯的人，吃两顿午餐听上去会很奇怪。但有什么不可以的呢？当然最理想的状态是根据身体的反应来吃，而不是根据时间。毕竟身体饥饿就表明你需要能量了。如果早餐吃得很少，同时早晨锻炼强度又较大，那么你会很容易感到饥饿，这时在 10 点左右可以吃第一顿午餐，然后下午两点再吃一顿。我就是如此，并且觉得这样做可使自己能量满满。晚上回家时也不会太饿，且可以悠闲放松地准备晚餐。

一般而言，当你设计每天的饮食计划时，需要将热量平均分配在每餐当中。倘若我们一般是每隔 4 小时左右进食，那么每一餐的热量应大约是每天总热量的 1/4。如果你的饮食方案做到了平均分配每一餐的热量，就不太会在下午想要摄入甜食或晚餐后仍有暴食的欲望，那么你一天摄入的总热量也不会超标。

尽管午餐很重要，但是买菜洗碗的确有点麻烦。如果要自带午餐，你会带什么呢？如果在外面买午餐，选什么又会比较明智呢？如果你在减脂，最好吃什么呢？下面是一些可帮助你提高午餐质量的提示。

自带午餐

如果你自带午餐，那么"到底要准备些什么"的烦恼也会随之而来。大多数人倾向于每天重复带几种食物，如火鸡三明治、沙拉或冷冻食品。如果你对这样的选择很满意，那没问题。但是如果你吃腻了，则可以考虑以下的建议。

- 热量争取达到 2000 千焦（哪怕你在减脂）。可以从以下食物当中挑选 3 至 4 种：芝麻脆饼、希腊酸奶、黄豆和香蕉；沙拉、火鸡、低脂奶酪和皮塔饼。如果仅以脆饼或沙拉作为午餐，你可能会缺少蛋白质、碳水化合物、维生素和矿物质。
- 打包前晚剩余的晚餐，用微波炉加热即可。比起随便吃一碗方便面或其他冷冻食品，这显然更划算哦。

如果足够幸运，公司里面就有餐厅或有商务餐可以享用，那么好好享用一顿热气腾腾的午餐吧。这顿午餐会为你提供以下的好处。

- 为工作后的锻炼提供足够的能量。
- 使"晚餐到底吃什么"简单化。因为你不是很饿，所以晚餐可以简单吃点谷物或三明治。

- 减少由于午餐吃得少而引起的饥饿。毕竟，你每天总是要摄入热量的，
  正视你的饥饿感，好好享用午餐吧。

减脂者的午餐

许多美国人认为食物使人发胖，因此节食者选择不吃午餐。一个超重的
健走者感叹道："我只吃非常清淡的午餐。我很胖，因此不允许自己吃午餐，
我需要节食，而且不想别人看到自己吃很多。"令人伤心的是，这种说法也
是现在社会中很多人的普遍观点。我鼓励她好好照顾自己，尽量吃到足够的
"减脂食物"。因为这样才能维持她的新陈代谢，并为健步走提供足够的能量。
一旦开始午餐时吃一份火鸡三明治、酸奶和橙子，她很快就发现了吃午餐的
好处：在工作中更有效率，下午也不容易饿；下班后回家更不会立刻搜刮冰
箱里的食物；最令人激动的是，坚持一段时间后体重也减下来了，她也真正
意识到了午餐的重要性。

真相揭秘

花生酱容易让人增肥，午餐不要吃它

事实： 尽管一份花生酱三明治比一份火鸡三明治所含的热量高。但
是，花生酱会使人的胃口更好地得到满足，从而缓解你下午想要吃饼干
和零食的欲望。即使对于节食减脂的人来说，花生酱也是一种极佳的运
动食物，因为它很美味，并且可让人在整个下午都精力充沛。我几乎每天
都会享用两份花生酱蜂蜜三明治——第一顿早餐和第二顿午餐——我也并
没有因此而发胖！事实就是这样：常吃坚果的人真的要比不吃的人更苗条。

超级沙拉

沙拉是一种很受欢迎的午餐，它可以使你吃进大量的蔬菜。在一大碗沙
拉里，你可以获取到两杯半的蔬菜。不过午餐吃沙拉到底好还是不好，最终
取决于沙拉里面到底包含些什么。

正在节食的你会认为沙拉是相对理想的午餐。但请注意了，如果所吃的

73

沙拉热量太低，你很可能在下午想去自动售货机寻觅零食。因此我建议节食者可以选择沙拉作为晚餐，而午餐吃得尽量丰盛一些。如果你以沙拉作为午餐，也需注意一个典型的沙拉餐的热量轻易就能达到4000千焦，其中45%的热量来自各种酱汁中的脂肪。这显然不是有效的节食餐。

一个高质量的沙拉午餐或晚餐，可以帮助你提高运动表现。它需包含足够的碳水化合物与一定量的脂肪。下面的6个小技巧可帮助你制作一份高质量的沙拉餐。

技巧1：增加沙拉中碳水化合物的含量

除了嘎吱嘎吱吃些绿叶蔬菜之外，你还应食用其他富含碳水化合物的食物以给自己的肌肉供能。

- 富含碳水化合物的蔬菜：玉米、青豆、甜菜和胡萝卜。
- 豆类：鹰嘴豆、芸豆和扁豆。
- 米饭、意大利面或土豆块。
- 橙子瓣、苹果块、蔓越莓干、葡萄干和草莓片。
- 烤油炸面包丁（需注意黄油的用量）。
- 切片的全谷物面包配上一杯低脂牛奶。

技巧2：选择深色和色彩鲜艳的蔬菜

红番茄、绿辣椒、橙色的胡萝卜和深绿色的生菜都是很好的可用来制作沙拉的食材。色彩鲜艳的蔬菜比浅色的生菜、黄瓜、芹菜和萝卜更有营养。例如，含有菠菜的沙拉所含维生素C的含量是使用卷心莴苣的7倍；深色生菜的维生素C含量是使用卷心莴苣的2倍。同时，鲜艳的蔬菜中具有的抗氧化物质也有益于你的健康。当然，白色也是一种色彩，例如花椰菜也是维生素C的重要来源。

美国公共利益科学中心研究出一套根据营养价值和纤维素含量给蔬菜排名的体系。该体系中得分越高的蔬菜，营养价值也越高。具体请参见表4.1。

表4.1　沙拉中蔬菜的营养等级

蔬菜	营养价值得分*	蔬菜	营养价值得分*
菠菜，1杯（生）	287	西红柿，1/2个（生）	78
红椒，1/2个（生）	261	玉米，1/2杯	67

蔬菜	营养价值得分*	蔬菜	营养价值得分*
胡萝卜，1 个（中等大小）（生）	204	青豆，1/2 杯（煮熟）	65
生菜，1 杯（切丝）	174	花椰菜，1/2 杯（生）	62
西蓝花，1/2 杯（生）	160	卷心莴苣，1 杯	45
白菜，1/2 杯（生）	135	甜菜，1/2 杯（罐头装）	33
生菜，1 杯	134	蘑菇，1/2 杯（煮熟）	33
青椒，1/2 个（生）	109	黄瓜，1/2 杯（生）	14
青豆，1/2 杯（冷冻）	104	豆芽，1/2 杯（生）	7
鳄梨，1/2 个（生）	82		

*基于以下几种营养成分：纤维素、维生素 A、维生素 C、叶酸、铁、铜和钙。

技巧 3：加入含钾的蔬菜

钾是一种会随汗水流失的电解质，其可以帮助我们降低血压。因此尽情享用富含钾的蔬菜水果吧。如果你的家族有患高血压的基因，除了限制盐的摄入外，每天至少摄入 3500 毫克的钾是明智之举。这对于沙拉爱好者来说比较容易。富含钾的蔬菜有生菜、花椰菜、西红柿和胡萝卜（可参考第 1 章表 1.2 的内容）。

技巧4：加入足够的蛋白质

你可以添加低脂的山羊奶酪、金枪鱼薄片、罐装三文鱼、火鸡片、鸡肉和其他瘦肉。如果你依靠植物获得蛋白质，则可加上些豆腐沫、鹰嘴豆、芸豆、毛豆、葵花籽、杏仁和花生。有些素食运动员只吃绿色蔬菜，而忽视了蛋白质的摄入，这使他们更容易受伤、贫血、长期感冒。

当心你添加的食物

一些运动员会在沙拉里加入坚果和种子类食物。表4.2列出了这些食物（2勺或1/4杯）的营养价值和热量。从这些坚果和种子里所能获得的蛋白质并不多，如果你是个素食主义者，就还需要添加豆类和豆腐来提高蛋白质的摄入量。同等热量下也可以在沙拉里添加1杯山羊奶酪。

表4.2　坚果和种子的营养价值

种子，坚果（30克）	热量/千焦	蛋白质/克	纤维素/克	钙/毫克	铁/毫克
奇亚籽	560	5	10	180	8
亚麻籽	600	5	8	70	1.5
大麻籽	720	10	4	—	1
南瓜籽	680	9	2	50	2
芝麻籽	800	6	4	350	5
葵花籽	760	6	3	20	1
核桃仁	760	4	2	30	1
		每日目标值：60～90克	每日目标值：25～35克	每日目标值：1000毫克	每日目标值：男性8毫克；女性18毫克

技巧5：不要忘记钙的摄入

加入低脂奶酪、豆腐块，可用酸奶加入少许香料作调料。吃沙拉时可搭配低脂牛奶或脱脂牛奶，也可以把酸奶当成甜品。

技巧6：享用健康的脂肪

牛油果、坚果、橄榄和橄榄油都是有益健康的脂肪，可将它们纳入你的运动饮食中，只是注意摄入热量不要超标即可。

即使是脱脂的调料也有热量（60～180千焦／2汤匙），因此不要放太多。一般的清淡酱汁每 2 汤匙也含有 120 ～ 320 千焦的热量。2 汤匙的量对于一大份沙拉并不多，因此，你可以用到 2 ～ 3 倍的量。

如果在餐厅用餐，可尽量要求厨师将沙拉与酱汁分开装盘，这样你就可以控制沙拉酱的摄入量。

第 2 节　晚餐的选择

在美国，晚餐通常是一天中最丰盛的一餐——对忙碌了一天的犒劳。但是，我强烈建议你在早餐与午餐上花更多的精力，而将晚餐作为最简单的一餐。通过这种方式，你不仅会有更多的精力应对白天的压力、更好地工作，而且晚上也不会太渴望吃过多高热量的食物。你当然也可以去享受一顿愉快的晚餐，但注意不要吃得太丰盛。

有些运动人士晚上会吃很多，这主要是因为他们白天吃得太少。如果你也存在这种情况，请重新安排自己的饮食计划，好让自己能花更多心思在早餐和午餐上，从而为忙碌的一天提供充足的能量。最后，可享用一顿相对简单的晚餐，作为补充与放松。

格蕾琴是一位幼师，她说："我曾经会吃一顿丰盛的晚餐作为对自己的奖励。我回到家里，感到疲惫不堪，然后大吃特吃。吃的时候嘴上很满足，心里却感觉非常糟糕。但现在，我早餐吃得像个国王，午餐吃得像个王子，晚餐吃得像个乞丐。现在的这种饮食方式让我白天有更多的精力来辅导我的学生，晚上也有精神陪伴我的家人。因为晚上吃得比以前少，我反而睡得更好了，整个人的感觉也更棒了。"

关于沙拉酱

一小勺沙拉酱就可以将原本健康的沙拉转变成一顿高脂餐。即使是健康的橄榄油，放多了同样也会导致你摄入多余的热量（醋完全没问题，但油则不宜多放）。如果在一盘大份沙拉上浇上厚厚的沙拉酱，你在不经意间就多摄入 4000 千焦的热量。即使一盘小份沙拉，淋上一些沙拉酱也可能带来 1600 千焦的热量。这样的沙拉虽满足你的胃口，但同时也会增加你的腰围。我经常建议客户学会了解自己平日所吃沙拉酱所含的热量（见表 4.3）。

表4.3 沙拉酱

酱汁（2汤匙）	热量 / 千焦	脂肪 / 克
橄榄油	960	28
醋	20	0
香草，洒满	20	0
蓝纹奶酪酱（Wish-Bone，chunky）	600	15
脱脂蓝纹奶酪酱（Wish-Bone，chunky）	120	0
田园沙拉酱（Wish-Bone，regular）	520	13
田园沙拉酱（Just 2 Good）	160	2
脱脂田园沙拉酱（Wish-Bone fat free）	120	0
意式沙拉酱（Newman's Own regular）	520	13
意式沙拉酱（Kraft Zesty Italian）	280	6
意式沙拉酱（Just 2 Good）	140	2

上表中英文为品牌名。

为了减少来自沙拉酱的脂肪及热量的摄入，推荐尽量选择低脂酱汁，或用醋、柠檬汁、牛奶来自制一份酱汁。你只要加入一小份自制酱汁，沙拉就会风味十足且让自己满是成就感。

在家吃晚餐

如果正常在家吃晚餐，你可能需要制订一个营养餐计划。以下的小技巧可以帮你轻松制作出健康可口的晚餐。

技巧1：不要饿着肚子回家

要想吃一顿健康的晚餐，首先需要用心吃午餐，然后下午吃个下午茶或其他小吃。伊琳娜是一个繁忙的股票经纪人，她听从我的意见，用心吃午餐，下午上跆拳道课前也会补充点小零食。某一天，她突然意识到这样的饮食方式增强了她的运动能力，而且改变了她以前晚上回家吃一碗冰淇淋的习惯，现在她改为吃一碗沙拉。由此看出，一顿（或两顿）丰盛的午餐，可以帮你缓解疲劳，提高下午锻炼时的运动能力，同时利于你有更多体力和精神去准备一顿健康的晚餐。

技巧 2: 有计划地购物

在商店里购买新鲜的食材，将其储存你的冰箱里，这有助于你烹制并享用一顿更健康的晚餐。24 岁的牙医助理克尔斯滕会在下班路上解决自己的晚餐，因为她家里的冰箱中空无一物。她很喜欢烹饪，但却因很少有时间去商店而不能在家做晚餐。

我建议她专门设计出一个具体的时间表以便有时间去商店采购食材。她采纳了我的建议，买来了独立包装的鸡胸肉、汉堡瘦肉饼、火鸡汉堡和冷冻蔬菜——特别是富含维生素的西蓝花、菠菜和小南瓜。此后，她开始逐渐喜欢回家吃晚餐了。

真相揭秘

冷冻食物会破坏食物的营养价值

事实：冷冻食物依然保留了食材的营养价值。比起不新鲜或枯萎的花椰菜，冷冻的花椰菜所含的营养价值要高得多。而且，比起新鲜食材，冷冻状态下食材的浪费也更少。

我还总是习惯储备一些不容易坏的食材。这样在没有太多食材时，我也可以做一顿有营养的简餐。以下这些是我日常食谱的一部分食材。

- 英式松饼比萨。
- 全麦饼干、花生酱、香蕉和牛奶。
- 西蓝花扁豆蔬菜汤、吃剩的意大利面及一盒酸奶。
- 豆泥（微波炉加热）、墨西哥玉米薄饼卷奶酪。
- 金枪鱼三明治与西红柿汤。
- 用低脂牛奶、枣碎和杏仁制作的燕麦粥。

我的日常食谱中包括以下食材（见表 4.4）。

表 4.4　日常食谱食材

橱柜		冷藏室	冷冻室
意大利面	莎莎酱	低脂芝士	英式松饼
意大利面酱	切碎的蛤蜊肉	碎芝士	贝果面包
糙米	金枪鱼	低脂干酪	杂粮面包

橱柜		冷藏室	冷冻室
土豆	三文鱼罐头	低脂酸奶	草莓
红薯	芸豆	低脂牛奶	蓝莓
全麦饼干	豆泥	鸡蛋	冬南瓜
椒盐脆饼	香蕉	橙子	菠菜
燕麦粥	汤（扁豆、番茄）	胡萝卜	花椰菜
杏仁	大枣	橙汁	鸡胸肉
花生酱	葡萄干	玉米饼	精肉汉堡

我会选择这些食材中的 3～5 种做出富含碳水化合物与蛋白质的美餐。表 4.5 中的每餐包含 2600 千焦的热量，且均为无须烹饪的营养餐。这对于每天需要 7200～8000 千焦热量的运动女性来说已经够了，运动量大的男性可能需要适当增加食物的摄入量。

表4.5 2600 千焦热量的简餐

食物组合	菜单 1：脆饼干与金枪鱼	菜单 2：花生酱与葡萄干三明治
谷物	8 块全麦脆饼干	两片燕麦面包
蛋白质	1/2 罐金枪鱼罐头加 1 汤匙蛋黄酱	两汤匙花生酱
水果	1 杯浆果	1/4 杯（30 克）葡萄干
蔬菜	360 毫升 V8 果汁	10 个小胡萝卜
奶类	1 杯（230 克）酸奶（加浆果）	1 杯（240 克）低脂牛奶
食物组合	菜单 3: 比萨	菜单 4: 玉米粉卷饼
谷物	两个英式麦芬	两个玉米粉圆饼
蛋白质	杏仁（用来开胃）	1 杯（250 克）油炸豆子
水果	1 杯（240 毫升）橙汁	1/2 杯（120 克）桃子罐头
蔬菜	3/4 杯（180 克）意大利面酱汁	1/4 杯（60 克）洋葱调味汁
奶类	1/2 杯（120 克）莫泽雷诺干酪	1 杯（230 克）低脂山羊奶酪

技巧 3: 不要只吃意大利面食

对于热爱运动的人士来说，任何类型的面食（面条、通心粉等）无疑都是简餐最好的选择。尽管富含碳水化合物的面食确实可为你的身体提供能量，但是面食中所含维生素和矿物质却相对较少。全麦意大利面的营养价值相对更高些，但对于小麦和其他谷物，最重要的是所含的碳水化合物。就连菠菜和番茄意大利面的营养价值都被高估了，因为一顿意大利面里的蔬菜其实是很少的。意大利面和以下的食材组合后就可以成为一顿健康的简餐。

- 番茄酱汁（新鲜或瓶装）。
- 菠菜和大蒜酱。
- 蔬菜（冷冻的西蓝花、菠菜或青辣椒）。
- 豆类罐头、山羊奶酪、鹰嘴豆泥或金枪鱼罐头。

技巧 4：提前准备一周的食物

劳伦（Lauren）是一位 53 岁的高中老师。周末有空时，她会在家自己烹饪，并在周日做好接下来几天的食物，这样当她下班回家或锻炼回家后就可以直接吃。她喜欢一周吃各种豆类和米饭，下一周吃面条，再下一周喝豌豆汤，如此循环。当她不想再吃重复的晚餐时，她会做些别的食物，并把剩菜放进冰箱的冷冻室里。

在外边吃晚餐

因为家里没有食物，或不喜欢做饭，一些人会选择在外面吃晚餐；另一些人则喜欢和朋友在餐馆里吃大餐；还有些人会在餐馆的餐桌上开企业例会。无论什么原因，每个试图寻找运动与饮食平衡的人都面临着如何在繁多诱惑中坚持健康饮食的问题。不幸的是，很多人选择快捷方便的东西来满足食欲，特别是当他们感到疲惫、饥饿、压力大、焦躁或孤独时。这里有一些在外吃饭时的注意事项可帮到你。

健康的选择

健康饮食的第一步是选择一家能提供健康餐食的餐馆。如果你试图寻找为肌肉供能的食物，那么不要去牛排馆。去餐厅之前，你可以在网上查询一下这家餐馆是否提供意大利面、烤土豆、面包和果汁等其他富含碳水化合物的食物。试着避免去那些只有油炸食物的餐厅。

来对餐厅之后，接下来便是聪明地选择食物了。总的来说，你可以选择烤制或蒸煮类的食物——避免油炸类。相比猪肋骨、奶酪、香肠和鸭肉这些高脂肪的食物，低脂肪的鱼肉会是更好的选择。当你点餐时，请多留心菜单上的以下食物。

- 开胃菜。番茄汁、果汁、甜瓜和薄脆饼干都是不错的选择。
- 面包。不加黄油的面包是最佳的——特别是全麦类面包。你可以点普通的面包，适量涂抹些黄油，或者蘸少许橄榄油。
- 汤。肉汤和丰盛的蔬菜浓汤、豌豆汤、扁豆汤是碳水化合物的优质来源。此类汤比奶油浓汤健康得多，而且它们也是水分的主要来源。
- 沙拉。享用蔬菜的同时要限制奶酪、熏肉、芝士、橄榄油和其他高脂肪配料的用量。保证配料只占一小部分，这样可以控制你食用配料的量。
- 海鲜和鸡肉。推荐用烤、蒸、炒或煮的方式来烹饪鸡肉和鱼肉。如果你的主菜是煎炒制成的，确保厨师用很少的黄油或橄榄油去烹饪，这样也可控制脂肪的摄入。
- 牛肉。很多餐厅以大块牛排作为招牌。如果你点了牛排，将它切成两半，另一半打包带回家作为明天的晚餐，或将其分享给你的同伴都是不错的选择。吃的时候去除肥肉，保证酱料是单独放置的，以便你有节制地蘸取。记住：肉只是配菜，不要拿它当主食。
- 土豆。晚餐时可以多点一些土豆。除非厨师用黄油或奶油去烹饪，不然烤土豆均是碳水化合物的优质来源。确保这些浇汁单独放在一边，以便你更好地控制摄入量。更好的选择是用碳水化合物来代替脂肪，例如在牛奶中加入捣碎的土豆。这种搭配听上去有点奇怪，但是吃起来很美味，而且脂肪含量较低。
- 意大利面。将意大利面和番茄酱拌在一起，不加高脂肪的芝士、橄榄油或奶油酱。
- 米饭。在餐馆，你会有一个多余的碗来盛米饭，米饭相对鸡蛋卷和其他油炸类的开胃菜来说，是很好的碳水化合物来源。
- 蔬菜。选择经简单烹饪的蔬菜，并要求将酱料放在一边。
- 中餐。鸡肉炒青菜或牛肉炒花椰菜，配上一碗糙米饭是不错的选择。可以再多点些凉菜。你也可以要求厨师炒菜时少放点油。
- 甜点。碎碎冰、低脂冻酸奶、蛋糕、水果或浆果都是你运动饮食中的最佳选择。新鲜水果当然很棒，即使没有被列在菜单上，餐厅一般也总有储备。如果你不能抗拒甜点的诱惑，那就保证在吃完大量碳水化合物类食物之后再去食用甜点。也就是说，不要因为吃了高热量的甜品，而在晚餐时只吃极少量的沙拉。

若现在摆在你面前的全不是理想的食物，那么尽力改变这些菜的搭配。例如，你可以把奶油从土豆上挖走，把沙拉酱从沙拉中刮去，把肉汤倒掉，把油炸面皮与鸡肉分离。你也可以在吃完低碳水化合物的一餐后，享用些高碳水化合物的零食，如全麦贝果面包、椒盐卷饼、香蕉、全麦饼干、菠萝干、红枣或果汁。如果可以，请随身携带这些应急食品。同样，你可以试着和餐馆提些特殊要求。记住，在餐馆吃饭时你就是"上帝"。餐馆的职责就是提供给你高质量的健康饮食，改善你的健康与运动表现。愿你胃口大开！

快餐的选择

在快餐店吃饭就好像来到"肥胖城"一样。因为你很容易就会吃得不健康。这里有很多高脂肪、高热量且碳水化合物含量低、纤维素少的食物。虽然偶尔吃一顿汉堡薯条对我们的健康不会有太大的影响，但是你经常吃它的话，就需要摄入健康低脂的食物来平衡一下饮食结构。幸运的是，为了我们的健康，现今大多数快餐店也会提供健康、低脂、碳水化合物含量高的饮食。表 4.6 提供了一些常见快餐的热量和脂肪含量。

在选择食物时稍做改变，你就可以少摄入大量的热量与饱和脂肪，而且还可吃得很满足。

表 4.6　快餐中的热量与脂肪含量

不选的食物	热量 / 千焦	脂肪 / 克	替代品	少摄入的热量 / 千焦	少摄入的脂肪 / 克
香肠汉堡	1800	27	鸡蛋汉堡	600	15
麦当劳巨无霸	2200	29	2 个小汉堡	200	11
麦香鱼汉堡	1520	18	烤鸡肉卷	520	
汉堡王巨无霸	2680	40	无蛋黄酱的巨无霸	640	17
必胜客约 30 厘米的意大利肉肠比萨	8000	96	必胜客手抛比萨	1600	48
肯德基脆皮鸡腿堡（约 165 克）	1880	28	肯德基原味鸡腿堡	400	9

当你在外旅行时，不论是穷游还是富游，最好学会怎样更合理地选择食物。如果你是一个体重 68 千克的运动员，则每天需要 10800 ～ 12000 千焦的热量。最省钱的方法是吃脂肪含量高的食物来防止饥饿，但这样做并不明智。这些高脂肪的餐食不仅会堵塞你的动脉，增加你的腰围，最糟糕的是还不能够为你的肌肉供能。因此，更好的办法是随身携带一些碳水化合物含量高的食品，如面包、饼干、无花果干、麦片和干果。

下面的菜单可以帮助你健康地畅游在快餐世界里。

- 汉堡和薯条的脂肪含量一直都很高，因此，你最好选择一家不仅提供汉堡，还可提供烤鸡肉或烤牛肉三明治，还有汤（肉汤或豆子汤）的餐厅。除此之外，你还可以选择那些提供烤鸡肉、土豆泥、米饭和蔬菜的餐厅。

- 如果你点一个汉堡，可以再额外点一个面包，先将肉饼的油脂涂抹在原来的面包（或餐巾纸上）上，再裹上没有油脂的面包来吃。再来一杯果汁、沙冰和低脂奶昔等饮品来提高碳水化合物的摄入量。当然你也可以自己携带水果干或燕麦棒等方便携带的食物。

- 远离"超值套餐"。你最好不要去点那些超值套餐，它们往往都会增加你的腰围。

- 当心鸡肉三明治上的特制蛋黄沙拉酱，它会使三明治的热量像炸鸡三明治一样高。可要求服务生单独提供酱汁，或自己将蛋黄酱刮掉。

- 如果你点了炸鸡，可去掉鸡皮只吃肉。一份肯德基原味吮指鸡，去掉鸡皮与裹着的面包糠，可以帮你少摄入 800 千焦的热量以及 17 克脂肪。可多点一份涂蜂蜜或果酱的玉米面包、玉米棒或其他的蔬菜来增加碳水化合物的摄入量。

虽然烤鸡比炸鸡更健康，但是烤鸡皮的脂肪含量仍然很高。而且，很多与其搭配的食物都含有黄油。当然，有蔬菜总比没有蔬菜好，不过尽量选择蒸煮的蔬菜，而不是用黄油煎制的。

真相揭秘

快餐厅的沙拉要比汉堡包更健康

事实：许多沙拉里都含有水果干、坚果、牛油果、玉米和豆类。就营养成分来说沙拉的确比汉堡健康，但是从热量层面考虑的话就不一定了——特别是铺满芝士，再淋上沙拉酱时。表 4.7 为节食者列出了 5 种比汉堡更不健康的沙拉。

表 4.7　高热量的沙拉

主菜	热量 / 千焦	脂肪 / 克	脂肪：热量的百分比	钠 / 毫克
汉堡王皇堡	2680	39	52%	970
麦当劳巨无霸	2200	29	48%	1000
汉堡王 嫩脆鸡肉凯撒沙拉	2680	43	58%	1760
芝士蛋糕工厂 烤鸡玉米卷沙拉	4520	39	31%	2150
Panera 富士苹果鸡肉沙拉	2840	34	43%	1380
Olive Garden 烤鸡凯撒沙拉	2440	40	59%	1230
Applebee's 原味烤鸡沙拉	5160	81	57%	2190

注：上表中英文为餐饮品牌名。

- 拒绝在烤土豆上添加高脂肪的配料。更好的选择是再额外点一份普通土豆，将上一份土豆上的花椰菜与芝士配料分一半给它。如此，你可以摄入 3200 千焦的热量，且其中只有 15% 来自脂肪。另外，饮用低脂牛奶可增加蛋白质的摄入。

- 购买薄脆饼底的比萨，而不选加芝士的饼底。面团越多，意味着碳水化合物也越多，一块必胜客手工揉制的比萨比薄脆饼底的比萨多出 9 克碳水化合物。请选择蔬菜风味（青椒、蘑菇和洋葱），而不是意大利肉肠、香肠和碎牛肉风味的比萨；吃之前应尽可能利用餐纸吸掉芝士里渗出的油脂。

- 寻找一家可以购买到健康面包的熟食店。选购三明治时，挑选面包比挑选馅料更重要。比起半个皮塔饼，一只用来做三明治的大份赛百味卷（最好为全麦品种）会为你提供更多的碳水化合物。在吃面包时请不要放蛋黄酱，而放清淡的沙拉酱汁（如果有提供的话）、芥末或番茄酱来调味。至于搭配的馅料，火鸡、火腿和瘦牛肉都是不错的选择。

- 喝一碗热气腾腾的豆子汤并配些脆饼、面包，也是一个很好的选择，它们富含碳水化合物又低脂。

即使在快餐店，你也可以获得美味、富含碳水化合物的运动饮食。你只需注意平衡碳水化合物和脂肪的摄入即可。其实，让自己不过度渴望高油脂食物并不难，秘诀是不要在过度饥饿时再去进食。

第 5 章
加餐可维持人体的健康与活力

　　我的大多数客户都不好好享用正餐，却吃大量的零食。他们总是想要快速补充能量，其中零食占到其日常摄入总热量的 20% ～ 50%。如果你也存在这种情况，我会鼓励你接受吃零食就等于吃一顿饭的新观念。这样你也许会避免加餐时选择饼干、糖果、咖啡和其他传统的小食。事实上，我在和客户交流时，通常会避免用"零食"这个词。我会说"两顿午餐"，而不是说"午餐和下午茶"。这样，他们最终会倾向于选择有益健康的食物，而不是吃典型的零食（如糖果和薯片）。

第 1 节　选择加餐

　　尽管许多人因为害怕发胖而不吃零食，但事实上明智地选择加餐也是很重要的。热爱运动的人士通常在进餐 4 小时后就会感到饥饿，因此如果你12 点钟吃午餐，那么下午 4 点时（也许更早），你的身体就需要一顿加餐（或称为第二顿午餐）。如果计划在下午进行训练，那就需要补充额外的能量。此时，加餐对身体与锻炼效果都有益处。因此，你需要将其纳入自己的运动饮食计划当中。当然最好是吃第二顿午餐，而不是一般意义的下午茶。比起红牛或其他运动饮料，一顿精心准备的健康加餐是更佳的选择。

速食点心

在你繁忙不堪，随手抓起什么食物就往嘴里塞的时候，请确保选择那些健康的食物。你可以聪明地选择许多有营养且又方便可得的食物。以下是些广受欢迎的建议。

- 一个全麦面包搭配花生酱，再加一杯脱咖啡因的咖啡。
- 一块青椒全麦薄脆饼底的比萨。
- 鹰嘴豆泥、皮塔饼和小胡萝卜。
- 麦片、坚果和水果干。
- 含有葡萄坚果的希腊酸奶搭配些冻蓝莓。
- 蔬菜炒鸡肉配些糙米饭。
- 低脂牛奶泡速溶燕麦并搭配些杏仁。

请注意，上面的每一顿加餐里都包含三种类型的食物。理想情况下，你可以选择不同的食物来达到均衡营养的目的。如此一来，即使一整天都吃此类小食，你也能够获取所需的各种营养，来确保身体的健康和运动表现。为了在家或在外更好地加餐，以下为你提供了一些方案。

- 干麦片。用葡萄干、水果干、坚果搭配你最爱的麦片，搅拌起来吃。
- 即食燕麦。用牛奶而非水来冲燕麦，然后用微波炉加热一下，再撒上蔓越莓干、新鲜水果或坚果碎。
- 爆米花。吃原味的爆米花或撒点香料（如辣椒粉、大蒜粉、洋葱粉）或酱油的爆米花。如果你喜欢的话，加点橄榄油可以让香料更有黏性。
- 椒盐卷饼。如果你希望减少盐的摄入量，可选择将盐弹掉，或直接购买无盐的椒盐卷饼。
- 薄脆饼。选择块状的小麦、芝麻、糠麸和全谷物低脂品牌的薄脆饼。
- 松饼。用芥花油自制的松饼是最好的；糠麸或玉米松饼也会比用精白面粉做出的松饼健康。如果是从商店购买，尽量选择小松饼，或自己将其切成两半与朋友一起分享。
- 贝果。比起用白面制成的贝果，全谷物的可提供更多的维生素和矿物质。
- 水果。选择香蕉、苹果、浆果或任何新鲜水果。旅行时，水果干是很好的选择。表 5.1 为加餐时一些好的水果选择。

表 5.1 加餐时可选择的水果

水果	营养得分	水果	营养得分
西瓜，两杯	310	蜜瓜，1/8 个	85
葡萄柚，1/2 个（粉红色或红色）	263	杏，两个	78
木瓜，1/2 个	223	香蕉，1 只	54
哈密瓜，1/4 个	200	桃子，1 个	47
橙子，1 个（中等大小）	186	梨，1 个（中等大小）	44
草莓，1 杯	173	苹果，1 个	43
奇异果，1 个	115	葡萄干，1/4 杯	24
覆盆子，1 杯	106	梨，1 罐	20
柑橘，1 个（中等大小）	105	苹果汁，1/2 杯（未添加糖）	14
芒果，1/2 个	94		

- 冰沙。用牛奶、酸奶或果汁，外加新鲜或冷冻的水果与小麦胚芽一起混合搅拌即可制成冰沙。
- 水果冰棒。你可以尽情悠然地享用这一美味。
- 酸奶。购买低脂酸奶（如果需要额外的蛋白质可选择希腊酸奶），加入香草、蜂蜜、肉桂、即食无咖啡因的咖啡、苹果酱、什锦水果或浆果来调味。
- 能量棒、早餐棒、早餐饼和低脂燕麦棒。将其分装成小袋，放在健身袋和旅行包里，食用起来非常方便。
- 坚果与种子。花生、核桃、杏仁、葵花籽、南瓜籽、黄豆和其他富含蛋白质与维生素的坚果与种子。
- 三明治。三明治也是很好的加餐选择。推荐选择搭配有花生酱、火鸡肉、火腿、烤瘦牛肉的三明治。
- 烤土豆或红薯。微波炉烤红薯或土豆都很方便。它们富含碳水化合物，而且可帮助你在锻炼后迅速给自己补充能量。不妨试着加点苹果酱在红薯上，相信会更美味的！

因既富含维生素又可保护人体健康，水果被公认为是一流的运动食物。为了帮助你做出最佳选择，表 5.1 列出了各类水果的维生素与纤维素含量。表格中得分越高的水果越有营养。

糖果棒
920 千焦，13 克脂肪

能量棒
920 千焦，2 克脂肪

薯片
640 千焦，10 克脂肪

椒盐脆饼
440 千焦，1 克脂肪

橘子汽水（470 毫升）
1040 千焦，0%DV 维生素 C

100% 柳橙汁（470 毫升）
880 千焦，200%DV 维生素 C

冰淇淋（1 杯）
2160 千焦，36 克脂肪

酸奶（180 毫升）
200 千焦，2 克脂肪

能量棒：贵但方便

任何便利店都有各种能量棒出售。这里提供的一些信息可帮助你了解能量棒在运动饮食中能起到的作用。

能量棒是便携的

你可以轻易将这些轻巧和富含维生素的能量棒装进口袋，作为"应急食物"。进行长距离训练或比赛的运动人士想要吃耐饿的食物；舞者们想食用小分量的食物来为身体供应能量；登山者们不希望他们的背包太重。对于以上情形，能量棒是绝佳的选择。

训练前吃能量棒可以提升运动表现

锻炼前补充能量是激发训练时耐力的绝佳方式。对此，能量棒生产商们已经不断向我们宣传锻炼前的能量补充对优化运动表现的重要性。不过，并不是能量棒的神奇成分（铬、氨基酸）提升了人们的运动表现，仅仅是因为能量棒为人体提供了 800 ～ 1200 千焦的能量。另外，无花果棒、全麦饼干、香蕉和低脂燕麦棒也是很棒的锻炼前的补充食物。

能量棒也可在耐力运动期间吃

拓展训练中，食用能量棒也可极大地增强你的耐力，方便你不用只依靠锻炼前所食用的食物来为身体提供能量。

大部分的能量棒是容易消化的

因为每个运动员的消化能力并不相同，所以关于能量棒是否比普通食物更易消化会有些争论。与其他运动食物一样，你必须亲自试验哪种食物更适合你的身体，哪种食物你的身体接受不了。食用能量棒时有一点很重要，你要摄入足够的水分。因为能量棒是通过压缩的方法制成的，本身的含水量很低。

有些能量棒宣称碳水化合物含量非常低

这是因为有一阶段人们认为"碳水化合物会使人发胖"。正如我在本书中多次强调的：碳水化合物并不会使人变胖，多余的热量才会。而且碳水化合物是为肌肉供能的最佳食物，因此你需要选些碳水化合物作为加餐。

真相揭秘

能量棒含有特殊成分，可以激发人体的能量

事实：能量棒中并没有神奇的配料。它们仅是一种快捷方便的热量来源，可满足人们在饥饿时食用方便又营养的食物这一需求而已。更多关于能量棒的介绍，请参考第 11 章中的内容。

能量棒价格不菲

你可以用较低的价格（见表5.2）从超市购买性价比高的低脂燕麦棒或早餐棒。此外，吃一大把葡萄干也会有不错的效果。

如果你打算购买燕麦棒和能量棒，最经济实惠的选择是在杂货店或大型连锁超市购买。如果在便利店购买，价格会高些。下表列出了各卖场的价格。一般说来，未加工的食物（如苹果、干果及坚果）都是加餐时不错的选择。

表 5.2　能量棒与普通食物对比

食物	热量 / 千焦	碳水化合物 / 克	价格 /（美元 /400 焦）
葡萄干	340	22	0.27
Fig Newtons，60 克装	100	20	0.22
belVita 早餐饼	125	20	0.26
Quaker 咀嚼棒	120	20	0.40
Nature Valley 燕麦棒	125	20	0.39
Clif 巧克力棒	100	18	0.42
PowerBar 曲奇奶油棒	105	20	0.44
Balance 曲奇团棒	120	12	0.42

注：表中的营养信息来自食品标签。

第 2 节　零食的诱惑

　　零食不仅有助于预防饥饿，同时还可帮助你抵制对甜食的渴望。我的很多客户会抱怨自己总是渴望吃甜食，均无助地对甜食上瘾。我已经帮助很多客户轻松地解决了这个问题。方法其实很简单：在你感到饥饿之前进食。在十分饥饿时，你会特别渴望吃到甜食和脂肪，并且容易过度进食。这时候，一个苹果根本不起作用，你想要吃热量更高的苹果派与冰淇淋。是的，研究也发现，当人们十分饥饿时，他们会渴望吃热量较高的食物，如曲奇饼干、冰淇淋和巧克力。

　　如果你在饮食上总是频繁地失控，吃很多零食，那就需要检查一下自己属于以下案例中的哪种情况，并了解如何驯服体内的"欲望怪物"。记住：零食本身没有问题，抵挡不住它的诱惑，大吃特吃才是问题所在。

案例 1：晚餐前的零食诱惑

　　我对甜食极度上瘾。每天白天我都一直与想吃甜食的念头作斗争，一回到家里便不可避免地吃起巧克力曲奇脆饼。为此，我感到非常无力，希望你帮我恢复正常。

——大卫，47 岁的马拉松跑者、会计、一位父亲

像大卫这样的故事是非常典型的。他感到很愧疚，因为自己对甜食没有控制力。其实，他每天需要摄入 12000 千焦的热量，但却不吃早餐，午餐只喝一个含 800 千焦热量的酸奶。他声称这样做是因为没有时间。那也就难怪他在回家后会处于极度饥饿的状态，最终去吃甜食。因为他有 11200 千焦的能量空缺啊！人的本能驱使他去摄入更多热量，以维持身体的运行。

我建议他在白天吃含有 6400 千焦热量的健康食物。于是，他开始尝试吃含有 3200 千焦热量的早餐（麦片、牛奶、香蕉、果汁、英式麦芬配花生酱），中午到下午期间吃含有 4000 千焦热量的零食（两杯酸奶，两个大香蕉和两杯果汁）。就一天的时间，他发现自己不再像以前一样，回家便吃甜食了。而且他回家时的心情也更好了，不会再被曲奇诱惑，也有更多的精力投入到家庭生活中。这种转变减少了脂肪的摄入，提升了饮食的整体质量，消除了对甜食的欲望，还降低了胆固醇的摄入量。

案例 2：经期前的零食诱惑

根据自己的饮食习惯，我能轻易判断出每个月经期的时间。因为每次经期前，我都非常渴望吃到巧克力制品。

——夏琳，21 岁的大学校队跑者

与许多女性一样，夏琳意识到自己的饮食习惯会随着经期而改变。在经期前的一周，她非常渴望吃高脂高糖（冰淇淋）或高脂美味（薯片）的食物。经期后的一周，她便更想吃些低脂类食物。研究人员也已经证实了存在于部分女性体内的这种饮食模式，报道称雌性激素变化引起的一系列复杂反应会影响女性对食物的选择。雌性激素较高可能会导致经期前对碳水化合物类食物的渴望。

女性在感到很饥饿时，可能也会体验到对食物的渴望。在经期前，女性的新陈代谢可能需增加 400 ～ 2000 千焦热量的摄入。这可能相当于日常一餐的热量。但是当夏琳感到自己在经期前变得浮肿时，她会像大多数女性一

93

样去限制自己的饮食。结果就是对身体所需热量的双重剥削。她自然会对可提供额外热量的食品有生理需求。难怪她会感到极度饥饿并难以抑制对甜食的渴望。

我告诉夏琳不应限制热量的摄入，而应在经期前一周时增加健康食物的摄入。于是，她开始在原本的早餐里多加一片涂上蜂蜜的吐司，午餐时外加一杯巧克力牛奶，下午加餐时会吃些花生巧克力豆。此后，她不再感到饥饿，脾气也变得不那么暴躁了。她的家人与朋友大都感觉到她心情的改善。她成功度过了生理期，不会在晚上大吃特吃巧克力了。

案例3：巧克力的诱惑

> 巧克力是我最爱的食物。我想拿巧克力当午餐，好时巧克力做零食，巧克力冰淇淋当晚餐。
>
> —— 乔斯林，17岁的高中篮球运动员

一些人天生就爱吃甜食。他们毫无缘由地沉浸在甜食的美味中。他们每天吃甜食，一天三顿都吃，甚至更多。早餐吃巧克力甜甜圈、午餐吃曲奇、晚餐吃糖醋味的猪肉。当然，这样的饮食会导致人体缺少维生素与矿物质，是极糟糕的。

作为一名健康、运动强度大的青少年，乔斯林有资本在一天的餐食中加入甜点，且不危害到身体的健康。对于遵循健康饮食的人群来说，每天摄入精细糖分的热量占总热量的6% ～ 10%为宜。因为乔斯林每天需要超过11200千焦的热量，因此她吃下含1120千焦热量的糖是可以接受的。

比起较少吃甜品的人，滥食甜食更容易导致人体的营养问题。吃一点巧克力作为饭后甜点是令人快乐的，而不应把一大盒巧克力作为正餐。嗜巧克力者普遍都不吃早餐，因为他们在前一天晚上吃了一整袋巧克力饼干，以至早晨并不感到饥饿。对于这些人，他们可以吃一两块饼干当作晚饭后的甜点，这样第二天早晨起床后就会有饥饿感，之后便可去享用一顿健康的早餐。

在乔斯林的案例中，巧克力带来的问题主要是她没有时间吃早餐，而又不喜欢学校的午餐，这样她就很容易去自动售卖机前寻找食物。我鼓励她在去学校的路上吃早餐，这样可以在白天摄入相对较少的巧克力。

健康饮食中的巧克力

巧克力由可可制成，是一种植物性的食物。它具有健康营养的成分叫作黄酮类，能帮助人体放松与扩张血管，降低血压，并且促进血液流动。黄酮类也存在于其他一些植物里，如绿茶、红酒、苹果和洋葱。两汤匙的天然可可粉（被用于烘焙）的抗氧化功能，与1杯蓝莓或1.5杯的红酒相同。

在所有种类的巧克力中，黑巧克力含最多的植物营养素。黑巧克力能帮助人体降低血液中的胆固醇含量并且保护心脏。更具体地说，它可改善血管健康并降低血压。流行病学调查显示，比起不吃巧克力的人，那些经常食用巧克力的人体内含有更多植物营养素。这降低了患心脏病的风险。在荷兰，经常吃巧克力制品的老年男性患心脏疾病的概率比不常吃的低了50%，因其他疾病致死的概率也降低47%。

尽管吃巧克力的益处不少，但它仍然是糖果，而不是可以维生的食物。快乐地享用（黑）巧克力不需要理由。纯可可本身很苦并不美味，因此需要添加糖来使它变得美味。你可以将黑巧克力纳入自己的运动饮食。餐后享用一块黑巧克力并没有问题，而且即使是小块巧克力，也可以轻微起到降低血压的作用。对于我来说，在长距离远足和骑行时便会享用黑巧克力。它比大多数运动食物都要美味，而且还对我的身体有益。

第 6 章
碳水化合物

毫无疑问，有益健康的碳水化合物是为人体肌肉提供能量并可促进人体健康的最佳选择。不论年龄大小与运动能力怎样，你都能从简单加工的水果、蔬菜、豆类和全谷食物中获取人体所需的营养：碳水化合物、蛋白质和有益身体健康的脂肪。

不幸的是，关于碳水化合物到底是什么，以及需要吃多少总是困扰着人们。一位跑者就问道："碳水化合物究竟是好还是不好？可使人发胖还是能提供能量？吃多少算多？如果我早餐吃一个贝果面包，午餐能否再吃面包呢？如果再吃面包会不会变胖？"和许多热爱运动的人士一样，他对碳水化合物类的食物存在一定程度的误解，没有真正了解面包、意大利面和其他富含碳水化合物的食物在运动饮食中的作用。为促进健康、达到理想体重以及提升运动表现，本章的内容可帮助你消除此类困惑，更好地去选择食物。

第 1 节　简单及复杂的碳水化合物

碳水化合物家族包括简单碳水化合物和复杂碳水化合物两种。简单碳水化合物是指单糖和双糖。例如葡萄糖、果糖和半乳糖都属于单糖，也是最简单的糖类，其示意图如图 6.1 所示。

图 6.1　单糖示意图

双糖的示意图如图 6.2 所示。

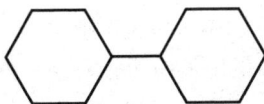

图 6.2 双糖示意图

双糖的 4 种普遍来源包括食用糖（蔗糖）、奶糖（乳糖、葡萄糖与乳糖混合物），玉米糖浆和蜂蜜。

蔗糖、玉米糖浆和蜂蜜都含有葡萄糖和果糖，但其所含分量有所不同。

- 蔗糖经消化后会分解成 50% 的葡萄糖与 50% 的果糖。
- 高果糖的玉米糖浆普遍存在于汽水中，常被分解为 55% 的果糖与 45% 的葡萄糖。
- 蜂蜜含有 31% 的葡萄糖、38% 的果糖、10% 的其他糖类、17% 的水分以及 4% 的其他物质。

你的身体最终将所有的单糖和双糖均转化为葡萄糖，并使其进入血液为肌肉和大脑提供能量。

蔬菜和水果可提供不同比例的糖类。糖的种类不同，身体吸收它们的速度也会不同。为促进人体对碳水化合物的吸收，研究者们建议人们在训练时摄入多样的糖类。这就意味着你需要通过看所喝运动饮料的成分标签来判断其是否包含多样的糖类。

蜂蜜一直被误认为优于玉米糖浆或精制白糖。如果你因为喜欢蜂蜜的口味而食用它，那没问题。但是，在维生素含量或功效上，蜂蜜并没有显著的优势。任何形式的糖（蜂蜜、玉米糖浆或红糖）在营养价值方面，没有显著区别。你的身体最终都会将它们转化成葡萄糖来供能。

许多运动饮食中存在着另一种类型的糖：麦芽糊精。麦芽糊精是由 5 个葡萄糖分子聚合在一起形成的产物。加入此类糖的运动饮料没有一般糖的甜度，但可以被人体迅速吸收。

复杂碳水化合物（例如植物中的淀粉和肌肉中的糖原），是单糖互相连接成又长又复杂的链条而形成的，就像成百上千的珍珠串在一起一样，其简单示意图如图 6.3 所示。

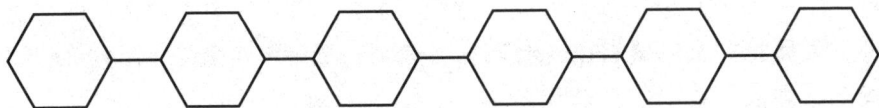

图 6.3 复杂碳水化合物示意图

植物以淀粉的形式储存糖分。例如，嫩玉米是甜的，但当它成熟时甜汁便转化为了淀粉，因此吃起来也就没那么甜了。与玉米和其他蔬菜相反，水果在成熟的过程中，会将淀粉转化为糖。香蕉就是个很好的例子。

- 一个有点变黄的绿香蕉含有80%的淀粉和7%的糖。
- 一个近乎全黄的香蕉含有25%的淀粉和65%的糖。
- 一个带斑点的黄香蕉含有5%的淀粉和90%的糖。

你所摄入的土豆、大米、面包和其他淀粉类食物都被消化成了葡萄糖。这些葡萄糖或去为身体供能或储存在体内以便不时之需。人体将多余的葡萄糖主要储存为肌肉糖原和肝糖原。这两种糖原都可为人体提供能量。

为肌肉供能，糖和淀粉有着类似的功效，只是在维生素和矿物质的含量上有所不同。

- 甜汽水中的精制碳水化合物可为人体提供能量，但是不能提供维生素和矿物质。
- 运动饮料和糖果中含有经深度加工的碳水化合物，其可为人体供能，但是也很少能为人体提供维生素和矿物质。
- 水果、蔬菜和全谷物中含有天然糖类与未精制的碳水化合物，可为人体提供能量、维生素、矿物质和纤维素等丰富的营养物质。

碳水化合物会使人变胖吗？

私人教练史黛西想要摄入碳水化合物以增加身体的能量供应，同时又想维持目前的体重。正如很多体重控制意识强的训练人士一样，史黛西认为碳水化合物类的食物会使人发胖。她很沮丧地说："我的家里不放脆饼、麦片或贝果面包，因为一旦家里有这些食物，我就想吃它们，并且往往会吃很多。我想要减肥，所以不能吃这些会让人变胖的碳水化合物类食物。"

然而事实是，碳水化合物类食物本身不会使人变胖，过多的热量才会。尤其是含油脂类食物中的热量——面包上的黄油、意大利面里的油、三明治中的蛋黄酱和脆饼上的芝士，都会使人发胖。每汤匙的脂肪含有140千焦的热量，而相应的碳水化合物只有64千焦的热量。除此之外，人体将多余的碳水化合物转化为脂肪的量是很有限的，因为你只要运动都需依靠碳水化合物所提供的热量。人体倾向于优先消耗碳水化合物所提供的热量，而将脂肪储存起来。因为要将多余的碳水化合物转化为脂肪，人体需要额外动用摄入热量的 23%。另一方面，吃进去的脂肪很容易转化为人体自身的脂肪，因为这个过程只需消耗人体摄入总热量的 3%。

真相揭秘

高果糖玉米糖浆会导致肥胖

事实：通过对动物的研究发现，摄入高剂量的果糖会导致体重肥胖。关于高果糖玉米糖浆是否会导致肥胖仍然有待更多研究。一些研究表明：果糖与葡萄糖在人体内的消化、吸收和新陈代谢方面都不尽相同，从而导致人体有不同的体重。另有一些研究显示：同等量的高果糖玉米糖浆与其他食物所含有的糖，在被人体吸收时并没有什么不同。

在我们得出明确的定论之前，最安全的方法是少摄入高果糖玉米糖浆。当然，很有可能的情况为饮用过多汽水，随之带来的多余热量才是导致你肥胖的元凶，而不是单纯的高果糖玉米糖浆本身。

如果实在想大吃一顿，那么多吃椒盐脆饼（富含碳水化合物）比多吃薯片（富含油脂）要好一些。因为碳水化合物至少可以为肌肉提供能量，让你能够在第二天有足够的能量来锻炼。但是，请注意不要持续地摄入过量的碳水化合物，从而引起体重增加的问题。当你的糖原储存过多时，多余的热量最终只能被储存为人体的脂肪。

不要试图远离面包和其他谷物类食物，而应记住以下几点。

- 比起油脂类食物，碳水化合物类的食物更不容易让人变胖。
- 你需要碳水化合物来为肌肉供能。
- 你在高强度训练时会消耗碳水化合物。
- 碳水化合物是你的朋友，多余的热量才是你的敌人，尤其要小心来自油脂类食物中的多余热量。
- 在节食减重期间，你应将健康的碳水化合物（如高纤维素的麦片、全谷物面包、土豆和蔬菜）纳入自己的饮食计划，而相应减少黄油的摄入。
- 当你食欲大开时，可少量享用富含碳水化合物与蛋白质的食物，例如燕麦配坚果、香蕉配花生酱以及全麦意大利面配火鸡肉。

你之所以对碳水化合物类的食物过度渴望，主要因为自己对美味的拒绝与控制。在第 16 章，你可以获得更多如何与碳水化合物"和平相处"的信息。

不同的碳水化合物

上文提到碳水化合物的分类形式：简单碳水化合物和复杂碳水化合物；糖和淀粉。碳水化合物还可以分类为快速碳水化合物和慢速碳水化合物。这里要提及一个被称为升糖指数（GI）的概念。升糖指数是反映通过进食引起人体血糖升高程度的指标，对糖尿病患者的饮食参考具有指导作用。例如，白面包属于升糖指数较高的碳水化合物，因为它会导致血糖快速升高；而豌豆则是升糖指数较低的碳水化合物，因为人体食用它们导致的血糖升高是缓慢的。表6.1提供了一些常见食物的升糖指数。

表6.1　常见食物的升糖指数与升糖负荷

食物	升糖指数（基于50克碳水化合物）	升糖负荷（基于一份量的食物）	分量
可口可乐	63	16	240毫升
苹果汁	44	13	240毫升
佳得乐	78	12	240毫升
巧克力牛奶（含1.5%的脂肪）	37	9	240毫升
米饼	82	18	30克
贝果	69	24	75克
Wonder Bread（面包品牌）	73	10	30克
意大利面	58	28	180克
脆玉米片	81	20	30克
香蕉（青）	47	11	120克
橙子	40	4	120克
士力架	57	18	30克
能量棒	58	24	70克

最初，升糖指数用来帮助糖尿病患者控制自身的血糖。但是，糖尿病患者总会吃些"混合食物"（例如用面包、火鸡和西红柿制成的三明治），这导致食物的升糖指数发生改变。然而，运动员们总是单独吃某一种食物（1个香蕉、1个贝果面包）。因此，科学家们会问：由于升糖指数不同，不同的食物对人体的运动表现有没有影响？运动员们能否借此来决定训练前、中、后

分别摄入什么食物呢?

低 GI（低升糖指数）的食物（苹果、酸奶、扁豆和豌豆）缓慢地将葡萄糖释放进人体的血液；而高 GI（高升糖指数）的食物（运动饮料、软糖和贝果面包）会快速提升血糖。因此，低 GI 食物能持续为身体供能，有助提高人体的耐力；高 GI 食物可以帮助人体在训练（比如 6 小时以内的高强度训练）后快速给肌肉补充能量。

尽管以上说法符合逻辑，但是我也常告诉运动员们不用过度关注食物的升糖指数，而应尽情地享用水果、蔬菜和全谷物食物。因为有太多的因素会影响食物的升糖指数，包括食物生长的环境、人体吃下去的量、添加的脂肪、食物制作的方式、食物是冷的还是热的、身体是否处于饥饿状态等。相同的食物在不同的人体内的升糖指数的差异可能会达到 43%。

当然，在进行耐力训练之前，摄入低 GI 食物对人体是有益的，尤其是在训练期间无法再补充其他能量——如果你是一位游泳运动员，你无法在游泳时吃东西；或者你的胃过分挑剔，在运动期间只能摄入些水分。你会发现摄入低 GI 食物的确会提高你的训练效果。然而，比起训练前摄入低 GI 食物，如果你能在训练期间为身体的肌肉补充能量，比如摄入运动饮料、水果或其他碳水化合物，你也许会发现自己的运动表现更棒了。同时请记住：理论上吃一碗低 GI 的扁豆是个好主意，但是它也很可能让肚子胀气。因此，耐力训练前应尽量摄入些易消化的食物，接下来的每小时再摄入含 1200 ～ 1400 千焦热量的碳水化合物。更多关于训练前以及训练期间的能量补充信息，请参见第 9 章与第 10 章的内容。

对于训练量较大或 4 ～ 6 小时内要进行比赛的运动员来说，摄入高 GI 的食物是个明智的选择。因为在人体耗尽体内糖原时，高 GI 食物能迅速为身体提供糖原。然而，一项研究发现：摄入低 GI 食物对运动员们第二天的运动表现会有所帮助（运动到精疲力竭的时间由原先的 99 分钟提高到 109 分钟）。低 GI 食物可更好地促进人体肌肉提高耐力，同时也可提高动用脂肪来为身体供能的概率，而不是动用体内有限的糖原储备。总的说来，低 GI 食物是更健康的。日常生活中，摄入全谷物、水果、蔬菜会帮你打造低 GI 的饮食，这对健康大有益处。

一些人认为高 GI 食物会使人发胖，因为这些食物可导致人体血糖迅速升高，刺激身体分泌多余的胰岛素，因此促进脂肪的储存。事实没那么简单。多余的热量才会使人肥胖，而不是多余的胰岛素。但是胰岛素会引发食欲，从而可能因为吃得更多而变胖，这也是为什么人们认为高 GI 食物不好的原因。我们需要更多的研究来确定：在遵循低 GI 饮食方式下，身体健康的人是否能够更轻易地减重。无论如何，食用低 GI 食物也意味着食用更多对人体更有益的食物（更多水果、蔬菜和全谷物）；少摄入精细加工的食物、糖果和甜食，这些食物提供的热量会轻易超出你身体所需。

食糖后的兴奋与低落

一些运动员声称他们对糖敏感，意思是吃完糖后，他们会经历身体能量的"高峰"与"低谷"。如果你也有类似的情况，解决方案是将碳水化合物与蛋白质或脂肪组合起来吃，例如面包搭配花生酱或苹果搭配低脂奶酪。你也许注意到摄入酸奶（低 GI 食物）后的锻炼效果要比吃同样热量的果胶（高 GI 食物）效果好。为了保持理想的状态，请尊重身体对食物的独特体验，从而选择最适宜自己身体的食物。

大多数运动员一般不会有食糖后的兴奋与低落，因为他们受过良好训练的肌肉很乐意从血液中吸收碳水化合物，且不会产生大量的胰岛素。因此，比起一些对糖产生不适的人群，运动员们不容易产生反弹性的血糖过低的情况。因为锻炼是帮助人体血糖维持在正常范围的绝佳方式，所以运动员一般都不会患有高血糖症状。

梅根是一位注重体重管理的跑者，她在跑步期间或跑步后总是感到头重脚轻、昏昏沉沉，甚至有时会想吐。这些都是低血糖的症状，主要是由于早餐和午餐摄入太少的热量。后来她通过增加每一餐的食物量，并且在跑前享用一些零食，例如脆饼干和低脂奶酪，解决了自己低血糖的问题。

真相揭秘

白面包没什么营养价值

事实：尽管白面包不能提供全麦、黑麦或其他全谷物面包里所提供的营养元素，但是它显然不是毒药，也不是坏的食物。它也可以是健康饮食的一部分。正如第 1 章中所言：你所摄入的谷物需要有一半来自全谷物。因此，你可以早餐吃燕麦、晚餐吃糙米、午餐享用白面包（皮塔饼或卷饼）制成的三明治。

大多数白面包富含维生素 B 和铁。如果只吃全谷物，你可能缺少足够的叶酸和维生素 B。

第 2 节　提供糖原的碳水化合物

如上所述，如果你以为碳水化合物会使人发胖，而在饮食中避免摄入碳水化合物（如土豆和面包），请三思。碳水化合物并不会使你发胖，而且可为你的肌肉供能，帮你享受运动的过程。

一位中等身材（68 千克）的男性需要将含有 7200 千焦热量的碳水化合物，储存在他的肝脏、肌肉、血液和体液中。表 6.2 列出了碳水化合物在人体中的大致分布。

表 6.2　男性体内碳水化合物的分布

肌糖原	5600 千焦
肝糖原	1280 千焦
血浆，体液的糖原	320 千焦
总计	7200 千焦

在锻炼期间，人体会动用肌肉中储存的碳水化合物。肝脏中的碳水化合物被释放到血液中以维持正常的血糖水平，并为大脑以及肌肉供能。当糖原储备消耗殆尽时，你会感到势不可当的疲惫，从而放弃锻炼。一项研究告诉我们：骑行者如果肌糖原储备耗尽，他们锻炼 55 分钟后就会感到疲惫至极（意味着你难以持续维持特定速度的骑行状态）。如果身体内的糖原储备充足，骑行者可以骑行 120 分钟。是的，食物带给你力量！

相对于人体所需的碳水化合物，一位中等精瘦身材的男性（68 千克）体内含有可提供 240000 ~ 400000 千焦热量的脂肪——够人体跑数百公里的热量。但是，对于耐力运动员来说，脂肪不是只用来为身体供能的，因为肌肉需要一定量的碳水化合物来使其正常运作。

在低强度的锻炼中，例如走路，肌肉主要依靠燃烧脂肪来提供能量；在中轻强度的有氧锻炼中，例如慢跑，人体储存的脂肪可为身体提供 50% ~ 60% 的能量；高强度锻炼中，例如短跑或其他剧烈运动，身体主要依赖糖原储备来供能。

人体内在运动过程中经历的生物化学变化会影响肌肉中所能储存的糖原的量。比起未受过训练的肌肉，受过良好训练的肌肉可以多储存 20% ~ 50% 的糖原。这种变化可提高人体的耐力，这也是新手跑者不能只通过摄入碳水化合物而期望高质量地跑完马拉松的原因（见表6.3）。

表6.3 每100克肌肉所含的糖原

未经训练的肌肉	13克	受过训练的肌肉	32克

许多运动员对碳水化合物有着根深蒂固的误解，他们认为碳水化合物使人增肥或对健康不益，又或认为摄入高蛋白质含量的食物对肌肉更好，就避免摄入碳水化合物。有些人还不吃不含有麸质的食物。对比正常摄入碳水化合物的运动员（每6～10千克体重摄入2.5～4.5克碳水化合物），低碳水化合物的饮食严重影响身体健康以及运动表现。

激烈的冰球运动就主要依靠运动员肌肉的强度及力量。运动员在比赛期间，碳水化合物是身体主要的能量来源，同时肌肉中糖原的储备量会降低38%～88%。而肌糖原耗尽将直接导致肌肉疲惫。针对精英冰球运动员的研究表明：采用高碳水化合物饮食的球员在冰上滑行的距离比低碳水化合物组超出30%，而且滑行速度更快。在比赛决定胜负的最后阶段，摄入高碳水化合物组滑行的距离比第一阶段多出11%；而低碳水化合物组反而减少了14%。因此，研究者们得出了以下结论。

- 开始时较低的肌糖原储备可能会有损比赛后期运动员的表现。
- 为期3天的比赛，加上低碳水化合物的饮食，将使身体不能恢复到正常的肌糖原储备。
- 碳水化合物摄入足够与否对比赛最后阶段的表现影响显著。

不论你的运动项目是冰球、美式足球、橄榄球、足球、篮球或其他激烈的运动，请记住合理膳食，以碳水化合物为主并以蛋白质为辅。

锻炼后，摄入碳水化合物对于修复肌肉中糖原储备尤其重要。在一次重要的研究中，生理学家贝格斯特伦和他的同事在运动员训练到精疲力竭后，让其摄入3种不同类型的饮食，了解哪一种更有助于身体肌糖原储备的恢复（见图6.4）。这3种饮食分别是高蛋白类饮食、高脂肪类饮食与高碳水化合物类饮食。摄入高蛋白与高脂肪（类似食肉饮食法，或吃大量鸡蛋、鸡肉、牛肉、金枪鱼沙拉或坚果）饮食的运动员在5天内身体肌糖原都是耗尽的状态；摄入高碳水化合物饮食的运动员2天内就恢复了体内肌糖原的储备。这个结果表明蛋白质和脂肪不能被作为肌糖原储存，碳水化合物才可以。如果一直保持低碳水化合物类的饮食与高强度的运动，健身爱好者和马拉松跑者的肌肉很快就会减少。

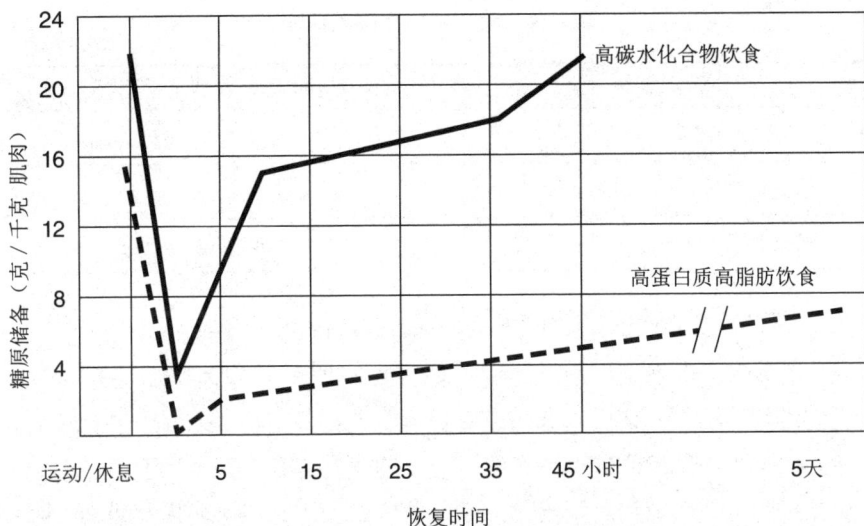

图 6.4　高碳水化合物类饮食使人体恢复肌肉中糖原的含量比高蛋白质与高脂肪类饮食来得更为迅速

因此，每一位运动员的饮食里都需要由 2/3 的健康碳水化合物（谷物、蔬菜和水果）和 1/3 的蛋白质构成。

第 3 节　耐力训练者的碳水化合物摄入

如果你正在准备一项超过 90 分钟的耐力训练项目——马拉松、铁人三项、越野滑雪比赛或长距离自行车赛，你就需要在比赛前为肌肉摄入足够的碳水化合物。尽管摄入碳水化合物听上去很简单（吃点意大利面不就好了吗），但是很多运动员却因不合理的碳水化合物摄入，而破坏了他们的运动表现。这里列出了摄入碳水化合物的 9 个步骤，以帮助耐力运动员优化能量来源。

1. **每天摄入碳水化合物**。你的日常饮食应该以碳水化合物为基础，再搭配足够的蛋白质与适量的脂肪。如果训练强度大，每千克的体重需要摄入 6 ～ 10 克的碳水化合物，从而有助于你更好地训练与比赛。国际奥委会发布的指南（见表 6.4），可帮助你根据训练强度来决定每日的碳水化合物需要量。

表 6.4　碳水化合物摄入指南

运动量	碳水化合物 /（克 / 千克）
适度训练（1 小时内 / 天）	5 ～ 7
耐力训练（1 ～ 3 小时 / 天）	6 ～ 10
极限训练（2 ～ 5 小时 / 天）	8 ～ 12

在有低糖原储备的情况下训练会有更好的效果？

很多耐力以及超耐力运动员有时候想知道是否可以带着缺乏能量的肌肉进行训练，并认为这样可以让身体燃烧更多脂肪，节省体内有限的糖原储备。在低糖原储备下训练，人体的确会提升新陈代谢速率，燃烧更多脂肪，从而节约有限的糖原储备。理论上讲，这可以提升耐力，因为人体的糖原耗尽就意味着将会感到疲惫。有研究表明低糖原情况下训练对于没有训练经验的人士很有效果。但是对于运动员来说，这样做并不能保证高强度训练的效果，同时还会阻碍运动表现。

在进行低强度运动期间，人体所采取的这种训练方式可能会刺激肌肉燃烧更多脂肪，而不是糖原。但是，运动员需要足够的糖原储备才能进行高强度训练。

来自澳大利亚墨尔本的运动生理学家约翰·霍利建议：低糖原储备的训练应该是"身体在训练的中途，动用一半体内剩余的糖原量来供能"，并且仅可在预选赛期间采用。让身体处于低血糖或低肌糖原储备下训练，会促使身体产生一种适应性，并可促进训练效果的提升。这也许对耐力型的比赛选手有益。人体在低糖原储备下进行训练同时也会造成训练强度的降低，影响比赛的运动表现，尤其是需要你在最后关头奋力一搏、决定胜负的时候。

如果某些碳水化合物是好碳水化合物，那么是不是人体摄入越多就越好呢？不是的。即使是好碳水化合物，如果你吃太多，也可能遭遇肠胃不适（吃太多水果可引起腹泻；吃太多白面包和精制谷物则会引起便秘），你的肌肉也不会达到最佳状态。一位马拉松跑者曾告诉我："在她第一次跑马拉松的前一晚吃得太饱，感觉自己的身体饱胀臃肿，这并不是自己想要的参赛状态。"

没有意大利面的碳水化合物摄入

不是每一位运动员都会靠意大利面、面包和麦片来摄入碳水化合物。大约 1% 的美国人存在腹泻问题，因为某些人的身体不能消化麸质。麸质是一种存在于小麦、黑麦、大麦和某些燕麦（加工过程中混入小麦）的蛋白质。这些人一旦食用含有麸质的食物，就会肠胃发炎，小肠受损伤，最终影响身体对营养的吸收，包括铁和钙。麸质不适的人很容易造成贫血（因铁不能被吸收）与骨质疏松（因钙不能被吸收）。

麸质不适症很难诊断，因为其症状因人而异。一些人可能会经历腹泻和胃痉挛；一些人则会抱怨身体出现便秘和浮肿等问题。最好与医生进行交流，确定自己是肠道问题还是其他疾病，例如毫无缘由的疲惫、贫血、多发性应力性骨折、不孕不育和乳糖不适等。如果你想要确定是否患有麸质不适症，可以通过观察自己吃含麸食物及不含麸的食物后的身体反应来初步进行判断。

对于运动员来说，不吃含麸质的食物是个挑战。不过你可以从大米、玉米、土豆、红薯、鹰嘴豆、荞麦、藜麦、香蕉、水果、蔬菜、果汁和其他很多食物中获得碳水化合物。有些食品加工厂在制作食物的过程中会混入一些含麸质的食物，因此你可以选购食品标签上有"无麸质"认证的产品。表 6.5 列出无麸质碳水化合物摄入的样本，供你参考。

我强烈建议你去寻求当地运动营养师的建议。

如果在比赛前一天由于紧张而吃不下太多食物，你可以在比赛前 2～3 天摄入足够的碳水化合物，只要不做大量训练，身体从碳水化合物中摄入的糖原仍会待在你的肌肉里。然后，在比赛前一天吃一点薄脆饼、鸡汤面和其他易消化的食物即可。

2. **逐渐减少你的训练量**。为了最后一刻的激情爆发，请忘掉所有的计划。在比赛日的 3 周前完成你最后一次的耐力训练，然后就开始逐渐减少自己的训练量。尽管高强度训练可塑造你的肌肉，但同时也会消耗你的体力。因此你需要足够的时间来修复身体在训练期间受到的损伤，以及给身体供应足够的碳水化合物。一些运动专家建议可将你的训练量减少到正常的 30%，在赛前最后的 7～10 天里只做一些短时高效的间歇训练，以使身体保持敏捷即可。

恰当地减少你的训练量需要强大的自控力。大多数运动员害怕长期的运动量减少的状态，因为他们担心体形也会跟着改变。不用担心，你最后更棒的运动表现会证明一切——可能比你以前的成绩高出 9%。例如游泳运动员在减少训练量两周后，最终比赛时取得了他们的最好成绩。再次强调，提高成绩的关键是比赛前减少训练量，但是需维持一定的高强度间歇训练。

由于在比赛前的训练量变少，你也就不需要摄入过多的热量，只要维持正常的饮食摄入（每餐以谷物、水果和蔬菜为主，蛋白质为辅）就好。你以往在训练中燃烧的 2400 ～ 4000 千焦的热量，将会被用来为身体的肌肉提供额外的能量。你的身体也会因此储存更多的糖原，帮助你在比赛的最后阶段进行完美的冲刺。

你如果增重 1 ～ 2 千克，就意味着你有充足的碳水化合物储备，但是其中大多是水分的质量。因为身体每储存 30 克糖原，就同时需要 90 毫升的水分。这些水分也会在你训练中起到作用，使身体不至于脱水。

3. **吃足够的蛋白质**。因为耐力运动员需要燃烧某些蛋白质以为身体提供能量，他们需要特别注意每天除了从三餐中获取蛋白质外，还需额外摄入 2 小份富含蛋白质的食物。即使你处于碳水化合物摄入期，饮食里也需要含有一定量的蛋白质，根据自身的体重，每千克需要 1.2 ～ 1.7 克蛋白质。

4. **不要摄入大量脂肪**。保持你的脂肪摄入量在总热量的 20% ～ 25% 之间。尽量选择吐司搭配果酱，而不是大量摄入黄油；意大利面搭配番茄酱，而不是摄入油和芝士。记住摄入一点脂肪没关系，但不要过多。

快速补充能量

一些运动员不喜欢在耐力比赛前 2 ～ 3 周减少训练量，他们一天都不愿意休息。为了满足这些进行高强度训练的运动员，研究者们研究出以下方法供人体快速补充能量。

（1）比赛前一天，运动员在单车机上，以最大有氧能力 130% 的强度，骑行 2 分 30 秒，然后在最后半分钟，拼尽全力到最后，使得肌糖原消耗殆尽。

（2）只要身体能接受，尽量摄入高碳水化合物类饮食。碳水化合物的量可根据自身体重每千克 12 克碳水化合物为标准，并在一天之内吃完。这意味着一位体重 68 千克的运动员需要吃到 816 克的碳水化合物，相当于 13200 千焦的热量。因此当天他们身体没有足够的空间留给脂肪或蛋白质（来自脂肪和蛋白质的热量只占到总热量的 10%，正常需要占到 45%）。

（3）接着休息一天，然后摄入富含碳水化合物的饮料、果汁和其他碳水化合物密集型的食物。通过休息，运动员的肌肉可以充分储存碳水化合物，然后提高身体的糖原储备水平。

如果这种快速储存能量的方式对你来说具有吸引力，请确保你在比赛前找个时间实验一下。因为这种极端的饮食方法可能会导致一些肠胃问题，从而在比赛期间不断地去厕所。

为了达到每千克体重摄入 12 克碳水化合物，你需放弃摄入部分脂肪。例如，将黄油和酸奶替换成烤土豆。当我们用碳水化合物替换脂肪时，也意味着你需要吃更多的食物来获取同样的热量。480 克意大利面煮熟后像一座"小山"，但是只有 6400 千焦的热量。这对于健壮的马拉松跑者来说，是合理的跑前摄入热量，但实际上你可能需要更多。

5. 注意纤维素的摄入。富含纤维素的食物有助于人体肠胃蠕动和顺畅排便。糙质麦片、全麦面包、燕麦、水果和蔬菜都是不错的选择。如果吃太多白面包、意大利面、米饭和其他精致谷物类食物，你很可能会便秘，尤其在减少训练的情况下。然而，比赛前的 1～2 天，一些运动员（比起便秘，更担心腹泻的问题）宁愿吃些低纤维的饮食，以减少肠胃的饱腹感。他们享用果汁、果冻、冰糕、白面包、大米和意大利面，为身体储备碳水化合物。通过不断试验，你会知道什么饮食最适合自己的身体。

6. 认真规划进餐时间。纽约的马拉松女王格雷特·瓦伊兹曾经说过，她在跑马拉松的前一天晚上从不吃大餐，因为这样做第二天总会出现问题。她宁愿享用一顿更丰盛的午餐。你也许也能从这样的进食建议里获益。也就是说，不要依赖比赛前一天晚上的意大利面给身体提供能量，不妨在前一天享用一顿富含碳水化合物的早餐或午餐。因为，更早一点进餐，会让你的身体有足够的时间来消化食物，并且减少在比赛期间经常去移动厕所的顾虑。此外，当天的睡眠也会更好。如果你是外地来的运动员，请尽量避免在人满为患的晚餐时间去用餐。

在比赛前一天，你最好多吃一点点，但不要过量。恰当的平衡饮食也会帮助你取得理想的成绩。每次从准备训练到比赛结束期间都给你提供学习的机会，更好地了解自己需要吃什么以及要吃多少吧。你在训练自己的心肺功能和肌肉时，同时也要训练自己的肠道。记住，在训练期间就开始锻炼身体储备碳水化合物的能力，如此，你在比赛当天会对自己的状态了如指掌。

即使不吃小麦，你仍然可以摄入大量碳水化合物。针对体重 68 千克的耐力运动员，表 6.5 提供了 12800 千焦热量的高碳水化合物饮食，为每千克体重提供 8 克碳水化合物。（注意：如果你不吃小麦，将 2 杯意大利面替换为 2 杯米）同时这个菜单包含足够的蛋白质（每千克人体体重可获得 2.2 克蛋白质）。

表 6.5　含意大利面及不含意大利面的碳水化合物餐食示例

食物	热量 / 千焦	碳水化合物 / 克
早餐 *		
燕麦片 *，1 杯（80 克）干 用牛奶煮制，480 毫升	2000	70
葡萄干，45 克	520	35
红糖，1 汤匙	220	15
苹果酒，360 毫升	680	45
午餐		
土豆配山羊奶酪，230 克	1740	70
小胡萝卜蘸鹰嘴豆泥，1/2 杯	960	35
葡萄汁，360 毫升	880	55
加餐		
香蕉，较大的	600	40
花生酱，3 汤匙	1080	10
晚餐		
意大利面，2 杯煮（或糙米，2 杯煮）	1720	90
鸡肉，150 克，橄榄油煎制，2 茶匙	1320	—
四季豆，1 杯	200	10
甜点		
菠萝干，1 / 2 杯（75 克）	880	55
总计	12800	540

* 患有腹泻病的人士可以购买"无麸质"认证的燕麦。普通燕麦有可能在食品加工制作过程中被混入小麦。

　　7. **饮用额外的饮料**。为降低比赛期间脱水的风险，你需要饮用额外的水和果汁。但是，要避免饮用太多红酒、啤酒和含酒精型饮料，它们不仅不能为你提供碳水化合物，反而会使你脱水。当然，饮用足量无酒精饮料后的 2 ~ 4 小时，会造成身体排尿量加大，此时你的尿液呈淡黄色。无须再摄入多余的水分，避免每半小时就需要排尿一次。记住，你的身体就像一块海绵，只能吸收一定量的液体。

　　当天早晨，赛前的 2 小时（保留足够的时间使其排出）再饮用 2 ~ 3 杯水，最后在比赛前的 5 ~ 10 分钟再饮用另一杯。更多关于适当补水的信息，请参见第 8～10 章。

8. 明智的选择。若是只吃水果来摄入大量的碳水化合物，你很可能会腹泻；若是只吃大量白面包，你有可能会便秘；若是只喝大量啤酒，你可能会脱水；若是在最后一刻进行高强训练，你的肌肉会疲惫不堪。

9. 在比赛当天吃早餐。大量摄入碳水化合物是能量储备计划的一部分。耐力比赛前，足够的早餐同样重要。它能防止你饥饿，帮你维持正常的血糖水平。此外，选择你熟悉的食物也很重要。正如上文提及的，你应该在训练阶段去试验适合自身的能量补给方案。

不要尝试任何新的食物。你不熟悉的能量棒里可能含有什么自己身体不易消化的成分。更多关于训练前与训练期间的能量补充的信息，请参见第 8～10 章。

第 4 节　撞墙期

人体在肌糖原消耗殆尽时，会出现"撞墙"现象；同时，耗尽的肝糖原也会导致撞墙或肌肉酸疼。肝糖原为人体血液输送能量，可维持供大脑运作的正常血糖水平。但是当一名运动员在肌糖原耗尽的情况下，因为肝脏无法释放足够的糖进入血液中，他可能会感到身体笨重、头重脚轻、注意力不集中以及身体虚弱。

你已经知道身体的肌肉和大脑运作都需要糖原，但是，你也许没有意识到：肌肉可以燃烧脂肪以储备糖原，但是大脑不可以。这意味着如果进行紧张的比赛，你的血液同样需要摄入足够的食物来提供糖分，从而"喂饱"大脑，使其高效运作。如果大脑营养供应不足，你的肌肉功能也会受限制，从而导致运动成绩不佳。此外，你还会变得暴躁易发脾气，令自己以及别人扫兴。

詹妮（Gianni）是一位 28 岁的跑者，在波士顿马拉松开始的前 3 天，她便为自己的身体摄入碳水化合物。比赛前一晚，她下午 5：00 吃晚饭，晚上 8：30 上床试图睡个好觉。但是和其他过度焦虑的运动员一样，她整晚翻来覆去睡不着（导致消耗一定量的热量）。第二天她早早就起床，即使比赛在 10：30 才开始，她却决定不吃早餐。等到比赛开始时，她已经耗尽了有限的肝糖原储备。结果在跑到第 13 千米时失去了精神上的驱动力，在第 19 千米时彻底放弃了。她的肌肉仍有能量，但是不能够被输送进大脑，因为她缺少的是精神上的毅力来完成马拉松。

詹妮可以通过在早餐时摄入燕麦、麦片或其他形式的碳水化合物来预防这些不必要的疲惫。只有肌肉和大脑都充满能量，运动员才能取得优异的成绩。

第 5 节　日常训练的恢复

对于每天都辛苦训练并试图维持高体能的人士，摄入碳水化合物非常重要。如果习惯性地减少谷物、水果和淀粉蔬菜的摄入，你的肌肉会长期处于疲惫的状态。你能够完成训练，却不能以最佳状态进行训练。

图 6.5 解释了运动员在碳水化合物摄入不足，但仍每天进行高强度训练情况下，身体的糖原消耗的情况。在这项里程碑式的研究中，连续 3 天，运动员以每千米 4 ～ 5 分钟的速度跑 16 千米。他们还像往常一样吃大量的蛋白质和脂肪（可能还有酒精），但是只摄入很少量的谷物、水果和蔬菜。一段时间后，这些运动员体内的糖原便开始耗尽。而那些吃大量碳水化合物（少量蛋白质和脂肪）的跑者们很快就恢复了身体内的糖原储备，为他们优秀的运动表现打下了坚实的基础。

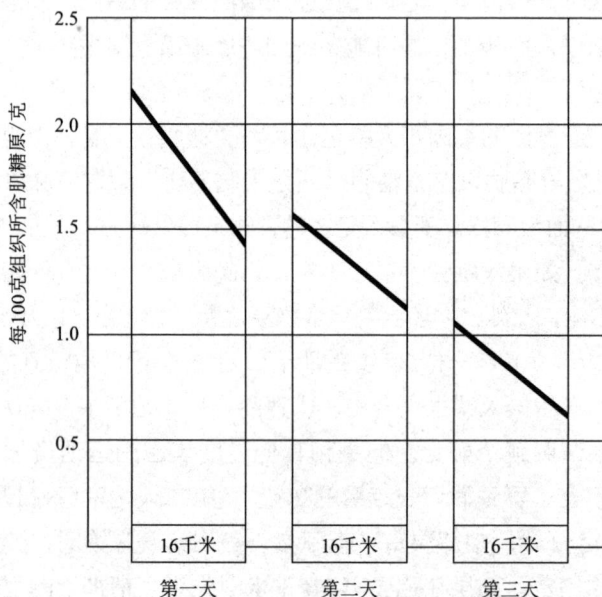

图 6.5　每天摄入碳水化合物为主的饮食来防止糖原耗尽的累积效应

此项研究强调：谷物、水果和蔬菜不只是日常训练需要的食物，身体在恢复期间也同样需要。如果你正在进行一个日常高强度训练，请留心：已经耗尽糖原的肌肉需要至少 1～2 天的修复期，期间你仍需要为身体补充碳水化合物。如果你只是业余锻炼者，锻炼期间所消耗身体的糖原量并不多（例如半小时的快走或游泳），那么你不必太在意恢复期。

克里丝塔是一位 28 岁的护士，同时也是健身爱好者，她意识到在运动恢复期及日常饮食中摄入足够多的碳水化合物的重要性。她第一次见我时，告诉我她为自己的第一次马拉松比赛坚持每天训练。但是我建议她一周休息 1～2 天。

克里丝塔决定用周日的 2 小时跑步训练做试验，决定她是否要将训练思路转变成少跑几次，同时吃更好些。她发现：在长跑前一天不做训练或少做训练（使肌肉休息）的情况下，自己表现得更好。因此，她不再强迫自己即使在感到疲劳的时候，依旧坚持每天训练。反而，她每周安排了 2 天的休息时间，并开始关注训练的质，而不是量。结果是，她的跑步成绩变好了，精神面貌也改善了，同时对待运动的热情也增加了不少。她取得了马拉松的个人最佳成绩，足足提高了 7 分钟。

真相揭秘

运动员在休息期间会丧失体力

事实：你不会因为休息而丧失体力，反而身体的力量以及耐力会提高，因为肌肉得到充分的休息。记住，只有当你进行高强度训练时，才会发生坏事；而好事总是发生在你休息的时候！如果运动员们轻视休息的价值，而持续训练，身体很可能会受伤，长期处于糖原耗尽状态，长期疲惫以及运动成绩不佳。这些运动员通常会服用维生素补充品、特殊的运动食物以及其他药丸或饮剂来提升身体的活力。而他们真正需要的是休息。

如果过度训练，你可能需要几周，甚至几个月的时间来进行恢复。一项针对游泳运动员的研究显示：两周半的休息对于一个维持半年高强度训练的运动员来说是不够的。因此，请不要轻视休息的重要性。

第6节　富含碳水化合物的食物

总有运动员告诉我，他们吃的是富含碳水化合物的食物，而实际上他们并没有。33 岁的商店经理埃里克（Eric）也是铁人三项运动员，他试图在比赛前一晚摄入足够的碳水化合物，但由于缺乏营养知识，他所谓的摄入足够的碳水化合物指的是吃加双份芝士的意大利肉肠比萨。他不知道这一大份比萨的热量是 7200 千焦，其中 4800 千焦来自芝士和肉肠中的蛋白质和脂肪，只有脆薄底和番茄酱提供的 35% 的热量是来自碳水化合物的。难怪他在比赛期间会状态不佳。我给他准备了一份关于日常食物的碳水化合物含量的清单（见表 6.6），贴在冰箱上，以方便他选择真正的碳水化合物类食物。

表 6.6　日常食物的碳水化合物含量

食物	数量	碳水化合物 / 克	热量 / 千焦
水果			
葡萄干	1/3 杯	43	640
香蕉	1 只中等大小	27	420
杏子干	10 瓣	26	400
苹果干	1 只中等大小	20	320
橙子	1 只中等大小	18	280
蔬菜			
玉米	1/2 杯	21	400
笋瓜	1/2 杯	15	240
豌豆	1/2 杯	13	268
胡萝卜	1 只中等	7	100
西蓝花	1/2 杯	5	108
面包类			
贝果	1	49	960
玉米粉圆饼	1 大块（75 克）	31	680
松饼	1	26	520

续表

食物	数量	碳水化合物 / 克	热量 / 千焦
白面包，黑麦	1 片	14	320
薄脆饼	2 块	12	660
早餐麦片			
坚果	2/3 杯	48	800
葡萄干麦片	1 杯	46	760
即食燕麦	1 包	33	600
饮料			
葡萄汁	240 毫升	35	560
蔓越莓汁	240 毫升	31	520
橙汁	240 毫升	26	440
巧克力牛奶	240 毫升	24	600
佳得乐	240 毫升	21	320
谷物、意面、淀粉			
烤土豆	1 大	65	1160
米，煮熟	1 杯	37	680
扁豆，煮熟	1 杯	45	920
意大利面，煮熟	1 杯	42	840
藜麦，煮熟	1 杯	40	88
主菜、方便食品			
芝士通心粉	1 杯	47	1080
玉米通心卷，冷冻	150 克	35	920
比萨，冷冻	2 片	43	1320
蔬菜浓汤	360 克	20	400
炸豆子，罐装	1 杯	25	480
甜食、零食			
冷冻酸奶	1 杯	35	920
水果酸奶	175 克	28	600
蜂蜜	1 汤匙	17	240
枫糖浆	1 汤匙	13	220

　　此外，我还教埃里克如何根据食物标签上的内容选择更好的食物。这对你也同样适用。营养成分表是以每份碳水化合物、蛋白质和脂肪的克数来标

示的。每克所含的热量如下。

$$1 克碳水化合物 =16 千焦$$
$$1 克蛋白质 =16 千焦$$
$$1 克脂肪 =36 千焦$$
$$1 克酒精 =28 千焦$$

你可以利用以上食品信息进行简单的计算，将食物中的碳水化合物含量乘以 16，就可以得出碳水化合物的热量。接下来，对比每份食物的碳水化合物热量占总热量的比值，就是碳水化合物所占总热量的百分比。例如，1/2 杯的香草冰淇淋可能有 800 千焦热量、20 克的碳水化合物。

$$20 克碳水化合物 \times 16 千焦 / 克 =320 千焦$$
$$320 千焦 \div 800 千焦总热量 = 40\%$$

你可以利用食品标签来决定冰淇淋与冷冻酸奶到底哪一个含碳水化合物更多。例如，两勺 400 千焦的香草冰淇淋中有 10 克碳水化合物，相当于 160 千焦的碳水化合物，占总热量的 40%。另外，每 400 千焦的冻酸奶中含有 22 克碳水化合物。这相当于 352 千焦的碳水化合物，占总热量的 88%。

你的饮食需要以碳水化合物为基础。健身运动员所需的碳水化合物比耐力运动员少一些（美国运动医学会）。虽然你不需要太执着于精准计算碳水化合物的热量（除非你真的感兴趣），但是你可以多选择淀粉和谷物，少选择油腻的食物。我推荐用贝果面包代替麦芬蛋糕，番茄酱代替沙拉酱。

学习自己搭配训练饮食对提升成绩会很有帮助。互联网上有很多介绍相关方法的网站可帮你追踪碳水化合物的摄入量，比你自己从食物标签中获取相关信息要方便很多。这使得采用无麸质饮食或肉类低碳水化合物类饮食的人群更清楚自己的营养摄入量。CrossFit 的极端爱好者布瑞恩总是会吃一些花生、杏仁和瓜子，他在网络上查询了自己摄入物质所含的热量后，很快意识到自己需要增加碳水化合物的摄入。于是他将坚果和高碳水化合物类食物混合一起食用。"你知道吗？我作出这样的改变后，训练效果比以前好了。我的肌肉摸上去更有弹性，耐力也更好了，我再不会无端感到疲劳，现在感觉好极了。"

第7章
蛋白质：构建与修复肌肉

日常生活中，一些信息会误导人们：如果你想要增肌就得增加蛋白质的摄入，早餐吃6个鸡蛋，午餐吃2盒金枪鱼罐头，晚餐吃340克牛排。然而事实是抗阻训练——例如举重和俯卧撑——才可以帮你增肌，而不是摄入过量的蛋白质。

人们对可增肌的最佳饮食存有疑惑。当在健身房的器械区运动时，你可能会听别人说要吃许多鸡胸肉，或者要加餐喝蛋白粉及奶昔，才可使自己更加强壮。但是当你做有氧运动时，你可能又会听另一些人说饮食要以高碳水化合物的红薯、燕麦和糙米为主。最终你可能会问什么才是真正的适合自己的饮食呢？

其实，高碳水化合物的谷物、水果和蔬菜对于每位健身人士都是必不可少的。因为碳水化合物参与肌肉的能量供应，所以每位健身人士都需要一份富含碳水化合物的饮食。如果体内肌肉的碳水化合物消耗殆尽，你便不能举起重的器械，或完成其他高体能要求的运动。一份高蛋白质、低碳水化合物的饮食不能为你的肌肉提供足够的能量，也就是说无法帮助你提高肌肉的潜能。

完美的运动饮食是丰富的，而不是多余的。蛋白质可帮助身体增肌、生发、亮甲、促进激素分泌、疏通血液循环以及代谢血红细胞。人体所需的蛋白质是一定的，大多数每天吃一定量高蛋白质含量食物的人，会造成蛋白质摄入超标，而任何超标的蛋白质都不会储存进肌肉或分解成氨基酸，它们会被作为能量消耗掉，或最终转变为脂肪和糖原。因此，我们需要在每天的饮食中均等地摄入身体所需的蛋白质。以上的介绍对于节食的人来说尤为重要，因为当他们体内碳水化合物消耗殆尽时，就会开始动用蛋白质来提供能量。

按蛋白质的摄取量划分，运动员可以分为两类：第一类是需要大量饮食的人，如健美运动员、举重运动员和足球运动员，他们似乎总是需要摄入更多食物；第二类是吃得比较少的人，如长跑者、舞者以及其他需要控制体重的运动员，他们几乎不吃肉，甚至对从沙拉中摄入的超额热量都会很较真。不论你属于哪一类，饮食失衡都会导致运动表现变得糟糕。

乔希是一位大学曲棍球队员，他在自己的饮食计划中增加了大量蛋白质食物。每次剧烈运动后，他都吃点蛋白棒和奶昔。这些蛋白质类零食的量是他一天所需蛋白质的一半。虽然作为一名运动员，他会比常人更加需要补充蛋白质，但是他有点过度补充了。因为他不光吃那些蛋白质类零食，还吃大量鸡肉和鱼肉。保罗是一个素食主义的马拉松运动员，他不怎么重视蛋白质的摄入，每天晚上都只吃有番茄酱汁的意大利面，他说："美国人获得蛋白质的途径太丰富了，我确定我摄入的量已经足够了。"他几乎不吃任何富含高蛋白的动植物产品。因此，当他最后得知自己的饮食不仅仅缺乏蛋白质，还缺乏构成红细胞的铁、有益骨骼的钙和其他蛋白质类食物含有的营养元素时，他有点后悔了。这也就是尽管他每天坚持训练，可依旧感到乏力、经常感冒以及精神萎靡的原因。

第 1 节　对蛋白质的需求

因为个体对蛋白质的需求因人而异，所以研究人员不能准确地指出一个适合所有运动健身者所需的标准蛋白质摄入量。以下针对的是需要摄入较多蛋白质的人群。

- 耐力运动员及进行其他激烈运动项目的运动员。他们的整个运动过程中，大约 5% 的能量可以来自蛋白质，尤其当肌肉中的糖原耗尽，血糖较低时。
- 摄入很少热量的节食者。一旦人体热量摄入过低，蛋白质就会被调用转变为糖原为人体供能，而不是被用来增肌。
- 成长发育期的青少年运动者。蛋白质对青少年的发育尤为重要。
- 刚开始训练的人士。这类人需要额外的蛋白质来增强身体的肌肉。

通过仔细研究运动员对蛋白质的需求，专家们指出：运动员需要比其他人稍多一点的蛋白质以帮助他们修补肌肉损伤、提供运动时的能量（以很少的量）及支持增肌。

一般情况下，饥饿状态的运动员往往在他们吃正餐时，就能摄入超出身体需要的蛋白质，因此准确衡量蛋白质摄入量很重要。也就是说，一个重68千克，日常消耗12000千焦热量的运动员能够很轻松地从蛋白质中摄入10%～15%的热量。

表7.1为不同人群提供了安全可靠的蛋白质摄入量建议。不过，这些数据是安全的适中值，而不是最小值。如果过胖，你可以基于自身的理想体重来选取蛋白质的摄入量。

表 7.1 推荐的蛋白质摄入量

个体类型	每千克体重所需蛋白质 / 克
久坐的成人	0.8
业余锻炼者，成人	1.1 ～ 1.6
耐力运动员，成人	1.3 ～ 1.6
发育中的青少年运动员	1.6 ～ 2.0
增肌的运动员	1.6 ～ 1.8
限制热量摄入的运动员	1.8 ～ 2.0
成人需求的上限	2.0
男性耐力运动员的平均需求	1.1 ～ 2.0
女性耐力运动员的平均需求	1.1 ～ 1.8

虽然大家普遍相信蛋白质摄入得越多越好，但是仍没有科学依据证明摄入量超过每千克体重2克，会为人体提供哪些额外的好处；也没有证据表明在充足饮食的情况下，服用蛋白质补剂可以增强肌肉的力量，并改善肌肉的外形。你也不用担心蛋白质的摄入量不足，像蛋白粉、鸡肉、蛋清、豆奶或巧克力牛奶，以及所有的动植物蛋白都可以用来组建肌肉。

健美运动员之所以可以练成壮硕的身体，不是仅依靠高蛋白质的饮食，更重要的是他们进行的高强度训练。要知道，健美运动员的运动强度可不是一般的高！他们更倾向于摄入高蛋白的饮食，不仅因为蛋白质可以加强对肌肉的保护，也因为当他们限制热量摄入时，蛋白质能带来更多的饱腹感。

估算蛋白质的摄入量

要想了解自己目前的饮食是否已经达到身体对蛋白质的需求量，请遵循以下两个简单的方法。首先通过表 7.1 来确定你属于哪一类人。举例来说，如果你是一位 64 千克的自行车选手，适合你的选择就是"耐力运动员"。那么你需要每天摄入 83 ～ 102 克的蛋白质。

$$64 \text{ 千克} \times 1.3 = 83.2 \text{ 克蛋白质}$$
$$64 \text{ 千克} \times 1.6 = 102.4 \text{ 克蛋白质}$$

其次，通过列出 24 小时内你的所有饮食来记录蛋白质的摄入量（参考表 7.2 来查询普通食物的蛋白质含量）。你还可以使用各类网站提供的方法来评估蛋白质的摄入量。值得注意的是你需要选择丰富的蛋白质种类，如植物蛋白，而不是一味地摄入动物蛋白。大多数水果和蔬菜只含有少量的蛋白质，大概可给人体每天带来 5 ～ 10 克蛋白质，当然还取决于所摄入的量。而像人造黄油、苏打和咖啡等都不含蛋白质，大部分甜点的蛋白质含量也很少。

表 7.2　常见食物中的蛋白质含量

动物来源	每标准量所提供的蛋白质	蛋白质克数 /400 千焦
蛋清	3 克 /1 个蛋清	20 克 /6 个
鸡蛋	6 克 /1 个	8 克 /1.3 个
车达芝士	7 克 /30 克	6 克 /27 克
牛奶，1%	8 克 /240 毫升	8 克 /40 毫升
酸奶	11 克 /230 克	8 克 /180 克
山羊芝士	15 克 / 115 克	15 克 / 115 克
熟的黑线鳕	23 克 /120 克	23 克 /120 克
烤过的牛排	30 克 /120 克	7 克 /45 克
烤过的猪大排	30 克 /120 克	10 克 /45 克
烤过的鸡胸肉	35 克 /120 克	18 克 /60 克
罐装金枪鱼	40 克 /180 克	20 克 /90 克

续表

植物来源	每标准量所提供的蛋白质	蛋白质克数 /400 千焦
干杏仁	3 克 /12 个	3.5 克 /14 个
花生酱	4 克 /1 匙	4 克 /1 匙
芸豆	8 克 / 半杯	8 克 / 半杯
鹰嘴豆泥	10 克 / 半杯	5 克 /1/4 杯
田园汉堡面包片	4.5 克 /75 克	4.5 克 /75 克
菜豆泥	6 克 / 半杯	6 克 / 半杯
扁豆汤	11 克 /315 克	6.5 克 /190 克
硬豆腐	11 克 /105 克	12 克 /120 克
烘豆	12 克 /1 杯	6 克 / 半杯
博卡汉堡	14 克 /75 克	14 克 /75 克

　　有一种更简单的方法，能衡量你日常饮食中是否摄入充足而不过量的蛋白质。那就是经验法则：每顿享用富含蛋白质的食物，再搭配 480 毫升的牛奶或酸奶，并添上少量谷物与蔬菜类的蛋白质，就能满足身体对蛋白质的日常需求了。表 7.3 展示了一位重 68 千克的成年运动员每天所需的蛋白质的量。当然他也需要摄入其他食物，来均衡热量及其他营养需求，只不过注意那些食物均能提供很少量的蛋白质即可。

表 7.3　日常蛋白质摄入量示例

早餐	1 杯（240 毫升）牛奶麦片，30 克杏仁
午餐	60 克金枪鱼或烤牛肉三明治，1 杯（230 克）酸奶
晚餐	120 克肉、鱼或扁豆和其他豆类食物

　　对于发育期的青少年、需要摄入较多蛋白质的新手健美运动员来说，可以在训练后额外补充 2 杯（480 毫升）牛奶以获得更多的蛋白质和钙。如果痴迷广告里传播的"易消化"的益生菌饮品，你可得三思了。全面均衡的饮食中，比起天然的高蛋白质类食品，人工合成的蛋白质并没有更多好处。只要拥有一个健康的消化系统（住院的肠道疾病患者除外），你就不需要担心身体消化和利用蛋白质的能力。助消化的益生菌主要针对一些经济不发达的地区，人们由于蛋白质的摄入量不足，需要将尽可能多的蛋白质有效吸收。在发达地区，人们反而容易摄入过多的蛋白质，因此不必考虑蛋白质的吸收问题。

不管你试图寻找美味的小吃作为恢复餐，还是想要满足日常需求，这里会介绍一些不用烹饪就能补充蛋白质的建议，尤其适用公务繁忙，没有足够时间烹饪食物的你。

- 希腊酸奶
- 单独包装的山羊奶酪
- 奶酪棒或个人预先包装的低脂干酪乳
- 低脂或脱脂拿铁
- 熟鸡蛋
- 金枪鱼罐头
- 烤牛排
- 上一餐剩下的烤鸡肉
- 蔬菜肉饼
- 毛豆
- 花生酱
- 杏仁、开心果或其他坚果

真相揭秘

周日一顿丰盛的烤牛肉晚餐将为你接下来的几天提供足够的蛋白质，
一直维持到下次你真正有时间去吃一顿像样的饭

　　事实：你每天都需要摄入适量的蛋白质。如果仅仅依靠每周一到两次吃高蛋白食物，而其余都吃面包、意大利面和能量棒的话，你是在自欺欺人。为了完成增肌，你需要每顿吃到 20 ～ 25 克蛋白质，这样在夜间休息时，身体才能持续提供氨基酸来促进肌肉的增长。如果早餐摄入很少量的蛋白质，午餐吃能量棒和香蕉，晚餐即使摄入丰盛的牛排，也是不利于增肌的。

摄入过量的蛋白质

　　与大多数人的观念相反，过多的蛋白质其实会损坏人体健康并影响运动表现。贾斯珀是一位有抱负的健美运动员，经常狼吞虎咽地吃鸡肉和牛肉，并且还避免摄入意大利面与土豆，这种饮食方式给他的运动表现带来了很大的损害。他很容易感到疲惫，并且询问我这样的饮食是不是影响到了他的身体健康，以下就是我想要告诉他的。

- 如果吃过多的蛋白质，你就没有足够的碳水化合物摄入来为肌肉提供能量。你的机体一次仅消耗 20～25 克的蛋白质。这意味着，如果吃 240 克鸡肉（大约含 70 克蛋白质）作为晚餐，你只消耗（或储存为脂肪）少于半数的蛋白质，这就相当于浪费！另外，如果没有在早餐与午餐中摄入足够的蛋白质，你才需要在晚餐时补充些，所以请三思。蛋白质分解成尿素，并在人体排尿时排出，人如果吃过多的蛋白质，就需要饮用额外的水。如果在训练和比赛期间，频繁如厕必定会影响你的训练和比赛。

- 基于动物蛋白的饮食也会花费你更多的金钱。因此吃小份牛肉、羊肉、猪肉或其他形式的动物蛋白也同时在帮你省钱。省下的这笔钱可以用来购买更多的植物类蛋白（黄豆、扁豆和豆腐），更多的水果、蔬菜和谷物。

- 高蛋白的饮食也很容易暗含高脂肪（多汁牛排、熏肉和煎蛋、意大利辣香肠比萨等）。为了你的心脏健康以及有更好的运动表现，你应该减少摄入动物类脂肪。此外，这样做也可以帮助人体降低患某些癌症的风险。

我鼓励贾斯珀在晚餐时减少食肉量，将 1/3 的肉类换成土豆、蔬菜和全谷面包。两天后，他注意到身体机能得到改善。然后，他又把有 4 个鸡蛋的火腿奶酪早餐改变成 2 个煎鸡蛋、谷类麦片和香蕉的组合，午餐则是红辣椒和意大利面，而不再是汉堡。现在他已经成为了运动饮食的获益者，他说："我对饮食的作用感到惊奇，原来吃碳水化合物为基础的食物就可以给我的身体提供能量，从而显著提高了我的运动成绩！"

健康又方便的肉食选择

克里斯蒂娜说："平心而论，除非回家看望家人，否则我很少吃肉。"由于住在校外，她自己得负责自己的饮食，她说："我喜欢吃肉，可是肉比较贵，且肉也很容易变质。"她经常煮面吃，因此担心是否摄入的蛋白质太少。

如果你与克里斯蒂娜有一样的情况，很少吃含铁和锌及附带其他营养的动物蛋白，你可以每周吃 2～4 次新鲜肉类，这样可提高你的运动饮食的质量。以下有一些建议有益于你的健康成长。

- 买一些熟食，例如煮好的肉、烤鸡、薄牛肉片、火腿和火鸡肉等。
- 购买精瘦的牛肉、猪肉和羊肉。这样可以减少饱和脂肪的摄入。
- 去除多余的脂肪。把切薄片的牛肉或火鸡肉放锅里，用热水冲洗掉脂肪，然后加入一些酱汁食用。
- 在自助餐厅里，点一个汉堡。用餐纸将汉堡里的肉馅像三明治一样包裹起来，然后挤压出其中的油脂，然后就可以享受低脂肪的美食了。
- 把肉作为一顿饭的配菜：例如在意大利面酱里加瘦牛肉碎，或用大量蔬菜拌炒小块牛排。

第 2 节　素食者与蛋白质摄入

许多运动人士不吃动物类蛋白，其中有些人只是不吃红肉、鸡肉、鱼、鸡蛋或乳制品。他们可能觉得动物蛋白很难消化，从而不利于身体健康，又或者出于道德因素而不吃动物。无论他们持有何种理由，减少肉制品消耗的确会有利于自然环境，因为家畜是导致温室效应的主要原因之一。因此，"无肉星期一"（其实任何一天都行）对保护地球来说是很棒的主意。同时，一个平衡的素食计划也是对人体健康的明智投资。一种以植物为基础的饮食可为人体提供更多的纤维、更少的饱和脂肪和胆固醇。

素食的诀窍是尽量用植物类蛋白代替肉类。例如，如果你从面食为主的晚餐里去除肉丸，则可以加些豆腐。你可以通过加入植物蛋白来获取一定量的蛋白质，如腰豆、鹰嘴豆、花生酱、豆腐、坚果、蔬菜汉堡和毛豆等，来支持你的运动。毕竟你不能只依靠碳水化合物，而忽视蛋白质的摄入。

举个例子，皮特是一位 68 千克的跑者，他的饮食很缺乏蛋白质。他每千克体重只摄入 0.7 克蛋白质，这个量是运动员建议摄入量的一半。皮特一天的饮食标准是这样的：早餐 1 个奶酪面包和橙汁；午餐是能量棒、果汁还有香蕉；晚餐是番茄酱意大利面，以及一把葡萄干。而这样的饮食只提供了他身体需求蛋白质一半的量。

为提高蛋白质的摄入量，在晚饭时，他只需添加些花生酱在贝果面包上，用酸奶代替果汁，并添加豆类或豆腐在面条里，然后在葡萄干里混合一些坚果即可。所有这些改变都很容易做到。当然，他也可以额外吃奶昔和蛋白棒来提高蛋白质的摄入，但是来自天然食物的营养更有助于他的身体健康。

选择奶制品也是额外补充蛋白质的好方法。虽然它所含的饱和脂肪含量较高，但是最近的研究并没有确定牛奶中的脂肪与诱发心脏病密切相关。虽然这个研究还在继续，但我们暂时能得出结论：素食者可以健康享用去脂的奶酪来摄入蛋白质。蓝纹奶酪以及其他发酵奶酪，也是素食者可食用的好食物。除非美国心脏协会明确推荐全脂奶酪，不然享用低脂奶酪总是明智的选择。

豆腐或其他豆制品（如大豆汉堡和豆浆），都可以对无肉的饮食起到补充作用。它们含有一种类似于动物蛋白的高质量蛋白。但请注意，豆汉堡比汉堡含更少的蛋白质。男性健美者可放心吃豆制品，因为大豆中的植物雌性激素并不会使男士变得女性化，也不会降低睾酮的水平，更不会损害生育能力。所有的运动员都可以适度地享受任何豆类食品，并把它们作为健康运动饮食的一部分。

牛奶、其他乳制品、鱼和所有的动物蛋白质，都含有人体所必需的氨基酸。这种蛋白通常被称为完整蛋白质。豆制品，如豆腐、豆豉、毛豆和豆浆里所含的蛋白质，也是完整蛋白质。大米、豆类、意大利面、扁豆、坚果、水果和蔬菜中的蛋白质是不完整蛋白质，因为它们所含的必需氨基酸水平偏低。因此，素食者必须知道如何通过饮食来平衡不完整蛋白质的摄入，从而使摄入的蛋白质的结构得到完善。

蛋白质与氨基酸

对蛋白质的需求实际上是人体对氨基酸的需求。所有蛋白质都是由构建身体组织的氨基酸组成的，因此它们的绰号是"积木"。它们包含21种氨基酸。你身体中的每一种蛋白质都是由它们组成的。你的身体可以自己制造某些氨基酸，但其中有 8 种氨基酸（儿童是 9 种），称为必需氨基酸，只能从食物中获得。

目前为止，没有科学证据表明：个别氨基酸具有健美效果。摄入额外的氨基酸，如精氨酸和鸟氨酸，不会使你的肌肉变得强壮。你的身体需要各种各样的必需氨基酸来制造新的肌肉。比起氨基酸补剂，天然食物能够更好地为人体维持所需的氨基酸平衡。天然食物的效果更好，味道也更好。此外，合理膳食及有规律的运动，也可以帮助你达到更好的运动目标。

真相揭秘

素食会损害运动员的运动表现

事实：标准的素食主义者只吃植物制品也可以满足身体所需的蛋白质，大部分粮食中包含了 9 种必备的氨基酸，而且含量仅比动物制品少一点。因此素食主义者要吃各式各样的植物（谷物、豆制品、蔬菜、坚果和大豆）来补充缺少的蛋白质。

对任何类型的素食主义者来说，优化蛋白质摄入最聪明的办法是摄入足够的热量。针对想要减脂肪（不是减肌肉）的节食者和素食者，需要在有限的食物摄入里加入富含植物蛋白的食物，并适当降低水果和脂肪的摄入量。幸运的是，豌豆、扁豆和毛豆提供的蛋白质也可提供肌肉运动时所需的碳水化合物。

喝牛奶的素食者可以在每餐里添加豆奶或乳制品，如牛（豆）奶泡燕麦或在奶酪上撒些碎扁豆（大豆），即可轻松地获取足够的蛋白质。请注意大米和杏仁奶并不含什么蛋白质。

素食主义者（苛刻的素食者是不吃乳制品、鸡蛋或任何动物蛋白的）在一天中需要不断吃各种各样的食物，来保证他们的多种氨基酸的摄入量。下面的食物组合，能有效帮助人体提高对氨基酸的摄入量。

- 谷物配豌豆或其他豆类，如大米配豌豆、面包配豌豆汤、豆腐配糙米、玉米面包配辣椒和腰豆。
- 豆类配种子类，如鹰嘴豆和芝麻酱（如鹰嘴豆泥）、豆腐和芝麻。
- 添加豆奶（牛奶）来提高蛋白的摄入量，如麦片牛（豆）奶、烤土豆和希腊酸奶，鹰嘴豆泥配低脂奶酪。

通过遵循这些指导，素食运动员每天都能摄入足够的蛋白质。然而，他们的身体还可能缺乏铁和锌，因为这些矿物质主要都是在肉类和其他动物类食品中所含有的。那么，素食者可以通过额外补充营养或摄入精心挑选的食物，来确保得到足够的核黄素、钙和维生素 B_{12}。

关于女性素食者的闭经

一些从事体育运动的女性痴迷于减肥，她们吃低热量和低蛋白的"素食"。这种极端的节食行为可能会导致闭经或月经不调。研究表明，闭经的运动员要承受的骨折压力比月经规律的运动员高出 1 至 4 倍。摄入足够的热量以及均衡的饮食能促使你重新恢复月经，并为人体提供充足的蛋白质，最终增强整个身体的健康（关于闭经，更多信息请参见第 12 章）。

杰西卡现在是位健康的体操运动员。她曾经早餐常吃瓜类食物、午餐吃沙拉、晚餐选择糙米和蒸熟的蔬菜，每周吃撒着一些鹰嘴豆的沙拉或吃添加一些奶酪的蔬菜一至两次。她认为自己的素食计划很完美。可事实上，她的身体存在营养不良的问题。有一天，她经历了一次应力性骨折，并且后期愈合得很慢。她那细长的手臂、腿（虽然她坚持进行肌肉锻炼），还有她那不复存在的月经期，都是身体故障的信号。

杰西卡需要认识到一个均衡的运动饮食方案应涵盖足够的蛋白质，无论是瘦肉、鱼、豆腐和油脂高的坚果都是很好的蛋白质来源。此外，红肉也是铁和锌这两种矿物质的重要来源。

铁和锌的摄入

铁是血红蛋白的重要组成部分，而血红蛋白可以将氧从肺输送到肌肉当中。如果缺铁，你很容易在进行力量训练时感到疲劳。其他症状包括头晕眼花、头痛、指甲呈汤匙状（中间凹，两边凸）。如果你喜欢咀嚼冰块，请尽快就医。男性每日推荐的摄入量为 8 毫克；女性在停经前推荐为 18 毫克，停经后推荐为 8 毫克。因为摄入量中只有一小部分能被人体吸收，所以人体每天对铁的摄入量看起来是很高的。食品中的铁含量见表 7.4，其最好的来源是动物产品和鱼，因为人体从植物中吸收铁元素的能力比较低。

表 7.4　食物中的铁和锌

食物	铁 / 毫克	锌 / 毫克
动物来源 *		
阿拉斯加帝王蟹，120 克	1	9
牛肉，120 克大腿肉	4	5
鸡胸脯，120 克	1.5	2
鸡蛋，1 个	1	0.5
牡蛎，6.5 个，生的	4	50

续表

食物	铁 / 毫克	锌 / 毫克
猪排，120 克	1	3
金枪鱼，90 克罐装	1.5	1
火鸡，120 克鸡胸肉	2	2
果汁		
酸梅汁，240 毫升	3	0.5
葡萄干，1/3 杯	1	0.1
蔬菜和豆类 **		
西蓝花，1/2 杯	0.5	0.3
豌豆，1/2 杯	1.5	0.5
豆泥，1 杯	4	1.5
煮熟的菠菜，1/2 杯	3	0.7
大豆来源		
毛豆，1/2 杯	2	1
田园汉堡面包片	1	0.8
老豆腐，90 克	2	1
粗粮		
切片面包，1 片	1	0.5
煮熟的糙米，1 杯	1	1.2
家乐氏葡萄干小麦片，1 杯	4.5	2
谷类，3/4 杯	18	15
料理过的麦乳，1 杯	12	0.4
料理过的面食，1 杯	1	1
麦芽，1/4 杯	2	3.5
其他		
赤糖糊，1 汤匙	3.5	0.2

* 动物来源的铁和锌最容易被人体吸收（除了鸡蛋中的铁）。
** 蔬菜来源的铁和锌最不容易被人体吸收。

以下是最容易发生缺铁性贫血症的运动员。

• 因月经出血而流失铁元素的女性运动员。

- 不吃牛羊肉（为铁最好的食物来源）或富含铁的谷物早餐的素食主义者。
- 在训练过程中扭伤脚因而损失红细胞的马拉松运动员。
- 大量出汗的耐力运动员。
- 青少年运动员，特别是女孩，因为成长迅速，可能会出现摄入铁不足的情况。

如果快达到缺铁的临界点（在美国约有 12% 的女性），你的运动机能也会被损害。因此，你需要每天吃富含铁的食物。除了服用多种维生素和矿物质的补剂外，你可以用以下几个简单的方法提高铁的摄入量。

- 每周吃 3～4 次瘦肉，牛肉、羊肉、猪肉和去皮的鸡肉均可。
- 购物时选择标签上富含铁或锌的面包和麦片。同时吃富含维生素 C 的食物（例如橙汁配谷物、三明治中加番茄），能帮助人体提高对铁的吸收。注意：天然有机的麦片并不会增强铁或锌的吸收。但你可以将多种麦片混合起来，提高自己早餐的铁含量。
- 用铸铁锅烹调食物。用铁锅焖 3 小时后的意大利面条酱每半杯（120毫升）的铁含量可从 3 毫克增加到 88 毫克。
- 将动物来源的铁与那些相对吸收性较差的植物来源的铁结合。例如，西蓝花配牛肉、鸡肉配菠菜、瘦肉汉堡配辣椒及土耳其扁豆配火鸡肉。

如果在训练中经常感到疲劳，你需要判断这是不是由缺铁引起的。我的一位客户一直通过调整饮食来改善她的运动表现，但由于缺铁（而不是过量的脂肪），运动表现一直得不到提高。血液检测不仅可帮你查看身体的血红蛋白和红细胞，而且可帮你检测身体的血清铁蛋白。血清铁蛋白可反映出身体的含铁情况。如果你想要身体的含铁量处于至少 20 纳克 / 分升的水平，最好将你的目标值设置到 60 或更高（正常范围为男性 12～300 纳克 / 分升，女性 12～150 纳克 / 分升）。如果身体含铁量过低，人体的运动表现就会受到损害。如果被诊断为缺铁性贫血，你就需要补充铁了。你可能需要 4 个月的时间来解决这个问题，但只需两到三个星期，你的身体会感觉有明显的好转。

除非医生建议，否则最好不要服用补铁的药物，因为摄入太多的铁会导致人体患上心脏病。男性和绝经后的女性最易受此影响，因为他们对铁的需求较低。确定铁摄入过多的最佳途径是进行血清铁蛋白检测。若储存在你体内的铁含量超过正常值则为一个危险的信号。

除了铁，你的身体还需要锌。它是身体中合成100种酶所需的物质。它可帮助身体机能正常运行。当你运动时，锌能帮助你去除肌肉中的二氧化碳。锌也会加快人体伤口的愈合过程。相比植物，人体更能吸收动物蛋白中的锌，所以素食者比正常人更可能在饮食中缺少锌的摄入。

锌的推荐摄入量：女性8毫克；男性11毫克（见表7.4）。像铁一样，你需要将锌的摄入目标定得高一点。虽然对于普通人来说很难达到目标，但运动爱好者需要努力尝试达到目标摄入值，因为他们在运动过程中会大量出汗，从而导致锌的流失。

第3节　蛋白粉、奶昔和能量棒

有时候，运动员们容易忽视重要的信息：食物可以供应肌肉所需的蛋白质和氨基酸。相反，他们更容易被健美杂志中华丽的广告所左右。他们开始相信蛋白质补充剂对肌肉至关重要。当健身人士来问我关于如何补充蛋白质的建议时，经常会提到各种蛋白质补充剂。他们想知道在日常的标准食物摄入之外，花钱买这些补充剂是否会起到作用。其中有些人对此确信无疑，而另一些人则表示怀疑。

真相揭秘

蛋白质补充剂非常受欢迎，因此它们肯定比正常食物好

事实：广告使人们相信蛋白质补充剂已经帮助许多瘦弱的运动者拥有了更强大的肌肉。另外，蛋白质补充剂的标签会告诉你到底该吃多少蛋白质。在如今快节奏的社会中，蛋白质补充剂似乎成了不能再简单的获得健康（无胆固醇、低脂）蛋白质的方式。但是，蛋白质补充剂并不是健康食物，自然也并不能提供在天然食品中发现的完整的多种营养成分。如果需要，可用它们作为暂时补充的选择，但不能完全代替食物。一项以未经训练的年轻男性为研究对象，为期12周的力量训练研究中，在他们的标准饮食基础上，再补充一份20克的蛋白质补充剂，结果显示，训练前补充与训练后补充，两组人员的肌肉增长情况是相同的。

对于外出比赛的运动员、在餐厅吃饭的大学生素食者、忙碌的铁人三项运动员来说，虽然蛋白质补充剂有一定的好处，但营养专家一般只建议营养不良的患者或癌症患者采取这一方法。蛋白质补充剂也可以帮助素食者中患有厌食症的病人，作为另一种来增加其饮食中热量来源的方式。他们因为对脂肪的恐惧，才选择素食，而不是根据自身健康的需要。蛋白质补充剂往往价格昂贵（见表 7.5），却没有与之平衡的维生素、矿物质和其他营养素，这也是其存在的一个明显的缺陷。

表 7.5　蛋白粉与富含蛋白质食物的比较

蛋白质来源	花费 / 美元 *	蛋白质 / 克
美瑞克斯 100 块	2.19	28
蛋白质能量棒	2.19	32
Clif 能量棒	1.50	20
白金枪鱼，150 克	1.95	26
淡金枪鱼，150 克	1.55	30
脱脂奶，1 升	1.69	32
脱脂奶，2 升	2.59	64
脱脂奶，4 升	3.99	128
花生酱，2 匙	0.19	6

* 价格为马萨诸塞州的销售价格，2012。

第4节　补充营养的时机

运动生理学家目前正在研究最好的增强肌肉的方法（在不靠类固醇的情况下）。另外，他们也正在研究营养素的作用时间——你什么时候吃，你吃了什么——与阻力训练效果的关系。他们建议：更关注什么时候摄入蛋白质，而不仅专注于摄入大量的蛋白质。如果你是一个想夺冠的运动选手，而且渴望突破自我，你可以亲自试验，了解怎么吃能让自己在短期内增肌，同时又能带来长久的体能优势。

运动前，你也许想摄入高质量且含有所有氨基酸的蛋白质（如牛奶、酸奶、鸡肉、鸡蛋和其他的动物蛋白），并在接下来的一天中均匀地补充含蛋白质类的食物。当你血液中的氨基酸水平高于正常值时，肌肉会吸收更多的氨基酸，这会促进肌肉的生长。因此，比起一天吃一顿含大量蛋白质的食物，吃几顿蛋白质丰富的正餐或零食要更有助于增肌。

但是，注意不要摄入过多的蛋白质。不止一位客户告诉我，他会在夜里每3小时就醒来喝1杯蛋白质饮料。因为人体本身有一个氨基酸储存量，所以这种极端的措施是没有必要的。更简单的方法是，睡前吃一些奶酪等零食。这是一个补充蛋白质的好方法。

以下是运动员想要了解的问题：什么时候吃、吃什么？

问：我在运动前应该吃些什么呢？

答：在运动前，你可以吃些含碳水化合物和蛋白质的食物，这样身体便开始消化蛋白质为氨基酸，并在锻炼中与锻炼后被肌肉所利用。虽然还不确定运动前摄入蛋白质能否帮助人体增肌，但这样做肯定是无害的。

问：我在运动后应该吃些什么呢？

答：经过剧烈的健身房锻炼后，你的肌肉已经被"破坏"：糖原（碳水化合物）减少、皮质醇等分解成的激素含量很高。在运动中发生的肌肉损伤会造成炎症，同时提供能量给人体免疫系统的谷氨酰胺会减少。如果你在锻炼后只是喝些水，则会错过滋养、修复和增强肌肉的最佳时机——锻炼后的45分钟。在高强度耐力运动后，你可以吃碳水化合物和蛋白质类的食物。如果你不感到饿，尽可能喝些功能性饮料吧。如果条件允许，在训练后享用早餐、午餐或晚餐。如果不行，就摄入一些常见的恢复性食物，如巧克力牛奶（或风味酸奶）、水果冰沙（由牛奶、酸奶、香蕉和浆果制成）、水果酸奶、果酱三明治或一杯牛奶都是可以的。

问：快速和慢速蛋白质之间的区别是什么？

答：乳清（来自20%的牛奶蛋白质）被人体消化后，会被快速吸收到血液中。其速度比其他形式的蛋白质更快，如酪蛋白（它构成了其他80%的牛奶蛋白质）吸收更慢。乳清蛋白来源于亮氨酸、异亮氨酸和缬氨酸，它们之中含有大量支链氨基酸（BCAAs）。支链氨基酸是直接通过肌肉代谢，而不是首先由肝脏代谢的。因此乳清是能够"**快速起作用的**"。它在人体的运动过程中被分解，又在锻炼后产生，这是非常重要的一个过程。而且同样重要的是，在恢复过程中，肌肉酪蛋白可提供源源不断的氨基酸。

牛奶可为人体提供蛋白质，因此相比昂贵的蛋白质补充剂，牛奶和奶粉是最好的替代品。牛奶提供天然的蛋白质，同时伴有促进成长、有待发现的活性物质。请记住，乳清蛋白粉通常缺乏人体肌肉所需的碳水化合物。因此，比起不含碳水化合物的蛋白质补充剂，巧克力牛奶（碳水化合物加蛋白质）可以更好地帮助肌肉恢复。

当你了解到以上所有的信息后，还请注意：不论年龄段和运动能力如何，人们已经通过食用普通食物（并没有额外食用补充剂）锻炼肌肉很多年了。此外，你的肌肉形态受遗传基因的影响很大。不是每个人都可以练出大块的二头肌的。更多关于如何增强骨骼、改善体形的信息，请参考第15章的内容。

第 8 章
液体：补充水分，维护身体的机能

在剧烈运动期间，人体肌肉产生的热量是休息时的 20 多倍。流汗会带走体内的热量，汗水的蒸发又会给皮肤降温，从而使血液以及人体的内部也跟着降温。如果你几乎不怎么流汗，那么你可能会因闷热致死。高于 41 摄氏度的体温对细胞是有损害的。在 42 摄氏度时，细胞内的蛋白会凝固，细胞就会逐渐死亡。这也是在炎热的天气下不要去尝试进行挑战体能极限运动的原因。

有些人流汗很多，詹姆斯在运动时，不得不挂一条毛巾在健身车上，以便不断擦拭汗水。虽然出汗很多时候会给你带来尴尬，但我提醒他：流汗是好事，它是身体散热的一种方式，而且能够保持身体的体温。

和许多人一样，詹姆斯流的汗早已超出降温所需的汗水标准了。渗出的汗液还没有等到蒸发，就滴到了地上，这会影响为身体降温的效果。相比之下，女性的出汗系统比男性更高效。但是，无论男女都同样需要注意运动中汗水的流失。

詹姆斯想知道他需要喝多少水才能补充运动中流失的汗水。我给他一些建议：分别在锻炼前和锻炼后 1 小时，称自己的身体，然后计算出自己的出汗率，每失去 0.5 千克），他就需要补充 80% ～ 100% 损失的汗水（400 ～ 480 毫升）我也建议他估测下 480 毫升的水大约自己需要喝多少大口。

了解自己的出汗率后，他可以在运动过程中练习"适当补水"，以便他尽量减少出汗带来的水分损失。起初，他每 15 分钟喝 16 口水，以缓解口渴。比起以前的喝水量，他多喝了一倍多。适当补水要求他事先准备好可口的饮品，同时需要设定闹钟来提醒他按时喝水。现在，他锻炼后感觉明显好多了，也很欣慰这些额外的努力得到了很好的回报。

口渴是指人体有意识地渴望水或摄入其他饮品。它通常决定了人体水分的摄入量。当体液浓度高时，口渴的感觉就被触发。在流汗时，你的血液会流失大量的水分，从而使血液变得浓稠，血液中的钠含量会变得异常高，这将触发人体口渴的机制，从而诱发你想喝水的渴望。为了满足喝水的渴望，你需要补充损失的水，将血液恢复到正常的浓度。

不幸的是，对于运动员来说，这种口渴机制可能并非可靠的饮水信号。口渴的感觉会在运动过程中减弱或被遗忘。因此，你需要在口渴之前就为身体补充水分。等到大脑发出口渴信号时，你可能已经失去了身体 1% 体重的汗水，相当于如果你体重 68 千克，那么就有 720 毫升的汗水流失了。1% 的水分损失意味着你的心脏每分钟需跳动的次数为正常心率的 3 ～ 5 倍，2% 的汗水损失就意味着你已经脱水了，3% 的汗水损失将会明显影响你的有氧运动表现。请记住：你需要自发地去补充水分。为了安全起见，请饮用足够的水来缓解口渴，但是不要过量，一旦你的胃开始咣当作响，请立即停止喝水。适可而止才是最好的！

年幼的孩子，他们的口渴机制并不完善。炎热的一天结束时，孩子们往往变得非常烦躁，部分原因可能是脱水。如果你计划和孩子去一个不方便补水的地方，像在海滩玩或参加棒球比赛时，你最好带着饮料：柠檬水、果汁或冰水，不停地为他补充水分。

与年轻人相比，老年人的口渴机制往往已逐渐衰弱。有研究表明：与 20 ～ 31 岁的年轻人相比，缺水 24 小时的 67 ～ 75 岁的健康男性通常不太能感觉到口渴，而且很少主动去喝水。另一项研究表明：如果进行 10 天艰苦的山间徒步，年长者会逐渐脱水，而年轻的登山者则能保持足够的水分。因此，任何参加体育运动的老年人都应该监控水分的摄入量。

第 1 节　必要的生理学知识

为了帮助你正确理解运动饮食中液体摄入的重要性，以下列出了美国运动医学院关于运动和水分补充的一些建议。

对水分的需求

因为对水分的需求因人而异，所以很难给出一个适合所有人的建议。人体的出汗率通常范围是 0.5 ～ 2 升 / 时。当然，这还取决于你的运动方式、运动强度、服装以及天气（炎热或酷寒）等情况。

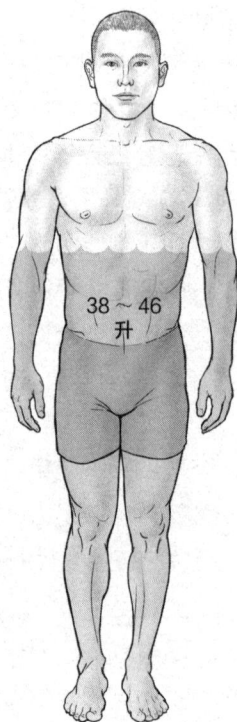

唾液和胃部分泌物中的水分可帮助人体消化食物。

皮肤是通过汗液散热的。在运动过程中，水分会从你的肌肉中吸收热量，然后通过排出汗液调节体温。

血液中的水会将葡萄糖、氧和脂肪输送到身体各个部位，然后一并带走新陈代谢的副产物，如二氧化碳和乳酸。

尿液中的水分能帮助人体排出代谢的废物。尿液的颜色越深，排出的废物越多。

38 ～ 46 升

体重 68 千克的男士

一位体重为 50 千克的慢跑者的出汗率可能是 480 毫升 / 时，而一个体重为 91 千克的短跑运动员的出汗率约 2 升 / 时。即使是游泳者，他们的出汗率也会有 0.5 升 / 时。炎热的夏季，一天之内，全副装备的橄榄球运动员很可能会失去超过 8 升的汗水。

日常情况下，判断人体水分是否充足，最简单的方法是检查尿液的颜色和流量。如果尿液颜色深而且量少，这时你需要喝更多的水或吃更多含水量高的食物，如麦片、酸奶或水果。大多数人从食物中得到 20% ～ 30% 的水分。当尿液呈淡黄色时，说明身体已经恢复到正常的水平衡了。如果你正在服用维生素补充剂，你的尿液颜色也可能是深色的。在这种情况下，相对而言，尿量则是一个比颜色更好的检测指标。想要了解更多关于尿液颜色的知识，你可以在互联网上搜索"尿色图"。

除了监测排尿和体重的损失，你也应该关注身体的感受。如果感到慢性疲劳、头痛或昏昏欲睡，你可能已经长期脱水了。在漫长炎热的夏季，慢性脱水是最有可能发生的。

汗水中包含的不仅仅有水分，它也含有其他矿物质，这些矿物质有助于保持细胞内外的水平衡。通过汗液排出的矿物质流失多少取决于你的出汗量、遗传、饮食以及是否水土不服。表 8.1 为我们展示了出汗可能会带来的矿物质损失。

表 8.1　随汗水损失的矿物质成分

矿物质	平均每升汗水所损失的数量	相关的食物
钠	800 毫克（范围 200 ～ 1600 毫克）	1 升佳得乐可提供 440 毫克钠
钾	200 毫克（范围 120 ～ 600 毫克）	1 个中等大小的香蕉可提供 450 毫克钾
钙	20 毫克（范围 6 ～ 40 毫克）	230 克酸奶可提供 300 毫克钙
镁	10 毫克（范围 2 ～ 18 毫克）	2 匙花生酱可提供 50 毫克镁

有时肌肉抽筋会与脱水、矿物质的缺失或肌肉疲劳有关。如果你大汗淋漓，盐分会大量地流失，引发抽筋。因此在锻炼前和锻炼中，你应格外注意补充含钠的运动饮料。如果你的饮食含盐量本来就很高，那么在运动后，食用日常的餐饮就能补充人体流失的钠。如果出了大量的汗，食物中加入额外的盐也是保持水分平衡和刺激口渴感的有效方法。

脱水与运动表现的关系

脱水往往会压垮身体，造成体温上升、心跳加快、消耗更多的糖原、注意力不集中以及使运动表现不佳。虽然有些运动员可能比其他人更耐脱水，但对大多数人来说，脱水越严重，你所承受的压力就越大。

不过，健身爱好者（一周 3 ～ 4 次进行 30 ～ 60 分钟的适度锻炼）很容易依靠正常饮食来维持身体的水分平衡。运动员们每天锻炼自然很艰辛，如果他们未能及时充分补水，可能会引发慢性脱水。全副装备的橄榄球运动员失去的水分，可能比他们想象中更多。为了验证此猜测，可测量一下自己运动前后的体重变化。

尤其在炎热的天气中，大多数运动员会失去超过 2% 体重的汗水，他们不仅会精神恍惚，也将不能发挥出最佳的运动表现。然而，在寒冷的天气，即便你的身体已经经历 3% 的脱水，也不太会影响你的运动表现。也就是说，一个跑者在寒冷的冬季跑步时，脱水对他的战绩影响较小；若在夏季，情况正好相反。

真相揭秘

防止脱水的最好方法是当你感到口渴时就饮水

事实： 在持续多日的剧烈运动中，确定你是否摄入充足的水分。足以弥补汗水的损失且保持正常的水平衡的最好的方法是在每天早上排便后称体重。在以下情况中，你的体重应该保持稳定。

- 你并没有为减重限制热量摄入。
- 前一天晚上没有吃钠含量高的食品，如盐分可能较多的晚餐。
- 不处于经期浮肿期时，体重有 1～2 千克的浮动。

3%～5% 的脱水似乎不会影响人体肌肉的力量，也不会影响短暂激烈的无氧运动，如举重。然而，损失相当于 9%～12% 体重的汗水就可能会导致死亡。中暑的一些征兆是肌肉痉挛、恶心、呕吐、头痛、头晕、方向感变弱、身体虚弱、精力不集中和其他一些异常的行为。

锻炼前的液体补充

锻炼前喝水的目的是使身体处于水平衡，从而保证运动过程中不会虚脱。因此，你需要提前 8～12 小时来为身体补充水分。锻炼前的每 4 小时，你需要为每千克体重补充 5～7 毫升水。对于一个 68 千克重的运动员来说，这相当于 300～450 毫升的水分。这种方式也允许你在训练前有足够的时间，将身体多余的水分排掉。

如果喝含钠的饮料、吃一些咸的零食或含钠的食物，你会感到口渴，从而使自己喝更多的水。钠也有助于留住水分，让其不会轻易从身体内流失。但也没有必要去过量补水。正如我前面提到的，身体能吸收很多水分，但最终会通过尿液将其排出体外。过量补水会冲淡你的血钠含量。如果你在运动过程中过量补水，可能会使水分摄入超额，有引发低钠血症的风险，这对身体可能有致命的影响。

真相揭秘

咖啡因有脱水的作用

事实：拉里·阿姆斯特朗是康涅狄格大学的运动生理学专家。他认为即便在炎热的天气，咖啡因也不会导致人体过多的水分流失，并且咖啡因对运动员很有好处。军队很想知道在极端炎热的情况下，咖啡因对士兵产生的生理影响。他们发现士兵摄入适当的剂量（约 200 毫克）和高剂量（约 400 毫克）的咖啡因并不会对身体产生负面影响。尽管士兵以前习惯仅喝 180 毫升的咖啡。一天下来，每人 24 小时的尿液损失几乎是相似的。另一项在炎热天气（37.7 摄氏度）下进行的有关耐力测试表明：摄入约 225 毫克的咖啡因与无咖啡因摄入组的人员相比，摄入咖啡因组的锻炼时长增加了 11 分钟。

锻炼期间的水分补充

锻炼过程中饮用运动饮料是为了防止人体脱水。脱水是指人体损失掉超过体重 2% 的水分。如果训练强度较高，你就应该在运动过程中定期补充水分。如果要进行超过 3 小时的锻炼，你就需要了解自己的出汗率，以防由于缺水导致的体能下降。但是很少有运动员会真正尝试计算出自己的出汗率，他们仅仅根据口渴来判断是否需要补充水分。

那么，运动过程中的你应该喝些什么呢？推荐的饮品标准为含少量的钠来刺激口渴、少量的钾来弥补汗水中排出的钾、少量碳水化合物（糖）来为身体提供能量。更确切地说，这种饮料应该每升含 20 ~ 30 毫克的钠、每升含 2 ~ 5 毫克的钾。你也可以食用日常的食品，如椒盐卷饼、香蕉以及其他的食物来补充这些营养物质。对进行跑步、铁人三项和其他耐力运动的运动员来说，这些食物更加方便。

当你剧烈运动长达 1 个多小时（或进行不太剧烈，但时长更长的运动），每小时补充 30 ~ 60 克的碳水化合物能够提高你的运动表现。如果运动不超过 2.5 小时，你可以每小时补充 60 ~ 90 克的碳水化合物。碳水化合物能帮助于人体维持血糖水平，并使你拥有源源不断的能量。此外，喝运动饮料也是一种获得碳水化合物和水分的简单方式。例如，480 毫升的佳得乐提供25 克碳水化合物、400 千焦的热量。

锻炼后的水分补充

在运动出汗后，人体应充分补充所有丢失的水分和矿物质。补水的强度取决于身体恢复的速度。同时，也关乎你已损失的水分和矿物质的量。大多数进行运动的人只需摄入正常的饮食（含少许钠）和水即可。但是，如果有明显的脱水现象或进行了长达 12 小时的运动后，你需要制订高强度的补水方案。如果流汗很多，损失的钠也会很多，此时可以在食物上多撒些盐。

摄入 1.5 倍于你损失的水分可以快速缩短脱水到恢复的时间。比起一口气喝一大杯水，小口饮水能最大限度地保留住体内的水分。如果在一次长时间的剧烈运动中脱水了，你需在此后的 1 ～ 2 天里高频地喝水。人体需要24 ～ 48 小时来补充损失的水分。

如果身体脱水（出汗损失、腹泻或呕吐）量超过体重的 7%，最终你可能需要在医生的护理下进行输液。大多数情况下，除非必须，输液补水是没有任何益处的。最好的办法不是采用输液补水，而是通过了解自身的出汗率，并相应地饮水。

在运动饮料中寻找什么

许多运动饮料出现在了超市的货架上，有了这么多的选择，你可能想知道如何选择运动饮料。以下是一个简短的选取标准。

基本点

- 口味好。如果是你喜欢的味道，你会喝得更多，因此身体就不太可能会脱水。
- 碳水化合物。寻找每 240 毫升含有 13 ～ 18 克碳水化合物的饮料。摄入太多的碳水化合物会使身体吸收效率降低，太少又会让你的能量不足。对于耗时长、艰苦又剧烈的运动（如骑自行车、马拉松）来说，选取各种碳水化合物（葡萄糖、果糖、蔗糖、干果和能量棒）对人体吸收能量是更好的选择。
- 钠。它是维持体液平衡的重要元素。如果你出汗很多，运动饮料中的钠会有助于补充一些（但不是全部）通过汗水中流失的钠。

其他附加价值

- 维生素。运动饮料中的维生素不能够迅速被人体吸收，故在运动过程中不会对人体产生任何好处。

- 人参、瓜拿纳（一种巴西草药）和其他草药。没有确凿的研究支持这些物质所声称的任何功能，而且饮料中的这些物质含量很低，以至于不会产生显著效果。

- 咖啡因。由于个体差异的不同，咖啡因可能增强人体的耐力，也可能产生副作用（如焦虑、紧张和易怒等）。

- 蛋白质。蛋白质的添加可能会改变饮料的味道并促进胃的蠕动和排空。如果在运动中不喜欢摄入蛋白质，可以选择在运动前吃些含蛋白质的食物，同样可对运动过程有所帮助（例如运动前少量摄入麦片、脱脂牛奶等）。

- 钾、钙、镁和其他矿物质。在大多数情况下，这些矿物质在汗水中损失量较低，不会引发什么问题。另外，水果、蔬菜和其他健康的食品也可以给人体补充矿物质。

你不想要的因素

- 碳酸。碳酸分解的气泡会使我们的肚子有膨胀感。

- 塑料瓶。如果不能回收，会给环境带来破坏。

第 2 节　低钠血症和钠缺失

你无须在锻炼前摄入过多的水分，因为人体只能吸收固定量的水分。肾脏通过有规律地排尿来保持体内的水平衡。每小时人体的排尿量最少约有 1 汤匙，最多 1 升。如果饮水过量，在运动时你将不得不经常小便（很不方便）。运动前 2 小时以上的水分补充是一个明智的选择，这样可保证肾脏有足够的时间去处理和清除掉额外的液体。然后，在运动前 5 ~ 15 分钟再喝一次水。

大多情况下，频繁去卫生间只会给人带来不便。但在某些情况下，喝太多水还会稀释人体的体液，并且影响体内钠元素的平衡，这有时候是致命的。当人体血钠水平低于正常值时，就会发生低钠血症。一般情况下，低钠血症发生在饮水之前、期间和之后的 4 小时内。持续超过 4 小时的低钠血症，通常与钠流失有关。在锻炼和身体发热的情况下，肾脏会减少尿量。因此，在运动过程中，如果运动员补水过度，他们的身体可能无法产生足够的尿液去排泄多余的物质。

可能会经历钠失衡的运动员有：马拉松跑者、铁人三项运动员、超级越野赛跑者以及偶尔锻炼且流汗很多的运动者。这些人在运动前以及运动期间勤快地饮水会导致身体的钠含量偏低，使身体情况变得更糟。

大多数运动员会从他们的日常饮食中摄入过多的盐。即使耗时很长的运动，你也能轻松地食用咸口的食物，从而弥补钠的流失。同时，记住热的环境中你进行的运动越多，你的钠损失就越少。因为在高温下，你的身体已经学会自己保存钠和其他电解质（见表8.2）。

表8.2 在健康与不健康情况下研究流汗过程中包含的矿物质成分

矿物质	不舒服，水土不服	健康，水土不服	健康，未出现水土不服
钠	3.5克/升	2.6克/升	1.8克/升
钾	0.2克/升	0.15克/升	0.1克/升
镁	0.1克/升	0.1克/升	0.1克/升
氯化物	1.4克/升	1.1克/升	0.9克/升

人体患低钠血症的症状包括疲倦、浮肿、恶心和头痛，而且任何以上症状都可能变得越来越严重。一个血钠指标偏低的人可能也会经历手脚肿胀、过度疲劳、困惑和缺失方向感、身体协调性不佳和呼吸困难。血钠指标过低会导致人体癫痫、昏迷甚至死亡。为了防止血钠指标偏低，如果你在高温下运动超过4小时，应该遵守以下的指导。

- 在运动前避免水分的过量补充。
- 运动前90分钟，吃些咸的食物和汤。小剂量的钠会锁定你体内的水分，多余的水分不仅可以帮助你锻炼更长时间，而且也可以让运动过程变得更容易且更愉快。
- 在持续超过4小时的耐力运动中，尽量饮用高钠的运动饮料。
- 耐力运动中，在身体允许的情况下，吃些咸的食物作为补充（果汁、汤、泡菜以及椒盐卷饼）。
- 在运动过程中如果你的胃在"晃动"，那就请不要再喝水了。如果你每小时喝超过1升的水，请延长下次喝水的时间。

真相揭秘

运动饮料是补充汗水中钠损失的最好方法

事实：运动饮料一般含有较少的钠，不能弥补人体出汗损失的钠。更好的选择是耐力运动型饮料和咸点心（如饼干、果汁、橄榄和泡菜）、加盐的食物、咸肉汤等。你的目标应该是每小时摄入 250 ~ 500 毫克的钠，例如喝 0.6 ~ 1.2 升的佳得乐。这个量其实很大！值得注意的是一些盐片，如 Endurolytes（一种保健品），每片只提供 40 毫克的钠。一个长距离自行车选手喜欢吃点水煮土豆、橄榄油并撒上少许盐，这就可增加钠的摄入。他在骑行前准备好这些食物，将其存储在一个塑料袋中，到休息站就可以吃它们了。

第 3 节　反思你的饮水情况

许多出汗较多的运动员都想知道到底该喝什么才能正确补水。矿泉水、运动饮料、汽水（含糖或无糖）、果汁、牛奶、啤酒及葡萄酒，市场上品类繁多的饮料让他们不知该如何选择最适合自己的一种。作为一名运动营养师，我收到过很多关于什么才是最好的饮料的问题，这里我对选择饮料给出如下建议。

橙汁（或其他果汁）。因为橙汁中含有碳水化合物和糖，许多运动员总是在想是否应该停止饮用。我的回答是"否"。首先，碳水化合物是不会让人发胖的，它是人体肌肉的一个重要的能量来源（见第 6 章）。请不要把橙汁或其他果汁从你的早餐中去除。当然，吃新鲜的橙子会比喝橙汁更好，正在跑步的人是没有时间去剥橙子的，此时橙汁对于他们来说更方便饮用。橙汁提供了丰富的维生素 C、钾、叶酸和其他营养物质。我的建议是根据每日所需的总热量，合理摄入橙汁和其他果汁。

汽水。一次高强度的锻炼后，有些疲惫的运动员会喝可口可乐或百事可乐，他们需要可乐中的糖、咖啡因和水，来使自己的身体得到恢复。毫无疑问，可口可乐和百事可乐对人体的健康都是没有好处的，反而会损害牙齿。它们是酸性的，长期喝会腐蚀牙齿，引发龋齿。在喝完可乐后，你应该用清水漱口，并注意不要在 1 小时内刷牙，因为这可能会加剧对牙齿造成的损害。

喝运动饮料也要注重同样的问题，尤其是耐力运动者，如为了保持活力，以使自己的运动时间更长而不断饮用运动饮料的铁人三项运动员。

许多运动员认为喝汽水和体重增加之间可能存在某种联系。一些研究表明：喝含糖饮料的人往往比喝不含糖饮料的人更胖。这可能是因为饮料提供的热量不能让人有饱腹感，所以每天喝饮料只会让你额外摄入更多的热量。其他研究报告则显示：苏打水还可能引发一种饥饿感，进而使你吃下更多的食物。因此，如果喝苏打水导致你摄入的热量会比消耗的更多，这样确实会使体重增加。

如果想继续饮用苏打水而又不想使自己每天摄入的热量过多，你可以在日常的饮食中选择有益健康的食物。如果你担心喝饮料会发胖，那么请注意每天摄入了多少运动型饮料。许多运动员会忽略一个事实：他们锻炼后口渴时可以喝 1 升的运动饮料（或午餐期间），这会给身体提供 800 ～ 1200 千焦的热量。

水。还记得上次直接饮用水管中的水是什么时候吗？也许你已经不记得了！今天可供我们选择的不仅有瓶装的矿泉水，还有各种口味的苏打水。许多瓶装水其实是由市政供水加工而来的，而不是如其标签所写的山泉水。在美国，城市的市政供水是严格受环境保护局（EPA）监测的，大多数城市的市政供水中会含有氟化物：一种可以预防牙齿龋洞的物质。如果不放心当地自来水的安全，你可以买一个滤水器。

真相揭秘

苏打水中的人工甜味剂会导致人体患癌症

事实：美国国家癌症研究所证实，这个传闻是假的。研究表明：人工甜味剂和癌症之间没有明确的关系。

富含维生素的饮料。作为一种流行的新型饮料，受到了许多人的青睐。人们认为维生素等同于能量（这实际上是一种误解，能量是来自饮料中的碳水化合物）。事实上，600 毫升的酷乐仕维他命水就含有 500 千焦的热量，很容易使人发胖。富含维生素的饮料并不会改善你的健康，因为其含有的维生素的量很少，你可以喝富含维生素的橙汁或其他果汁。

椰子汁。一般标有"100%"和"纯天然"字样的椰子汁只添加两种成分：椰子水（在一个绿色椰子里的液体）和维生素 C。椰子汁中含有丰富的钾，价格也很高。表 8.3 列出了椰子汁、佳得乐与橙汁中的营养成分。

表 8.3　运动饮品的比较

饮料	分量	热量（千焦）	钠（毫克）	钾（毫克）	维生素 C（DV）
椰子汁	500 毫升	360	60	1030	350%
佳得乐	600 毫升	500	275	75	0%
橙汁	480 毫升	880	0	900	200%

在运动中流汗后，运动员需要更多的钾、钠（他们会把多余的维生素 C 排出体外）。我建议他们在今后的耐力训练中，选择高钠的运动饮料。

功能性饮料。功能性饮料中的热量往往来自其中的糖分。例如，一罐 250 毫升的红牛有 440 千焦的热量。如果你正在寻找一个提升热量摄入的方法，比较好的方式是合理膳食。任何功能性饮料都只是合理膳食基础上的补充。

饮品中所含的热量

需要注意：当饮用大量的饮品时，人体不经意间就会摄入很高的热量。即使在锻炼后，喝 1 升的饮料也会妨碍你的减肥效果。表 8.4 展示了一些受欢迎的饮料所含热量的数据。结合表 3.3，就可以选择适合自己的饮品了！

表 8.4　不同饮料中的热量

饮料	热量 / 千焦	饮料	热量 / 千焦
任意量的水	0	240 毫升牛奶	480
任意量的无糖汽水	0	600 毫升酷乐士维他命水	480
任意量的黑咖啡和红茶	0	150 毫升红酒	500
345 毫升 V8 果汁	280	360 毫升苏打水	600
240 毫升脱脂奶	320	360 毫升普通啤酒	600
加了两匙奶精的咖啡	320	480 毫升柠檬果汁	840
240 毫升香草豆奶	400	450 毫升水果冰沙	1200
480 毫升佳得乐	400	480 毫升雀巢巧克力牛奶	1360
240 毫升橙汁	440	480 毫升星巴克香草奶昔	1720

功能性饮料中也有咖啡因。1罐红牛中含有80毫克咖啡因，与1杯200毫升的咖啡所含的咖啡因量相当。一项针对大学足球队运动员摄入含牛磺酸功能性饮料的研究显示，许多突发事件与含咖啡因的功能性饮料相关，其可导致运动员心跳加快、肌肉震颤及癫痫。

与可乐一样，功能性饮料也有腐蚀性，会对牙齿造成持久的伤害。另一个关于功能性饮料的问题是许多运动员和健身爱好者会把它们与酒混合起来饮用，并认为咖啡因可抵消酒精对身体的作用。此时他们可能不会意识到自己已进入醉酒状态，这也大大增加了酒后驾车的概率。

绿茶。和我交流过的许多运动员都想知道绿茶是否有助于身体健康，以及它是否会促进脂肪的消耗。绿茶是由新鲜的茶叶制成，比红茶和乌龙茶有着更高的浓度，可以预防心脏病和癌症（特别是乳腺癌、胃癌和皮肤癌）。许多针对绿茶的研究都是在实验室中进行的。到目前为止，美国食品药品监督管理局称，没有足够的证据能证明喝绿茶可以治疗相关疾病。你需要制订一个合理的饮食计划，然后将绿茶加入其中，这样它才可以起到一定的预防癌症的作用。

我们确实知道，喝茶的人比喝咖啡的人更健康，而且喝茶也没有坏处。我认识一个喝星巴克抹茶拿铁时会加上2%奶泡的人。他这样的选择显然会摧毁绿茶对身体的潜在益处，当然还会使自己的体重增加。

第4节　酒精与运动员

酒与运动员似乎是密切相关的。训练后，运动员时常会聚集在酒吧喝香槟庆祝胜利，接着畅饮啤酒。你可能会认为：酒精对运动表现的不利影响会使运动员不太可能选择喝它，然而事实相反。

如果你决定把酒加入到运动饮食当中，请牢记以下几点。

- 酒精是一种镇静剂。它会减缓你的反应时间；损害身体的协调性和平衡感；除了消除疼痛感，它不会为运动员提供别的好处。你不能喝得太急、太快且太多。
- 深夜饮酒会导致睡眠不足，从而破坏第二天的训练计划。混合红葡萄酒、白兰地、威士忌的饮料，比其他含酒精的饮料更容易导致宿醉。治疗宿醉的最佳方法是一开始就避免过度饮酒。

- 酒中不富含碳水化合物。一杯 360 毫升的罐装啤酒只含有 14 克碳水化合物，而一杯 360 毫升的汽水中则含有 40 克碳水化合物。你可以喝满肚子的啤酒，但它也不会使你的肌肉获得足够的碳水化合物，除非你在喝啤酒的同时还吃饼干、比萨或其他碳水化合物类的食物。

- 酒精可直接被胃吸收并进入血液。经过剧烈的运动，空腹喝酒可能迅速导致昏迷。你最好享受自然运动带来的舒畅感，而不是沉迷于运动后饮酒带来的短暂快感。

- 啤酒往往是运动员放松自己的常见选项。运动员通常会饮用大量的啤酒（不是水或汽水）。啤酒中的酒精有利尿作用，你喝的越多损失的水分也就越多。这个过程对恢复体内水分是不利的，并且通常对下一阶段的训练也会造成不利的影响。一项研究表明：在 4 小时之中，比起喝低浓度（2%）啤酒或无酒精啤酒的运动员，喝普通啤酒的运动员会多排 480 毫升的尿液。

- 你的肝脏会以一个固定的速度分解酒精——大约每小时分解 120 毫升的葡萄酒或 360 毫升的啤酒。锻炼不会加速这一进程，喝咖啡也不会。

- 热水浴、喝酒和运动员是一个糟糕的组合。身体越热，你会越发感到醉意浓浓。

- 冬季运动和酒精是一个危险的组合。滑雪时，不要喝酒。如果你偏要喝酒，请额外用汽水和果汁来补充碳水化合物和水分。

- 喝酒很容易使人发胖。因为酒精可以刺激食欲，适度饮酒的人通常会在他们正常饮食外摄入超额的热量。这些多余的热量会导致身体脂肪的积累，通常会堆积在腹部，形成著名的"啤酒肚"。如果你想保持苗条的身材，请不要喝酒。6 罐啤酒可提供 3600 千焦的热量，这等于 4 片奶酪比萨！

- 如果你一定要饮酒，也请适度。适度饮酒的标准是男性 1 天 2 杯，女性 1 天 1 杯，且在每次喝酒之后至少喝 1 杯水。

- 如果你不能轻易停止喝酒，请不要开始喝酒。

- 如果你认为需要喝点酒来"更融入人群"和"更受欢迎"，那还是再仔细考虑一下吧。一项针对得克萨斯州的 117 名学生运动员的酒精调查发现：22% 的大学生不喝酒，68% 的受访者称自己为轻中度饮酒者，59% 的受访者没有暴饮的习惯。

如果你在喝酒之前需要思考些什么，请告诫自己要适度饮酒，这是解决宿醉的绝佳方法。如果你知道将要喝酒，至少应吃点热乎乎的食物，多喝点水，以缓冲即将到来的醉酒状态。记得慢慢喝，不要将各种酒混合起来喝。此外，请指定一个司机送自己回家。

如果没有听取以上建议，你很可能会出现头痛、头晕、烦躁、焦虑、对光和噪声敏感、睡眠质量差、注意力难以集中、恶心、呕吐等宿醉症状。这些症状一般要超过 12 小时（或更多）的时间才会消散，但是你可能需要寻找其他方法来加快消除这些症状。

补救措施包括饮用含钠（非酒精性）的汤类，也可以试试运动饮料。此外，不要服用扑热息痛，其会对肝脏造成损害。

如果你想改变自己的饮酒习惯，或帮所爱的人戒酒，请访问相关的戒酒网站。减少伤害是指减少高风险行为（如饮酒过度而产生的负面行为），而不是要求完全戒酒。有些方法支持人们将过度饮酒带来的伤害最小化。例如可提前计划：哪天将喝酒、哪天不喝酒、哪天适量饮用、哪天可以饮致微醺。

当然最重要的是明智地对待自己，生命毕竟是属于你自己的！

第二部分

饮食与运动

第 9 章
运动前的能量补充

有些人在运动前和运动中吃很少的东西，对此我感到十分惊讶。例如，一个时长 4 小时行程 96 千米的团队自行车骑行中，我发现人们偏向于"先骑后吃"，而不是"先吃后骑"。当骑行者们谈起骑行过后将要得到的"奖励"时，他们往往垂涎欲滴。一位女士一边抱怨骑行 2 小时的疲惫，一边说她在骑行过程中只喝些运动饮料，从不吃其他东西。她以为自己之所以感到这么累，是因为缺乏足够的训练，而不是因为自己的体力已经消耗完了。还有一些骑行者抱怨在骑行进行到尾声时，身体是多么饥渴难当。

我想要传达给运动员以及热爱运动人士的信息是，就像在驾车旅行前需要加油一样，你需要在运动前补充能量。运动前吃的零食或正餐会为你接下来的运动增添活力。运动前补充能量有以下 5 种主要的功能。

（1）帮助你预防低血糖以及与它相关的一系列症状：头晕、易疲劳、视线模糊以及决策困难。任何以上症状都会影响你的运动表现。

（2）有助于保护你的胃，帮你抵御饥饿。

（3）使你的肌肉充满能量。运动之前摄入的碳水化合物会转化成糖原提前贮存在体内，它们在进入血液循环后可使你活力满满。同样，在运动前一小时内摄入的碳水化合物也可提升你的运动表现。

（4）因为大脑已经知道身体得到了能量的补充，所以运动过程中你会感到平静。

（5）如果你运动的最初目的是减掉身体中多余的脂肪，运动前补充能量可以让你的锻炼强度更大，消耗更多的脂肪。

空腹运动会加速脂肪的消耗

事实：运动员空腹运动会加速脂肪的消耗，但是消耗更多的脂肪并不等同于变瘦。如果是为了减肥，无论在运动中消耗的是脂肪还是糖原，你都应该在一天的最后保持热量的赤字（消耗的热量大于摄入的热量）。如果在运动前吃一些零食，你的运动强度应更大，从而消耗更多的脂肪。更多关于减轻体重的方法请参见第 16 章。

第 1 节　调整你的肠胃

在运动前，适当进食有助于增强体力、耐力并且让自己更加享受运动的过程。但是，许多人担心运动前进食会导致肠胃不好、腹泻和运动中不必要的暂停（如上厕所）。显然，吃太多错误的食物必定会引起肠道问题。

每个人都有自己独特的饮食偏好，所以不存在某种特定或神奇的食物能保证每个人都达到最佳的运动表现。弗兰克是一名出色的跑者，距离训练或比赛开始还有 4 小时他就不会再吃东西了，否则身体会出现剧烈的胃痉挛症状。克里汀在健康俱乐部坚持运动，她特别喜欢在晨练开始的 1 小时前吃一个贝果面包。她觉得面包不仅可以吸收一些胃液，还可以预防饥饿。莎拉是一名八年级学生，同时也是体操运动员。她在平时训练的前 1 小时会吃 1 根香蕉，但是在比赛前她什么也不吃。因为在比赛之前，她会变得很紧张以至于吃不下任何东西。为了解决这个问题，她说："我一定会在比赛前一天比平常多吃点东西的。"

在运动时，大多数运动员不用担心因身体不适而导致运动暂停

事实：有 30% ～ 50% 的耐力运动员都存在一定的肠胃问题，具体如下。

- 上消化道问题：胃灼热、呕吐、腹泻、腹胀、胃痛。
- 下消化道问题：肠痉挛、大便失禁、排稀便、腹泻。

2004 年夏威夷举办的铁人三项比赛中，有 362 名选手住进了医疗

帐篷。他们之中的 63% 有一种甚至多种胃肠道疾病，占总参赛人数的 13%。最常见的问题是呕吐，紧接着会伴随恶心、腹泻和腹部绞痛。研究表明胃肠道问题与性别、跑步的时间均无显著相关性。

运动员在跑步的过程中经常出现的问题有：胃部不适、呕吐、胃痉挛或其他一些突发的不适状况。每个人在长时间运动时，胃肠道都会有不同的反应。你可以做一个"食物侦探"，在确定问题食物是什么之后制订一份食物日志，这样至少可以减少一些问题。在数日之后，你大概就可以找出有"嫌疑"的食物，有可能是牛奶、西蓝花、洋葱，还有可能是玉米、芸豆或木糖醇口香糖。问问自己：如果不吃这些东西，问题就能解决了吗？如果再吃这些东西，问题还会复发吗？

运动前选择吃什么因人而异，也因运动项目而异。没有哪种食物代表着正确或错误的选择。我的经验是每个运动员需要在训练和比赛期间，自己去实践、寻找让身体感觉最佳的食物。在系统训练的第一天，你不仅要锻炼你的心、肺、肌肉，还需要锻炼肠胃对于训练前摄入食物的耐受力。

为了训练胃肠道对于训练前所吃食物的耐受力，开始运动的 1 小时之前，先试试吃一块饼干、喝一口运动饮料，然后逐渐增加到摄入 800 ～ 1200 千焦的热量。此外，你需要注意以下这些容易引发胃肠道问题的因素。

- 运动种类。比起那些在跑步运动中经常冲撞挤压胃肠道的运动员，骑行者、游泳者、越野滑雪者还有那些在相对稳定的环境下运动的人更少产生胃肠道问题。
- 训练等级。没有受过训练的人在开始实施全新的运动计划后，会比已经训练有素的人更容易产生胃肠道问题。如果你是一项运动的初学者并且正在经历胃肠道问题，可尝试逐步增大运动量与运动强度，这样你的身体就可以慢慢适应这些改变。
- 年龄。年轻运动员的胃肠道问题比退役运动员更为常见。年轻的运动员在赛前饮食方面可能没有足够的经验和专业素养。另外，退役运动员更有可能从多年的训练中吸取更多的教训。
- 性别。相比较而言，女性比男性更容易有胃肠道问题，尤其是在女性月经期间。女性在月经期间激素分泌会发生变化，且易排稀便。
- 精神和心理压力。紧张的运动员容易积食，感觉就像胃里有一个铅球一样。
- 运动强度。在轻松、适度的运动过程中，身体可以同时消化食物。

但在剧烈运动中，血液从胃部到肌肉的快速变化可能是胃肠道问题的诱因。

- 赛前食物摄入量。在运动前一段时间，吃太多的高蛋白和高脂肪的食物（如培根、煎蛋、汉堡和薯条）会导致人体胃肠道出现问题。低脂肪、富含碳水化合物并且好吃的东西（如燕麦和香蕉）才是你日常训练饮食的可靠选择。

- 纤维。吃高纤维食物更容易产生胃肠道问题。如果你之前吃大量的麦片或高纤维的能量棒，尝试一周不吃这些食物，看胃肠道感觉会不会舒服一点。

- 咖啡因。为了提高成绩，一些运动员就在比赛前喝一大杯咖啡。结果适得其反，往往出现肠胃不适、腹泻，导致最终成绩比平时差。

- 凝胶和浓缩糖果。在运动过程中，摄入高浓度的浓缩糖果可能会导致胃部不适。不要把高碳水化合物类的运动饮料（大约每 240 毫升 800 千焦的热量）和低碳水化合物类饮料混淆了。

- 含有山梨糖醇的无糖食物。如果你不容易消化某些特定的碳水化合物，就需要去咨询研究多元醇饮食的营养学家。

- 脱水程度。脱水增加了人体胃肠道问题发生的可能性。在训练过程中，尝试喝不同的饮料（约 240 毫升，每 15 ~ 20 分钟的剧烈运动后喝一次）来了解你的身体对水、运动饮料和稀释后果汁的反应，这样你就知道应该在比赛中喝什么饮料。

- 激素变化。消化系统处于激素水平控制之下，运动可以刺激激素水平的变化。举例来说，马拉松运动员在参加比赛时，他们的胃肠道激素比在日常静息水平下高出了 2 ~ 5 倍。这些激素的变化导致食物在消化系统中快速消化，这就是他们不论吃什么，胃肠道都会有问题的原因。

- 过敏性肠综合征。有 10% ~ 20% 的美国人患上过敏性肠综合征。其中一部分是热爱运动的人，他们会因为过敏性肠综合征的症状而被迫停止运动。但是总的来说，运动可以改善其中的一些症状。

- 未确诊的腹部疾病。一些肠胃敏感、有肠道问题的人发现运动会加剧问题。玛尔塔是一名 17 岁的高中生，她热爱跑步，在越野比赛时她总是憋不住想要上厕所，所以她找我想要弄清楚自己的肠道有什么问题。在询问病史时，她说自己过去四年有过甲状腺分泌失调，断过 3 根骨头并且目前有复发性贫血症状。她继续补充了家族的病史：爸爸患有结肠癌，妈妈患有严重的骨质疏松症，叔叔患有糖尿病。以上所有的病史都可能与她的肠胃问题有关。我建议她去咨询一下肠胃科医生。毫无疑问，胃肠道疾病是问题所在。她后来发现在日常饮食中停止摄入含有小麦的东西，胃肠道问题就会在接下来的日子里慢慢减轻。假设有 1% 美国人患有腹部疾病，其中只有 10% 的人被确诊（剩下的人被误诊为过敏性肠综合征）。所以若你也有类似烦恼，最好去咨询一下医生。

给竞技运动员的建议

为了选择适合在比赛前吃且对身体有益的东西，我们在试验后给出了以下建议。

- 比赛前不要尝试新的食物，而应吃自己熟悉的食物。吃未尝试过的食物可能会让你发挥不好，甚至可能引发胃肠道不适、胃酸、胃灼热或胃痉挛以至你不得不中途停止比赛。为充分准备比赛，你可以在比赛前几天的同一时间进行相同强度的训练。在饮食方面，你可以多加尝试一番，这样有利于决定你在比赛那天吃什么、吃多少。

- 如果你在比赛前很紧张以至于什么也吃不下，最好在比赛前一天摄入充足的食物。你可以尝试在比赛前一天晚上睡前吃点额外足量的食物来代替第二天的早餐。一些运动员在比赛前可以正常吃东西，但是另外一些运动员会因为某些原因选择不吃。

- 如果你的肠胃比较敏感，可以尝试一下液体代餐（果昔、营养饮料）是否可让你觉得更好。液体代餐可以是自制的混合餐或一罐饮品。请在训练期间尝试这样的液体代餐，以判断其是否适合自己。

- 当你去外地参加比赛时，为了防止紧急情况，记得带上食物。在堵车或航班延误的时候，你也能够为身体摄入能量。以下是运动员在路上可以带的一些食物。
  - 袋装燕麦片。
  - 薄脆饼干、硬饼干、玉米粉圆饼、卷饼。
  - 能量棒、谷麦棒、全麦饼干。
  - 果脯、混合果干、坚果。
  - 花生酱、果酱、蜂蜜（独立包装更为合适）。
  - 袋装或易拉罐装的金枪鱼或鸡肉。

◦ 水、果汁、运动饮料、盒装巧克力牛奶。

- 如果你有自己的"神奇"食物，一定要带上它。即使是最普通的食物，也请带上它以防万一。

- 比赛前一天多喝点水，确保尿液呈淡色。在比赛前两小时喝 2 ～ 3 杯水，然后在比赛前 5 ～ 10 分钟再喝 1 ～ 2 杯水（控制在你身体可以接受的范围内）。

第 2 节　恰当的时间进行恰当的饮食

充分利用人体所有能量去完成高质量锻炼的诀窍是在比赛前恰当的时间吃恰当的食物。图 9.1 展示了人体的消化步骤。对于少于 60 ～ 90 分钟的运动来说，运动前最好吃碳水化合物含量高的食物。因为碳水化合物类食物可以快速从胃中排出（与蛋白质、脂肪相比较而言），然后转化成可供肌肉使用的能量。在长时间的运动之前（如长跑、长距离骑行），吃点抹了花生酱的面包圈会为你的身体持续供能。以下是针对在不同时间进行的不同类型运动的一些建议。

时间：早晨 8 点，如公路赛、游泳比赛、动感单车课程

食物：在前一天晚上吃一顿碳水化合物含量高的晚餐并且多喝一点水。在比赛当天早晨，吃一顿 800 ～ 1600 千焦热量的轻食早餐。可以是 1 杯酸奶搭配 1 根香蕉或是 1 根燕麦棒搭配 1 杯拿铁，另外可喝点水。如果你想多吃点，那就在早上 5 ～ 6 点吃早餐。

如果你的身体在早晨高强度运动前不适合进食，则可以在前一天晚上提前吃第二天的早餐。一碗麦片搭配涂上花生酱的面包圈或一碗燕麦粥均是不错的选择。这些食物都可以促进肝糖原的储存，并且防止第二天早晨身体出现低血糖症状。

时间：上午 10 点，如自行车比赛或足球比赛

食物：前一天晚上吃一顿碳水化合物含量高的晚餐，可以是炒鸡肉搭配米饭，并且多喝点水。在比赛当天的早上 7 点吃一顿平常的早餐，确保食物有 3 小时的消化时间。这顿早餐可以防止低血糖带来的疲劳。大家通常会选择的食物是燕麦粥搭配坚果和葡萄干、涂花生酱的面包或 1 根香蕉、1 杯酸奶搭配谷物和浆果。

1. **口腔**：部分淀粉在口腔里被唾液消化。吞下去的食物顺着食道进入胃。

2. **胃**：被咀嚼的食物经胃液液化，分解成更小的颗粒。蛋白质被分解成氨基酸。食物逐渐流入小肠。小肠也是营养物质被身体吸收的地方。水以 1 升 / 时的速率从胃中排空，固体食物需要更长的时间。排空的时间取决于食物的热量密度。

3. **小肠**：淀粉分解成单糖。蛋白质被进一步分解为氨基酸，脂肪转化为脂肪酸。这些消化产物被吸收到血液中，并被使用或送到肝脏中。消化后的废物进入大肠。

4. **肝脏**：接收已经被消化的食物成分，并将多余的葡萄糖储存在血液中，以供将来使用。

5. **大肠**：接受无法被消化的废物，再次吸收水和矿物质，将废物排泄掉，成为粪便。

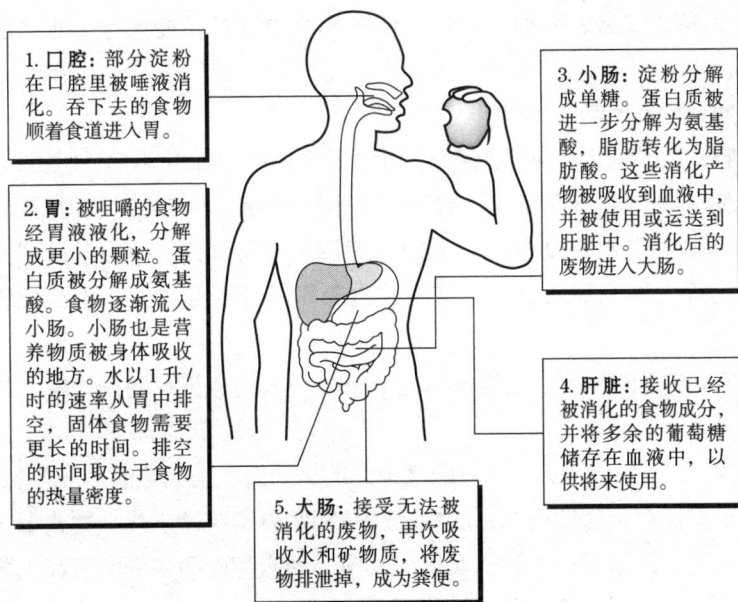

图 9.1　食物转化为能量的过程

时间：上午 11 点，轻量级拳击比赛、摔跤比赛或其他需要赛前 1 ~ 2 小时称体重的比赛

食物：某些特定运动员需要在赛前几小时脱水、拒绝进食来达到特定的体重。他们尽可能将水、碳水化合物和钠排出体外。体重为 68 千克运动员的理想消耗值为 2800 千焦的热量（主要是碳水化合物），2200 毫克钠，2 升的水。每个个体的摄入量各不相同，这取决于每个运动员自身对食物的耐受性。许多摔跤运动员在称体重以后大吃特吃，最后吃吐了。以下是合理的食物选择。

- 鸡肉汤面、面包、大量的水。
- 椒盐土豆、肉汤、咸饼干、水。
- 姜汁汽水或姜汁可乐、夹火腿的芥末三明治、水。
- 佳得乐电解质补充剂配上烤马铃薯片。

时间：下午 2 点，足球比赛或曲棍球比赛

食物：因为比赛在下午，你有足够的时间吃早餐与午餐。你可以吃一顿碳水化合物含量高的丰盛早餐，例如法式烤面包，然后吃一顿清淡的午餐。也可在上午 10 点吃一顿丰盛的早午餐，这样食物有 4 小时的消化时间。你也可以在前一天晚上吃一顿碳水化合物含量高的晚餐，并多喝一点水。人们通常会在早午餐选择这样的食物：法式烤面包、馅饼、谷物、炒鸡蛋、

吐司里面夹荷包蛋、培根、面包、新鲜的水果沙拉、纯果汁、水果酸奶和果昔。

时间：晚上8点，篮球比赛

食物：到了晚上，你已经完全消化了丰盛的碳水化合物为主的早餐和午餐。你可以早点吃晚餐，例如下午5点吃晚餐，7点的时候再吃点零食。全天都要多喝点水。以下是两个被人追捧的晚餐计划：番茄意大利面配肉丸、鸡肉配大碗米饭或土豆。这些主食都可以配着卷饼、水果沙拉和低脂酸奶吃。

时间：全天的比赛，长距离远足、160千米的自行车骑行比赛、越野滑雪赛

食物：在比赛前两天，尽可能减少你的运动量。在比赛前一天休息一下，让你的肌肉储存足够的糖原。早餐、中餐和晚餐都吃碳水化合物含量丰富的食物。比赛当天早晨摄入适量可靠的食物。燕麦和硬面包圈配上花生酱是不错的选择。记得全天都要多补充些水分。

运动期间，每60～90分钟记得补充些碳水化合物类食物（香蕉、面包、能量棒、水果干、运动饮料、浓缩果汁）来维持正常的血糖浓度。如果你休息时正好是午餐时间，吃自己觉得合适的餐食，保持自己平均分配一整天的能量摄入。吃一些富含蛋白质和脂肪的食物（如花生酱、坚果和奶酪），为一天的运动持续不断地供能，因为食物中的脂肪需要花几小时转化成能量。在你感觉到渴之前喝水，你全天至少应该小便3次。

锻炼前3～4小时的能量补充

总体说来，大多数运动员在锻炼前3～4小时会进食一餐。只要他们没有进食大量的高脂肪食物（如芝士汉堡和薯条），这个时间可保证食物在人体中被很好地消化吸收。凯尔是一位大学校队的跑步运动员，早晨因为睡懒觉错过了早餐，而在中午11点时吃了一顿丰盛的午餐来为下午4点的团队训练提供能量（他在下午3点时吃了少量的燕麦饼干和香蕉）。表9.1列出了锻炼前摄入食物的推荐量。

每个人对于运动前吃的食物各有所需，这些数字只是建议。你需要不断尝试，找到最适合自己的量。运动前吃的食物量取决于运动的种类和强度。举个例子，自行车运动员往往比跑步运动员吃得多。

表9.1　运动前能量补充的建议

运动前	碳水化合物摄入量 /（克 / 千克体重）	热量 / 千焦
4 小时	4	4800
2 小时	2	2400
5～60 分钟	1	1200

一位体重 68 千克的选手，如果在上午 10 点要参加铁人三项中的骑行项目，他需要在早上 8 点摄入 2400 千焦热量的碳水化合物类食物。他的食谱可以如下。

- 1 碗麦片搭配香蕉、牛奶
- 3～4 个枫糖馅煎饼
- 3 袋燕麦片搭配 1 盒葡萄干

这个食物量对于运动员来说其实已经很多了。

你不必每次都很较真地计算碳水化合物的含量，这只是一个指导量。适量补充一些蛋白质或脂肪（如鸡蛋和花生酱）会让你有饱腹感，并且能保护肌肉，但是需记住碳水化合物才是身体能量的主要来源。摄入太多蛋白质或脂肪（奶酪煎蛋配培根、薯饼）会堆积在你的胃里无法消化，使你运动的时候感到十分不适。

谢尔曼和他的同事在 1989 年进行了一项关于"证明在运动前 4 小时吃饱饭的重要性"的研究。他们测试对比了骑车比赛前 4 小时不吃东西的运动员和摄入 4800 千焦热量（每千克体重摄入 4.4 克碳水化合物）的运动员的疲惫程度。与赛前 4 小时不吃东西的运动员相比，摄入 4800 千焦热量（大量意大利面和果汁）的运动员在比赛的最后 45 分钟的骑行速度比前者快 15%。考虑到公路赛与其他竞技运动相同，胜败往往取决于那一秒的时间，所以快 15% 的确占了很大优势。骑行前补充的食物为运动的最后一程提供了额外的能量，因为这时候身体的糖原储存量已经很少了。

尽管这项研究的目标人群是骑行者——比起跑步运动员他们似乎有较少的胃肠道问题，但这也同样值得跑步运动员们重视。如果习惯在下午空着肚子运动，你就会发现丰盛的早餐、午餐或运动前 1 小时适当进食后，可以让自己更加努力和持久地运动。在运动前补充能量需要遵循以下法则：在一天中身体最活跃的时候补充能量，在夜晚或睡眠中减肥（详情请见第 16 章）。

在运动前的 1 小时内补充能量

习惯晨练的人尤其要确保身体储备足够的能量。如果你匆忙起床后，不吃早餐就去运动（如游泳、骑行、跑步），你的身体可能会罢工。相反，如果在运动前吃点东西，你的运动状态将会更好。你在夜里很可能已经耗尽糖原（可维持正常的血糖水平），而当你运动时，若血糖水平低下会更容易疲劳。

真相揭秘

运动前 1 小时内吃的东西会储存在胃里，不能为身体提供能量

事实： 在运动前 5 分钟吃一点小零食会很有作用，它可以让你在长跑过程中多坚持半小时到 1 小时。你可能在上跑道前不想吃东西，但是你可以在穿上运动鞋之前享用一根香蕉。研究表明，日常运动前 15 分钟吃的能量棒与运动前 60 分钟吃的能量棒有着相同的能量作用。

运动前吃多少因人而异，有可能是一些薄饼、一片面包、一杯果汁或是一碗麦片。若在前一天晚上 6 点没吃晚餐，你的血糖水平会较低并需要得到提升。若前一天晚上已经吃了很多东西，那你早晨就可以不用吃东西了。

运动饮食最重要的原则：运动前 50 ～ 60 分钟内，每千克体重摄入 17.6 千焦热量的碳水化合物。为体重 68 千克的运动员准备的训练前 1200 千焦热量的碳水化合物类食物的范例如下。

- 2 包即食燕麦片
- 1 个面包圈配 240 毫升果汁
- 1 袋混合水果坚果干、麦片与椒盐卷饼
- 1 根能量棒搭配 480 毫升的运动饮料

因为个体的胃耐受度不同，所以确定具体的食物摄入量是很困难的。一些竞技运动员早起 2 小时就是为了吃早餐，吃完后再回到床上休息，以让食物有时间消化。还有一些运动员吃完类似面包和香蕉这样易消化的食物后就匆忙出门。还有一部分人空腹运动。如果你是空腹运动的人，以下这项有价值的研究希望能帮到你：起码在运动前吃些食物。

研究员让一组运动员按照正常速度骑行直至不能再骑为止。吃早餐后，他们骑行了 136 分钟。相比较而言，没吃早餐只喝了水的运动员只骑行了 109 分钟。很显然，补充能量的运动员表现得更好。我建议你尝试对比一下自己吃与不吃早餐的运动效果。你会发现早上的能量补充可让你感觉更好。凯瑟琳是一名早起游泳的运动员，但她在早晨 5 点时不想吃任何东西，因此晚上睡前 9 点她吃了一碗谷物粥，这让她在第二天早晨运动时感觉良好。此方法同样适用于许多早起运动的人。

血糖骤降

总的来说，比起久坐不动、身体状态差的人，身体状况良好的人较少需要通过胰岛素来控制血糖，并且不会经历血糖骤降（反跳性低血糖）的情况。但是，有些人天生血糖很容易急剧下降。为了安全起见，如果你在下午的运动前感到饥饿并且想吃糖，那可在运动前 10 分钟吃点糖果。如果你对糖很敏感，可选择一些低糖食物，例如梨、杏干或巧克力牛奶。这个方法可以减轻低血糖症状，因为胰岛素水平不会在短期内骤升。另外，可以在热身、运动开始或每运动 20 ～ 30 分钟的时候吃点东西，如浓缩果汁、蜂蜜和软糖。

真相揭秘

在运动前摄入糖类食物会不利于你的运动表现

事实：运动前补充糖分不会带来身体的不适。即使在运动前 5 分钟吃一块糖也不会影响运动表现。有个更好的方法是在早餐、午餐时吃足够健康的食物，维持身体一整天所需的能量。

小部分人运动前 15 ～ 45 分钟吃含糖量高的食物会对其运动表现产生不好的影响。高浓度的糖分会让血糖急速升高，与此同时胰腺会分泌大量的胰岛素。胰岛素将多余的糖分从血液运输到肌肉中，同时运动也会加速胰岛素的运输。这就是一旦你开始运动时，血糖含量反而会低到一个不正常值的原因。

我的大多数客户在运动时会出现低血糖的症状，因为他们在运动前吃的东西太少了。凯西是一名教师，她在度过忙碌的一天后会去健身房。她常感觉低血糖，原因是摄入的热量过少。为了节食，她每天的早餐和午餐都吃得很少。健身课程才开始 15 分钟，她就会感觉头晕、肢体不协调，甚至不能继续训练下去。为了帮助她，我建议她这么做。

• 吃一顿丰盛的早餐和午餐（晚餐可以适当减少）。
• 在运动前吃点涂抹花生酱的饼干。

做到了以上两点后，她感觉自己运动时充满能量，回家时也没有那么饿了。渐渐地，她晚餐摄入的热量也少了。

运动前咖啡因的摄入

咖啡是出名的提神饮品，运动前喝一杯会让运动员更努力和持久地运动。咖啡中所含的咖啡因可使大脑兴奋、注意力集中以及肢体更灵活。有许多研究表明咖啡因对于耐力运动（长跑、长距离骑行）以及短期高强度的锻炼有促进作用。大量研究证明在运动前 1 小时喝含咖啡因的饮料可以提升运动表现（约提升 11%），让注意力更容易集中（约提升 6%）。

摄入咖啡因的目标剂量大概为每千克体重 3 毫克。对于一个体重 68 千克的运动员来说，每天大约可摄入 225 毫克咖啡因。表 9.2 列出了一些日常饮料中咖啡因的含量。

运动前喝一两杯咖啡是有帮助的，但喝更多的咖啡不会带来更大的好处。训练有素的骑行运动员，在摄入 350 毫克咖啡因后与摄入 850 毫克咖啡因后，表现得同样好。所以你如果要多喝一大杯咖啡的话，请三思而后行。因为如果喝太多咖啡，你可能会感到不适。

每个人在摄入咖啡因之后的反应不同，不要想当然地认为喝了杯咖啡就能让你表现得更好。有些人在喝完咖啡后会恶心反胃并感到不安与紧张。值得注意的是，尽管早起喝一杯咖啡可促进肠道蠕动，但比赛前喝一杯咖啡可能引起胃肠道问题。最好的方法是在训练期间测试自己是更适合喝含咖啡因的饮料，还是白开水。

如果你有失眠的症状，打算在早晨买一杯咖啡来唤醒身体，请三思。也许你真正需要的是休息，而不是靠喝咖啡让身体硬撑着。最后，请确保你对咖啡因没有习惯性的依赖问题。

表 9.2　普通饮料及其他制品中咖啡因的含量

咖啡因的来源	平均咖啡因含量 / 毫克
咖啡（480 毫升 / 杯）	
麦斯威尔速溶咖啡	135 ～ 215
星巴克大杯咖啡	330
唐恩都乐咖啡	180
星巴克的脱咖啡因咖啡	15 ～ 23
其他咖啡饮品	
星巴克浓缩咖啡（双份），195 毫升	150
普通浓缩咖啡，30 毫升	30 ～ 90
热可可，360 毫升	12
茶	
冲泡茶，480 毫升	60 ～ 160
星巴克泰舒茶拿铁，480 毫升	95
斯纳普柠檬茶，480 毫升	62
立顿冰爽茶，480 毫升	60
亚利桑那冰绿茶，480 毫升	15
软饮料（360 毫升 / 罐）	
百事可乐	38

续表

咖啡因的来源	平均咖啡因含量 / 毫克
百事轻怡可乐	35
可口可乐（普通装或无糖）	35
七喜	0
功能性饮料	
红牛，250 毫升	80
含咖啡因的补充剂	
Jolt Gum，一片	45
Gu, vanilla，30 克	20

第 10 章
运动中及运动后的能量补充

正如人体在运动前摄入的食物会对运动效果产生极大影响，运动中与运动后的进食也同样也会影响身体的活力。不管你是下午放学后运动锻炼的学生、工作之余晚上在健身房健身的商人，还是每天训练 1 ~ 2 小时的马拉松跑者，又或是其他每日运动时间超过 1 小时的人，你都需要考虑在运动期间的补充能量。遗憾的是，许多人都很匆忙地开始他们的运动，而未能随身携带一些食物和水。他们忽略了这样的事实：体能的增强不仅仅依赖于训练，还依赖于为身体提供能量的食物！

如果你运动超过 1 小时，本章将提供相关指导以帮助你保持充沛的能量供应及持久的耐力。标准的健康饮食自然会对日常的锻炼有益，但是当要挑战极限时，你需要特别注意高强度运动过程中及运动后的饮食了。针对训练有素的骑行运动员的研究发现：比起自行选择训练计划的运动员，有明确且科学的食物摄入计划的运动员的运动表现要更好。接着读下去吧，你会学到如何制订自己的科学饮食计划。

第 1 节　运动中的能量供给

理想情况下，在各种持续 1 小时以上的运动过程中，你应该尽力补充足够的水及碳水化合物，来平衡身体糖分的流失和能量的损失，从而维持充沛的能量和正常的血糖水平。在进行耐力训练时，通过补充足够的食物，你会发现自身的耐力显著提高了。在进行高强度运动时，你可能会带上果胶这种可以不用去嚼的食物和运动饮料！但是在进行低强度的运动时，你可以摄入普通的食物。表 10.1 展示了一些食物补给建议。

对骑行运动员的相关研究表明：运动能量豆、运动饮料和果胶都可为身体提供相似的帮助。你的身体也不会在意其吸收的是固态的还是液态的碳水化合物，这两种形态都同样有效。即使是糖类在运动中也会起着积极的作用。关键是要吃足够的量。

表 10.1　运动期间的能量补充建议

运动类型	运动期间的碳水化合物摄入	示例
<45 分钟，如在健身俱乐部锻炼	除了运动前的加餐，没有其他需要	如果口渴，可以喝水
1～2.5 小时，如足球比赛，半程马拉松或在游泳队进行训练	每小时摄入 30～60 克碳水化合物	运动饮料、香蕉、菠萝干、苹果干、橡皮糖、椒盐卷饼
>2.5 小时，低中强度的锻炼，如马拉松、长距离自行车骑行或徒步	根据食欲来摄入，如果食欲不大，至少保证每小时摄入 30 克的碳水化合物	香蕉、面包、干果、鹰嘴豆卷、任何可促进吸收的食物
>2.5 小时，中高强度不间断的运动，如跑马拉松，越野赛或铁人三项	每小时摄入 60～90 克碳水化合物	运动饮料、糖果、能量棒、饼干、花生酱和蜂蜜卷、牛奶巧克力、牛肉干、奶酪棒

最好的选择是将食物和饮料混合起来食用，这样可以从食物中获取更多的碳水化合物。如果只喝运动饮料，你不妨将运动饮料和苹果干、能量棒以及水一起享用。你选择多样食物也意味着你为身体提供了多样的碳水化合物，那么你就可以吸收更多的碳水化合物来支持身体进行耐力训练。你还需试着去发现哪些食物和饮料对自己的身体最有效、最合适。

在一个中高强度的耐力训练中，碳水化合物可以为身体提供 50% 的能量。一旦人体耗尽了储存在肌糖原中的碳水化合物，你就会更加依赖血糖来提供能量。在训练期间摄入碳水化合物（如运动饮料里的糖），可以保证肌肉和大脑也得到额外的能量。人体在进行耐力运动的过程中，你需要维持正常的血糖水平，以保持大脑获得足够的血糖，这有助于你保持注意力。

那么，是不是碳水化合物摄入的越多越好呢？如果碳水化合物只是停留在你的胃里，那么答案是否定的。要记住人体一次性摄入过多的食物会不利于消化。在炎热的天气下进行激烈运动时，要注意控制碳水化合物的摄入量，因为这时补充水分比补充碳水化合物更重要。然而，在寒冷的天气中，脱水的风险也会降低，此时更多碳水化合物的摄入可以为身体提供所需的能量。

运动期间，如果让你每小时补充一次食物，你的身体不一定能适应。因此你需要去试验出适合自己运动期间的进食模式，弄明白哪些食物和饮料适合自己。

亚历克斯是一位马拉松新手。他在长跑时，腰包里总是带着甘草、软糖和芒果干。他还在沿途的路边藏了一个包，里面装有胶糖、椒盐脆饼块、香蕉和装满水和运动饮品的瓶子。在零食和水的帮助下，他能够在 3 小时的训练中保持足够的活力，同时也了解了自己在运动期间喜欢的食物。在马拉松比赛当天，他安排朋友去沿线特定的检查站等候以为他提供充足的食物。自然，他没有出现突然跑不动的情况，并且十分享受他的整个跑步时光。

艾莉是另一位马拉松跑者，在 2 小时的跑步训练后她的胃会变得非常不舒服。开始时她喝不下任何饮料，但后来她学会少量吸吮一些运动饮料或水，这能让她感觉变好些。

无论在什么情况下，耐力型运动者如马拉松跑者、长距离骑行者和铁人三项运动者都需要在比赛前制订适合自己的营养计划，以便了解自身的偏好。列出在你感到炎热、疲惫时，尝试且觉得好吃的食物清单，这样你就无须担心在比赛时吃什么的问题。

理想情况下，你应该了解自己具体要喝多少饮料，以及热量的摄入目标。以下是如何估计身体所需热量的方法。

- 在不同温度下，你可以测量自己运动前和运动后的身体净重，来判断自己每小时的汗水流失量，从而决定需要摄入多少水分。
- 你可以与营养师或运动生理学家交流，或是利用互联网上的信息来估算所需的热量与水分。本书第 16 章的相关信息同样可以帮助你计算出每小时所需的热量，就像运动手表和运动器材上的显示屏所显示消耗的热量一样。

与亚历克斯一样，你也应该明白在训练和比赛中怎样合理进食。如果你有一个后勤人员，赛前应指导他在确定的时间里为你提供相应的食物，以防止身体在运动期间出现低血糖和脱水等状况。

运动中的能量供应

杰米尔是一位健身爱好者，他注意到自己只能跑 45 ~ 60 分钟。于是他尝试着去进行力量训练。他说道："如果能在跑步后再为自己补充点能量，我的力量训练效果也会更好。"我很赞成他的说法！我建议他在训练中摄入400 ～ 1200 千焦热量的食物，以提升训练效果。健身房的餐厅提供以下选择。

- 巧克力牛奶（低脂或脱脂）、调味酸奶。
- 果汁、水果冰沙。
- 香蕉、甜瓜块、菠萝干、葡萄干。
- 苹果酱、桃子罐头。
- 椒盐卷饼、无花果酥、早餐饼干、能量棒。

在锻炼中，你也可以吃含糖的食物，要知道人体每天可以从糖中获取10% 的热量。这包括可口可乐、百事可乐、加糖的冰茶、运动饮料、软糖以及其他含糖的糖果。含糖的零食提供了快速的能量补充途径，但并不会给身体带来额外的好处，所以如果你用这种方式，请在一天的其他时间段的饮食里首选"优质的碳水化合物"。

锦标赛及连续赛事中的食物摄入

如果你是一个竞赛型的游泳运动员、摔跤运动员、网球爱好者或足球运动员，你可能经常因连续的赛事面临营养跟不上的挑战。多关注自己的饮食很可能会让你赢得比赛。有些运动员却从未想过这一点。

当你进行为期一天的训练时，请一定要带上经试验适合自己的食物。以下是一些帮助你准备食物的建议。

水果
- 樱桃干、菠萝干、芒果干和其他你喜欢的水果干
- 葡萄干，单独盒装
- 苹果、橙子

蛋白质
- 杏仁或其他坚果，单独包起来或分到小袋子里
- 花生酱，单独包装
- 金枪鱼，易拉罐
- 鹰嘴豆泥，单人杯
- 煮鸡蛋

168

- 奶酪
- 酸奶（希腊酸奶或普通酸奶）

谷类

- 麦片
- 即食燕麦，加热水即可食用
- 椒盐脆饼，最好是全麦的
- 皮塔饼，最好是全麦的
- 爆米花

小吃和点心

- 能量棒
- 营养棒
- 什锦果干
- 无花果，独立包装
- 黑巧克力

饮料

- 苏打水
- 纯果汁
- 巧克力牛奶

当进行长时间的运动时，你需要确保身体有适量的水分和正常的血糖水平。在第一场比赛结束到下一场比赛开始期间，你需要尽快为身体补充能量。了解自身的热量、水分摄入目标，可以指导自己的热量摄入和食谱设计。

遵循好的营养计划可以为团队提供明显的优势。但是说服运动员放弃自身的饮食习惯也会是一个挑战。一位大学教练对他的团队在赛前例行的聚餐（经常伴有啤酒）感到头疼，这些充斥在胃里的意大利辣味香肠比萨饼，并不能为他们的肌肉提供足够的能量，而且队员们也可能会经历脱水的情况。难怪这个队伍在这个赛季表现得很糟糕。他请来一位运动营养学专家，以让队员了解比赛前摄入碳水化合物和水分的重要性。他强制规定了所有教练和运动员在比赛间的饮食。在一些父母的支持下，他们在比赛期间，食用贝果、香蕉、橙汁、椒盐卷饼、酸奶、巧克力牛奶和其他高碳水化合物的零食和饮品。当到一个新的地方进行比赛时，教练会事先选择一个好的餐馆来负责整个团队的饮食。他规定每个运动员在运动包里装上自己喜欢的食物（如运动饮品、燕麦、葡萄干、饼干、贝果面包和能量棒），在比赛前、比赛中及比赛后适量食用。

169

运动员们注意到正确的食物补充有助于他们发挥得更好，因此整个团队开始重视运动营养的价值。果然，他们有了更好的耐力。即使他们不会一直胜利，但也不会在最后时刻被彻底击垮，团队的整体感觉也更好了。

在锦标赛中，如果从前你和众多运动员一样不重视运动营养，今后请一定重视起来。正确的运动饮食实际上可以强化你的体能。如果运动员和团队在营养糟糕的情况下也表现良好，那么若营养跟上，比赛时的表现就会更好！

第 2 节　肌肉痉挛带来的苦恼

人体肌肉痉挛常常与脱水联系在一起。如果你有过严重的肌肉痉挛带来的痛苦，或许很怕再次发作。不幸的是，没有人能完全清楚是什么造成了肌肉痉挛。一项针对 433 名铁人三项运动员的研究表明：运动员经历肌肉痉挛通常是在加大训练强度、有家族遗传因素，或曾经有过肌腱和韧带损伤时发生。因为肌肉一旦感到疲倦就会发生痉挛，这个问题或许与神经失调有关。神经失调会造成肌肉兴奋与抑制之间的不平衡，从而抑制了肌肉的放松。

肌肉痉挛也可能与用力过度有关，其他诱因包括水分流失和电解质不平衡等。解决方法往往是按摩和拉伸肌肉，当然也需要注重营养的摄入。尽管以下的一些营养建议不能保证解决这个困扰，但是我建议容易痉挛的人尽可能避免以下情况。

- 缺水。痉挛普遍与脱水一起发生。为了防止脱水性痉挛，你需要在运动前、运动中以及运动后摄入足量的水。每天喝足够的水可以使你的尿液清澈。在为时较长的锻炼项目中，一位 68 千克的运动者应每 15 ～ 20 分钟喝 240 毫升的水。
- 缺钠。这种情况更可能发生在高温下，进行超过 4 小时锻炼的运动者身上，如网球运动员、铁人三项运动员或自行车运动员。如果他们在运动中只是摄入水并且所摄入的食物和饮料不含钠，那么人体肌肉痉挛的风险就会增加。在持续出汗的运动中，耐力运动饮品和咸椒盐卷饼会是明智的零食选择。如网球运动员亚伦会带酸黄瓜去参加锦标赛。
- 缺钙。钙在肌肉的收缩中起着重要的作用。一些运动人士表示：当他们增加钙的摄入量时痉挛的问题就会消失。例如，一位芭蕾舞者发现，一旦她重新将酸奶和脱脂牛奶加入饮食当中，痉挛的问题就消失了。

一个登山者通过服用含钙抗酸药来解决肌肉痉挛的问题。但一些运动学家认为：钙失衡似乎不太可能是引起肌肉痉挛的原因，因为如果饮食中缺少钙，钙会从骨骼中释放用以提供正常肌肉收缩所需。尽管如此，为了排除缺钙饮食和肌肉痉挛之间的可能性，被痉挛困扰的运动员应每天至少两次摄入乳制品及其他含钙食物（豆浆等）。

- 缺镁。就像肌肉收缩需要钙，肌肉放松则需要镁。镁有助于减少半夜腿部痉挛的发生。不过，镁是否有助于改善运动引起的痉挛，还未有明确定论。许多人的饮食达不到每日推荐营养摄取中对镁的要求：女性每日 320 毫克，男性每日 420 毫克。镁最好的来源包括绿叶菜，所有谷类、坚果、豆类及蔬菜。1 碗菠菜含有 155 毫克的镁；半杯麸质食品含有 110 毫克镁；1 杯糙米含有 85 毫克镁；1 个全麦的皮塔饼含有 45 毫克镁。我听闻马拉松跑者讨论解酸剂会有帮助，其中一片包含 45 毫克的镁和 220 毫克的钙。

- 缺钾。电解质失衡，如缺钾，或许是引起人体肌肉痉挛的重要原因。然而，缺钾不可能是汗水流失所导致的，因为身体所含的钾远比马拉松选手在热天满身是汗的比赛中流失的钾要多得多。尽管如此，你也可以通过日常吃富含钾的食物来避免肌肉痉挛（参照表 10.1）。

虽然这些解决肌肉痉挛的方法只是建议，并没有被证实一定有效，但是如果你反复遭受肌肉痉挛之苦，你或许想尝试一下它们：摄入额外的水、低

脂奶制品、富含钾的水果和蔬菜。多摄入一点盐也许不会影响你的健康，反而可能会解决令人不安的肌肉痉挛问题。我建议你向物理治疗师或教练咨询正确的身体拉伸方法和训练技巧。

第 3 节　持续运动的体能恢复

当你完成一个严密的训练计划时，应谨记在刻苦训练或比赛后所吃的食物会影响身体的恢复。刚结束训练后，人体很容易从血液中吸收蛋白质（氨基酸）来生成肌肉。肌肉同时也能最高效地从血液中吸收碳水化合物，从而补充人体消耗的糖原。所以不要学铁人三项运动员凯文，他总是紧锣密鼓地进行一个又一个训练，没有时间来恢复身体。我告诉他要三思并建议：如果你有时间去训练，你同样也应留些时间进行食物的补充。食物的供给也是你训练项目的一部分！只有完成了能量的补充，你才能说结束了整个训练。

凯文补充说他并不饿，所以运动后摄入食物身体感觉不太舒服。我解释说碳水化合物加蛋白质的食物供给有以下两个方面的好处。

- 碳水化合物刺激了胰岛素的释放。胰岛素可以在帮助人体塑造肌肉的同时，将碳水化合物运输到肌肉中去补充耗尽的糖原储备。
- 碳水化合物与少量的蛋白质（10 ～ 20 克）结合在一起，可促进人体肌肉的恢复，并且它会降低皮质醇（一种能分解肌肉的激素）的产生。

我建议凯文在训练后的半小时内，小口喝一些低脂巧克力牛奶，并且吃些椒盐卷饼。他不需要摄入太多的食物，这区区 400 千焦的热量就可以带来很大的不同。零食打开了他的食欲，在一个半小时以内，他已准备好吃一顿丰盛的大餐了。

对于认真训练的运动员来说，运动后食物的选择比运动前要更为谨慎。不要将你的恢复饮食与日常饮食严格区分开！你需要在锻炼后，正确地挑选食物和饮品，如此才可能为下一次锻炼做最好的体能准备。如果你能在耐力训练中做好食物的供给，在锻炼中就可以更少出现糖原耗尽的情况。

最有效的能量恢复是摄入比蛋白质（可重塑并修复损伤的肌肉）多 3 倍的碳水化合物（重新补充耗尽的糖原）。这意味着在你的体能恢复餐中，不要选取高蛋白质类饮品。相反，你要选择用希腊酸奶、浆果和香蕉制作的水果沙拉，或享用一些巧克力牛奶。你也可以在训练后的午餐时间，吃肉丸意大利面或加糙米的鸡肉。在意体重的运动员摄入这些食物可以快速恢复体能，且不用担心会摄入多余的热量。

真相揭秘

你需要在锻炼后立刻补充食物，利用此机会恢复体能

事实：尽管对于糖原耗尽的肌肉来说，最好是在高强度训练后的 1 小时内快速补充能量，但其实人体肌肉在接下来的 24 小时内会持续吸收碳水化合物，只不过节奏相对慢些。如下竞赛型的运动员如果每天训练 2～3 次，应该尽可能快地进行食物供给。

- 上午、下午都训练的足球运动员。
- 每次都参加多项比赛的游泳运动员。
- 一天训练两次的铁人三项运动员。
- 完成整个赛季高强度训练和比赛的大学生篮球运动员。

如果情况正好相反，你是一个每周训练 3～4 次的健身爱好者，在每次训练之间你会有很多的时间来为肌肉储存糖原，故无须立刻进行食物补给。

恢复性的饮品

在完成艰苦的训练后，你最先应该补充的是身体流失的水分，以使身体重新达到水平衡。正如第 8 章所述，如果即将进行的运动会使你有脱水的危险，你应该清楚自己的出汗率。目标是按照计划饮水，并确保身体不会失去多于体重 2% 的水分（如对 68 千克的人来说是 1.4 千克水分）。理想情况是你可以在比赛期间将出汗量控制到最少。但在剧烈的运动中，这一点很难做到。

莱尼是一位身材魁梧、肌肉发达的健身者，他在健身房运动了 2 小时：1 小时有氧训练与 1 小时力量训练。他惊奇地发现在晨练期间就减了 3.6 千克的体重——他体重的 5%，相当于 4 升的汗水（0.5 千克汗水的消耗相当于 500 毫升的水）！通过称重，他更加明白了多喝水的重要性。他开始带着 1 瓶水去健身房。他每半小时喝 1 升水，一直到锻炼结束。这些措施预防了身体出现脱水的情况，并帮助他更快地恢复——他在接下来的几天感觉自己的体能变得更好了。

在高强度的训练后，许多运动员可能会饮用佳得乐或其他运动饮料，以解渴或弥补糖分的流失。很少有人意识到低脂和脱脂牛奶可以有效预防脱水！是的，脱脂牛奶中的电解质可以促进体液的保留和正常体液平衡的恢复。你可以在运动过程中饮用运动饮料，而在运动后不妨换成其他的饮品！表 10.2 将巧克力牛奶和 Powerade（可口可乐公司出品的运动饮料）进行了对比。

表 10.2　牛奶与运动饮料的对比

饮料（240 毫升）	钠 / 毫克	钾 / 毫克	蛋白质 / 克	碳水化合物 / 克
低脂牛奶	100	400	8	12
Powerade	55	45	19	—
巧克力牛奶	150	425	8	26
水	—	—	—	—

注意： 高强度的锻炼后，恢复体能的食品（如巧克力牛奶、花生酱面包或番茄酱意大利面）可比运动饮料提供更多的电解质。

恢复性的食物

如果在一次高强度训练完 4 ~ 6 小时后，你还需要再次进行高强度的训练，请务必在自己能承受的前提下尽可能地为身体补充能量。关键是提前准备好食物，这样你就可以很容易地及时摄入碳水化合物和蛋白质，从而为机体耗尽的糖原提供补充，并修复和重塑肌肉。尽管运动食品广告宣传碳水化合物与蛋白质的比例是 3 ∶ 1 或 4 ∶ 1，但你不能被广告的精确比例所迷惑。建议你根据自己的体形，以摄入碳水化合物为主，再加上 10 ~ 20 克的蛋白质。这可为你的身体提供足够的蛋白质，使身体肌肉的合成达到最优。很多容易饥饿的运动员自然会这样吃，因为他们习惯寻找有益健康的零食或餐饭——除非他们被高蛋白、低碳水化合物的流行减肥餐所诱惑。

如果你很想记录自己吃的食物，并想要一个更为具体的建议，你的目标摄入量是每小时每千克体重 1 克碳水化合物和 0.2 ~ 0.4 克蛋白质，每 4 小时大概用 30 分钟时间吃下这些食物。我们假设你重 68 千克，公式如下。

68 千克 × 1 克碳水化合物 = 68 克碳水化合物

68 千克 × （0.2 ～ 0.4 克）蛋白质 =13.6 ～ 27.2 克蛋白质

更简单来说，20 克蛋白质 =320 千焦的热量。

以下是符合以上公式的碳水化合物与蛋白质食物的组合方式。

- 3 个炒鸡蛋 +1 碗枫糖浆燕麦粥
- 480 毫升巧克力牛奶 + 能量棒
- 花生酱和蜂蜜三明治 + 酸奶
- 水果沙拉（1 杯加糖的希腊酸奶 + 香蕉 + 浆果）
- 火鸡三明治 + 葡萄汁

当然，你也可以吃超过预算的量，但是附加的碳水化合物不会加速体能恢复的进程。请选择尝起来美味、更易消化、让你感觉更好的碳水化合物类食物。通过追踪食物摄入量，你可以了解自己是否达到了推荐的量。如果你是每周训练 10 小时的运动者，每千克体重应该摄入 5 ～ 6 克的碳水化合物；每周进行 20 小时训练的运动者每千克体重则需要 6 ～ 11 克的碳水化合物。

如果运动降低了你的食欲，你或许会发现液态的食物比固态的食物更能吸引你。液态的食物和固态的食物同样都可以给你的身体补充能量。你可以食用一些巧克力牛奶或水果沙拉，但如果你觉得这些不够，烤瘦牛肉卷、一些带饼干的面条汤、1 杯橙汁或巧克力牛奶也是不错的选择。也可考虑烤牛肉配上其他富含碳水化合物的食物。

一些筋疲力尽的运动员会补充蛋白质含量高的食物——汉堡包和牛排。在几小时饮用含糖的运动饮料和凝胶食物后，他们的身体需要补充一些蛋白质。如果你处于那种情况，那就尽情享用马铃薯和面包卷及牛排吧。

恢复电解质

当身体流汗时，你失去的不仅仅是水分，还有一些矿物质（电解质），例如维持人体正常机能的钾和钠。480 毫升汗水含有 80 ～ 100 毫克的钾、400 ～ 700 毫克的钠。锻炼得越刻苦就会越饿，并会吃的越多，那么你也会从标准的恢复性饮食中摄入足够多的电解质（见表 10.3 和表 10.4）。因此，你并不需要单独摄入钾的补充剂。例如，一个马拉松选手完成运动后饮用 1 升的橙汁即可补回身体消耗 3 倍的钾。嚼一大包饼干也可为人体补充更多的钠。

表 10.3　受欢迎的恢复性食物内的钾含量

食　物	钾 / 毫克
土豆，1 大个（300 克）	1650
酸奶，低脂（230 毫升）	530
橙汁（240 毫升）	445
香蕉，1 个中等大小	420
菠萝汁（240 毫升）	325
葡萄干（40 克）	310
啤酒（360 毫升）	90
苹果汁（240 毫升）	50
佳得乐（240 毫升）	30
可乐（360 毫升）	10
2 小时锻炼的潜在消耗量	300

　　运动 4 小时以上及出汗过多的运动员一定要摄入额外的盐。但是对普通的运动者来说，人体的盐分耗尽是不可能的，即使盐是电解质里的主要成分。实际上，人体在运动时，钠在血液中的浓度会升高，因为你消耗水的速度比钠快。因此，你最首要的需求是补充水分。为了补充钠，你可以在所吃的食物上撒盐或选择咸的食物，如橄榄、泡菜、饼干或汤。然而我们应该注意到普遍食用的恢复性食物，如酸奶、贝果面包、比萨和意大利面中的钠含量比你想象中要高（见表 10.4）。

表 10.4　受欢迎的恢复性食物内的钠含量

食　物	钠 / 毫克
鸡汤面，1 罐	2350
通心粉和奶酪，1 箱克拉夫特牌的（225 克）	1740
拉面，马尔恰诺牌，1 袋	1660
比萨，（30 厘米）配奶酪汁	1190
意大利面条酱，1 杯	940
盐，一小包	590
椒盐卷饼（30 克）	490

食　物	钠 / 毫克
百吉饼，1 个	370
面包，一片	170
乐事薯片，15 片	170
水果酸奶（170 克）	80 ～ 130
佳得乐（240 毫升）	160
咸饼干，5 片（15 克）	150
多谷物麦片，1 杯	120
可口可乐（360 毫升）	45
啤酒（360 毫升）	10 ～ 15
橙汁（240 毫升）	0 ～ 15
2 小时锻炼的潜在消耗量	1000 ～ 2000

注：以上营养信息来自所对应食品的标签，2012。

　　如果你想用市场上的饮料来补充体内钠的消耗，如佳得乐，那么请注意很多这样的特殊运动饮料含钠量其实很少。商业化的补水饮料供人体在高强度的运动中饮用，有助于更快地从胃内排空。根据其电解质含量，它们不是最好的体能恢复食物，除非你饮用的量很大或选择那些专为耐力训练特制的产品。

恢复的维生素

　　在进行长期、疲劳的运动后，许多人认为需要补充额外的维生素来弥补运动中身体的消耗。至今为止，没有研究证实这一想法。

　　一些人认为维生素可以帮助修复人体在运动中发生的氧化性损伤，而氧化性损伤被认为阻碍了人体肌肉的修复及提高了患癌症的风险。因此，他们摄入抗氧化维生素（C、E、β- 胡萝卜素）。实际上，服用大剂量的维生素反而会造成体能恢复的不平衡。你最好的选择是食用丰富的水果和蔬菜，它们可以为人体提供恰当的抗氧化剂。更多有关维生素补充剂的内容请见第 11 章。

第4节　留点时间来恢复体能

尽管恰当的营养可以使体能恢复并使你找到最佳的状态，但即使饮食习惯良好的运动员也可能因为各种原因而变得长期疲劳：大量的训练、不充分的休息或睡眠较少等因素。如果你的训练项目为期较长，强度较高，你会发现自己很少有时间去合理饮食和睡眠。

过度训练的症状很多，身体上的症状包括缺乏食欲、体重下降（没有刻意去减肥）、失眠、经常感冒或呼吸道感染；精神上的症状包括易怒、焦虑或伴有抑郁。尽管刻苦训练，你仍可能在训练或比赛中遭遇体能不支，这同样也是过度训练的体现。如果你正患有两种及以上的症状，需要注意持续进行训练并不会给身体带来益处，反而会造成更多的伤害。

你不能指望通过过度训练来帮身体度过长长的疲劳期，而应该采取措施预防它。你可以合理摄入足够的碳水化合物和蛋白质，预留出高强度训练之间的体能恢复时间，并规划你的时间表以保证晚上有充足的睡眠。同时，你应该试着缓解生活压力、减少可能耗尽体力的活动。

低强度运动及休息日是你训练项目中非常重要的部分。但是，如果没有每天坚持训练，一些人内心就会产生愧疚感。他们害怕因为错过一天的训练从而变得不健康、肥胖或懒惰。这是不可能的。相反，这些强制型的运动者会忽略这个很重要的生理事实：休息对最佳的体能状态来说是必要的。休息增进了体能的恢复进程、减少了身体受伤的风险，并为未来的体能恢复打下基础。为了身体完全充分地补充消耗的糖原储备，肌肉需要2天以上的休息以及富含碳水化合物的饮食。真正的运动者会意识到继续训练对身体会有坏处，而当他们选择休息时，身体反而感觉良好。因此，他们会安排好自己的休息时间！相比之下，强制进行运动的人士会无情地逼迫自己，反而表现欠佳，甚至可能因过度消耗体能而导致身体受伤。

同样，运动员在比赛后不休息就准备下一场比赛也属于过度训练。许多运动员每天训练2～3小时，并认为那样的规律锻炼可以促进他们进步。然而，事实正好相反。研究表明游泳运动员每天进行90分钟的训练和每天进行2个90分钟的训练相比，结果是一样的。有质量的训练会比光有量的训练更好，所以请务必不要低估休息的力量。

第11章
补充剂、体能增强剂及合成的运动食品

以前，运动员们所推崇的良好均衡的饮食是建立在纯天然的食物之上，如香蕉、橙汁、酸奶、面团、菠菜和鸡肉等。而今，许多运动员通过超市购物车中的能量棒、特效药物和食品补充剂来补充自身所需的热量。他们食用碳水化合物、蛋白质、氨基酸和维生素等制剂，却很少和家人、朋友一起享用美味的菜肴。

不可否认，工业加工的运动食品和补充剂产业正处在繁荣发展当中，运动员们也在为商业利益而代言，并促使我们相信工业化的营养品是益于身体健康和提高体能的更好方式。对此，我们持怀疑态度。回顾各种运动补充剂广告和其网站中所提到的产品研究内容后发现：74项研究中，只有3项被断定为高质量且低误差的。

即使工业营养品在人们生活中有存在的必要，但此类商业产品理应被理性、酌情以及适时地使用。这些产品宣称其有高效的性能和卓越的营养价值，但请不要遗漏这个要点：天然食物包含的成分以复杂的方式相互作用，完全可以全面有益于你的健康。

尽可能吃天然的食物仍然是目前为止改善健康、预防疾病以及强化体能的最好方式。蔬菜、水果、谷物、瘦肉、低脂奶制品、坚果、豆类均富含维生素、矿物质、纤维物质、蛋白质、脂肪、碳水化合物、抗氧化剂等成分，可满足运动员比赛所需的营养补充。本章的目的是帮你解决遗留的疑难，让你懂得恰当挑选流行的运动食品、维生素补充剂和体能增强剂。

第1节　维生素和矿物质补充剂

什么是维生素和矿物质？维生素可以在我们吃的植物中找到，是调节人体内生物化学反应的催化剂。植物的营养价值在其成熟时期最高。因此，新鲜采购的当地食品可以提供额外的营养益处。矿物质是植物从土壤中吸收的自然物质。如果土壤缺少所需的矿物质，植物便不会茁壮生长，从而产出小而畸形的蔬菜或水果。

人体不能制造出维生素和矿物质，这也是你需要从饮食中获得它们的原因。通过食用大量有益健康的食物，你可以吸收人体最佳体能状态时所需的维生素和矿物质。迄今为止，人们已发现 14 种维生素和 15 种矿物质，且每一种都有具体的功能。在此举例说明。

- 钙维持了骨骼结构的坚固。
- 钠帮助控制体内的水平衡。
- 铁有助于氧气输送到肌肉中。
- 维生素 B_1 有助于将葡萄糖转换为能量。
- 维生素 D 控制身体使用钙质的方式。
- 维生素 A 有助于你在黑暗中看见事物。

我的许多客户会服用维生素营养片。他们认为热爱运动的人需要更多的维生素和矿物质，才可为更好的健康和体能打好基础。然而情况并非如此。你可以通过食用足量的食物来获得所需的众多营养元素（可能除铁以外）。这个量不仅弥补了营养的缺陷，同时为健康进行了很好的投资。吃维生素营养片不可能让你更长寿。

即使你真的需要足够的维生素和矿物质来达到最佳的运动表现，但目前为止仍没有科学依据证明额外的维生素和矿物质可将你的运动表现推向巅峰。尽管有些主张与之相反，但是维生素补充剂不会增强体能、增加体力和耐力、提供能量、塑形或使人更有活力。同样，运动也不会显著增加人体对维生素和矿物质的需要，因为运动过程不会消耗维生素，就像汽车不会燃烧火花塞一样。

根据国际奥林匹克委员会公布的建议，人体获取所需的维生素、矿物质以及蛋白质的最好方式是摄入多样化的食物。尽管营养补剂在某些场合下是适用的，但运动员们也应主要通过吃有营养的食物，从而最大化地提高体能。食用一般剂量的多种维生素补剂可能对人体没有危害，但高剂量的维生素 C、维生素 D、β- 胡萝卜素、硒和镁或许会对身体的免疫系统产生消极的影响。

记住一点：你锻炼得越多，就会吃得越多。和那些不热爱运动且食量小的人相比，很多运动员会摄入更多的热量，同时也就摄入了更多的维生素和矿物质。因此，比起热爱运动并吃大量食物的人，营养不良更容易发生在那些不运动还吃得很少的人身上，例如年长的人。

人体维生素或矿物质的贫乏绝非一朝一夕形成的，而是经过几个月或几年的时间形成的。它可能发生在厌食症的人群当中，或在饮食中摄入较少蔬菜的人身上。你的身体实际上会大量储存某些维生素（A、D、E 和 K 等脂溶性维生素），以及少量储存其他维生素（B、C 等水溶性维生素）。许多健康人士的肝脏中储存了足够维持人体 6 周需求量的维生素 C。因此，某一天不合理的饮食不会给身体造成营养匮乏。

保罗是一个参加铁人三项比赛的运动员，他听说运动会导致体内产生更多有害的自由基（可造成人体的氧化损害并致癌）。因此他被要求服用一些可预防癌症的抗氧化剂营养片，包含维生素 C、E、β- 胡萝卜素和硒。但他并没有意识到，高剂量的抗氧化剂有时会转变成氧化强化剂，并且会使其训练时反应变迟钝。从食物中获得抗氧化剂最佳理由是食物中包含了适量的抗氧化剂剂量（也包括身体所需的其他营养物质）。

通过食用各种有益健康的水果、蔬菜、全谷物、瘦肉和低脂奶制品，人体可以吸收所需的维生素和矿物质。另外，如今的许多食物（包括能量棒和谷物早餐）都已经被高度强化，从而造成许多爱运动的人实际上吸收了远超他们想象的维生素和矿物质，所以没有必要额外服用其他补充剂。一般而言，会食用维生素营养片的人，同时也是有着健康意识、吃得合理的人群，因此他们也不必额外补充其他营养补充剂。表 11.1 列举了一些维生素和矿物质的常见食物来源。

表 11.1 日常食物中的维生素和矿物质

维生素或矿物质	水果	蔬菜	谷物	富含蛋白质的食物	奶制品和高钙的替代物
维生素 B	橙子或橙汁	绿叶蔬菜	全麦面包、麦片粥、意大利面、米饭、面条	肉、牛奶、鸡蛋、坚果、种子	牛奶、酸奶
维生素 C	橙子、西柚、草莓、甜瓜	西蓝花、辣椒、绿叶蔬菜、土豆	强化的麦片	—	—
维生素 D	—	蘑菇（太阳晒过的）	强化的麦片	三文鱼、金枪鱼、鸡蛋	强化牛奶、酸奶、芝士
钙	强化的橙汁	西蓝花、羽衣甘蓝、萝卜、青菜	—	有骨罐装三文鱼、豆腐	牛奶、酸奶、芝士、米饭、杏仁乳
铁	葡萄干、枣、无花果、杏干、李子汁	菠菜、瑞士甜菜、萝卜、青菜、甘蓝、花椰菜	强化面包、谷物、面食、米饭、面条、藜麦、麦芽	牛肉、猪肉、鸡大腿、大豆、坚果、蛋黄	—
镁	枣、无花果、杏干、李子干	菠菜、西蓝花、绿叶蔬菜、可可粉	全麦谷物、坚果、麦麸	花生、杏仁、腰果、干豆类、扁豆、毛豆	

真相揭秘

营养补充剂可以高度定制，以达到政府建议的每日需求量

事实：维生素和天然药草等补充剂不同于一些处方类的药物，后者遵守政府的一系列管制。因此营养补充剂产业能够大肆宣传他们的产品，而不必去证实其言论的有效性。强效和纯天然渐渐仅成为了促销的时髦术语。

营养补充剂是健康的保障吗？

尽管服用综合维生素补充剂不太可能危害你的健康，但如果你已经有良好的饮食习惯，食用维生素补充剂还会促进你的健康吗？一项研究表明了维生素补充剂对癌症、心脏病、白内障、老年斑及高血压的影响。美国国家卫生研究院指出：没有充分的证据证明，使用多维生素或矿物质的补充剂对抑制癌症或慢性疾病有益处。

最新的临床研究表明：许多营养补充剂，包括维生素，并没有如它们宣称的神奇效用。因为很多广告宣传只是源于观察性的研究，并没有明确表明其实际效果。也就是说，使用维生素补充剂的人本来就倾向于把健康意识放在第一位。所以，当你听到有人因为使用维生素 E 营养片，从而减少了心脏疾病，你需要知道那些人的比较对象是谁？是与（健康意识较弱的人）不使用维生素 E 营养片的人进行比较，还是和人群中随机挑选的人进行比较？

美国癌症协会建议从健康饮食中获取维生素。如果你要选择营养补充剂，请不要过量摄入。摄入大剂量的单一维生素会打乱人体的自然平衡，因为人体内的各种维生素是协同工作的。

研究显示，抗氧化剂（维生素 A、E、C 和 β- 胡萝卜素）对运动员会造成潜在的危害，并且没有任何益处。多项研究表明，超过 1000 毫克的维生素 C 会阻碍运动表现。一个具有共识的结论是日常的高剂量维生素补充剂不可能对身体有真正的益处。

你如果经常吃高脂肪、低纤维的垃圾食品，食用综合维生素和矿物质补充剂不会为身体带来补偿，也不会帮助你优化饮食结构。第 1 章与第 2 章的信息可以帮助你选择满足身体所需的营养物质。如果你选择食用维生素补充剂，首先检测日常摄入的食品中是否已经提供了足够多的维生素，如你的全谷物麦片早餐。

特殊状况下的补充剂

对有营养不良风险的人来说，补充综合维生素和矿物质是不错的选择。如果属于以下人群，你可以考虑食用综合维生素和矿物质片。

- 限制热量。每天摄入少于 4800 千焦热量的节食者可能会缺失一些重要的营养元素。
- 对某些食物过敏。如果你无法吃某些食物，例如水果或小麦，则需要补充相应的维生素以避免某种营养素的缺乏。
- 乳糖不耐者。不能消化奶制品中的乳糖。奶制品的缺失可能导致饮食中维生素 B_2、维生素 D 和钙的缺乏。

膳食营养素参考摄入量

为了帮助你确定自己膳食的营养是否平衡，美国政府已经确立了膳食营养素参考摄入量（DRIs）。其推荐的维生素和矿物质摄入量超过了大部分人（包括运动员）所需营养的平均数。规定食物的摄入量参考了以下数值。

- 推荐膳食摄入量（RDA）是为减小人体患慢性疾病的风险制订的每天所需摄入的量。
- 当某种特殊营养成分不能确定营养参考摄入量时，可以使用适宜摄入量（AI）。
- 人体耐受最高摄入量（UL）指可能造成人体健康风险的量。超过了这个水平，就会危害人体健康。

另一个你可能知道的食物摄取测量法是每日所需营养素含量基准值（DV），具体指以每日摄入8000千焦热量为基准，得到你每日需要的某种营养元素的营养含量。它可帮助人们对均衡的饮食有一个具体的了解。表11.2列出了一些维生素和矿物质的膳食营养素的参考摄入量。

表11.2　维生素和矿物质摄入的膳食营养素参考摄入量

营养	推荐膳食摄入量（RDA）或适宜摄入量（AI）每日所需营养素	女士	男士	可耐受最高摄入量（UL）女士和男士
维生素 A（IU/ 天）	5000	2333	3000	10000
维生素 C（毫克 / 天）	60	75	90	2000
维生素 D（IU/ 天）	400	600（小于 50 岁）	600	4000
		600（50～70 岁）	600	
		800（大于 70 岁）	800	
维生素 E（IU/ 天）	30	15	15	1000
维生素 K（微克 / 天）	80	90	120	ND
维生素 B_1（毫克 / 天）	1.5	1.1	1.2	ND
核黄素（毫克 / 天）	1.7	1.1	1.3	ND
维生素 B_6（毫克 / 天）	2	1.3	1.3	100
		1.5（大于 50 岁）	1.7	

营养	推荐膳食摄入量（RDA）或适宜摄入量（AI）每日所需营养素	女士	男士	可耐受最高摄入量（UL）女士和男士
叶酸（微克/天）	400	400	400	1000
		600（若怀孕）		
维生素 B_{12}（μg/天）	6	2.4	2.4	ND
钙（毫克/天）	1000	1000	1000	2500
		1200（大于50岁）	1200	
铁（毫克/天）	18	18	8	45*
			8（停经后）	
锌（毫克/天）	15	8	11	40

ND= 尚不确定的
* 最高摄入量并非缺铁性贫血患者短期治疗用量的依据。

- 室内运动员。如果你很少花时间在户外太阳下运动，或在户外坚持使用防晒霜，你或许会缺少维生素 D，就是我们所说的阳光维生素。富含维生素 D 的强化牛奶是你不错的选择。如果你不能或是不愿喝牛奶，还可以食用维生素 D_3 钙片，及时常进行 15 分钟不涂防晒霜的户外活动。
- 外出旅行的运动员。如果你将在一些食物供应限制的地方待上很长时间，或是长时间的旅途可能会打乱你的健康饮食计划，为了保障身体的营养，你也许会服用综合维生素补充剂。
- 怀孕的人。准妈妈们需要补充额外的维生素和铁，但是在食用补充剂前，应和医生沟通一下具体的用量。
- 严格的素食主义者。严格的素食主义者会缺少维生素 B_{12}、维生素 D 和核黄素。
- 上了年纪的人。对于摄入少量热量的虚弱老人来说，营养贫乏是很常见的。人体摄入的食物越少，维生素和矿物质贫乏的风险就越高。

维生素 D

当太阳的紫外线照射在皮肤上，会激活维生素 D 的"前身"。如果你很少晒太阳或总是使用防晒霜（会抑制维生素 D 的产生），你体内的维生素 D 的水平或许会很低。每周抽出一些时间卸下防晒霜，享受 15 分钟的户外阳光，可以促进维生素 D 的产生，且不会增加人体患癌症的风险。如果你生活在位于北极的亚特兰大、美国佐治亚州，那么你饮食中的维生素 D 也会较少（见表 11.3）。在冬季的几个月里，维生素 D_3 补充剂会是你一个不错的选择。在这些高纬度的地区，冬季几个月的太阳光线不强，所以不能使身体获得足够的维生素 D。

表 11.3　可视为维生素 D 良好来源的食物

食物来源	维生素 D/IU
鳜鱼，粉红色，90 克，罐装	470
褐色蘑菇，90 克，曝露在紫外线下	375
金枪鱼，浅色，90 克	154
虾，120 克，未加工的	175
牛奶，240 毫升	115 ～ 125
橙汁，强化的，240 毫升	135
豆浆，强化的，240 毫升	80 ～ 120
酸奶，强化的，175 ～ 230 克	80
谷物，强化的（10% DV），30 克	40
鸡蛋，1 个	40

维生素 D 可帮助人体吸收肠道内的钙质，这也是它对人体骨骼健康如此重要的原因。此外，维生素 D 也有助于预防和治疗高血压、心脏病、糖尿病、乳腺癌、前列腺癌、结肠癌、纤维肌痛、多重硬化症和类风湿性关节炎等病症。

目前维生素 D 每日摄入量（DV）为 600 国际单位（IU）。但是一些营养专家认为，推荐摄入量应该每天增加到至少 1000 国际单（IU）。不涂防晒霜，享受 30 分钟的日光浴，浅肤色的人可以产生 20000 ～ 30000 国际单位（IU）的维生素 D。如果你将蘑菇曝露在紫外线下，它们也可以产生维生素 D。你也可以通过食用表 11.3 列出的食物来增加维生素 D 的摄取量。

你是否需要补充剂？

你对此感到困惑吗？如果你目前正在食用补充剂，却并不了解维生素和矿物质的作用，我建议你去咨询注册营养师。专业人士能对你的饮食进行评价，他们不仅会告诉你缺失哪种营养元素，还会教你如何挑选所需的食物。

如果你对此毫无概念，想从补充剂中获益，以下的一些指导原则可以帮助到你。

- 选择接近 100% 每日摄取量的维生素和矿物质补充剂。超出的量就没有必要了。
- 不要期待在标签上找到 100% 每日摄取量的钙和镁。这些矿物质很难放在一个药片里。
- 不要买某些超过人体剂量需求的矿物质补充剂。高剂量的单一矿物质会抑制人体吸收其他有益的矿物质。例如，摄入过多的锌会阻碍人体对铜的吸收。
- 购买和使用保质期内的补充剂，将其储存于阴凉、干燥处。
- 忽视某些广告宣传的"天然维生素"。商家趋向于将天然的维生素与合成的维生素掺杂在一起，这样不会为人体提供任何额外的益处。维生素 E 在其天然形态下是更有效的，但是这一差别无足轻重。
- 被螯化 [1] 的补充剂没有优势，那些标有无糖无淀粉或高糖高淀粉标签的产品均不会给人体带来独特的益处。
- 找到标签上的 USP 标识，它表明该产品的生产遵循了由美国食品药品监督管理局制订的生产标准。
- 选择国际知名品牌。
- 为了促进人体吸收，最好在饭后或吃饭时摄入补充剂。

总的来说，这里需再次重申：我们应优先考虑食物，维生素药片不会弥补胡乱饮食为人体带来的弊端。如果合理饮食，你就可以很愉快地获得身体所需的营养。全面健康的饮食习惯才能保障你的健康，而不是去选择依靠某一类型的维生素药片。因此，最好的方式总是从各种食物中获取各种维生素。

---

[1] 是形成六键外加大分子的形状类螯性物质。

第 2 节　促进运动表现的补充剂

所有谷类、水果、蔬菜、瘦蛋白和低脂奶制品，都可以为人体提供维生素和矿物质，它们同样也可为肌肉提供所需的蛋白质、可激发体能的碳水化合物和健康的脂肪。但是，许多运动员没有合理通过食物补充能量，他们急于从补充剂、药物、特效饮料中寻求能量补充。

我的一位客户是有抱负的棒球投手，但他从不吃早餐，运动前后都没有合理地补充能量，总是每到深夜时分，便在一家中餐厅狼吞虎咽地吃下炒饭和鸡蛋卷。他向我咨询关于补充剂、能量补充剂、免疫系统促进剂、骨骼与关节防护剂的问题。他表示不管这些产品价格多昂贵，也要花钱买，以补救不健康的饮食。我们讨论了许多受欢迎但标价过高的体能促进剂，其中一些名不副实，另一些则没有将"有魔力"（或非法的）的原料标在标签上（政府机构在此领域的监管也不严格）。

一些补充剂甚至可能会被"污染"（掺杂某些物质）。如果你是一个必须接受药检的运动员，要注意被污染的营养补充剂可能会使你无法通过药检。

有充足证据可以提高体能的补充剂包括咖啡因、肌酸和碳酸钠盐。有良好证据证实可以促进体能的补充剂包括精氨酸、乙型丙氨酸和食物中的氮化物。许多其他的补充剂也提供了一丝可能，但是缺少实据来支持其所宣传的效果。随着新产品的频繁面世，你需要对网上或健身杂志上展示的产品有自己的判断。

无论你做什么，都请记住补充剂不能弥补不合理的运动饮食。你若对自己负责，就应该将进食看得与训练一样重要。

肌肉健美者

打造肌肉最好的方式是进行累人的抗阻训练。虽然你可能认为健身房中的人是因为一些药片和特制的饮料才变得身材强壮的，但实际是他们刻苦锻炼的结果。

肌酸是天然存在于肌肉中的一种物质，有助于人体进行高强度举重运动。如果你进行持续 10 秒的全速短跑、高强度锻炼，此时的肌酸是为身体补充能量的重要来源。此类项目包括举重、间歇式持续反复冲刺运动训练、团体项目。肌酸对于做高强度训练的耐力运动员也有帮助。从骨骼受损中恢复的运动员会发现，在石膏拆掉后，肌酸能帮助人体重塑肌肉。典型食肉者的饮食中每天约含 2 克肌酸，而素食主义者体内肌酸储存量则较少。

许多服用肌酸的运动员表示，肌酸为身体增加肌肉组织。这使得他们能够更好地从体能训练中恢复，并进行更多的举重训练。在一项研究中，31 名有经验的健身爱好者分别在下午锻炼后和晚上睡觉前服用了含有肌酸的蛋白质与碳水化合物补充剂（总计约有 1800 千焦），结果表明摄入肌酸组比那些只吸收了蛋白质与碳水化合物的组获得了更多的肌肉和力量。

然而，不是所有的运动者都能靠使用肌酸来增强体能。不同人的效果是不同的，20% ～ 30% 的人的体能不会因此得到改变。在一项针对 21 名测试者的研究中发现，有 4 位被分类为"无反应者"。

在研究调查中，测试者普遍 3 ～ 7 天摄入 20 克的肌酸（更精确来说，0.3 克肌酸 / 千克），然后保持每天服用 3 克的剂量。人体在吃饭时服用肌酸会比空腹时服用更有效。肌酸具有保水的作用，所以给身体补充的肌酸会致使人体水分含量增加。对注重体重的运动员（如短跑运动员）来说，增加的体重或许会起相反的效果。

许多专家认为只有那些肌肉已经很发达的运动员才应该服用肌酸。年轻的运动员需要学着通过努力训练、培养运动技巧来改善体能。虽然肌酸不可能引起人体生理上的问题，但是服用它会促使运动员选择追求捷径的成功方式。

虽然肌酸是促进肌肉生长的补充剂中的首选，但是亮氨酸和 β- 羟基 -β-甲基丁酸酯也有促进肌肉生长的潜力。HMB（β- 羟基、β- 丁酸甲酯）是亮氨酸代谢的副产品。对于慢性病和住院病人来说，HMB 可防止肌肉萎缩。对于运动员来说，HMB 能够减少肌肉蛋白的分解，促进肌肉恢复。至于是否会导致体能的增强，我们拭目以待。

如果运动员平日里摄入动物蛋白质，他们的日常饮食中就含有大量的亮氨酸，因此他们也就没有必要去服用额外的亮氨酸补充剂。如果你是素食运动员，想要获得最佳的训练效果，则需要十分谨慎地去计划自己的饮食，以确保每天摄入足量的大豆、种子、坚果和豆类。要知道，180 克牛肉包含 5 克亮氨酸，而同样为 180 克的大豆只提供 1.6 克亮氨酸。

耐力增强剂

　　对训练者来说，在运动前和运动中摄入以碳水化合物为主的餐食是提高人体耐力的最佳方式。食物能为你进行更长时间、更高强度的训练提供能量。一旦你已经优化了自己的饮食，则可以尝试一些补充剂（如甜菜根汁或β-丙氨酸），来确定你使用的这些补充剂的成本与效果。职业运动员应作出计划，在模拟训练中服用一些补充剂（如咖啡因和甜菜根汁），来看看它们的效果如何。

　　一项可信的研究发现：在4～30分钟的比赛中，饮食中的硝酸盐可以加强运动表现。其主要来源是大黄、芝麻菜和甜菜（在英国也叫甜菜根）。因为膳食硝酸盐可刺激一氧化氮的产生。一氧化氮可调节人体血流量和氧气的消耗。对同等量的氧气摄入来说，一氧化氮水平更高的人可以维持更大强度的训练。总的来说，运动员可以有1.5%的体能的提升。
　　一个典型的补充计划是赛前2～3小时摄入75毫升的小杯浓缩甜菜根

汁、200 克烤甜菜或 200 ~ 500 毫升的甜菜根汁或其他富含硝酸盐的食物。此时是人体血液中一氧化氮含量最高的时候，接下来的 6 ~ 9 小时，人体血液中的一氧化氮含量会保持在相对较高的水平，直到 12 小时后降低至最低。关键是在训练中去实践，并且要确保你的消化系统可以耐受这些赛前摄入的补充食物！

在一项研究中，俱乐部级的竞技自行车选手在摄入了甜菜根汁后，进行了选拔赛。每一位选手都表现出体能上明显的提高，平均提高了 2.8%。那足够让胜利者脱颖而出。在另一项研究中，受过训练的自行车选手在摄入甜菜汁后提前 12 秒完成了选拔赛。不过，甜菜汁是否对精英级的运动员有帮助，还需要进一步研究。

一氧化氮的效用或许对部分在高海拔地区训练的运动员有益处（如滑雪运动员或登山运动员），此外它对有肺部疾病、呼吸障碍和心血管问题的人也有帮助。例如，一些患有外周动脉疾病的人（PAD）摄入甜菜根汁可以延长锻炼时间。对爱吃甜菜的外周动脉患者来说，这是一个简单的提高耐力的好方式。

乙型丙氨酸是另一种可促进耐力和运动表现的增强剂。它是一种氨基酸，可缓解肌肉中积累乳酸的速度，有助于人体将高强度运动时产生的热量排出体外。新出现的证据支持乙型丙氨酸补充剂对某些运动员有好处，有利于赛艇运动员、游泳运动员、短跑运动员进行持续高强度锻炼；有利于进行高强度重复训练的运动员，如间歇训练和举重；有利于猝停猝跑的运动员，如足球运动员和冰球运动员；有利于在耐力赛事冲刺时的马拉松跑者和骑行运动员。不过，一些运动员服用高剂量（超过 800 毫克）的乙型丙氨酸会经历红晕——一种皮肤刺痛的感觉，其程度可轻可重。这一感觉可以通过摄入缓释补充剂来减弱。

碳酸钠可缓冲血液中的乳酸，并且有助人体进行持续 60 ~ 180 秒的高强度锻炼。每周进行 3 次高强度间隔训练的运动员，在训练前服用碳酸钠往往会大大改善其耐力表现。服用碳酸钠的首选方法是摄入胶囊（从药房购买），比起服用小苏打，这有助于减少你恶心和腹泻的可能性。

咖啡因是被人们熟知的有助于提高人体灵敏度、减少反应时间、使训练更加顺畅的强化剂。许多运动员在运动前、运动中和运动后都会喝咖啡。详见第 3 章和第 8 章更多有关咖啡因的内容。

免疫系统促进剂

几乎所有的营养素都与免疫系统有关，并且在维持最佳免疫状态中发挥着重要作用。这也是你每天要合理饮食的一个重要原因。免疫系统促进剂可以在大量食物中找到，包括苹果、燕麦、花椰菜、茶和香料等。补充额外的营养不会使人体免疫反应高于正常水平，但是如果你进行严格的训练，可以通过在运动前、运动中及运动后摄入碳水化合物来协助身体维持免疫功能。

免疫力低的人一般吃得较少。这普遍发生在衰弱的老人或经常挨饿的人身上，一般强健的运动员并不会存在这种情况（除非他们摄入的食物严重不足）。目前为止，只要避免过度训练、吃足够的碳水化合物并保持良好的睡眠，你的免疫系统都可以维持在较好的状态。以下是颇受运动员欢迎的免疫促进剂清单。

碳水化合物：在运动前、运动中、运动后摄入碳水化合物是运动员增强免疫功能的最好方式。足够而稳定的碳水化合物能减少运动员的生理压力。查看第 9 章和第 10 章的内容可了解更多为身体提供能量的好方法。

- 紫锥菊。一种草药，可以预防人体感冒和缩短感冒持续的时间。在一项实验中，437 人暴露于普通的感冒病毒中，结果显示，在接触病毒前摄入紫锥菊的人没有患感冒；接触病毒后摄入紫锥菊的人的症状没有加重。
- 谷氨酰胺。谷氨酰胺是一种重要的氨基酸，可为人体免疫细胞提供能量来源。它参与治疗伤口、提高人体免疫力、抵御感染及减少疾病。在身体经受压力时，体内的谷氨酰胺水平会下降。针对病重的癌症患者，谷氨酰胺补充剂已被成功使用。但是，对于其是否可以帮助高强度训练的运动员提高运动表现，研究仍在进行。许多高蛋白的食物都富含谷氨酰胺，如牛肉、鱼、豆类和乳制品。
- 维生素 C。维生素 C 是一种抗氧化剂。水果和蔬菜中含有丰富的维生素 C。它参与促进免疫反应，可减少因自由基对人体细胞造成的潜在损伤。如果过度训练，你自身的免疫力会降低。然而，服用高剂量的维生素 C 不会提高你的免疫力，更好的选择是在运动过程中摄入碳水化合物。如果你坚持摄入维生素 C，500 毫克就已经很足够了。
- 维生素 E。低剂量的维生素 E 在维持人体免疫功能中发挥了重要作用。

在一项研究中，38 名铁人三项运动员在比赛前 2 个月服用了这种高剂量（800 IU）的抗氧化剂，许多人在训练时意外发炎。只有少数一些抗氧化的保护剂是有益的，大多数都对人体没有益处。实际上，维生素 E 可以成为潜在的损害健康的氧化强化剂。因此，如果选择摄入维生素 E，要做到有节制。500 IU 就足够了。摄入抗氧化剂补充剂的恰当时间通常是在开始运动之前，详见第 10 章的内容。

骨骼和关节保护剂

跑步运动员、篮球运动员、棒球捕手及其他身体承受过度压力的人经常会担心他们关节的疼痛问题。他们能采取什么方法来维持关节和骨骼的健康呢？以下是常见的两种方法（但未被证实）。

- 软骨素。软骨素通过帮助锁水来维持人体软骨的弹性。20 项试验对 3846 例膝关节骨性关节炎患者的研究表明软骨素的好处是极小甚至是不存在的。至今为止，没有研究表明软骨素有助于运动员防止软骨损伤。但是，许多热爱运动的人坚信软骨素帮助了他们。如果软骨素使用者认为其是有效的，他们可以继续使用，因为软骨素对人体几乎没有害处。
- 葡萄糖氨。葡萄糖氨是人体关节软骨维持和再生的关键成分。即使还没有明确的证据表明它可以抑制关节的老化，但是有研究表明摄入硫酸氨基葡萄糖（500 毫克，每天 3 次）或许有助于减轻中度到重度的关节炎引发的疼痛（但不可根除疼痛）。

至于这两者是否要单独或是结合起来使用，研究表明结合服用葡萄糖氨和软骨素并未明显减轻关节的疼痛。注意，市场中 20 种用来减轻人们（及他们的宠物）的关节炎疼痛问题的补充剂中，40% 的产品未能兑现其标签上的承诺。

第 3 节　商业化的运动食品及饮品

运动食品产业发展迅速，从 20 世纪 70 年代佳得乐的面世开始，持续到 80 年代的红牛，再到 90 年代的凝胶食物，后再到 21 世纪势不可当的大批运动食品及饮品。大量的公司涌入了为满足各种能量补充需求而出现的新市场——无麸质、素食、无乳糖、无果糖等应有尽有——供你任何时刻食用的食物。

如果你对众多商业运动食品的选择感到困惑和不堪重负，你首先要了解到的是你并不孤单。运动员和普通健身爱好者都不可避免地问我："什么是最好的能量棒？凝胶食物？运动饮料？"一些人还会关心摄取"碳水化合物与蛋白质的最佳比例"。我给予的最简单的回答是，你需要学会在训练时自己测试出对你身体最好的产品。因此，对一个人来说最好的选择并不一定适合其他的人。

一般说来，商业运动食品比普通食物更加便携，它们可使能量补充变得更加简单，并且提供比白开水更多的好处。但是如果你在节约预算，注意每天运动前 1 升 1.59 美元的运动饮料加起来相当于你每月花 50 美元买运动饮料。其实，自制运动饮品可以帮你节省大量的开销。

当然，在某些特定的时间和场合，你可以补充商业运动食品，尤其如果你是一个高水平的耐力自行车运动员、马拉松运动员、铁人三项运动员。但是，所有热爱运动的人都应在每天的饮食里摄入健康的食物，同时附加些商业食品来支撑他们的运动。换句话说，不要在午餐的时候喝运动饮品（橘汁除外）或是把运动能量补充凝胶（水果除外）当下午的点心。请确保自己的垃圾桶里，同时有苹果核、香蕉皮以及商业运动食品包装纸（当你选择食物时，也请考虑到塑料的运动饮料瓶、凝胶食物包装袋、能量棒包装对环境的消极影响）。

许多运动员很容易因商业广告中所宣传的"更高水准"的运动饮食而动摇。商业食品、补充剂和能量增进剂看起来似乎为生活忙碌、体能滞后和睡眠不足的人士提供了一些有效的解决办法。但这些产品提供的非天然的营养有时会妨碍体能的恢复。例如，我们知道运动员应该吸收多种碳水化合物，而商业运动饮料只能提供一种碳水化合物。我们知道在耐力训练中，脂肪为补充消耗的糖原储备起着重要作用，然而许多商业食品只含碳水化合物和蛋白质，却不含脂肪。当然，我们也需要进一步研究证明天然食物的确比商业食品好。问题在于，去研究花生酱三明治是否比运动糖果好，这项研究的花费很大。那么，生产花生酱的公司也会考虑到投入高额的成本来进行研究是否划算。

能量补充产品

为了帮你解开杂乱无章的"能量补充产品"，以下是一个综合的（但不完整）按类别分的能量棒清单（这只是一个清单，并不是对这些产品的宣传）。不要被某个产品的品牌所影响，因为名字有时可能比产品本身更容易吸引你的注意（以下皆为品牌名）！

- 纯天然的（不添加维生素或矿物质）: Aller Energy, Big Sur, Clif Mojo, Clif Nectar, Good Greens, Gnu, Honey Stinger Waffle, KIND, Larabar, NRG, Odwalla, Optimum, Peak Energy, Perfect 10, Power Bar Nut Naturals, Pro Bar, Pure, Honey Stinger, Kashi, Raw Revolution, Red Square Powerflax, Re New Life Organic Energy, think Thin, Trail Mix Honeybar, Zing
  - 含咖啡因的: Clif Cool Mint Chocolate, Peak Energy Plus
  - 无乳糖的: Aller Energy, Clif Builder's, Clif Nectar, Good Greens, KIND, Larabar, Olympic Granola, Perfect 10, Pure Fit, think Thin Crunch, Vega Endurance
  - 不含麸质的: Aller Energy, Bora Bora, Bumble Bar, Elev8Me, Envi-ro Kidz Rice Cereal, EB Performance Whey Protein, Extend, First Endurance EFS, Good Greens, Go Macro, Hammer, KIND, Larabar, Omega Smart, Perfect 10, Perfectly Simple, Pure, Re New Life Organic Energy, SOYJOY, think Thin, Vega Endurance, Wings of Nature, Zing
  - 低纤维素的: Balance, Power Bar Pria
  - 高纤维素的: Gnu Flavor & Fiber, Kashi Go Lean Crunchy Protein & Fiber, Fiber One Chewy, think Thin Crunch
  - 不含果糖的: Jay Bar
  - 燕麦片形式的能量棒: Nutri-Grain, Nature Valley Granola, Power Bar Harvest, Quaker Chewy

- 不含坚果的：Avalanche, Odwalla Super Protein, Meta Ball, No Nuttin
- 有机的：Clif, NRG, Pure, Red Square Powerflax
- 不含花生的：Aller Energy, Larabar（没有其他坚果）, Soy Rocks
- 蛋白质能量棒（你可以选择大豆、乳清、鸡蛋或混合蛋白质）：Atkins Advantage, Ome Ready, Clif Builder's, EAS Myoplex Deluxe, High 5 Protein, Honey Stinger Protein, Lenny & Larry's Muscle Brownie, Maximuscle Promax Meal, Power Bar Protein Plus, think Thin Protein, Tri-O-Plex, Detour, USN Pure Protein
- 未加工的：Amazing Grass Green Superfood, Good Greens, Pure, Raw Revolution, Vega Whole Food Raw Energy Bar
- 恢复型能量棒（碳水化合物与蛋白质的比例为4：1）：Power Bar Performance
- 不含大豆的：Amazing Grass Green Superfood, Bumble Bar, Clif Nectar, KIND, Larabar, NRG, Organic Food Bar, Perfect 10 Natural Energy, Raw Revolution, Vega Endurance, Zing
- 纯素食的：Amazing Grass Green Superfood, Clif Builder's, Good Greens, Hammer, Larabar, NRG, Perfect 10, Pure Fit, Re New Life Organic Energy, think Thin Crunch Fruit and Nut, Vega Whole Food Raw Energy, SOYJOY, Vega Performance Protein
- 女性专用能量棒（更少的热量，且含有大豆、钙、铁和叶酸）：Amino Vital Fit, Balance Oasis, Luna, Power Bar Pria
- 40-30-30 能量棒：Balance, Zone Perfect
- 维生素和蛋白质强化的：Detour, Marathon
- 不含小麦，但可能非无麸质：Bonk Breaker, Clif Builder's, Clif Nectar, NRG, Odwalla, Olympic Granola, Zing

以上所列的众多选择中，你或许会想知道有最好的能量棒吗？最好的能量棒受口味、健康等多种要求影响。对一些人来说，最好的能量棒是不含麸质的；对其他的人来说最好的能量棒是有机原料制成的；而对另一些人来说最好的能量棒则是味道最好的。

第 12 章
针对热爱运动的女性的营养建议

不管你是想在高中运动会中出类拔萃的少女，考虑怀孕的女性跑者，或是处于绝经期的专业跑者，你都可能会遇到一些女性特有营养问题。针对热爱运动的女性，本章主要讨论女性在不同的人生阶段可能面临的一些营养问题。

第 1 节　月经期的营养

运动过多，却吃太少的女性会停经（一种被称为闭经的状态）。尽管你或许会乐于闭经，因为你不用再应付来月经的麻烦。但是闭经会干扰你的健康以及运动表现。

- 应力性骨折的发生率是正常人的 4 倍，使你不能参加比赛。
- 过早的骨质疏松会影响你未来的骨骼健康。
- 若你想要组建一个家庭，不管是现在还是将来（在你恢复月经后），闭经可能会导致不孕。

当你增加训练量，而没有提高热量的摄入，停经的情况可能就会发生。如果发生此类情况，请不要忽略它！你或许会经历女运动员三联征。三联征是以下三种互相关联的健康问题的综合症状，按严重程度列举如下。

- 能量摄取不足（由于"没有时间吃饭"、严格的节食、进食障碍）。
- 经期不规律或闭经。
- 应力性骨折和骨骼脆弱（导致过早的骨质疏松）。

闭经普遍发生在因过度节食引起的进食障碍或饮食紊乱的女性身上，但也会发生在因忙碌而不花时间摄入足够饮食的学生身上。

为了能够恢复月经，你身体的每千克瘦体重（不包含任何身体的脂肪）至少需要额外摄入 120 千焦的热量。相比较下，普通（非健身）女性身体的每千克瘦体重需要 180 千焦的热量来维持身体的能量平衡。

例如，一位女性运动员重 54 千克，身体脂肪含量是 20%，43 千克瘦体重（LBM）（20% × 54 千克 ≈ 11 千克脂肪，这意味着她有 43 千克瘦体重）。她需为瘦体重储存至少 5200 千焦（120 千焦 / 千克 × 43 千克瘦体重 ≈ 5200 千焦）的热量，被称为"可获得能量"。如果她在运动中消耗 2000 千焦的热量，她需要补充至少（5200+2000）7200 千焦的热量，但如果想要充分补充肌肉所需的能量，达到最佳状态，这个量仍然太少。

真相揭秘

过度锻炼可导致闭经

事实：女性闭经最普遍的原因是吃得太少，而不是过度锻炼。大多数女性运动员有规律的月经期，因为她们补充了足够的热量以支撑锻炼及体能的恢复。

对一些女性来说，吃更多食物是一件只是说起来容易的事情——尤其是她们在和饮食障碍作斗争的时候。若是补充更多能量的想法使你产生了恐惧，你可以向专业从事运动营养学的注册营养师寻求帮助。你也可以找到一些当地的注册营养师咨询。以下的一些建议或许会帮助到你。

- 扔掉浴室秤。让你的身体获得合适的体重，而不是坚持实现体重秤上特定的数字。第 14 章和第 16 章的内容可以帮助你评估出一个恰当而无须节食的体重。你的医生或营养师也可以提供客观且专业的意见。

- 哪怕你要减重，每天也不要摄入少于 4800 千焦的热量。更准确的是，每千克瘦体重不要摄入少于 120 千焦的热量。通过实施健康的减脂计划，你的减重不仅会成功，而且能维持更久，并且你也有足够的精力去享受自己喜欢的运动项目，提高运动表现。

- 像孩子一样吃东西。如果你目前拥有一个让你满意的体重，则应致力于"饿了就吃，饱了就停"。如果你总是感到饿，并总是想着食物，无疑你吃得太少了。这是你的身体在向你投诉，要求补充更多的能量。牢记饥饿是需要补充能量的信号。结合第 16 章中的内容，并咨询你的医生或营养师后，你就可以确定适合自己的能量摄入量了。

- 闭经的女性通常有非正常且紊乱的饮食结构。她们可能吃很少的早餐和午餐，但在晚上大吃特吃；或是限制了自己在星期一到星期五的饮食，然后在周末吃很多。如果你的体重是稳定的，这说明你在某种程度上摄入的正是自己身体所需的能量，因此你不妨规律地吃有益健康、营养均衡的食物。再次建议，请寻求注册营养师的帮助，而不是独自设计自己的饮食计划。

- 吃足够的蛋白质。尤其是素食者，如果摄入的热量过少，她们需要确保获得足够的蛋白质来减少肌肉萎缩的风险。在每天能量摄入低于 8000 千焦时，每减少 400 千焦，则需要多摄入约 1% 的蛋白质。
- 从脂肪中摄入你每日 20% 的总热量。一定量的脂肪对你的身体健康是必要的。你的身体需要脂肪来建立健康的细胞膜，形成称为前列腺素的激素类物质。你应该提高好脂肪的摄入量，并仔细平衡红肉和其他富含蛋白质食物中饱和脂肪的摄入。对大多数热爱运动的女性来说，每天吃 40 ~ 60 克的脂肪即为一个适当的低脂饮食。这个计划显然可以将以下食物纳入均衡饮食计划当中：鲑鱼、花生酱、牛油果、杏仁、橄榄油和其他有益健康的脂肪，以及少量的饱和脂肪，如瘦牛肉、低脂奶酪以及其他可提供平衡的运动营养的食物。如果你不想在自己的面包上加黄油，或用油来拌沙拉，可以尝试以下的方法。
  ○ 在沙拉上撒些瓜子或杏仁。
  ○ 尝试混合坚果和葡萄干的方式。
  ○ 每周 2 次摄入富含 Omega-3 的鱼（三文鱼、金枪鱼）。
  ○ 用橄榄油或芥花油来做饭。
  ○ 不要食用无脂肪的食物。
  ○ 摄入富含钙的饮食。

如果你闭经了，则应该每天定期喝 3 至 4 杯 240 毫升的低脂牛奶或酸奶（或其他富含钙质的食物），以为你的骨骼健康进行投资。虽然运动有助于骨骼的强化，但运动不能弥补钙质的缺乏。虽然你认为需消耗 1200 ~ 1600 千焦的热量才可抵消每天摄入的乳制品中所含的热量，但往往那些每天摄入 3 杯或更多的牛奶或酸奶的女性一般比不摄入奶制品的女性更瘦。如果你目前的饮食中包括大量的麸质麦片、水果和蔬菜等高纤维素类的食物，那你可能更需要补钙，因为纤维素可能会干扰人体对钙的吸收。每天摄入 35 克纤维素就足够了！

很多闭经的女性会担心自己的骨骼健康，这种担心是必要的。如果身体闭经且伴有厌食的现象，你身体的骨质可能会以每年 2.5% 的速度流失。随着年龄增加，骨密度流失的速率也随之加快，这也正是我的许多 20 ～ 30 岁的客户会与 70 岁的女性一样，存在应力性骨折等问题的原因。对青少年来说，他们尤其需要使自己的骨骼密度达到最佳状态，因为人体约 90% 的骨密度是 17 岁以前获得的。青少年需要充分意识到这一点，若不注意，他们面临的不仅是骨密度流失的问题，而是他们将无法获得该有的骨密度。如果你在青少年时期就没有获得较好的骨骼密度，你可能永远也不会达到最高峰的骨密度，而且会在以后的生活中，比较容易出现骨质疏松。令人震惊的是，1/4 患有厌食症的年轻女性早早就患上骨质疏松症，结果有些人一生都处在剧烈的疼痛当中，有些人还可能会在轮椅上度过余生。

你可以通过摄入更好的饮食，以重建肌肉并增加体重，从而恢复大部分流失的骨密度，但是这并不总能如愿。针对一位 31 岁的长跑运动员的案例研究表明，尽管长期厌食和闭经，她最终通过健康饮食与适量运动的方法将骨密度恢复到了正常值范围内。但并不是每个人都会像她那么幸运。

很多闭经运动员会听取通过服用避孕药来恢复月经的建议。从理论上讲，这样做有助于防止骨质流失。但目前的研究却不支持这一说法。吃足够的食物来抵制"能量消耗"和重塑肌肉是扭转骨质流失的关键。摄入足够的食物，包括足够的碳水化合物以补充耗尽的糖原储备；足够的蛋白质以塑造肌肉；足够的能量补充以维持能量平衡才是正确的做法。

虽然女运动员们担心吃得更多且训练更少会导致体重的增加，而体重增加会降低她们的体能，但事实并非如此。一个 19 岁的闭经跑者每周减少了一天的训练，并增加了每日食物的摄入量，即 1 罐液体食物补充剂，约 4 个月的时间她的体重增加了 3 千克（从 48 千克变为 51 千克），最终她恢复了月经。此后她创造的个人纪录，比以往的任何赛季创造的都多，还打破了两个学校运动会的纪录，并取得了全国田径运动会的比赛资格。所以，你还在等什么呢？

第 2 节　营养与妊娠

许多热爱运动的女性都有一个当妈妈的梦想，同时有些人则有着怀孕会影响体形这样的观念。尤其是竞技运动员，他们会担心"变胖"。但请记住，怀孕与肥胖有非常大的不同！在妊娠期间获得的 11 ～ 16 千克的体重包括婴儿约 3.6 千克、胎盘 0.9 ～ 1.4 千克、羊水 0.9 ～ 1.4 千克、子宫 0.9 ～ 2.3 千克、乳房组织 0.9 ～ 1.4 千克、血液供应约 1.8 千克、供分娩和母乳喂养而储存的脂肪 2.3 ～ 4 千克。医生会建议体重不足的女性，在妊娠开始的时候增加些体重（13 ～ 18 千克），而超重的女性则要少增加一些体重（6.8 ～ 11.3 千克）。

妊娠前的营养

如果你正在考虑成为一名母亲，就不能等到怀孕的时候才开始保持良好的饮食。为了当前和未来的身体健康及未出生的孩子，准妈妈每天都应强化身体所需的营养。尤其需要注意的是，妊娠前期的运动饮食应富含叶酸（见表 12.1）。它是一种维生素 B，有助于预防怀孕时期胎儿脑部的损伤，并可降低胎儿有几种先天缺陷的风险。食物中的叶酸属于维生素 B 的自然形态，在补充剂中的叶酸为合成状态。推荐每天摄取 400 毫克的叶酸。

目标摄入量是每天 400 毫克，你可以选择从水果、绿叶蔬菜、豆类及强化的谷物中获取叶酸。

表 12.1　叶酸或维生素 B 的来源

食物	数量	叶酸或维生素 B 的含量 / 微克
天然食物		
菠菜	1 杯，熟	230
小扁豆	1/2 杯，熟	180
芦笋	6 个，嫩枝	135
西蓝花	1 杯，熟	100
生菜	1 杯，切碎	65
鳄梨	1/2，中等大小	60
鹰嘴豆	1/2，罐装	60
四季豆	1/2，罐装	50
橙子	1 只，中等大小	50
绿豌豆	2 汤匙	30
花生酱	2 汤匙	25

续表

食物	数量	叶酸或维生素 B 的含量 / 微克
被强化的食物		
能量棒	1	240
强化面粉	1/2 杯	180
即食麦片	1 包	150
全麦面包	2 片	30

妊娠期间的营养

每位女性运动员都会有自己独特的妊娠经历。有些人感觉很好，定期运动且很轻松地度过了 9 个月的孕期；另一些人则经历了疲劳、恶心、腰痛和其他的不适。有的人增加了比预期中多的体重；有些人增重的速度和大部分人一样。建议你根据食欲来调节饮食。规律的膳食和零食带来体重的适度增加，是正常的。让自己享受舒适的运动计划，帮助胎儿健康发育。其实，妊娠期运动与否不太会影响你的体重。当然，如果坚持锻炼，你会变得更加健康，并会减小剖腹产的风险。

女性在怀孕期间最佳的营养选择可以遵循本书前两章中的营养指南，还推荐你阅读些与怀孕相关的书籍。你的饮食应该关注在叶酸（见表 12.1 的来源）、高钙食物、蔬菜、新鲜水果（如橘子和其他柑橘类水果）、全谷类和富有铁和蛋白质的食物上。如果进入孕期后身体缺铁，那你极有可能贫血！

约有 2/3 的女性在孕期中，口味会发生改变。你或许会对肉类、蔬菜或咖啡有强烈的恶心感。如果除了饼干，你不能吃任何食物，那么你需要保证睡眠以使胎儿成功通过吸收你孕前储存的营养来健康成长。如果持续 3 个月以上都感到恶心，且摄入的食物也较少，那么你或许应咨询营养师以获取平衡饮食的建议。

如果你喜欢吃盐、脂肪或是红肉，那可能是你的身体本能在告诉你需要那些食物中的营养。适度地满足身体对这些食物的渴求是无害的，所以听从身体的需求吧。试着用最健康的方式去满足你对甜食的渴求，如用冻酸奶替代冰淇淋，或是用葡萄干和干果替代糖果。不过，很有可能只有一种有效，就是你想吃的那种。妊娠前健康地饮食能确保你从一开始就有充足的营养，以便更好地应对怀孕时奇怪的食物喜好可能造成的营养不均衡。

妊娠后的营养

如果你是一个新任妈妈，担心不能减掉妊娠期间增加的体重，请保持耐心和信心。妊娠后的第一年你的身体或许不能恢复到你所期望的那般苗条和充满活力。毕竟妊娠期持续了9个月，许多女性需要另外9～12个月才能恢复到孕前的体质（见图12.1），因此请不要尝试在此阶段节食。

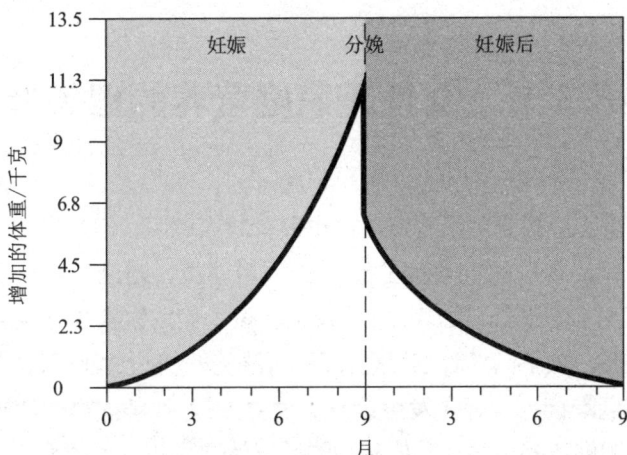

图 12.1 孕期的女性通常会增重12～14.4千克，在分娩后，通常需要9个月以上的时间恢复至孕前的体重

更好的选择是保持健康的饮食，并相信其有助于你恢复到正常的体重。但这一阶段你往往会感到困惑，因为你将经历一系列的营养挑战和其他挫折。当你的宝宝哭时，你自己的计划便暂停了，同时暂停的可能还有健康的饮食习惯。疲惫不堪、充满压力的生活，以及没有精力去购物和做饭，都会对你的饮食质量造成影响。此外，你很可能会缺乏减重和保持锻炼的精神动力。

初为人母的压力及挫败感也会妨碍分娩后的减重计划，甚至会使体重增加。如果你整天在家，家里又满是现成的食物，你也许会用糖果、饼干和其他甜点来安慰自己。此外，身体疲惫、缺少锻炼的时间及照顾小孩的责任会阻挠你进行运动的计划。如果遇到这种情况，你或许可以请个保姆，以确保自己有一些时间来进行运动。这样做可帮助你改善健康状况，并拥有更好的心态。但是不要期望通过锻炼来快速减掉妊娠期间增加的体重——即使你一周 5 天，每天都进行 45 分钟的运动。诚然，妊娠前后定期的锻炼可以帮助你控制体重，但是比起锻炼，以上提及的其他因素更会影响你的体重。

如果你担心分娩后体重会一直处于超重状态，这里有一项有关新妈妈的调查，许多女性跑步运动员在分娩的 5 周后开始跑步，在 5 个月内恢复到了孕前体重。是的，妊娠后你也可以有一个苗条的身材，正如你周围其他变得苗条的准妈妈们一样。从现在开始，关爱自己与自己的孩子，为你现在所拥有的成就而感到骄傲，并对自己温柔一些。

第 3 节　女性是家庭营养的把关者

我的许多客户都非常热爱运动，也很有健康意识，但对自己孩子的饮食习惯感到无助。如一位叫珍妮的铁人三项运动员，她是两个女孩（分别为 11 岁和 14 岁）的家长，她表示："我想让孩子们的饮食更健康且能多参加些运动。然而，孩子们喜欢吃垃圾食品，花很多时间上网聊天，并且体重也超重。让她们吃饭，就好像发生第三次世界大战。"珍妮努力使她的孩子们认识到营养和健康的重要性，但是她的话显然被当作了耳旁风。

我建议珍妮不要只关注食物的好坏，应转而教孩子如何享受各种各样的食物，让她们了解食物对身体的益处。孩子们想要吃垃圾食品是很正常的，但她们也会想要吃到对身体好的食物。因此，不应去刻意限制，平衡才是关键，否则孩子们会偷偷吃那些垃圾食物。

尽管很多人相信，孩子们（和他们的父母）不需要有一个完美的饮食习惯。许多孩子可以通过不同种类的食物摄入 4800 ～ 6000 千焦的热量，从而获取身体所需的营养。因此，可以给零食留些空间（倘若父母严格限制他们吃零食的话，爱运动的孩子实际上很难获得足够的热量）。为了让孩子减少摄入不健康的食物，一种方式是在放学或运动后，为其提供一顿健康的"午餐"或"晚餐"。花生酱配饼干、1 份英式松饼比萨、谷物配牛奶、1 份水果沙拉或 1 份三明治都是不错的选择。它们比糖果、饼干和薯片更为可取。一顿健康的"午餐"对在学校吃得很少的孩子尤其重要。

儿童的身体发育

妮娜是一位跑者，也是一个 12 岁游泳运动员的母亲。每当她看到女儿穿着游泳服时，总会感到特别沮丧。"莎拉的身形矮胖，尽管我们试着尽力保证她的灵活性。"我提醒妮娜，每个孩子的身材都是独特的：有的小，有的大，有的中等，那都是正常且合理的。但是妮娜仍然对她孩子的身材感到不满。我告诫她要关注孩子的健康，而非看上去是否美丽。继续向孩子传递"你不够好"的信息，会不利于孩子未来的健康问题。女孩本身就会在意自己肥胖的身材。帮助孩子接受并欣赏自己的身材，对莎拉的母亲妮娜来说，是很重要的一步。

虽然游泳运动员和其他强调瘦身材的运动员（花样滑冰运动员、舞者、体操运动员）普遍都会节食，但有时获得"完美"身材的压力会带来一系列的麻烦。十分常见的是，他们不光有体重问题，还经常会有"自己是不完美"和"不够好"的感觉。如此下去，节食会增加他们营养全面失调的风险。

家长作为孩子们的榜样不应有身材是自我价值评价标准的认识，而应教孩子们如何从内而外地爱自己。我建议妮娜不再去评论孩子较胖的身材，否则莎拉就会认为她必须瘦下来才能被人重视和喜爱。尤其是在青春期，这对想设法通过努力运动来改变身材的女孩来说显得尤为重要。她们为了控制体重所付出的努力很可能会导致不健康的节食。

帮助肥胖的孩子

妮娜对于如何帮助莎拉减重感到不知所措。我告诉她儿童的体重问题比较复杂。因为我们了解到限制儿童的饮食是不起作用的。相反，这会导致儿童偷吃、暴饮暴食、内疚和惭愧。

尽管妮娜最大目的是防止女儿不知不觉地变胖，但我告诫她不要让莎拉节食，剥夺她的薯条或糖果。限制饮食不会起作用——不管是对成人还是孩子。如果节食起作用，大量节食者都会变瘦，肥胖也就不会存在了。

儿童节食会造成比起初更多的问题，其破坏了孩子身体机能——饿了想吃东西，饱时就停止的自然感受。相反，孩子会因这是"最后吃东西的机会"

205

而过度饮食（如"这是我最后一次吃生日蛋糕的机会，所以我最好吃多些，因为一回到家就只能吃芹菜梗和米饼了"）。我建议妮娜关心莎拉的身体是否舒适。如果莎拉承认自己对现状不满，表达想要学习怎样吃得更健康的渴望，妮娜就可以向专业从事儿童体重控制的注册营养师进行咨询。

如果你像妮娜一样，是一个胖孩子的家长，你应该明白孩子在长"成"之前，普遍先长"大"。也就是说，他们经常在青春期前先长肉。

你可能也正好在关注孩子的体重。现在，越来越多的医疗问题与儿童时期的糖尿病、高胆固醇和高血压联系在一起。但是，你对孩子体重的关注也反映出你自己的焦虑，即拥有一个"不完美"的孩子。是的，你说想让孩子免于变胖的痛苦——但同时一定也要检讨你自己的问题。如果你非常关心自己的体重问题，并对外貌十分看重，那么倘若你的孩子超重，你或许会有瑕疵感。通常情况下，一个孩子的体重问题实际上是父母的问题，因为你想要个"完美的孩子"。

一定要由内而外地爱你的胖孩子——不要从外在来评价她。一些小的评论如"甜心，那条裙子真漂亮，但是如果你瘦一点看上去会更漂亮"也会被孩子理解为"我不够好"，结果导致孩子自尊心受挫，还助长了孩子厌食的想法，当然最终节食也会失败。

所以，你可以做些什么来帮助孩子瘦下来呢？与其通过言语上的抱怨或是限制食物来使他们变瘦，不如通过帮助他们了解运动的益处，通过运动来使他们变得更健康。这就意味着要鼓励他们少看电视，策划愉快的家庭活动，或许还可以和社区里的其他孩子一起创造一个"步行校园巴士"（一个家长或高中生带着社区里的孩子一起步行去学校）。作为一个家庭，你或许可以和家人一起报名参与慈善竞走或赛跑比赛。作为社会的一员，你应该让这些声音被听到：关于需要更安全的人行道；需要成立欢迎胖孩子加入的健身俱乐部；需要存在允许孩子（以及有类似情况的成人）穿T恤和短裤，而不是尴尬的紧身游泳装的游泳池。

合理饮食，意味着给孩子提供健康营养的食物，同时也包括少量的"垃圾食物"（否则，他们会到外面吃）。鼓励孩子吃早餐，事先计划好正餐和零食的搭配，并严格遵守吃晚餐的时间。你的任务是决定吃什么、在哪儿吃、什么时候吃；孩子的任务是决定吃多少、是否要吃（不要逼迫你的孩子吃完他的豌豆或阻止他再吃1份）。如果你妨碍了孩子身体摄入食物的自然机制，就可能造成困扰孩子一生的问题。相信你的孩子可以"在饿的时候进食，饱的时候停止进食"，并有大量的精力来享受运动的生活方式。

第 4 节　女性的体重与更年期

即使是优秀的运动员，也会随着年龄的增加而增重，普通人则更是如此。管理体重的诀窍是保持运动，摄入能促进健康的食物。但是，许多女性害怕中年的体重增加。就像狂热的网球运动员玛莉一样，她抱怨道："无论我做什么，我始终不能控制体重的增加。"她对日趋膨胀的腰围感到沮丧，并对失控的体重感到恐惧。她甚至害怕地问道："女性在中年注定要增重吗？"

答案是否定的。女性在更年期不总会增重。是的，45 ～ 50 岁的中年女性普遍在会腹部周围区域堆积更多的脂肪。但是比起激素减少的因素，这些改变更多地是由于年龄、缺少锻炼和摄入的热量过剩造成的。一项长达 3 年的研究中，超过 3000 名女性（最初年龄在 42 ～ 52 岁）平均增长了 2.1 千克的体重。不管她们更年期状态怎样，所有的女性都出现了增重的情况。让我们一起来探索影响中年女性体重的罪魁祸首。

女性经历更年期时，也是其生活方式变得不再那么活跃的时候。如果她的孩子已经长大或是离家，比起拿着一堆衣物跑上跑下，她或许更多时候是自己一个人坐在电视机或是电脑屏幕前。一个缺乏活力的生活方式不仅减少了人体所需的热量，还导致肌肉的减少。当女性（或男性）年龄增长，他们会更容易失去身体的肌肉，除非进行定期的力量训练。肌肉推动了人体新陈代谢的速率，所以更少的肌肉就意味着更低的新陈代谢速率，以及更少热量的消耗。

另一个问题是人到中年睡眠模式普遍发生改变，例如夜里经常出汗或是伴侣打鼾。因此许多女性大多数时间总是感到疲惫不堪。疲惫和睡眠不足很容易使人丧失日常锻炼的动力，这同样也会造成人体肌肉的持续减少及代谢速率越发降低。

睡眠不足本身也和增重相关。每晚睡眠少于 7 小时的成人会比一些睡眠很好的人体重更多。当你的睡眠被剥夺，你的食欲就会增加。限制食欲的激素（瘦素）一减少，增强食欲的激素（饥饿激素）就会变得更加活跃。因此，你可能常常很难区分饥饿和疲劳。但是不管饿了还是累了，饼干和巧克力都会变得很诱人。

人经历更年期时也是事业比较成功的时期，包括在优质餐馆进餐、品尝红酒、舒服的假期和旅行。这些都意味着摄入更多的热量，进行更少的锻炼。在中年时期，许多女性因长期节食和拒绝美食感到疲惫，因为她们也许从青春期开始就一直在节食。过去生日聚会上流行的"不用，谢谢"也变成了现在的"好的，谢谢"。

防止体重增加，或将增重数量降到最低的最好方式是定期运动、合理饮食、限制酒精的摄入、保证充足的睡眠并保持有活力的生活方式。研究表明，运动的女性，不会像不运动的同龄女性一样，过多地增加体重和腰围。最有效的运动项目包括有氧运动（促进心血管的健康）和力量训练（保持肌肉量和骨骼的密度）。

不同于一般的认知，使用激素来应对更年期的症状不会导致体重的增加。反而，激素代替治疗法或许有助于抑制中年体重的增加。

真相揭秘

豆制品有助于防止女性更年期热潮

事实： 一项针对超过 3300 位更年期前和更年期女性的调查发现，并不是所有的女性均会因吃更多大豆制品而减少热潮和盗汗。但的确有一些女性从中获得了益处，所以增加豆制品的摄入是无害的，你不妨试试看。

如果你已经增加了不希望有的体重，不要去节食。如果你已经在成人时期节食了 35 ～ 40 年，你现在早应该明白：节食是不起作用的。相反，你需要学会如何才能吃得更健康。这意味着你要吃足够的早餐、中餐及下午茶，以控制你的食欲，并提供运动所需的能量。然后，晚餐吃少些。一天下来，有小小的能量缺口就好。

　　为了达到食物与身体的平衡，请阅读第 16 章与第 17 章，并且考虑咨询专攻运动营养学的注册营养师。这类专家可以为你制订适合的饮食计划。你可以通过互联网找到一个当地的注册营养师。另外，问问你自己：我真的超重吗？或许你可以多爱自己一点。你的身体或许不能达到运动员生涯时那么完美，但是它已经足够好了。最后，我鼓励你更多地去关注自身的健康，而不是不计代价地瘦身，毕竟"完美的"的体重并不会为你的中年生活创造无限的幸福感。

第 13 章
针对不同类型运动员的营养建议

在以上章节中，我为业余锻炼者和竞技类运动员提供了一般性的运动营养指南。本章将针对不同类型的运动员，提供特定的营养建议，帮助他们在团队项目、高热量消耗的运动项目、按体重级别划分的体育项目、超级马拉松或极限运动中激发自身最大的潜能；同时也为受伤的运动员、老年运动员、经历过胃部手术并试着重返训练场的运动员提供有价值的营养信息。

第 1 节　运动团队的营养方案

不论是在橄榄球、曲棍球、长曲棍球、网球或足球运动中，当运动员们聚在一起时，他们倾向于在比赛前集中聚会，比赛后再大肆庆祝一番。这很容易导致他们的运动饮食不如人意。再加上长途跋涉、连续的比赛以及不良的睡眠，运动员们很容易忽视营养这一环节。其实，在教练和队长的领导下，有优质营养摄入的团队很容易赢得比赛，尤其在竞争对手忽视营养补充的情况下。注重营养的运动团队会事先对彼此作出承诺：吃得"干净"、在比赛期间远离酒精。

以下有些可帮助运动团队赢得比赛的建议。

- 大多数的团体运动都是"停－行"的运动，意思是运动员在高强度的爆发运动后，再进入低强度的活动期。在此类运动中，运动员很容易耗尽身体的糖原，此外还会脱水。因此，所有的运动员都需要努力让自己的能量补充合理化，为自己和团队负责。

- 即使是主场比赛，运动员仍需要为比赛前、中、后提前计划好食物和饮品。至于这份工作到底谁来做，父母、运动员自己、队长、团队经理人或教练？有效的沟通才是解决问题的第一步。

- 若是到外地比赛，一刀切的菜单显然不可能适合所有人，因为每位运动员都有些私人的营养需求、目标和饮食偏好。那么，有众多选择的自助餐可能会满足大多数运动员的需求，包括素食者、腹泻的运动员或对坚果过敏者。

- 如果团队住的是运动营地或离家远的住所，需要有人提前准备好菜单，为队员们安排合理的膳食。如果菜单中的食物太油腻或脂肪太少，运动员就会自己额外寻找食物。为了减少此类情况，菜单需要足够"美味"：可准备特别的晚餐、冰淇淋和大量的健康食物（如贝果面包、花生酱、迷你胡萝卜、酸奶、燕麦葡萄饼干、菠萝干和巧克力奶等）。

- 如果团队配有营养师，运动员便可以获得细致的咨询、团队交流、日常饮食说明书（包括流行的运动补充剂的相关信息）等福利。理想状况下，营养师能够与运动员在非正式（如吃饭期间）的情况下交谈。以上都可以帮助教练和球员在比赛期间最大限度地发挥自身的潜能。

- 赛季前的加倍训练很容易会耗尽运动员体内的糖原，造成身体脱水和体重减轻。然而，在赛季期间，运动员有更多的时间去吃饭，但实际训练量减少了，这会导致不必要的增重。这时候，营养方面的指导可以帮助他们解决体重增加的问题。

- 关于脱水问题，运动营养师可以通过测量计算出运动员锻炼前后的体重差，从而判断运动员流汗的量是否超过体重的 2%（超过这个值会影响运动表现）。如果团队需要考虑花费的预算，运动员完全可以享用自制的运动饮品，而不是花钱购买超市的运动饮料。

- 对于运动员来说，赛季后是减去身体多余脂肪和增肌的好时期。但是有些运动员会变懒，从而导致增肥减肌。因此你需要为自己制订一个赛季后的体重管理计划，以避免体重增加影响下个赛季的运动表现。

　　本书的信息也会帮助你了解关于在训练和比赛结束后的补水、补充食物、营养恢复以及体重管理（包括体脂的测量以及饮食障碍）的方法。所有的运动员都需要了解这方面的知识，以帮助自己更好地平衡生活与训练。

第 2 节　高强度运动者的营养方案

高强度运动包括中等距离的跑步、皮划艇、划船、骑行和游泳。参加此类项目的运动员们训练强度高、热量消耗大，在训练和比赛期间，他们需要特别注意自己的运动饮食。以下有些建议。

- 为开始高强度的训练，你需要为身体补充足够的能量。如果一开始身体的糖原储备量较低，你训练的效果就不会很好，也意味着你不能以最好的状态参赛。请每天享用碳水化合物为主的运动饮食。
- 为了强化肌肉的力量与质量，你需要在一天的饮食中摄入足够的蛋白质。每餐摄入 20 ~ 30 克的蛋白质，这样可以使身体一整天都有不断的氨基酸供应。
- 摄入足够的液体，防止脱水。在高强训练和超过45分钟的比赛项目中，如果你不能喝下足够的运动饮料，也请至少尝试含口水在嘴里，然后吐掉，这样也能有助你的运动表现。
- 如果在一天之内，你不止参加一个比赛项目，则需要在参加完首个比赛项目后，于身体承受范围内尽可能早地补充能量。理想的营养摄入目标为 4 小时内，每小时每千克体重摄入 1 ~ 1.2 克的碳水化合物。也就是说，你需要提前计划好饮食方案。有中高等升糖效应的甜食也可以帮助你最大限度地恢复耗尽的糖原储备。
- 缓冲剂，例如碳酸氢钠和 β- 氨基丙酸，也有助于你的运动表现，但需确保你在训练期已经试验过。

第 3 节　强调体形及体重的运动者的营养方案

如果你是体操运动员、花样滑冰者、舞者、潜水运动员、划船运动员，或是参加（注重形体的）重量级的运动项目，你就总是处于打造"完美"身材的压力下。你不仅需要达到体重的下限，同时还要不断提高运动表现。这个过程着实会使人压力重重。

追求瘦但又担心过瘦的压力很容易导致运动员进行极端的节食，导致饮食障碍以及使用危险的体重控制方式（穿发汗衫、蒸桑拿浴或强制脱水）。这些行为不光会损害你的运动表现，同时更会损害你的健康，甚至可能导致死亡。你也许已经吸取到这一艰难的教训：如果依靠极端的热量限制，减重并不能帮你提高运动表现。相对明智的方式是约见一位运动营养师，向他咨询相关的饮食方案。以下是你可以考虑的一些饮食。

- 不论对人的心理还是身体，长期维持一个低热量的饮食是十分困难的。如果身体感到饥饿，你自然心情也会不佳。你应该去了解适当的营养知识，学习如何在不挨饿的情况下减重（见第 16 章）。如果可能，你可以利用赛季后的时间减重，维持每周减掉 0.25 ~ 0.5 千克的速率。尽量避免通过脱水的方式减去身体 2% 的体重。

- 你的营养摄入目标包括每千克体重摄入 1.4 ~ 2 克的蛋白质，每千克体重摄入 4 ~ 6 克的碳水化合物，以及从脂肪中获取 15% ~ 20% 的热量。

- 许多对体形有要求的女性运动员会严格限制食物的摄入量，导致她们月经失调以及身体缺乏足够的能量。这可能导致骨骼健康状况变差以及应力性骨折的发生（见第 12 章）。最终她们以前所有的付出都将毫无回报。

- 尽管女性运动员三联症（月经失调、应力性骨折和饮食障碍）已经被证实，男性也同样会遇到骨骼健康问题。例如，一组男性骑行运动员中，25% 的人被诊断有骨质减少的问题，9% 为骨质疏松。

- 不论是男性还是女性，你都应该重视体重的持续下降，因为这可能会影响你的运动表现。此外，多吃一点，你也会多摄入一点蛋白质、身体必需的脂肪、碳水化合物、钙、铁、锌和其他营养物质，这些都是你的身体保持健康所需要的物质。

第 4 节　超长距离比赛和极限运动者的营养

随着超长距离比赛和极限运动的兴起，许多运动员都在挑战身体的极限。他们每天训练 3 ~ 5 小时，可能为了测试自己的体能极限，试图完成以下项目：铁人三项赛（游泳 3.8 千米、骑行 180 千米以及跑步 42.2 千米）、

320 千米的自行车骑行比赛、160 千米的越野跑步赛、跨英吉利海峡游泳赛（超 28 小时）、跨大西洋的划船赛（历时 50 ～ 60 天）或其他超长距离的赛事项目。显然，能否完成此类超级比赛的关键因素之一是营养方案。此类运动员需要不断试验适合自己的运动营养方案。以下提供一些可助你完成赛事的营养建议。

- 在训练期间，不断尝试全天的饮食方案。如果参加此类比赛，你必须要将此加入到训练计划中。你需要了解：在为时很长的训练中，什么食物和饮品可以在你的体内较舒适地被消化。柠檬或葡萄味的运动饮料？能量棒或普通食物（如香蕉、无花果干和贝果面包）？固体食物或流体食物？你需要不断试验，从而找到可靠的食物清单，而不是在比赛当天选择错误的食物。

同时也需将"味蕾疲劳厌倦"的因素考虑进去。意思是，你在铁人三项比赛中能吃下多少软糖而不恶心？徒步比赛时，你能连续几天早饭都吃蛋粉（脱水的鸡蛋制成）？骑行过程中总是喝运动饮料，你会不会感觉腻？你可以考虑食物的多样性，以及怎样可以愉悦轻松地摄入足够的碳水化合物来为肌肉和大脑供能，摄入足够的蛋白质来修复肌肉。你可以充分运用本书第 6 章到第 10 章中给出的建议。

- 优化你的日常训练饮食。大多数情况下，参加耐力比赛的运动员们同时要忙于工作或学习，他们没有足够的时间去计划、选购、准备营养均衡的运动饮食，同时也不愿花心思去挑选有营养的零食。又饿又累的运动员通常抓起饼干、薯片和其他高脂肪含量的美味食物填饱肚子，但是却没有为肌肉提供足够的能量。你必须记住：若是不在最佳状态进行训练，你不可能取得最好的比赛效果。这也意味着你每天都要吃好的运动饮食。

你的目标是在锻炼前吃碳水化合物为主的食物，锻炼后同样吃碳水化合物类的食物来补充能量。不要一顿吃超过一天所需的量，你需要一整天均匀摄入热量，从而稳定地为身体提供能量。你还需要根据训练时间表来制订自己的饮食策略。一位铁人三项运动员设计了以下的饮食方案。

- 他在早晨游泳训练前喝 480 毫升的果汁。
- 在去公司的路上吃一个大的贝果面包配花生酱、香蕉和巧克力奶。
- 中午，他在公司餐厅吃一顿热气腾腾的午餐。
- 午餐期间，他买了一个麸质麦芬蛋糕、酸奶和果汁作为下午的点心。
- 午餐期间，他还买了晚餐（火鸡三明治和水果沙拉）放在公司的冰箱里。

这个食物计划减小了他在饥饿时购买垃圾食物的概率。

- 安排休息日。休息是训练项目中必不可少的一部分。因为参加超长距离比赛的运动员会为即将到来的比赛感到压力山大，他们似乎不想浪费一分钟的训练时间。但这真不是什么好主意。休息不仅会降低你受伤的概率，还可为肌肉预留恢复的时间，而且还可让你有足够的时间去准备食物。

请注意：运动表现提高的关键在于你训练的质，而不在于量。意识到这一点后，一位铁人三项运动员选择每周高质量地训练一天，一周内的其余时间则让自己充分休息。结果，他将竞争对手甩出一大截。

- 饮用足量的液体。监测你日常的排尿情况。你应该每 2 ～ 4 小时排 1 次尿，尿液颜色清淡且足量为最佳。如果你晨起的尿液色深、味道大，那是脱水的表现。你需要再喝多一点水。

在训练期间，你可以测量锻炼前后 1 小时的体重差，以估算每天的液体需要。锻炼期间，身体每失去 0.5 千克的汗水，你需要摄入至少 500 毫升的液体。参见第 8 章，了解更多关于饮品和防治脱水的信息。

- 为你的比赛制订明确的饮食计划。你不光需要了解摄入水的量，还需要知道身体总的热量需求量。你可以与运动营养师或训练生理学家交流，估算出身体每小时所需要的热量。在超长距离的比赛中，于身体承受范围内，尝试摄入至少 1/3 ～ 1/2 的量。例如，一位骑行运动员每小时需要摄入 1800 千焦的热量，相当于 1 升的运动饮料和 5 个无花果酥，或 1 升水配花生酱和三明治。把每小时需要的食物分装好，方便你定期摄入食物和水。目的是防止你在运动期间脱水和出现低血糖现象。更多关于锻炼前补充能量的信息，请参见第 10 章。

- 保持随机应变。尽管你应该有一个明确的饮食方案来确保自己有足够的碳水化合物和水的摄入，你也需要根据自己身体的实际情况随机应变。毕竟在 18 小时的训练中，你的胃口会一直变化。也许你已开始想吃健康的水果、果汁和能量棒，随后想吃巧克力豆、奶棒和薯片。听从自己身体的意愿吧！希望你能事先准备好所有这些食物。有些参加超长距离比赛的运动员在比赛期间渴望甜食，那就享用它们吧。糖对于延缓训练的疲惫的确有很好的作用。你要做的就是坚持完成比赛。

215

第5节 冬季运动员的营养

如果你是一个滑雪者、冬季长跑者、冬季远足者或其他冬季项目运动员，请务必要关注自己的运动饮食。营养的缺失会剥夺你在户外进行运动的乐趣。锻炼前足够的能量补充对产生身体的热量至关重要。如果你的体温下降并开始颤抖，寒冷的气候本身不能增加你的能量，反而会额外消耗掉你的热量。因此，如果你是一位冬季运动员，尤其从事滑雪、户外跑步等运动项目，在开始训练前一定要补充足够的能量。

冬季运动员需注意的另一个问题是体重的增加。有些人会因为他们运动量变少而感到无聊而吃太多。有些人遭遇季节性情感障碍——一种因换季引起的情绪变化。此外，冬季节日中的食物诱惑也使人增加体重。以下建议可以帮助你为冬季的锻炼合理饮食。

冬季补水

- 摄入足够的水。脱水是冬季运动员最容易犯的错误。一项研究对比了运动员在滑雪以及踢足球和打橄榄球时的补水情况。结果显示：滑雪运动员的慢性脱水率最高。在比赛前，12位高山滑雪者中，11位身体有脱水现象。这也许是因为寒冷使得人体的口渴机制变得迟钝。冬季运动员即使出汗量很大，也不太会感到口渴，因此也不太想喝水。有些冬季运动员故意减少喝水的量，来减少排尿的次数。毫无疑问，冬季运动员要脱掉一件又一件运动服去小便是很不方便的。但是，脱水会直接损害到运动员的表现。

- 冬季运动员（尤其是高纬度的滑雪者）需要有意识地多喝水，来补充身体通过呼吸蒸发掉的水分。在寒冷、干燥的空气中，你的身体会呼出温和、湿润的空气，吸入干燥、寒冷的空气。因此，每一次呼气，你都会失去体内一定量的水分。你用眼睛也可以看见，呼吸时空气中的水蒸气。

- 除非你很热，否则不要饮用冰水（例如放在自行车水瓶或背包外袋中的水）。因为冰水会使你的体温下降。较好的选择是携带保温杯。

- 穿方便脱的多层服装，减少流汗。被汗浸湿的衣服会吸收身体的热量。当训练服里的温度变热时，尝试脱下里面的那层衣服。你的身体也会因此感到更干爽且温暖。单纯脱下帽子也会使你体温降低，失去身体30% ～ 40% 的热量。

冬季的能量补充

- 食物温暖人体的效应，又称"生热"作用。在你吃下食物 30 ～ 60 分钟后，比起空腹状态，身体会多产生 10% 的热量。因此，进食不仅能够为人体提供能量，而且可使身体变得温暖。

- 相比休息状态，有氧训练可以增加 7 ～ 10 倍的新陈代谢速率。锻炼是冬季热身的最佳方式。

- 如果在冬季训练中身体变冷，你很可能需要去找些东西吃。体温每降低一度，你的胃口就会被进一步激发。你的身体需要燃料来为"熔炉加热"，以便产生热量。

- 安全起见，记得随身携带一些应急食物（如能量棒），以保证在滑倒或发生事故，导致你在寒冷的环境里无法动弹时可以补充能量。例如，冬季野营者，总是携带充足的水果干、巧克力或曲奇饼干，以防他们在凌晨 3 点钟被冻醒。当然，也请记得随身携带手机。

能量的需求

- 当开始觉得冷（例如在户外观看一场足球赛），你会发现自己不自觉地绷紧大面积的肌肉，以增加新陈代谢的速率。当身体变得越来越冷时，你会开始跺脚。这些都是人体自然地产生热量的方式。

- 如果你冷到浑身颤抖，这些剧烈的肌肉收缩会产生大量的热量。如此剧烈的颤抖很快会耗尽你体内肌肉的糖原储备，最终消耗你的能量。这时候你会很高兴自己带了应急的食物。

- 当在寒冷环境中运动时，你的身体动用大量的能量来温暖和湿润你所呼吸的空气。例如，如果你在零下 18 摄氏度的温度下，滑雪 1 小时消耗 2400 千焦的热量，其中 600 千焦是被用来温暖吸入体内的空气的。夏天时，你会通过汗水将这些热量排出去。

- 如果你穿着很厚重的衣服，背着很重的装备，如滑雪板、靴子或滑雪鞋，你也会因携带这些额外物品消耗更多热量。美国陆军会为穿着厚重军装的部队在冬季多提供 10% 的能量供应。然而，如果你是个跑者，你就不会穿太多的衣服。因此，你在摄取热量时需要注意了。

冬季的恢复性食物

- 为了驱赶严寒、补充身体耗尽的糖原以及为身体重新补充水分，你可以尽情享受热腾腾的食物（如热可可、坚果燕麦、扁豆汤和低脂芝士吐司三明治和肉丸意大利面）。这些温暖的食物会为人体产生生热效果，从而使身体快速恢复。
- 与之对比，食用生冷的食物会降低体温。也就是说，你可以将这些生冷的食物留作夏天训练的选择，帮助自己降低体温。在冬天，尽量用热的食物来补充能量，也可以饮一杯热苹果酒或热汤。

冬季的体重增加

- 为了限制冬季体重的增加，经常运动才是正途。运动可帮你保持健康、控制体重并赶走冬季不佳的心情。
- 冬季运动的注意事项：穿合适的衣服、吃合适的食物以及及时补充水分，这样你才能保持身体温暖的同时享受冬季户外运动的美妙时光。

第 6 节　在高纬度地区训练的运动员的营养方案

如果你是一名在高纬度地区训练的滑雪者、徒步者或登山者，则更需要额外注重自己的饮食。氧气的缺失已经足够令你精疲力尽了，若再加上其他由于食物和水不足引起的问题，后果一定不堪设想。然而，在高纬度地区进行训练会抑制人的食欲，因此你可能不怎么感到饥饿，即使由于厚重的雪地靴和服装，你需要增加能量补给。如果开始发抖，你就需要增加能量的补充。

你可能也意识不到，在呼吸过程中会损失多少水分。人体在高纬度地区呼吸期间的水分流失是很高的，因为高纬度地区的湿度很低。冷空气本身不能保留太多水分。为了使你能充分享受在高纬度地区运动的乐趣，请注意以下几点。

- 确保你身体有足够的铁含量。在训练前的 1 个月，你可以先测试身体的血清铁含量。如果血清铁含量浓度低于 20 ～ 30 纳克 / 毫升，那意味着身体铁含量偏低，运动效果也可能会受影响。这时，你可以与医生交流补铁的方案，保证在进行高纬度地区的训练前为身体补充足够的铁。因为铁能帮助身体将肺部的氧气输送到肌肉里。
- 吃得足够。在高纬度地区训练，不要节食，因为你的身体需要能量，不仅为了提高运动表现，而且为了制造血红细胞（将氧气送入肌肉）。尽管在高纬度地区减重比在低纬度地区更容易（因为缺少食欲），但是最好的减重期是赛季后，或者你结束一次外出回到家之后。
- 每天早晨第一件事是称体重，使你了解自己的体重状况。如果体重在下降，证明你摄入的食物和水分过少。你需要相应地调整自己的饮食。

- 在开始的几天，有计划地做些低强度的训练。给身体预留几天适应期。尽管你可能一开始很兴奋，想要开始高强度的滑雪或远足训练，但一开始的过度训练会导致你在训练中期变得疲乏。适应期可以是 4～6 周不等，请保持耐心。

第 7 节　受伤运动员的营养

对于运动员来说，受伤是最艰难的经历。如果因为骨折、膝盖手术或应力性骨折不能训练，你很想要知道吃什么能让身体快速恢复？怎样在不锻炼的情况下避免增重？你要吃什么食物补充营养？这一部分的重点是解答与此相关的问题。

首先，我要以妈妈的口吻提醒你：在受伤期间，你要每天保持高质量的饮食摄入。如此，你才能有大量的维生素和矿物质储存在肝脏内，随时准备被动用。例如，营养充分的运动员有足够的维生素 C（有助于伤口治愈）。如果一个运动员长期吃垃圾食品，他在一次严重的运动事故后（如撞车、滑雪事故或曲棍球撞伤），很可能昏迷在医院中。

- 受伤运动员在营养补充上一个大的障碍是担心发胖。请记住：即使受伤，运动员也要吃饭啊！我曾有个客户拄着拐杖走进我的办公室，对我说："我已经 3 天没吃饭了，因为我不能跑步了。"他似乎认为，自己只能通过目的性明确的训练来消耗掉热量，他才能吃饭。大错特错了！另一个运动员在手术后就失去了胃口。然而她一方面想这真是个减重的好办法；另一方面也清楚自己需要营养来加快身体的恢复。
- 与大众认为的不同，其实人体摄入的大部分热量被你的器官所消耗（如大脑、肝、肺、肾和心脏）。器官的新陈代谢很旺盛，需要大量的能量。普通人摄入的 2/3 的热量被用来维持人体静态的新陈代谢。因此，在经历精神创伤或小的伤病时，人体需要多消耗 10%～20% 的热量，大病则需要更多的热量。是的，总的来说因为受伤，没有了高强训练，你所需要的总热量降低了，但是比起久坐不动，你还是需要多摄入一点营养物质。
- 你的身体是最好的热量计算器，因此听从自己身体的信号：饿了就吃，饱了就停。

　　为了加快你的治愈速度，选择多种高品质的食物为身体提供足够的营养，使身体尽快恢复。不要排除任何有营养的食物种类，它们都需要彼此配合才可在你的身体里发挥作用。

真相揭秘

缺少锻炼会使肌肉变成脂肪

　　事实：如果暂时不能训练，你的肌肉会萎缩，但不会转化为脂肪。滑雪运动员韦恩在一次意外中摔断了腿，6 个月后当医生拆掉他腿上的石膏板时，他惊讶地发现自己的腿变得瘦巴巴的。一旦开始恢复训练，他的腿部肌肉又恢复到原先的大小。

　　如果在受伤期间吃得过多（因为无聊或抑郁），你的确会容易变胖。足球运动员约瑟夫经历了一次严重的脑震荡，因为吃得过多，他在术后很快长了 6.8 千克的体重。但是如果合理饮食，你的身体就能保持良好的状态。在你一头扎进食物堆前，问问自己：我的身体到底需要多少热量？

　　当你受伤时，有些体重过轻的运动员的确能增重。姗娜是一位 13 岁的体操运动员，她察觉自己在膝盖受伤之后"变胖"了。其实她不是在变胖，而是适当地发育成熟了。

- 碳水化合物。摄入全谷物、水果和蔬菜。碳水化合物为身体供能，蛋白质可治愈伤口和修复肌肉。如果吃得太少，你的身体就会消耗蛋白质来供能，这会阻碍肌肉的修复。
- 蛋白质。你应该摄入瘦肉、扁豆、坚果和低脂的奶制品。因为你在受伤和手术后，需要额外的蛋白质。故请确保每一餐里都含有 20 ～ 30 克的蛋白质，以便有稳定的蛋白质来源可以促进身体恢复。20 ～ 30 克蛋白质相当于：3 个鸡蛋、1 杯（230 克）山羊奶酪、90 ～ 120 克的肉（猪肉、禽肉或鱼肉）、420 克豆腐蛋糕，或 1 杯鹰嘴豆泥。如果你胃口不好（手术后容易发生），吃下这么多蛋白质似乎有点不容易。那么，尽量尝试着从 1 个鸡蛋开始，逐渐加到 2 或 3 个；在汤里加点鸡肉，逐渐增加鸡肉的量；希腊酸奶也是很好的获取蛋白质的选择。

蛋白质在人体内被转化为氨基酸，氨基酸可用来修复受损伤的肌肉。尽管你可能看过很多氨基酸补充剂的广告，包括精氨酸、鸟氨酸、谷氨酰胺，其实身体可以从食物中获得足够的氨基酸。

• 植物和鱼油。橄榄油、芥花油、坚果、花生酱和其他坚果酱、亚麻籽、亚麻籽油和牛油果中的脂肪有抗发炎的作用，鱼油中的 Omega-3 也一样。每周至少吃到 2 顿鱼，最好是吃鱼油量较多的鱼，如太平洋三文鱼、金目鲈鱼、长鳍金枪鱼。减少 Omega-6 脂肪的摄入，它们常见于含有氢化植物油的包装食品里，以及加入氢化植物油的轻加工食物中。

• 维生素。多吃各种颜色的水果和蔬菜，你会获得比维生素片更多的营养。水果和蔬菜有强大的抗氧化作用，可防治发炎。不要低估蓝莓、草莓、胡萝卜、西红柿和菠萝对伤口的愈合作用。所以你可用酸樱桃汁、石榴汁和葡萄汁来制作水果奶昔。

• 矿物质。许多运动员，尤其是吃得比较少或不吃红肉的运动员，应该增加铁的摄入。血红测试可以显示你体内的铁含量是否较低。若是如此，你的医生会给你开补铁的处方。你可能同时需要一些额外的锌来提高身体恢复的速度。

• 草药、香草和特殊植物。抗发炎的物质存在于姜黄根粉（咖喱中所用的一种香料）、大蒜、可可、绿茶以及水果和蔬菜中。你可能需要服用对健康有益的草药丸。然而，不论是健康还是生病期间，规律地摄入有营养的食物是身体快速恢复的基础。

第 8 节　年长运动员的营养方案

如果你是一位年长者，并打算将运动事业一直进行下去，你可能想知道自己需摄入的营养是否与年轻运动员们相同。你需要摄入稍多一些的钙、维生素 B₆ 和维生素 D，且最佳化你的运动饮食，你就可以与年轻一代相媲美。关于营养，你最需要关注的是每天都摄入营养密集且有益于健康的高质量食物，以便降低你患心脏疾病、癌症、骨质疏松症和其他老年疾病的风险。

你可能最不想要成为米奇·托曼，他曾经说过，如果早知道我能活这么久，我一定会好好照顾自己。合理膳食从什么时候开始都不晚，并且可为你延长寿命。以下介绍了一些具体的建议，可帮助年长运动员创造出一个适合的饮食计划。它可以适用于任何的运动项目，包括尽情享受人生这项"运动"。

- 蛋白质。随着年龄增长，人体对蛋白质的需求也随之增长，但是并没有一种为年长运动员单独推荐的蛋白质摄入建议。你只是与以往一样，不要错过富含蛋白质的食物（见第 7 章）。确保每餐饮食里都含有 20 克（争取达到 40 克）的蛋白质，这样你可以为身体提供源源不断的氨基酸来优化、修复和保护身体的肌肉。富含蛋白质的鱼——尤其是三文鱼、金枪鱼以及其他鱼类——均对人体健康有益。因此，每周确保你至少摄入 200 克鱼肉。

完成训练后，你需要尽快补充能量，不要推迟吃饭的时间。如果超过 70 岁，在训练后，你可能需要 40 克蛋白质来优化肌肉的增长，这比年轻人在锻炼时所需的蛋白质的量（20 克）高得多。

- 脂肪。健康的植物油和鱼油具有保护健康和抗发炎的作用。考虑到某些疾病是由炎症引起的，如心脏病、糖尿病和关节炎，摄入能减少炎症的芥花油、橄榄油和鱼油是明智的选择。参考第 2 章，获取更多关于健康脂肪的信息。

- 钙。即使你的骨骼已经停止生长，但它们随时都有骨质的流入和流出。处于更年期的女性，骨骼分解和形成之间的平衡在不断变化，导致了骨质的缺失以及加大骨质疏松的风险——尤其在摄入低钙饮食的情况下。人体吸收钙的能力随着年龄增长而降低。这也解释了推荐 50 岁以上女性以及 70 岁以上男性，每天的钙摄入量保持 1000 ~ 1200 毫克的原因。在每餐里加入高钙的食物（包括黄豆和无乳糖的奶制品），对你的骨骼健康是很好的投资。此外，骨骼周围强壮的肌肉也是至关重要的，因此，请确保你每周至少进行 2 次力量训练，例如举重。

- 纤维素。吃富含膳食纤维的食物，可以促使你规律地排便。这不仅可使你的身体在训练过程中感觉舒适，同时也是很好的健康投资。例如，燕麦中的膳食纤维可以降低体内胆固醇的含量和患心脏病的风险。

- 维生素。维生素最好的天然来源是水果和蔬菜。尽量吃各色各样的蔬菜水果。经常运动和训练可以让你摄入更多的热量——更多富含维生素的水果和蔬菜。比起维生素片，这些健康的食物可为你提供更多身体所需的营养物质。

年长的运动者们通常会补充高剂量的抗氧化维生素，例如维生素 C 和维生素 E。但是研究显示，这对人体会产生负面的影响。多余的抗氧化剂会使人体产生负面的反应。不过你的确需要摄入足够的维生素 D，因为老龄化会让肌肉力量也逐渐降低。更多关于维生素补充的信息请参见第 11 章。

- 液体。年纪越大，你身体的口渴机制就会越弱。也就是说，你即使不渴，也要喝水。为防治慢性脱水的症状，请饮用足量的水，每 3 ~ 4 小时排一次尿为佳。在为期较长的训练中，请事先制订一个补水方案。更多相关信息请参见第 8 章。

最重要的是合理膳食，每餐都摄入富含蛋白质的食物、摄入足够的液体并定期锻炼。或许你的年纪在变老，但是你的心态可以保持年轻。让健康的食物以及有趣的锻炼来为你保驾护航吧！

第 9 节　经历胃分流减肥手术运动员的营养方案

毫无疑问，训练是成功维持体重的重要因素。一些进行了胃分流手术的病人会充分意识到这一点。据估计，14% 的病人开始运动，另外 6% 的人士成为健身达人。如果属于后者，你可能每天会在健身房花上几小时跑步或训练。你也许会开始参加马拉松、铁人三项或跨城自行车比赛。运用以下营养建议可以帮助你实现心中的目标。

注意：关于外科减肥手术的运动营养研究并不多。我可以基于所遇到的做胃分流手术运动员们的经历给你提供些建议。你需要通过不断地试错，来了解最适合自己的饮食方案。当运动量越来越大，你每天需要摄入更多的热量，尤其是每天训练超过 1 小时时。这些多余的热量并不会使你增肥，而是确保身体保持活力的必要能量，同时可为大脑供能，使你不会感到头重脚轻。

针对做胃分流减肥手术的运动员，在手术后的 1 ~ 2 年里，有一些常见的建议。但是随着时间流逝，你便可以更好地享用普通的运动饮食。

- 锻炼前补充能量。"为什么我在锻炼前想要吃东西呢？我想要消耗热量，而不是吃东西。"我的一位肥胖症的客户这么问我。因为如果在训练前不吃东西，你在训练中就不会有足够的耐力。你会觉得接下来的锻炼是件痛苦的事。在身体感觉舒适的前提下，锻炼前摄入400 ～ 1200 千焦的热量，会让你能够高质量地完成训练。你也能更好地享受运动的过程，这一点非常重要。为了余生都保持一个积极的生活方式，你最好可以从运动中得到乐趣。

- 寻找你的身体可以适应的碳水化合物的来源。如果和大多数通过外科手术减肥的运动员一样，你可能生活在对碳水化合物的恐惧中，担心吃碳水化合物类的食物会导致你的"迟钝"（感觉头晕目眩）。如果已经患有"碳水化合物上瘾"，你同时可能也在担心是否再次把控不住。然而，当开始从事一项训练时，你会发现吃一些肠胃能适应的水果、能量棒或运动饮料，会起到积极的作用。一位长跑运动员将燕麦形容为"温和的碳水化合物"，可以供他在锻炼前食用。但是他发现，身体在摄入精制的糖和白面粉后的半小时会有消化问题。因此他可以享用水果干，但是不能吃面食。显然，每一位通过胃分流手术减肥的运动员（与普通运动员一样）需要通过不断试错来找到自己的身体所能享用的食物以及食物量。

- 监测你的排尿情况。身型较大的人士在运动期间出汗量普遍较大，因此流失的体液也较多。监测排尿情况是判断你身体是否足量补水的很好办法。你的目标是全天下来每 2 ～ 4 小时排一次尿。你可以随身携带一个水瓶，不断地小口小口补水。更多补水信息请参见第 8 章。

- 摄入为胃分流减肥手术病人特制的维生素和矿物质补充物。做此类手术的病人容易营养不良，尤其是缺铁、维生素 B_{12} 以及维生素 D。人体的铁缺失会严重影响运动表现。一位此类运动员抱怨道自己总是感到很累。他想知道是否自己训练强度太大，或者因为手术导致身体缺乏一些重要的营养物质。我鼓励他做一个血液测试以确定是否因为贫血导致了身体的疲惫，结果的确如此。

- 不要苛求自己减到很低的体重。对"完美身型"的过度苛求，再看看自身多余的肉，你会歪曲你的体重目标。一位过去体重 80 千克的骑行运动员给自己定的体重目标是 77 千克，尽管他当时的体重已经变为 100 千克，体内的脂肪含量为 5%。我帮助他确定了一个更为健康和合理的体重目标。他忘了自己已经增长了一些肌肉的重量。

尽管体脂的测量可以帮助运动员估算自己是否要减脂或增肌，但是现存的研究很少关注到如何精确地测量做肥胖手术的运动员的体脂。然而，一个简单较好的工具是，用测径器测量皮肤褶的厚度。这个测量值不需要被换算成体脂率（不一定准确），而是通过每次对比皮肤褶的厚度来判断。也就是说，如果皮肤褶的厚度保持一致，体重的增加意味着肌肉的增长，而不是脂肪的增加。多余的皮肤可能会被误认为是多余的脂肪组织，给一些运动员造成困扰。

- 不用担心休息日没运动。做胃分流减肥手术的运动员普遍说他们一周运动 7 天。许多人害怕休息就会使他们变胖；还有些运动员担心休息一天后，他们就回不到规律的运动中去。他们对自己变得苛刻，并有强迫症，不允许自己休息一天。不幸的是，这样的运动方式可能给他们的身体带来伤害。对于有些人来说，运动成为了他们吃更多的借口，直到他们患上暴食症。一位骑行运动员说道："我现在的生活就是不断骑车、不断吃，如此循环。我已经将食物上瘾症转换成运动上瘾症。"如果你也有类似情况，请寻求运动营养师和治疗专家的帮助。

但是，他们会感到精疲力尽，过度透支身体从而导致受伤。每周至少安排 1 天进行休息。在休息日里，你可能感到更加饥饿。做减肥手术的运动员需要了解，这种饥饿是身体对碳水化合物的自然需求。在休息日，你可以摄入与锻炼期间同等量的食物。如果你在休息日称体重，事先告诉自己：也许体重会稍有增加，因为身体的肌肉每储存 1 克糖原，同时也会储存 3 克水。这种体重增长其实是水分的质量，而不是脂肪。

- 合理地规划时间。做胃分流手术的运动员普遍每天至少锻炼 1 小时，或更长。一位客户告诉我他在早晨 4 ~ 5 点期间快走，确保自己能在繁忙一天开始前完成运动。你需要根据自己的工作时间来管理自己的锻炼时间，保证自己可以有足够的时间去选购食物，烹饪并且慢慢享用美食。当然，还有规律地进行训练。

第三部分

体重与运动的平衡

第 14 章
评估你的身材：肥胖、健康、良好

当你在照镜子或观察商场里的人时，会发现人体存在脂肪是极其自然的。事实上，24 岁女性的理想身体脂肪含量大约是 27%，而 24 岁男性大约是 15%。然而，我们周围的确有些人比普通人胖很多，他们挺着隆起的大肚腩，松弛的赘肉露在裤子外，还有大腿上肌肉都耷拉下来。

社会宣扬以瘦为美，因此我的很多客户渴望拥有低脂的形体。女性力求变得苗条而非强壮，男人想要变得肌肉发达。虽然一定程度的消瘦对于人体健康和运动表现是有益的，但对体脂率的过于苛刻是不健康的。有人每天做 1000 个仰卧起坐，希望能摆脱腹部的脂肪；有人花了几小时在登山机上踏步，希望能消除大腿上的赘肉。他们来找我，要求对他们的身体脂肪进行测量，结果都被震惊：他们比自己想象的要精瘦。

向来穿得较少的运动员通常会认为自己太胖，很少认为自己过瘦。因此测量体脂可以帮助他们了解自己是否真的肥胖。当你开始配合饮食计划进行锻炼时，体脂的测量可帮助你量化自己身体脂肪的损失或肌肉的增加。这一章涉及体脂和身体肥胖度，讨论体脂测量的方法，提供进行健身的相关建议。即使是过度肥胖的人，也可以变得健壮且健康。

第 1 节 身体的脂肪：我们为何需要它？

尽管过量的脂肪会像过重的包袱一样，使人行走缓慢，我们仍需一定量的脂肪，以使我们的身体正常运作。脂肪或脂肪组织是我们中枢神经、脊髓、大脑和细胞膜不可或缺的组成部分。体内脂肪保护着人体的肾脏和其他器官，体表的脂肪为人体抵御寒冷天气提供了保护。对于一个成年人来说，必需的脂肪需要占到体重的 4%。也就是一位 68 千克的男士，至少要有 2.7 千克的脂肪。与之对比，一位 57 千克的女性大约需要有 12% 的必要脂肪，也就是 6.8 千克的脂肪。必需的脂肪是身体脂肪的最低水平，所以我们的身体都应该有除必需脂肪以外更多的脂肪。表 14.1 进一步描述了不同程度的身体肥胖。记住，对于运动员来说，没有一个统一的最佳体脂率的存在。所谓最好的体脂率，可让你感觉良好、表现良好、吃得好。即使是运动员，他们也会随着年龄的增长而增加体重。表 14.2 显示了随着年龄的增长，运动人士体脂率的建议值。

表 14.1　不同类型的男性与女性的体脂率

类型	男性体脂率	女性体脂率
必需脂肪	3% ～ 5%	11% ～ 13%
运动员，精瘦，极低脂肪	5% ～ 10%	12% ～ 15%
良好，低脂	11% ～ 14%	16% ～ 23%
可接受的，平均值	15% ～ 20%	24% ～ 30%
过胖，丰满	21% ～ 24%	31% ～ 36%
极肥胖的，极高脂肪	> 24%	> 37%

表 14.2　不同年龄的体脂率

年龄	女性	男性
0 ～ 30 岁	14% ～ 21%	11% ～ 13%
31 ～ 50 岁	15% ～ 23%	11% ～ 17%
50 岁以上	16% ～ 25%	12% ～ 19%

　　女性通常会储存必要脂肪在她们的臀部、大腿和胸部。当女性怀孕时，这些脂肪可以随时用来滋养一个健康的宝宝。

　　如果你是一位正和粗壮的大腿战斗的女性，你可能会打一场败仗。对比女性身体的其他脂肪储存区以及男性的臀部和大腿区，女性集中在臀部和大腿的促进脂肪储存的酶活性异常高。此外，该区域促进脂肪降解的酶的活性较低，使得女性减去臀部和大腿的脂肪难上加难。对于女性来说，减去此区域脂肪的最佳时间是怀孕的最后 3 个月和哺乳期。因为此时促进脂肪储存的酶的活性下降，而促进脂肪释放的酶的活性增强。而且通过这种人体自然运作的方式，女性也能更好地保护自己养育下一代的能力。

第 2 节　身体脂肪与运动

关于锻炼对体重的影响，存在很多"神话"和错误观念。这里有一些信息也许能够更新你对体脂率和锻炼的理解。

如果开始锻炼计划，我自然会减掉脂肪吗？

要减掉体内的脂肪，你只需要做到一天下来有热量赤字就可以。也就是说，你消耗的热量大于摄入的热量。显然，锻炼有助于热量赤字的产生，但锻炼有时候是被高估的减重方式。锻炼更好的作用是防止体重增加、保持体重和改善健康状况。此外，运动有助于缓解压力（也可以降低压力下进食的概率），促进你的新陈代谢，使你自我感觉更好并增加你对健康饮食的欲望。

许多人的确通过锻炼达到减肥的效果。因为他们进行的是一场全面健康的"战役"，不仅包括增加运动量，而且还包括减少热量的摄入。另外，人们在锻炼后，压力也会变小，从而不再想要通过无意识的进食来缓解压力。

但我的一些客户抱怨说，他们锻炼了很久也没有减去体重。这种情况经常发生，因为他们锻炼后摄入了丰富的热量，弥补了消耗的热量。他们可能已经锻炼了 30 分钟，燃烧掉了 1200 千焦的热量，但他们在短短 3 分钟里就摄入了含 1200 千焦热量的"恢复性食品"。尽管人们普遍认为胃口会跟随锻炼量起伏（除了极端情况），你的锻炼量越大，你也会变得越饥饿，你自然会吃得越多，这样就抵消了你所消耗的热量。人体会本能地节约热量以至你不会逐渐消瘦。尤其是你已经很瘦，已没有多余脂肪可以失去时，身体的本能就越发起作用。

另一个影响运动减肥效果的因素是日常的总运动量。一些狂热的训练者是"久坐不动的运动员"。他们把自己所有的精力投入到每天时长 1 ～ 2 小时的刻苦训练中，但余下的时间却甚少进行自发性活动。举例来说，一群有些肥胖的大学生参与了一项为期 16 个月的有氧健身计划，他们在计划开始前后的日常能量支出却极为相似。这是因为他们似乎在每天的闲暇时光中变得更不愿意动弹。此模式在漫不经心或严肃认真的训练者中都很常见，而他们中很多人也声称自己虽然辛苦锻炼，但是体重仍然没怎么变化。

若你想用锻炼来促使体重减轻，不妨考虑进行些强化肌肉的训练。与在健身过程中一开始便消耗大量热量，其后却消耗极少热量的有氧运动不同，力量训练可以强化肌肉，从而提高你的新陈代谢，这一过程贯穿整个日夜。肌肉组织对于消耗热量很是积极。你的肌肉越多，消耗的热量也就越多，即便只是坐着不动。

如果用低强度的"燃脂"运动来代替高强度训练，我将会减去更多体重吗？

有些人坚信，体脂减少的关键是要进行燃脂训练或低强度运动，使得脂肪用来当作燃料，而非碳水化合物（如肌糖原）作为燃料。错了，体脂减少的关键是要使消耗的热量比你摄入的更多。研究表明，在运动期间，消耗的脂肪对体脂减少没有任何影响。但是，因为比起高强度训练，人们可以坚持更长时间的低强度锻炼，例如，相对于10分钟快速跑（消耗600千焦的热量），你更容易在60分钟的慢跑（消耗2400千焦的热量）中，消耗掉更多的脂肪。

高强度训练可能导致人体的低体脂率。针对1366名女性和1257名男性的研究表明：比起进行低燃脂训练的人士，进行高强度训练的人拥有更低的体脂率。如果你选择训练强度更大些，请确保合理地进行运动——热身、拉伸以及不要过度运动，以减少受伤的概率。记住你可能不会太享受高强度的训练，并且最终会减少高强度训练。

男性减重比女性更快吗？

大自然似乎付出了艰苦的努力来保护女性的体脂储存。从进化角度看，大自然想要女性拥有更多的脂肪并且能多生育，而男性则通常被认为是精瘦的狩猎者。一项针对先前久坐不动，此次参加了长达18个月马拉松训练课程，体重正常的男性和女性的研究发现：男性每天的饮食摄入量增长了大约2000千焦，而女性仅仅增加了240千焦，尽管是在增加了每周80千米跑量的情况下。结果男性大约减掉了2.4千克脂肪，而女性却仅减掉了1千克不到，尽管报告（不一定准确）显示，女性一天下来有较大的热量赤字。同样，其他研究也证明：当正常体重的女性增加运动量时，她们并不能减去相应理想的脂肪量。

一项对于先前从不运动又超重（平均年龄22～24岁）的男性与女性

的研究中发现：他们坚持 16 个月中每周做 5 次健身运动，与此同时没有饮食限制，男性减去了 5.4 千克，体脂更是从 27% 降到 22%，他们并没有多吃其他食物来补偿其消耗的额外的热量。然而女性却没有显著的体重或体脂的改变，她们的胃口跟随热量消耗而起伏。正如我的一位女性客户所抱怨的："我十年来一直在跑步，可体重甚至连 1 千克都没有减少。"其实她这种情况并不是特例！

为了减少腹部和臀部的脂肪，我应该每天都做大量的仰卧起坐吗？

当减掉脂肪时，你身体的各个部位都在失去脂肪，并不是仅从你锻炼最猛的某个身体部位失去。再者，要减掉体内的脂肪，你需要一天下来做到热量赤字即可。肌肉活动本身不会引起体脂的减少。例如有人每天做 1000 个仰卧起坐，试图减掉他腹部的脂肪。他一定会练就强壮的腹肌，但是如果他没能创建一个热量赤字，也不能减去腹部的脂肪。

为什么我的大腿上有橘皮组织——我该如何摆脱它呢？

脂肪团拥有不平整的橘子皮纹路的现象通常出现在臀部、大腿及臀部周围的脂肪处。这种脂肪沉积在皮肤表层下方的"口袋"中。虽然有很多写脂肪团的文章，但很少有人了解它。一些医学专家认为，脂肪团的出现，可能是因为结缔组织限制而使脂肪细胞分离。如果你超重，并吃太多含脂肪的食物，可能会造成脂肪肿胀。

关于脂肪团的问题，一般对女性要比男性更明显。因为女性的皮肤更薄同时她们的脂肪团也更大更圆。此外，女性容易在她们的大腿和臀部中沉积脂肪，这些都是脂肪团容易出现的区域。相反，男性更易在他们的腰部周围沉积脂肪。脂肪团可能会遗传，如果一位母亲有，那她的女儿很可能也会有。随着年纪增长，脂肪团的出现通常是因为皮肤老化失去弹性并变薄等原因。你可以依靠摄入更少的热量来摆脱它，当你消耗脂肪时，身体的每个部分都会失去它，包括脂肪团。

如果你锻炼主要就是为了减肥，那么我鼓励你还是将锻炼和减体重相互区分。锻炼的意义应是为了保持健康状态、精神焕发、消解压力，而最重要的是内心的愉悦感。我并不鼓励你把运动主要当作消耗热量的手段。在这种情况下，运动仿佛像是对体脂过量的惩罚。如此，你并不能享受运动的乐趣，迟早会停下你的健身计划。

探索制订一份目的性和计划性明确的健身计划，也是你自己的职责。这样一来，当生活空闲时，你会很喜欢将多种类型的运动纳入自己的日常锻炼当中。例如以下这些例子。

- 吉姆买了一条狗，现在每天遛狗 5 千米。
- 大卫喜欢在夏天打理自己的花园，冬天更享受林间漫步的感觉。
- 格蕾琴是繁忙的高管，她利用午餐时间散步 30 分钟来缓解工作压力。
- 雪莉每天骑自行车上班。
- 凯文加入了一个马拉松训练团队。

虽然没有造成热量赤字的运动不能使得体重减少，我们却更加明白：运动对于体重持续减轻以及改善健康状况十分重要。每周运动消耗掉 4000 ~ 8000 千焦热量的人远比从不运动的人更瘦也更健康。再次强调：要找到一个有目的且有意义的健身计划。

第 3 节　身体形象

莫妮克是一位实力很强的高中游泳健将，她对自己壮硕的身材极度敏感，她还称自己是"肥胖"。当我测量了她的体脂率，她急切地想知道结果。"实际上你非常精瘦，"我告诉她，"你只是有大量的肌肉和一个大的骨架，但几乎没有多余的脂肪。"

若是我们常拿自己的体形与队友进行比较，你会得出些对自己体形有偏见性的结论。因为我们生而具有各种不同的体形，这大多数由基因决定。虽然通过减肥或锻炼在一定程度上可以改变你的体形，但这不可能做到完全改变。有时候即使减掉了多余的脂肪，你依然得不到自己想要的体形。

假如你是个大腿粗壮的女性（正如你家族中的所有女性成员一样），抑或是一个厌恶腰间赘肉的男性（家族的男性成员都有），那你的目标需要现实一些。这意味着你可以通过创建一个热量赤字来减少在大腿或腰部周围的脂肪，但不可能让它完全消失。与其整天为体内的脂肪困扰，不如听从我的建议：不要对自己的身体抱有不满的情绪，学会用你的真诚和体贴去接纳它，感恩于你的身体为你做的一切美好的事情，并且专注于生活中真正重要的人际关系。要意识到，你真是浪费很多精力去担忧多余的脂肪了。

我们的体形由个人独特的遗传基因决定，就像我们中的一些人的头发浓密，而有些人天生头发稀松；有些人眼睛呈蓝色，而另一些人是棕色的。似乎没有人过多关心头发的多少或眼睛的颜色，可铺天盖地的媒体消息总使我们关注身体的肥胖。这样一来，自我意识强烈的人就会感到自己信心不足。

真相揭秘

大多数热爱运动的人士对自己的身材都感觉很满意

事实：很少有运动员生来便拥有他们想要的体形。我们中的大多数都是普通人，有着肚腩、脂肪。大约有三分之一的美国人内心里对自己的外表不满意，其中女性人数要远多于男性。大腿、腹部、胸部和臀部是女性们抱怨最多的部位。而男性常对腹部赘肉、上半身及出现的秃顶表达不满。有时候问题是假想的（正如厌食症患者抱怨她肥胖的大腿）；然而有时它是真实存在的，腰间耷拉在运动短裤外的赘肉以及肥胖松弛的大腿都导致他们进行无情的节食和锻炼。

请记住，你作为朋友、同事或爱人的个人价值，并不是建立在外貌的基础上。你的魅力来源于内在。如果过度关注自己的外在，则会掩盖你内心对于自己的真实看法。被些许身体缺陷所困扰的那些人通常会缺乏自信。他们总觉得自己不够好。

身体畸形障碍症

身体畸形障碍症是人过度关注自己臆想的外表缺陷，或执着轻微的生理缺陷的疾病，如过分关注弯曲的牙齿、脱发或长长的鼻子，此病症患者数目呈上升的趋势。此类患者有一定的社交焦虑，他们总觉得周围的人在看自己，且看到自己缺陷，并作出某些评判。就算是身材精瘦的运动员们，无论男性女性，都无法对身材感到满意。许多人并不接受自己的身材，这种看法对饮食失调的发展可谓有推波助澜的作用。总想与自己的身体形象作斗争，可能预示饮食失调的到来。

你的外表看起来如何，和你内心的看法其实没什么关系。但现实生活中，很多人都像这样想。

（1）我有一个身材缺陷（肥胖的大腿），这使我看起来异于常人。

（2）别人会注意到这种差异。

（3）我的长相会影响这些人如何看我。

（4）我挺差劲，没什么信心，也不够好。

　　容易产生这种思维方式的人有：年轻的舞者，在从花季少女发育为成熟女性的过程中，因为训练导致出现肌肉饱满的臀部和大腿；想要变得更瘦的跑步者；想要自己在学员中保持良好形象的领队们；无数认为自己身材不完美的人。

肌肉上瘾症

　　有些人想看看他们能练出多大多强壮的肌肉。他们总是认为自己太过瘦小，认为自己的肌群质量不够。这被称为肌肉上瘾症，一种强迫性神经失调，是亚型的身体畸形障碍症。肌肉上瘾症有时候也被称为"健身过度症"，因为它与厌食症相反。大多数情况下，这些人根本不瘦小，相反他们身上有明显的肌肉线条，也能参与到健美比赛的竞争中。然而，很多人为了举重在健身房花费大量的时间。他们总是站在镜子前端详自己，也花很多钱来买营养品，甚至服用具有风险的类固醇和其他药物来增强自己的实力。正如有人谈到："当我能成为超人时，我为何要当克拉克·肯特（化身超人前的角色名）？"但也不是所有想要强化肌肉的运动员都有肌肉上瘾症。每周进行3次举重训练是有助健康的，可每天5小时的举重训练意味着你可能有些问题了。这里有一些用于诊断的问题，可以用于自我诊断，确定你是否有肌肉上瘾症。

- 你与他人的关系因为你严苛的运动计划和食谱而被影响了吗？
- 你花太多时间来运动只是为了运动量的积累而不是为了提高你的运动能力吗？
- 你有花太多时间在你的外表上吗？
- 你有没有投入太多的钱来改善你的外表？

如果你相信自己的身体形象问题已经严重到控制着你的生活，请寻求熟悉这种疾病的治疗师的帮助。

在传统思维中，男性不应该担心他们看起来如何，因为这可能被看作是女性化或弱小的表现。恼人的媒体总是报道说女性不够好。虽然一直以来都是女性把提升外表形象当作首要目标，不曾想如今男性也经受着同样的压力。也就是说，男女都在与身体形象问题作斗争。

学会去爱你的身体

很多人坚信，若不满意自己的体形，最好的解决办法就是减肥、练哑铃或做成千上万的仰卧起坐。用这种"外部"的方法来寻求幸福感，往往是不正确的。关心你的外观如何，通常会掩盖你对真实自我的认知。考虑到自尊心有 25% 的部分是与你的外貌联系在一起的，你或许很难对自己感觉良好，除非你热爱自己的身体并且对自己的外貌十分自信。要知道，体重问题往往也是自尊心的问题。

解决体形问题的最好办法是要学会爱你所拥有的身体。正如我之前所说，你的模样、体形，大部分都是由基因决定的。你可以稍微重新改善自然赠予你的身体，但是你不能完全改造它，至少不是进行严格的饮食、进行强迫性的运动。

如果你正与你的体形作斗争，你需要回想一下，确定你第一次听到你的身体出了一些状况的那个时候。也许是一位家长，亲切地对你说，在这样一个特殊场合，你穿的这件衣服很得体，看起来很漂亮，但如果能减去几千克体重，你看起来会更加漂亮；又或许是兄弟姐妹们曾取笑你有肥胖的大腿。那么，你需要遵循以下步骤来使你与自己的身体和平相处，还要学会爱自己和你的身体。

- 重命名你不喜欢的身体部位（例如，把"丑陋的果冻一样的肚子"改为可爱的"圆肚肚"）。
- 确定你喜欢的身体部位。
- 对自己身体有吸引力的部位给予肯定。

要是你发现自己沉迷于自己身材如何，不妨准许自己生活得更健康。摆脱体重困扰，提供一种积极的方式来让你逐渐接受身体原有的样子。恳请你，不要停留在消极的思想层面上，而是去感激你的身体为你所做的那些美好的事情。你的身体可以骑自行车、在健身房锻炼、划独木舟，诸如此类让你玩得开心的事。没有你的身体，你怎么能享受运动呢？要记住，健康的身体才是你应该追求的。

若要开始改善你与自己身体之间的关系，请闭上眼睛，想象你已经拥有了想要得到的身体。你仪态大方、口齿伶俐，还会使用机敏的肢体语言表达自己的内心感受。此时，睁开你的眼睛，欣然接纳这些特点。通过长久的练习，你终究会懂得，美貌是肤浅的，而真正的价值在于爱、关怀和你对家人亲友们的关心。这样一来，你或许能鼓起勇气，独自面对各种令人生畏的状况。你甚至敢去尝试以前不敢穿的泳衣，而且能保持心情平和！

摆脱体重困扰的独立宣言

我宣布，从今天起，我将遵从以下原则来过自己的生活。与此同时，我申明自己在被体重困扰的世界中是自由且独立的。

- 我将接受身体的自然形态。
- 我对身体每天能为我做的一切感到欢欣鼓舞。
- 我会尊重自己的身体，给它足够的休息时间，用各种各样的食物来给它补充营养，适度锻炼，倾听它的需求。
- 我将选择抵制采用社会的常见"标准"来判断自己和别人的体重、身材和体形，而是根据他们的性格和他们所作的杰出贡献来评价他们。
- 我会拒绝通过节食或使用减肥产品来剥夺身体的宝贵营养。
- 我将避免以"好"或"坏"来分类食物，也不会带着内疚、羞愧的心情来吃某些食物。相反，我会平衡膳食，滋养身体，倾听和回应它所需要的一切。
- 我不使用食物来宣泄我的情感需求。
- 我不会避免参加我喜欢的活动（如游泳、跳舞、享受一顿大餐），因为我对自己的身材很有自知之明。
- 我相信我的自尊和身份来自内在！

第 4 节　不要玩数字游戏

有些人花太多心思关注浴室磅秤上的数字。体育行业从事者吉恩选择把磅秤藏在她的汽车后备厢里，因为它太容易毁了她的一天。伊万是一个马拉松运动员，他说："有天早上我变得很狂躁。体重计显示我的体重增加了 1 千克，然而我已经饿了半个星期了。我愤怒地在上面跳起来了直到它坏了为止。这是我最后一次称量自己的体重！"伊万现在可以笑着回忆这个故事，但她当时可并没有笑。

如果你真的担心自己的体重，我建议你不要每天去称量它。当体重下降时，你可能会赞许自己，可体重上升时又像变了个人。这完全是无稽之谈。你还是那个可爱的你，这不是一两千克质量可以改变的。

你所测量的不仅是脂肪，还有肌肉、水、食物以及称体重前刚喝的咖啡等等。那么体重秤上显示的数字和你的真实体重完全不相关。举个例子，如果你增加了训练强度，同时减少食物摄取量，想增肌并减去体重。可你称体重的结果却像没什么变化。可实际上你会感到自己变瘦，看起来也是如此，而且你的衣服也变得宽松了，但你要是一心只关注体重秤的数值，你会感觉不到任何心理安慰。

一些运动员喜欢玩数字游戏，但蒙在鼓里的永远都是他们自己。例如，田径运动员、回力球球员，还有其他喜欢在艰苦训练大量出汗后称量体重的运动员。谁曾想，在运动过程中，他们可能已经失去了 2.3 千克的汗水，而不是脂肪。

唯一适合称体重的时间（如果你坚持要这么做），是早起的时候。起床，清空你的膀胱和肠道，然后在进食之前站在体重秤上。那么你称量的是干净的没有食物残留的体重。但如果你在一天快结束时称体重，很显然，你称量到的是包括肠道里的晚餐、饮料和其他食物碎物的体重。

还要记住一点：体重增或减不仅是意志力的问题。体重，如同身高，也是受遗传基因影响的。谈及身高时，你或许会坦然接受不能强迫自己长 15 厘米的事实。可当谈及体重，你却想让身体减掉一个不恰当的重量。

诚然，如果超重，你可以减肥，将体脂减到一个适当的水平。每周称量体重可以起到强化减肥效果的作用。但如果你已经是一个身材精瘦的运动员，却拼命努力想减掉最后 2.3 千克而得到让自己满意的体重，你可能会感到挫败，甚至质疑自我价值：为什么我连减掉 2.3 千克体重这种简单的事都做不好？（因为这不简单！身体的自然机制会抵制人体脂肪的过度减少。）

为了满足在运动中的体重需求，一些运动员正面临困境。目前体育项目中的摔跤运动员、体操运动员、芭蕾舞者和花样滑冰运动员，都不是符合自然状态的人体类型。这甚至引发了道德伦理问题。对芭蕾舞、花样滑冰、体操以及其他需要精瘦身材的运动，生来就比较壮实的人就应该望而却步？我们应该鼓励赛艇运动员的体重减掉 7 千克，以达到较低的重量级别吗？这样一来，这类运动员的健康与体重哪个更重要呢？这些都是棘手的问题。

第 5 节　我应该有多重

尽管只有自身的基因知道你最适合的体重，不妨看看下面的指南，它提供了一个方法来评估健康体重的范围（误差 ±10%，这取决于你的骨架是大还是小）。但这个经验法则并不适用于每个人，特别是健美运动员和足球运动员。

女性：152 厘米高的人是 45 千克，其后每厘米增加 0.9 千克。

男性：152 厘米高的人是 48 千克，其后每厘米增加 1 千克。

例如，一位女性高 168 厘米，较适合体重为 59 千克，浮动范围 53 ～ 65 千克。某男性高 178 厘米，较适合体重为 74 千克，浮动范围 67 ～ 81 千克。

尽管运动员通常想比一般人更瘦，留心这条消息：如果你力求体重明显（超过 10%）低于本指南推荐的重量，更要好好想想。要知道，最好的体重目标是使身体处在健康状态，而不是让身体看上去骨瘦如柴。

如果你胖得厉害，你最初的目标应该是减去当前体重的 5% ～ 10%。正如你的体重是 91 千克，仅减去 5 千克到 10 千克就足以改善你的健康状况，并能显著降低患心脏病、糖尿病和高血压的风险。虽然你可能为了外表的美丽想减掉更多的脂肪，但是你也应该知道减掉最初几千克的体重是件很有意义的事。

体重指数

　　虽然有些人认为，确定体重指数（BMI）是筛查运动员是否肥胖的好方法，但其实它并不完全可靠。因为 BMI 是指身高与体重的比例。它针对的是体重，而不是体脂。举重运动员和其他力量型运动员有很多肌肉，也很容易被列为"肥胖"（BMI 大于 30），这通常都是错误的。

　　一般情况下，BMI 大于 25 的人被认为体内脂肪过多，且容易患心脏病、糖尿病和其他疾病。然而，一项针对 28 所大学曲棍球运动员的研究显示，他们的平均 BMI 是 26（超重），但他们的平均体脂率却仅为 13%。

　　在工作中我会用 BMI 值来确定谁太瘦。如果你有正常的肌肉组织，那么一个适当的 BMI 值应该是 18.5 ～ 24.9。当一个运动员的 BMI 值小于 18.5 时，我会考虑他患厌食症的可能性。为了确定你是否处在这个体重过轻的类别当中，可以先在网上搜索"体重指数计算器"，你可以借助它来评估你的 BMI 值。

身体脂肪测量

　　针对对合理体重不甚了解的运动员，我为他们提供专业建议时，主要通过测量体脂，而不依靠体重秤及体重指数。脂肪测量有助于了解一个运动员的肌肉、骨骼、必需脂肪和多余脂肪的比例。显然，体重秤提供了一个没有意义的数字，因为它并不给出重量的组成。虽然有些重量是理想的（如肌肉的重量），其他不太理想的重量则会来自脂肪。很明显，肌肉有助于你在大多数体育运动中达到最好的状态。而脂肪却使你担忧，因为过多的脂肪会使你的运动速度慢下来。

　　相信我，体重意识非常强的运动员总是流露出紧张的状态，由此可以判断，你身体的脂肪增长率随生活中的焦虑程度上升而上升。数字有时候的确可以揭露一些真相。足球运动员要接受身体可能有 20% 松弛肌肉的事实，而体操运动员实际的体脂率比他们认为的要低。

　　如果想测量身体的体脂率，你肯定希望由合格的专业健康人员精确地为自己测量。不准确的测量结果可能会使人陷入一种恐慌。如果你打算再次测量，那就尽量找同一个人来完成二次测量，以确保一致性。

241

当谈及体脂测量，简单又廉价的方法一般都不会 100% 准确。常用的方法，如空气置换、水下称重、卡尺以及电阻抗都有潜在的不准确性。以下的信息通过评估这些方法来帮助你估算理想的体脂率。

要记住，体脂测量也应当包括对你最佳体重的探讨。当然，体脂测量不会提到脂肪在哪里堆积——腹部（啤酒肚）或臀部和大腿。测量体脂同样也不会涉及遗传基因。如果你远比其他家庭成员精瘦，但体内脂肪依然高于你的预期，那对你来说其实目前已经很瘦了。举个例子，一个身高 168 厘米的跑者减掉 23 千克体重，从 91 千克减到 68 千克，她想达到一个看似合适的 59 千克的目标。因为如果不严格限制饮食摄入量，她似乎很难减到 59 千克，于是我测量了她的体脂。她体内有 28% 的脂肪，虽然远高于平均水平，但她比家里的其他成员更瘦。我建议她心平气和地接受现在这个更加健康的体重，并要记住相对她的家族成员，她已经算瘦的了。

水下称重

水下称重历来被认为是确定体脂率最准确的方法。通过这种方法，受试者呼出人体肺部的空气，然后浸没在水箱中进行称重。与大家普遍认为的相反，这种技术实际并不能衡量体内脂肪的多少。它将测量转化成测量身体密度。将身体密度转化为体脂率的方程最适合标准身材的男性，其中不包括许多精瘦的田径运动员和健美运动员。此外，该方程也不适用于高中游泳队的女孩、50 岁的马拉松选手和专业足球运动员。

身体密度受运动员的类型、年龄和性别等因素的影响。儿童和老年人的身体密度也不相同。患有神经性厌食、骨质疏松或骨质密度低的芭蕾舞者与正常男性的身体密度截然不同，因此有时会测量出不精确的体脂率。

水下称重误差也源于人在称量体重时的经验缺失。如果从未被淹没在一个称重水箱中，你可能会感到很紧张，那么在水下可能不会完全呼出肺部的所有空气，从而影响测量结果。运动生理学家们估计，只要 0.5 升空气就会产生 3% ～ 5% 的测量误差。肠道气体也可能破坏测量的准确性。另外，仪器的校准也可能会出现问题。

Bod Pod 体脂测量法

Bod Pod 体脂测量法类似于水下称重的方法，只是将身体置于空气中而非水中。Bod Pod 是一个豆荚状的私密空间，顶部间歇性开启，容器里有一个座位。测试者坐在其中，穿着单薄（平日衣服占用的空间会影响读数，这种情况下人应该穿着氨纶衣物，并佩戴浴帽）。技术员关闭 Bod Pod 的顶部，然后测量气压，以便从排气量的情况确定身体的体积。接着将这些测量值转换成体脂率，其原理类似于水下称重。同样，精准度也与水下称量法类似，往往会把误差规定在 1% 范围内。该方法与水下称重法比更快速、舒适且简单，故已成为健康俱乐部测量体脂的流行方法。

人们在使用 Bod Pod 法时，一定要按照说明，在测量前 2 小时之内不要吃喝，也不要运动。几位运动员在跑步机上跑步前，测量出有 21.3% 的体脂率。当他们在锻炼后再测试时，却测量出了 19.6% 的体脂率。那 2% 的差距不是由于身体的脂肪损失，而是由于体温升高相关的不准确性导致的。

皮脂夹

皮脂夹比其他测量体脂率的方法更方便高效。皮脂夹是一个大钳子，可用于测量特定身体部位的脂肪层的厚度。此外，皮脂夹也是消费者负担得起的测量体脂率最准确的方式。然而，我们知道经过技术培训的专业人士才是最有资格用这种方法的人。那些看似不起眼的操作失误，最终会演变成体脂率的错误读数。

即使是精确的测量结果，也常因为所使用的方程不恰当而被转化为错误的信息。那么，为了做到最大程度的准确，跑者、摔跤运动员、健美运动员和体操运动员都应该使用为他们量身定制的方程来测量。在健身中心，这样的方程很少被用于测量普通大众的体脂率。

用皮脂夹测量体脂率的准确性取决于技师的操作精度、卡尺的精度和适当的转换方程。不同的技术人员，采用不同皮脂夹和不同的方程重复测量，也可能会产生不同的结果。

皮脂夹测量法是用于测量体脂变化的最好方法。我每个月都会记录通过规律锻炼而减去大量体重的人群的测量值。通过比较这些数字，减肥者可以发现自己身体的变化。而从厌食症恢复的人，通过观察这种方法所测的数据，也能惊喜地发现他们正在重建肌肉，而不仅仅是体重在上升。皮脂夹或许不能给出100%准确的测量结果，但是它可帮你看清身体的变化趋势，特别是相同的测量员使用相同的皮脂夹、相同的转换方程测量同一位对象时。

生物电阻抗分析

生物电阻抗分析（BIA）通过对身体发送不可察觉的电流来获取身体的数据。身体里的水分会影响且抑制电流的流动（阻抗），因为水多存在无脂肪组织，故接收到的电流可以转化为体脂率。因此，它是相对准确的。但对于大量出汗的运动员，它通常不如皮脂夹测量的结果准确。

用生物电阻抗分析的方法测量身体组成是一件很简单的事情，只需几分钟即可完成。全身机（带有连接到手腕和脚踝的电极）是便携式的。它易于使用，在健康博览会中经常可以看到。消费者在进行生物电阻抗时，应该知道脚对脚的测量，往往比手对手的测量更准确。

虽然生物电阻抗分析是一个流行的方法，但通过电阻抗预估身体的肥胖指数也是有问题的，对运动员而言更是如此。由于转化方程的性质，精瘦运动员的身体肥胖指数有时会被高估，而超重人士的肥胖指数有时却会被低估。如果你在锻炼后测量，测得的结果可能比运动前更低，因为水合作用会影响读数。不仅如此，如果体内缺少水分你也会得到不准确的读数。经过艰苦的锻炼，或已经喝过任何含酒精的饮料后，请不要费心思去测量体脂率，正如我的一个客户所说："我的体脂率可以在9%～14%随时变换，这取决于我何时进行测量。"

其他可能对体脂率测量精度产生影响的因素包括女子经期前身体的浮肿、胃中的食物和肌肉里的碳水化合物（水分与碳水化合物一起储存）。此计算方法是基于体内有 73% 的水的前提假设。但有研究表明，年轻人体内含 77% 的水分，而老人们体内仅有 71%。然而，如果测试时的操作不当，测量的读数也会不准确。此类错误在人潮涌动的展览中进行测量时很容易发生。但随着新型运动方程的出现，测量结果的精准度也会随之提高。

这有什么用呢？

除非研究人员发现了可准确测量体脂率的方法，否则不妨听听我的建议。将体脂率的测量结果当作比较的工具，看自己是否减掉脂肪、增加肌肉、塑造出了好身材。但是请记住体脂率只是体现健康程度和运动表现的一个指标，而不该是唯一的决定性因素。

不要期望能得出一个正确无误的数值。一般而言，标准误差为 ±3%。因此如果你测量的结果是 15%，实际值可能是 12% 或 18%。由于个体差异，故不必考虑另外 3% 的误差。

就像利用不同的体重秤来测量会得到不同的结果一样，使用不同的方法测量体脂率，不同的人也会得到不同的结果。一项针对高校体操运动员的研究发现，他们的体脂率的范围是 18.45%～26.1%。使用的测量方法包括精准度最小但最便宜的方法（Omron）、双能 X 射线吸收法（DXA）以及标准方法（见表 14.3）。

表 14.3　使用不同仪器测得的体脂率

设备	体脂率	价格 / 美元
Omron HBF–510W：站立加手握	26.1%	90
Tanita BF–350：站立测量	21.7%	800
Tanita BF–522：站立测量	21.7%	365
DXA：研究人员所使用的黄金标准	21.06%	至少 25000
皮脂夹：医疗级	19.5%	250
Omron HBF–306C：手持式	18.4%	50

因此，你最好让同一个人帮你定期测量体脂率。但是，如果你不能从镜子以及自己穿衣服的效果看出任何变化，那么测量的结果也不太可能有什么变化。

第 6 节　聆听你的身体

　　我强烈建议你不要把命运托付给一个不可靠的数字，而应去倾听身体的感受。每个人都有一个设定点体重，自己的身体倾向于停靠在那里。你可能在某天稍微吃得过饱，而后来又不怎么吃东西，但其实你的体重基本没有什么变化。如果你低于这个大自然赋予的体重，身体就会发出信号。你可能会有一个挥之不去的饥饿感，变得痴迷于食物，长此以往你会疲劳。而另一方面，如果你高于自己的设定点体重呢，你又会觉得不舒服和颓废。

　　这些年服务不同年龄和体重的运动员的经验告诉我，你大概知道会感到舒适的体重区域。正如游泳运动员特里西娅（Tricia）所说："我能减到50 千克——一个和我一样高的人们感到合适的平均体重，但我不想停留在那里，我的体重为 53 ～ 54 千克是最舒服的。这比同样高度的大多数人重，但这对我来说是正常的，和我的家庭成员差不多，他们每个人都比较健壮。"

　　她通过几年并不成功的节食，明白了自己永远也无法适应对她来说完美精瘦的身材。而她现在已经接受了自己的体形，坦然地以健康的状态参与体育活动，丝毫不管那多出来的几千克的体重。毕竟减肥不仅仅是毅力的问题，而且幸福感也并不仅是来源于精瘦的身材。

第 15 章
健康增重的方式

日常生活里，我们总是看到各种减肥广告，以至你可能认为，当人们谈到体重问题时，主要在谈论减重。然而事实上，人群里还有一部分人，主要是青少年中的男孩、年轻的男性以及部分年轻女性，他们都在试图增重。一项针对 13 ～ 18 岁的 400 名男性的调查显示：25% 的人在过去 12 个月里特地试图增重。因为他们想要打造更大块的肌肉，使自己更强壮，提升外在形象，提升运动表现，以及在运动（如足球、橄榄球、曲棍球和拳击）过程中更好地保护自己。

对于这些试图增重的人士来说，饮食成为必须要格外注意的事情，并且食物的花费也可能不小。许多偏瘦的运动员大吃特吃甜甜圈和炸薯条，试图用便宜的食物摄入高热量，但是这么做并不健康。他们认为普通食物并不能很好地帮助他们增重，想知道有什么特殊的增重类食物，但事实上并没有。

如果你感到自己过瘦，讨厌自己瘦弱的形象，并且总是在不停地吃，希望能增重，本章的内容以及第 7 章中关于蛋白质的内容可以帮助你健康地实现目标。也许你的家人和朋友会说"你看上去棒极了"，但你并不相信他们。你不妨阅读一下第 14 章中的关于体形的内容。也许你的问题不在于你的身材，而在于你对待身材的态度。

真相揭秘

因为 13 岁的橄榄球运动员太年轻，所以不能开始进行力量训练

事实： 在良好的指导（保护未完全发育好的骨骼和韧带）下，力量训练可以帮助男孩在青少年时期长得更强壮，并且可预防身体在运动中受伤。这与举重训练不同，并不会导致男孩的肌肉变得过大。男孩在发育完全后，肌肉才会开始变强壮。你需要对此有些耐心。

第 1 节　增加你的体重

理论上说，想要每周增加 0.5 千克体重，你需要每天多摄入额外的 2000 千焦热量。但是人体的饮食变化并不总如数字计算般简单。有些人天生就很难增重，需要摄入比正常人更多的热量才可以。在一项由 200 名没有家族肥胖史的犯人自愿参加的试验中，犯人们需要通过过度饮食的方式增加 20% ～ 25% 的体重（14 ～ 18 千克）。在一年半的时间里，这些犯人毫无节制地吃，并且极少运动。然而他们中只有 20 个人成功增重了。其中，也只有 2 个人（有未被发现的家族肥胖史或糖尿病）轻易实现了增重。一个犯人花了 30 周时间从原来的 60 千克增加到 65 千克，但之后就再也胖不了了。

类似的现象在另一项针对双胞胎的研究中也被证实。双胞胎们在 100 天里每天多摄入 4000 千焦的热量。一些双胞胎只增重了 4.3 千克，而另一些双胞胎增重了 13.2 千克。双胞胎增重的量总是差不多的，这就体现出了基因在体重控制方面的重要作用。

如此的差异使研究者们感到困惑：没有转化为脂肪的多余热量去哪里了呢？一些人说人体可调节自身的新陈代谢来维持体重。另一些人则认为是人们增加了日常的活动量。

如果你很难增重且为不易胖的体质，可以先从了解你的基因着手。如果你的家庭成员都很瘦，你可能天生也有这种不易增胖的基因。你可以通过饮食、训练来改变自己的体格，但是不要期待奇迹的出现。马拉松运动员永远不会有健美运动员一样的体格，不管他怎么吃、怎么练。

从我的客户身上，我观察到体重增长困难的人都是好动者。他们摆弄手指、摇晃腿、看上去很难安静地坐着。所有这些不自觉地动作都会消耗热量。与之形成对比的是，抱怨自己不能减重的人总是平静地坐着。我告诉这些好动者安静下来。长期的坐立不安，每天可能多消耗 1200 ～ 2000 千焦的热量。

这种无意识活动的专业术语叫作"非运动性活动"。非运动性活动不仅包括坐立不安，还包括你在接电话或和别人交谈时的踱步。如果你吃得过多，非运动性的活动会帮你消耗多余的热量，例如在房子里四处走动、玩飞镖、打扫房间等。你进行非运动性活动的水平预示了你增重可能性的高低。

研究者不理解人们增加活动的缘由，但是他们了解到：有着相对较高的最大摄氧量（一个表明运动员运动潜质的指标）的人士总是花更多时间在运动上。因此，长期活跃这种天生的能力可能与非运动性活动以及身体的胖瘦有关。反之，肥胖的人士似乎很少做这种无意识的运动。

第 2 节　建构肌肉的额外蛋白质

大多数想拥有大块肌肉的人相信，增加体重的最佳方式是举重（正确），以及吃高蛋白质的饮食（错误）。尽管你的确想要吃大量的蛋白质，但你的身体并不会通过增肌的方式来储存多余的蛋白质。再厚的牛排也不会转换为更大的二头肌。你需要额外的热量，而这些热量主要来自多余的碳水化合物，而不是多余的蛋白质。碳水化合物为你的肌肉供能，以便你可以进行高强度的肌肉训练。通过不断进行肌肉的负重训练或其他阻力训练，你的肌肉纤维才会变大。

真相揭秘

摄入额外的蛋白质可以使 12 岁的男孩长得更快

事实：额外的蛋白质不会加快人体成长的速度。男孩在 12 ～ 15 岁时普遍都长得很快。成长期过后，他们将拥有足够的雄性激素来促使肌肉和胡子的增长。男孩的成长期相对女孩要长，男孩的发育往往要到 20 岁才会停止。

如果不断吃超量的食物，你很可能会增重。我经常听到一些骨瘦如柴的运动员发誓要吃大量的食物。游泳运动员亚伦就决心吃比朋友多 2 倍的食物。但是他每天只吃两顿。因为在上学前和上学后都有训练，所以他没有足够的时间来享用精心准备的早餐和下午茶。他只有时间吃午餐和晚餐。如他所说，他的确在这两餐中吃得很多，但是他仅仅是弥补了自己缺少的早餐和下午茶。

亚伦后来开始每天吃 3 顿正餐与 1 顿加餐，3 周后他的体重增加了 1.4 千克。"我现在将食物看作是增长体重的药物，并且决定对自己负责，提前准备好食物。曾经有些日子我很赶，几乎忘了将早餐打包好带走（2 个能量棒和 2 杯果汁）。我现在已经学会在我的游泳包上贴上便签条，提醒自己带早餐。我很享受这样做给我带来的好处，我感到身体更有活力了，早上也不那么饿了，也增加了一些体重。"

基思是一位身高195厘米的高中篮球运动员，他努力增重但并不成功。与朋友一起吃饭时他感到很尴尬，因为他吃的量是朋友的2倍。一大份比萨对他来说不是问题。当我计算他的能量需求时，他开始明白为什么自己没有增重。他每天需要24000千焦的热量来维持自己的体重，若要增重则需要摄入更多的热量。一份比萨也才含有7200千焦的热量，两份比萨也许更加合适。

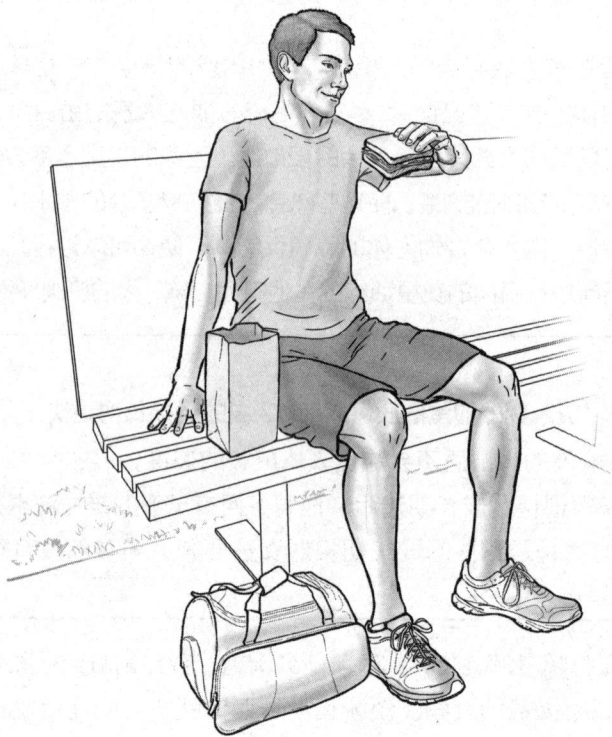

我告诉基思应摄入自己身体所需要的热量，而不用去与比他矮的同学进行比较。我同时也建议他吃些花生酱和果酱三明治作为加餐。

第3节　增加你的热量摄入

人体增重的关键在于：每天三餐及加餐时吃比正常情况多的食物。如果很忙，没有时间吃足够的食物，你可能需要打包一些零食随身携带，方便自己频繁地进食。你也可以尝试以下方案：多加一餐，例如上午吃一份花生酱三明治和喝一杯牛奶，也可用橙汁代替牛奶；选择高热量的食物。

如果你吃压缩食物（如燕麦棒），那么更多的高热量食物会进入你的胃里。基思变成会仔细阅读食物标签的人了。他了解到 240 毫升的橙汁有 440 千焦的热量，一份豌豆有 160 千焦的热量，一杯格兰诺拉谷物麦片有 3120 千焦的热量。于是，他选择热量较高的食物。

当你在选择食物的时候，你必须知道脂肪类食物是热量最密集的食物。1 汤匙的油脂（黄油、人造黄油或蛋黄酱）有 144 千焦的热量。而同等量的碳水化合物或蛋白质只有 64 千焦的热量。大多数高蛋白的食物都含有脂肪（如芝士里的奶油、汉堡里的酱汁与花生酱里的油），因此这些食物的热量都相对较高。但是这些脂肪里有些成分对人体健康有害，例如肉里的饱和脂肪酸以及烘烤类食物中的反式脂肪酸。

为了限制坏脂肪的摄入，尽量食用存在于花生酱、核桃、杏仁、牛油果、橄榄油、三文鱼和金枪鱼中的健康脂肪。你应该主要摄入以碳水化合物为主的运动饮食，在此基础上加入额外的油和植物脂肪。吃太多含脂肪的食物会让你的肌肉得不到足够的能量。

以下的食物和饮料可以帮助你健康地提升热量的摄入。

- 麦片。选择能量密度大的麦片（非薄片或膨胀型），可在此基础上添加坚果、葵花籽、亚麻籽、葡萄干、香蕉或其他水果。
- 热麦片粥。用牛奶代替水来煮麦片也可以增加食物的热量和营养价值。此外还可以加入奶粉、花生酱、杏仁片、葵花籽、小麦胚芽、亚麻籽和干果来增加更多的热量。
- 果汁。苹果汁、蔓越莓汁、葡萄汁、菠萝汁以及大多数的混合果汁（如芒果橙子香蕉汁）都要比单纯的水果含更高的热量。为了增加橙汁的营养价值，你可以选择在冷冻浓缩果汁里加入比指定量更少的水。
- 水果干。香蕉干、菠萝干、芒果干、葡萄干、枣干、杏干和其他水果干比新鲜水果含有更高的热量。
- 牛奶。为了增加牛奶的热量，可在 1 杯脂肪含量为 2% 的牛奶里加入 1/4 杯奶粉。也可尝试加入麦芽粉或其他的调味品。将它们混合起来放入冰箱，你可以用它们来制作奶昔。这类自制饮料可以帮你省钱，同时味道也比罐装饮料好。
- 吐司。将花生酱或其他种类的坚果酱足量地涂满在吐司上，再稍微添加些植物黄油（最好是由芥花油制成）、果酱或蜂蜜。

- 三明治。选购饱满的面包（不要蓬松型面包），如全麦、黑麦和全谷类的面包。面包里面可加入瘦肉、鹰嘴豆泥和低脂奶酪，或再加点牛油果。花生酱和果酱对三明治来说是健康且高热量的选择。

- 汤。比起一般的鸡汤和牛肉汤，浓郁的扁豆汤、豌豆汤、意大利蔬菜浓汤以及大麦汤有着更多的热量，除非肉汤里满满都是肉和菜。为了使灌装汤（如西红柿和海鲜汤）有更多热量，你可以加入牛奶，而不是水，或额外加入些奶粉；也可用人造黄油、帕尔玛干酪和油炸面包丁来装饰。如果你希望减少钠的摄入，请确保选择低钠的汤。

- 肉。牛肉、猪肉和羊肉一般比鸡肉和鱼肉有更多的热量，但是它们同时也有更高的饱和脂肪酸。摄入的量要适中，首选瘦肉。用芥花油或橄榄油煎制鸡肉或鱼肉也可以增加菜品的总热量，还可加入些红酒和面包屑。

- 豆类。扁豆、豌豆、绿豆以及其他干豆不仅热量高，而且还含有蛋白质和碳水化合物。

- 蔬菜。豌豆、玉米、胡萝卜、笋瓜和甜菜比毛豆、西蓝花、西葫芦以及含水量高的蔬菜有更多的热量。食用的时候可洒上一些橄榄油，配上杏仁片以及低脂芝士。与其蒸煮这些蔬菜，不如用橄榄油或芥花油来煎制蔬菜。

- 沙拉。低热量的生菜沙拉也可以变成丰盛的一餐，可以加入山羊奶酪、鹰嘴豆、葵花籽、牛油果、核桃碎、葡萄干、蔓越莓干、油炸面包丁以及其他的调味汁。

- 土豆。可将土豆捣碎后增添一些人造黄油和额外的奶粉。尽管你可能想要添加很多的黄油和肉汁，但是请仔细想一下，你同时也增加了饱和脂肪酸的摄入，这对心脏健康不利。希腊酸奶和低脂的肉汁也许是更好的选择。

- 甜点。选择一些高营养价值的甜点，使你在享受美味的同时也滋养了自己的身体。试试燕麦葡萄干、无花果棒、巧克力布丁、草莓酥饼、低脂冷冻酸奶或其他甜点。蓝莓麦芬蛋糕、蜂蜜玉米面包、香蕉面包和其他面包以及麦芬豆也可以作为甜点。

- 零食。与其说是零食，不如将它们看作"第二顿午餐"和"第二顿晚餐"。下午3点和晚上10点的加餐可以很好地为你增加热量的摄入。你可以打包一份额外的三明治。如果你并不饿，就将食物看作增重必须要摄入的药物。

如果你不感兴趣或吃不下一份加餐，那么就享用一些小零食吧。健康的零食包括水果酸奶、饼干、花生、葵花籽、杏仁、燕麦棒、全麦椒盐卷饼、英式麦芬蛋糕、皮塔饼配鹰嘴豆泥、全麦贝果面包（配低脂奶油奶酪和果冻）、麸质麦芬蛋糕、蔬菜比萨、奶昔、热可可、水果冰沙、香蕉、水果干、混合坚果以及三明治。

- 酒精。对年纪较长的运动员来说，适量的啤酒和红酒可以刺激进食，并且增加热量的摄入，尤其是与花生和爆米花这样的零食搭配食用。酒精的营养价值并不高，因此不要试图用酒精完全替换果汁、牛奶或其他健康的饮料。如果你未成年，那么不要在比赛前饮酒，因为它会使人体暂时脱水，让你的反应变慢，并且造成血糖过低从而影响运动表现。

表 15.1 提供了一些可帮助你达到增重目的的食物。

表 15.1　增重食物一览

菜单	热量 / 千焦
早餐	
480 毫升橙汁	880
1 杯格兰诺拉燕麦	1800
1/4 杯葡萄干（40 克）	520
1 根大香蕉	480
360 克低脂奶	720
总计	4400
午餐	
4 片厚实的面包	1920
1 罐 500 克的金枪鱼	800
4 汤匙蛋黄酱	600
5 个枣	400
2 块燕麦饼干	880
480 毫升低脂奶	1000
总计	5600

菜单	热量/千焦
第二顿午餐	
1 个中等大小贝果面包	1200
2 汤匙花生酱	800
1 汤匙果酱	200
480 毫升巧克力奶	1400
总计	3600
晚餐	
直径 30 厘米的芝士比萨	7600
360 毫升柠檬汁饮料	800
总计	8400
一天总计	22000
60% 的碳水化合物（850 克）	
15% 的蛋白质（230 克）	
25% 的脂肪（130 克）	

此菜单可为一位体重68千克的运动员的每千克体重提供11克碳水化合物与3克蛋白质，比推荐的目标值要高。

第 4 节　增重类饮品

增重类饮品是高热量的饮料，它们对人们的生活是方便大于必要。一大瓶蛋白粉可能需要花费你 55 美元，也就是说每 4000 千焦热量的价格为 2.5～4.5 美元，这比花生酱和果冻三明治的价格高多了。你不能从天然食物或自制饮料中获得的营养好处，也同样不能从超市售卖的饮料中获得。但是如果你的确缺少时间和意愿来多做一个三明治和冰沙，那么增重饮品对你来说是个方便的选择。表 15.2 可以帮助你仔细选购此类饮品。

表 15.2　热量的成本

食物	摄入量	热量 / 千焦	价格 *	每 400 千焦热量 的成本 / 美元
家庭食物				
格兰诺拉燕麦和牛奶	1 杯燕麦， 1 杯 2% 的牛奶	2000	1 美元	0.20
花生酱和果酱三明治	3 汤匙花生酱， 2 汤匙果酱， 2 片燕麦面包	2600	0.95 美元	0.15
巧克力牛奶，1% 脂肪	480 毫升	1200	0.60 美元	0.20
康乃馨牌方便早餐	1 包配 240 毫升 牛奶	1000	0.80 美元	0.32
Welch's 牌葡萄汁	480 毫升	1120	1 美元	0.36
肌肉牛奶粉	2 勺	1240	1.78 美元 / 份	0.57
购买的饮品				
雀巢巧克力酱	480 毫升	1200	1.79 美元	0.60
康乃馨牌早餐 必备饮品	330 毫升	1040	1.75 美元 （4 包）	0.67
Ensure 牌奶昔	240 毫升	1000	2.10 美元 （4 包）	0.84

* 美国波士顿地区超市和便利店中商品的价格，2012 年 10 月。

　　不同品牌的增重饮品里所含的成分也不同，但是所有的品牌都提供足够的蛋白质来帮助你增肌，以及足够的碳水化合物来为你的训练提供能量。这些产品总的来说是方便的，同时还可提供维生素和矿物质，以及其他可能的营养物质。增重饮品可能含有饱和脂肪酸，比起你通过摄入炸薯条、芝士汉堡和冰淇淋来补充能量要更有优势。

　　至于如何寻找好的增重饮品，最关键的因素是口味。如果你喜欢这个味道，你更可能坚持你的增重计划。每个牌子的饮品都含有不同种类的蛋白质——乳清蛋白、干酪蛋白、鸡蛋蛋白、大豆蛋白，以及不同种类的碳水化合物——葡萄糖、果糖和葡萄糖聚合物。摄入不同类型的蛋白质和碳水化合物可以为人体提供不同吸收速率的营养物质，有助于热量在人体内持续释放，这与你正常吃其他食物的效果类似。每餐摄入的剂量不要超过 30 克蛋白质。你的身体每次只能利用有限的蛋白质。考虑到饮食需要达到蛋白质和碳水化合物的平衡，你需要满足以下的营养摄入目标：1.6～2.0 克的蛋白质／千克体重，6～10 克碳水化合物／千克体重。你可以选择以下的食物来获取足够的蛋白质。

- 早餐选择 1 杯希腊酸奶、1 根能量棒以及 1 杯拿铁。
- 午餐选择 1 个金枪鱼三明治。
- 第二顿午餐摄入涂花生酱的全麦饼干，配 480 毫升的巧克力奶。
- 晚餐摄入 180 克鸡胸肉。
- 睡觉前吃 1 碗山羊奶酪。

如果你选择大量的蛋白粉或运动补充剂，这将是一笔不小的花费。不论相信与否，你其实可以从食物中获取同样的营养物质。

运动饮食之余补充的碳水化合物、蛋白质或增重饮品对你长期增加体重的目标也许不能起到重大作用。因为对体重最大的影响来自你的基因、训练强度、进食的时间以及身体持续摄入额外热量的能力。

如果你是一名大学运动员，请确保自己遵循美国大学生体育协会颁布的关于增重补充剂的营养指南。我相信基于科学指导的营养计划是优异运动表现的基础，商业的补充剂并不是。既然一代又一代的运动员通过自己努力训练和合理饮食获得了理想的肌肉，那么你同样也可以做到。

第 5 节　恰当时机恰当饮食

如果你很想增肌，则需要在恰当的时间摄入恰当的食物来帮助肌肉生长。以下的建议可以帮你达到目标。

- 在力量训练之前摄入富含碳水化合物与蛋白质的零食，例如酸奶或牛奶泡麦片。此类零食会被消化成提供能量的葡萄糖和促进肌肉增长的氨基酸。
- 力量训练后即刻补充一些蛋白质来治愈和修复肌肉，摄入碳水化合物来重新补充消耗一空的糖原储备。你从碳水化合物中摄取的热量应该是从蛋白质中摄取的 3 倍。
- 一天下来吃到足够的量。至少每 4 小时吃一顿：早餐、午餐、第二顿午餐（如果你在下午锻炼，可将这顿分为锻炼前与锻炼后的加餐）、晚餐以及夜宵。热量的平均分布可确保肌肉有稳定的葡萄糖和氨基酸供应。如果你锻炼时间过长又没有足够的能量补充，身体会分解肌肉来提供能量。节食者经常会发生此类情况，从而导致增肌的目标失败。

你可能想知道进餐的时间对你达到目标是否影响很大。答案是肯定的。一项针对业余男性健美者的研究发现：比起在早上和晚上（离锻炼时间较远）分别摄入 1080 千焦热量的运动员，另一批运动员在锻炼前后分别补充 1080 千焦热量的碳水化合物和蛋白质，他们在 10 周后增长 2.7 千克肌肉，而前者增长 1.5 千克肌肉。很显然，进餐的时间很关键。

一天分几次摄入富含蛋白质的餐食，要比一顿吃下丰盛食物的效果更好。你的身体每次只能有效利用 30 克的蛋白质（参见第 7 章）。一个确保高效吸收蛋白质的简单方式是每餐都喝牛奶或用酸奶当加餐。其他富含碳水化合物与蛋白质的食物包括巧克力奶、牛奶泡麦片、火鸡三明治、水果冰沙及苹果芝士。

第 6 节　平衡你的增重饮食

最好又最简单的人体增重饮食计划是根据第 1 章里所介绍的健康饮食的基本指南来改善自己的饮食计划。我建议你观察几天自己所摄入的食物，来评估你的一般饮食摄入情况，然后确定出什么时候你可以再多摄入些热量。排球运动员史蒂夫告诉我他平时经常吃的食物，然后我们一起设计出了一个新的饮食计划。表 15.3 为我们展示了史蒂夫经常吃的食物，以及一些可以为他增重的建议。

表 15.3　让你的饮食富含更多热量

平常摄入的食物	增加的食物	增加的热量 / 千焦
早餐		
1 个贝果面包	1 个贝果面包	1200
2 汤匙花生酱	2 汤匙花生酱	800
240 毫升橙汁	240 毫升橙汁	400

续表

平常摄入的食物	增加的食物	增加的热量 / 千焦
午餐		
1 个三明治	半个三明治	800
240 毫升牛奶	240 毫升牛奶	400
1 块曲奇饼干	1 块曲奇饼干	400
加餐		
无	格兰诺拉燕麦棒	800
	360 毫升红莓苹果汁	800
晚餐		
意大利面	1 个苹果	400
沙拉		
面包		
牛奶		

总计：6000 千焦额外的热量

由于饮食的改进，史蒂夫可以每天多摄入 6000 千焦的热量。这听上去似乎是很大的食物量，并不能确保每天都能完成。但是至少他知道如何不费力地摄入更多的热量。

他只需要为自己留出足够的时间来摄入这些额外的热量即可。

如果你要采用量化的方法来增重，可以参考以下这个更复杂的计划。你的每千克肌肉在摄入 6 ～ 10 克碳水化合物后会变得糖原饱和，因此你的饮食目标首先要满足身体对碳水化合物和蛋白质的需求。然后你需要从各种能量来源中选择平衡的摄入方式。你可以利用网上的热量计算器，来统计自己每日从饮食中摄入的热量。如果你是一位 68 千克的铁人三项运动员，你每天需要摄入 450 ～ 750 克的碳水化合物，以及每天最多可摄入 150 克的蛋白质。

第 7 节　耐心是美德

若是每天能多摄入 2000 ～ 4000 千焦的热量，你就可以发现自己体重的增长。同时确保你还在进行抗阻训练来促进肌肉的增长。你可以向教练咨询，也可以去健身俱乐部或健身房寻找适合你的锻炼项目。你同时也需要定期测量自己的体脂率，确保自己增长的是肌肉而不是脂肪。如果你以前从未进行过训练，那么最初每个月都会增长 1.5 千克的肌肉。受过良好训练的运动员的肌肉增长速率则会相对较慢些。

如果你还是未能增重，不妨观察下你的家庭成员，判断你是否天生拥有不易增重的基因。如果家里的每个人都很瘦，那不妨接受自己天生的体格，并且关注提升自己的运动技能。与其将你的精力耗费在对自己瘦小体格的苦恼中，不如投入到思考如何让自己的身体更好地发挥所长上。

真相揭秘

摄入肌酸是人体增重的安全方式

事实： 肌酸是一种发现于肉类和鱼肉中的天然物质。最新的研究发现补充一定量（未受污染的有安全可靠来源）的肌酸对人体健康没有危害。然而至今为止，没有运动医药组织建议18岁以下的青少年服用肌酸补充剂。青少年运动员更需要的是了解如何规则训练与合理饮食。

服用肌酸补充剂并不会直接导致肌肉的增长，但是肌肉中含有的肌酸越多，可以帮助你在力量训练中表现得越好。肌肉运用磷酸肌酸来为1～10秒的激烈运动（如举重）供能。高强度的训练也会刺激肌肉变得更大更强壮，但并不是对所有人都适用。

青少年是易受影响的。服用此类塑造肌肉的物质会给青少年带来一种误导，导致他们在今后的运动道路中想要服用其他危险的物质。请记住，你14岁的身体与28岁的身体是不一样的。因此，我不鼓励年轻人在成长发育期服用肌酸补充剂来提升肌肉力量。青少年需认识到要想取得良好的运动成绩，唯有努力训练，并没有捷径可走。

同时你还需要记住，所有人的体重都会随着年龄的增长而增长。如果你正处于20多岁的年纪，你塑造大块肌肉之路仍然有希望。在离开学校开始工作之后，太多原本瘦弱的年轻运动员开始变胖。这是我不鼓励我的客户去强迫自己吃东西的原因。此外，强迫自己进食还会损坏人们天然的食欲，导致人们在即使吃饱的情况下，也不会停止进食。

30岁的韦斯就是这样一个例子。他以前是足球运动员，他说："我在高中时很瘦。大学里，我的足球教练坚持让我吃多余的黄油面包、炸薯条和冰淇淋来增重。后来我变得离不开这些食物。在达到目标体重之后，我仍然不断地吃这些食物。看看我现在长成什么样了。我超重27千克，几乎都不能走路了，更不用说踢球了。我怀念以前又瘦又灵活的日子。"

通过合理的饮食计划，去除高脂的零食和高糖的饮料，韦斯在1年后的确减重了。那年秋天，他成为了一个课后足球队的教练。他教导这些瘦弱的孩子要有足够的耐心，并养成终生的健康饮食习惯。

对你，我也提供同样的建议。为了增重，你需要选择更大份的健康食物，并且定时定量食用。在饮食和锻炼上，你也都需要付出更多的努力。

第 16 章
拒绝通过节食减重

减重远比"少吃多运动"复杂得多。许多运动员和健身爱好者都在减重或保持体重的道路上坚持不懈地努力着。减重为什么这么困难？节食者难道都有自控问题，很难把持各种美味的诱惑？身体能否适应热量摄入的减少？节食是否会降低你的新陈代谢？减肥的难易程度是否和性别有关？

本章的目的为帮助你如何在减重的同时确保减掉的是脂肪。你会了解到如何倾听身体发出的饥饿信号；在你能量预算内如何合理膳食；如何充满活力地去享受锻炼；如何轻松愉快地减去身体多余的脂肪。没错，这听上去与大众的常识不同，其实你不通过节食也可以实现减重的目的。

无论你是健美运动员、摔跤选手、轻量级赛艇运动员或其他需要减重的运动员，都适用同样的规则：在非赛季不增重要比赛季前减重容易得多。

减少或保持体重的最佳方式是寻求适合你生活规律和饮食习惯的专业建议，这远比你放弃美食或吃自己不喜欢的食物要有效得多。我建议你咨询专业的注册营养师。

第 1 节　节食是没有用的

作为营养学家，我大多数的顾客都以为我会让他们节食。恰恰相反，我会教他们学会如何合理选择健康的食物。无论是运动员还是普通人，节食可能会让他们的体重暂时减轻，但最终还是会失败。他们不仅复胖，而且会比原来更胖。这显然是白费劲。

谈起节食，人们脑海中浮现的都是米糕、脱脂沙拉、燕麦片和脱脂牛奶。节食引起的极度饥饿感反而会导致许多问题。因为身体为了抵御饥饿会暴饮暴食，于是节食者之前费尽心思减掉的体重又噌噌涨了回来。

一项针对 4746 名青少年的研究表明：那些节食的四年级学生在升初中时反而更重了。节食与增重、饮食失调和混乱饮食都息息相关。另一份针对 370 名需要增重的男性运动员（拳击手、举重员和摔跤手）的调查显示：和控制组的非运动员相比，他们在退役后变肥胖的风险更大。因此想要通过节食减肥真是大错特错。

如果你想要健康减重，请远离节食，并需要注意以下几点。

- 任何食物都需要适量摄入。
- 什么时候吃最合适。早餐多吃点比晚餐多吃点更好。
- 你为什么要吃。在你身体需要时再去吃，而不是简单地因为无聊、压力大或是孤独而去吃。
- 你的睡眠是否充足。觉得累想吃东西补充能量的人，很可能只是缺少睡眠而已。

我们可以从那些已经减重并且保持良好状态的人那里得到很多启示。美国国家体重控制注册中心（超过 5000 人减重 14 千克以上并保持 1 年多）的数据表明：没有一种减重的饮食方案是适合每个人的。但以下减重的小诀窍值得你一试。

- 吃早饭。
- 制订一个低脂（少于 25% 脂肪）的饮食计划。
- 规律地饮食，确保周末饮食和工作日一样。
- 定期进行锻炼，1 天大概 1 小时。
- 养成称重的习惯（一周一次）。

其他的研究结果大同小异：强调改变日常生活方式的必要性，例如保证充足的睡眠、少看电视、多吃蔬果、在家做饭（而不是经常下馆子），记录你的食物摄入与训练情况。

本章有很多饮食小技巧来帮助你更好地实施减重计划。但在制订减重计划之前，你可能需要知道自己的体脂率（见第 14 章）。有一些热爱运动的人士迫切地想要达到自己渴望的身材，但其实他们已经很瘦，没有什么多余的脂肪，难怪他们在减重的路上如此挣扎。当知道自己的体脂率后，你才能制订出一个合理且有效的减重计划。

真相揭秘

胖就意味着不健康

事实：比起肥胖，身体各项指标正常对健康更重要。有 30% ～ 40%
的肥胖者和正常人患心脏病或癌症的风险相同。他们没有代谢问题，并
且血压、血脂和血糖均正常，他们和正常人的患病风险一样。身体指标
越正常，生病的风险越低。胖但健康，远远好过胖又不健康。

避免体重的增加

减重的第一步是不要让体重增加。喝酒、看电视和熬夜这三个行为会让
你摄入多余的热量。你完全可以避免！

锻炼可以避免体重增加。一项长达 7 年的调查表示：那些参与全国跑者
健康研究的 6100 名男性跑者和 2200 名女性跑者中，跑得更远的人体重更
轻。也就是说，每周跑量超过 48 千米的人，比那些跑量为 24 千米的人要瘦。
当然，所有的跑者都比久坐不动者增加的体重少。此外，跑步还有其他好处，
例如减少腰部赘肉、减少女性臀部赘肉等。

另一个避免体重增加的方式为不要节食。这个建议对你来说可能太迟
了，但如果你是一名家长，则可以告诫孩子们节食的负面影响。调查显示：
从长远看，节食是不可能减重的，最后体重仍会反弹，况且还会带来负面情
绪和失调的饮食习惯。越来越多的研究表示：比起现有的节食减肥方法，直
觉式饮食更加可取。直觉式饮食的意思就是听从自己身体需求的饮食。你的
身体会告诉你是否需要摄入热量。这也是体重正常的人们饮食的方式。对那
些已经习惯一会儿很饿一会儿很撑的节食者来说，直觉式饮食会很困难。我
希望以下建议可以帮助你建立健康的饮食习惯。

掌握减重的技能

如果节食有用的话，那么每个试过节食的人都会变瘦了，但事实并非如
此。大部分节食者反而变得更重。减重的长久之计是了解如何合理膳食。第
1 章和第 2 章提供了合理选择健康食物的指南。本章基于前面的内容，帮助

263

你在适当的时间，摄入适当的食物量，以便你在减重时不会饥饿，从而不会产生抵触心理。我会告诉你一些营养方面的小技巧，它们也许比你刻意去控制食欲更有效果。

罗伯塔是一位 42 岁有着两个孩子的母亲，同时也是一个跑者。"如果我有更强的意志力，我一定会成功减肥。"她抱怨说，"我已经为了减掉 4～5 千克体重花了整整 12 年了。我绝对是个节食达人！"近乎绝望的罗伯塔最后找到我来帮助她达到减重的目标。

回顾她的节食历史，我认为她需要一个更实际的饮食计划。她在节食期间，早餐只喝一杯咖啡，午餐是沙拉，下午茶喝一盒酸奶，晚餐为蔬菜和鱼肉。她的饮食计划近乎苛刻，但这样的饮食缺乏多样性。我问她："不节食的话，你会吃什么？"她很快列出了她喜爱的食物（都是她做给孩子们的）：早餐是麦片，午餐是花生酱配果酱三明治，晚餐为意大利面。每次节食时，她都会拒绝食用这些食物。为了不去吃这些食物，她会采取一些极端的手段，例如让它们从自己的视线里消失等。她认为这些诱惑太多，会削弱自己节食的意志力，所以她会让孩子们把这些食物藏起来。

我建议她转变观念，从食物导致她发胖，转变为摄入健康的食物为她的身体提供能量。享受美食毕竟是人生乐事之一。她从小就喜爱麦片、面包和意大利面，她竟然天真地觉得她能停止对它们的喜爱。我鼓励她，与其拒绝这些食物，不如经常吃这些美味。我告诉她，节食餐（沙拉、酸奶和鱼肉）的作用不大，因为她什么时候想吃，就会吃。我建议她可以每天早饭（甚至在午餐、晚餐和下午茶时间）加入足够的麦片，这样她就不会总是心心念念这些美味了。

如果你也在减重，则需要知道如何选择喜爱的食物，而不是拒绝它们。当你能适量享用自己喜爱的食物时，就不必通过意志力去控制自己了。不用自控力，而是运用些小技巧，可帮助你越快地减重，且不会反弹。

提升合理膳食的一个技巧就是投入地吃（不要漫不经心或三心二意）。也就是说，细嚼慢咽，细细品尝。仔细品味每一口食物。这么做，你会吃得更少并且还容易满足。用这种方式来吃自己喜欢的食物，也可以避免演变为"最后一餐"（这是节食前的最后一餐了，我再来一勺吧）。当你的身体再次饥饿时，你完全可以再享用三明治与花生酱。这就是可助你达到目标的小技巧。

促使你减重的第二个技巧是多吃未精细加工的食物：水果、蔬菜、未加工的谷物和其他富含纤维的食物。富含纤维的食物可以提高饱腹感，延迟饥饿感的到来，从而少进食来帮你减重。比起甜饮料、棒棒糖和软面包，相同热量的水果、蔬菜和全谷物更让人有饱腹感。虽然你需要限制热量的摄入，而吃健康食物，肚子会相对更有饱腹感。此外，消化精加工食物所需要的热量很少，因此你的身体会吸收更多热量。随着时间的推移，多余的热量会积聚得越来越多。

第三个技巧是每餐吃富含蛋白质的食物。与粗纤维一样，蛋白质给人体的饱腹感也很强。正如我在第 3 章中提到的，早餐吃高蛋白质类食物的人接下来一天的食物摄入量会更少。

食用健康的碳水化合物、瘦肉、低脂奶制品，不仅能够帮你减重，还能降低患癌症、心脏病和高血压的风险。最后你会发现：帮助你减重的饮食计划与促进人体健康的膳食方案是一致的。因此，不要疯狂节食，只有合理膳食才能让你长期维持健康的体重。

第 2 节　正确计算热量

我的很多客户都不敢吃自己喜欢的东西。他们觉得金枪鱼三明治加一杯牛奶会使他们发胖，而选择吃米糕和胡萝卜这类低热量的食物。自制饮食普遍存在的问题是食物种类少且热量低。节食者的计划最终会因为饥饿并渴望高热量的食物而以失败告终。因此他们会放弃节食，变回原来的体重，甚至更重。

理想情况是，你通过听从身体的饥饿信号来判断摄入的热量（参见第 17 章）。如果你经常是饥一餐饱一餐，那你和身体的真实需求肯定已经失联很久了。因此，我为那些不知道该摄入多少热量的客户计算适合他们的热量。就如你知道自己购物时的花费，你也需要知道你进食时会摄入多少热量。

卡路里究竟是什么？

卡路里是热量的非法定计量单位，代表让 1 克水升高 1 摄氏度所需要的热量（如果你需要将千卡转换成千焦，你可以用数字乘以 4.1868）。人体锻炼之后体温升高，也例证了食物被消耗而转化为热量的情况。

为了更好地评估身体所需的能量，你需要预约一个注册营养师。你也可以选择使用网上的热量计算器，或通过下面的几个步骤估计你所需的热量。

（1）用你的健康体重（以千克为单位）乘以 88 来估算你的静息代谢率——你呼吸、供血和生存所需的能量（见表 16.1）。如果你超重过多，就参照你的现实体重和理想体重的中值。也就是说，如果你重73千克，正常体重应该是53千克，则可把63千克作为你的参照体重。

表16.1　静息代谢率

器官	每天所需的热量*/千焦	静息代谢率
大脑	1460	21%
心脏	720	10%
肾	480	7%
肝	2240	32%
肺	640	9%
其他组织	1480	21%

* 一个68千克的男子一整天躺在床上时所需的热量。

例如罗伯塔的体重大概为59千克，但是她理想的体重为53千克。因此，当她什么也不做的时候大约需要4900千焦的热量（56×88）来维持身体机能的正常运作。

（2）除了有目的性的锻炼外，还可做更多的日常活动。如果你适度运动，可以增加50%的静息代谢率。如果你久坐不动，则可增加20%～40%的静息代谢率；如果你运动强度很大，则会增加60%～80%的静息代谢率。罗伯塔要带孩子，还要工作，属于适度运动的范畴。她消耗2400千焦的热量（50%×4800千焦）来为她的日常工作供能。她总共消耗的热量如下。

4800千焦的静息代谢 +2400千焦的日常活动 =7200千焦 / 天
（不算其他运动所需的能量）

（3）在有目的地锻炼时，会消耗更多的热量。例如，当罗伯塔去健身房锻炼时，她锻炼45分钟，消耗了1600千焦的热量。因此，这时她所需的总热量数如下。

4800千焦的静息代谢能量 +2400千焦的日常活动
+1600千焦的目标锻炼能量 =8800千焦 / 天

注意锻炼中消耗的热量包含了静息代谢率，因此估算的热量比你单独锻炼消耗的热量要多。虽然对于额外进行 45 分钟训练的锻炼者来说，并不会有太大差异，但是对于一个骑行一整天的骑行者来说，热量值差异会较显著。

诚实地计算你所需的能量。每天刻苦训练的运动员在一天当中的其余时间是久坐状态，以便他们的身体能得到充分休息并快速恢复体能。在一项为期 13 周的研究中，那些每天锻炼 1 小时的矮胖年轻男士并没有比每天锻炼 30 分钟的人减掉更多的体重。研究者发现，训练量加倍的这组在之后的 23 小时中会吃更多食物，同时运动量也更少。练得越久，你可能就越不想动。除非你的大脑暗示你不要停止运动。我和很多减不下来体重的马拉松运动员和铁人三项运动员交流过后，发现他们早就得了久坐不动的运动员综合征。

为了减重，可以减少摄入你所需热量的 10% ～ 20%（小小的改变日积月累就是大大的改变，而且也更容易执行）。罗伯塔为了维持她的体重，需要每天吃含有 8800 千焦热量的食物，减少热量的 10% ～ 20%（800 ～ 1000 千焦），那她所需的热量是 7200 ～ 8000 千焦。

以前，罗伯塔每天只摄入 4000 ～ 7200 千焦的热量。她对每天摄入 7200 千焦热量的计划表示怀疑："如果摄入 4000 千焦的热量都无法减脂，那我凭什么认为每天摄入 7200 千焦的热量可以呢？"我告诉她，如果太克制自己的饮食，那么她会很容易饥饿并暴饮暴食，且会减少体内肌肉的含量，从而降低身体的基础代谢，甚至会降低抵抗力，这样代价更大。要知道，欲速则不达。

正常情况下，一个体重不到 68 千克的人的减重目标是一周减掉 0.25 ～ 0.5 千克的脂肪；对于更重的人来说，一周减去 0.5 ～ 1 千克的体重是合理的。

一旦你确定了自己每天所需的热量，就需将其平均分配在一天里。有人喜欢一天吃六顿饭：早餐、上午茶、午餐、下午茶、晚餐和夜宵。另一些人，如罗伯塔，觉得一天 4 餐的饮食方式很适合她（参见第 1 章）。

每餐尽量吃到至少 3～5 种食物（参见第 1 章），每顿加餐要有 2 种食物。太多的节食者都只吃单一的食物，例如选择山羊奶酪作为一餐。这就限制了他们摄入维生素、矿物质和其他营养素的机会。他们应该选择蛋白质与碳水化合物配比合理的饮食（如山羊奶酪、香蕉和薄饼干）。

罗伯塔最初也对每天 4 餐的计划表示怀疑。她认为过多的食物会导致人体增肥。她抱怨说："如果在早餐和午餐时吃太多，我怕会变胖。"我提醒她白天吃东西的目的就是为了减少晚上大吃的欲望。

真相揭秘

减重是可以计算的。如果你每天少摄入 2000 千焦的热量，一周下来你的体重就可以减 0.5 千克

事实：减重并不仅仅是个数学游戏。肥胖者减肥相对来说容易一些，而瘦削的运动员想要减到标准值以下就很困难。如果没有多余的脂肪，你的身体就会节省能量。我之前有两个身材瘦弱的客户，他们抱怨自己吃的比理论值少很多，还是瘦不到目标值。他们经常手脚冰凉，感到寒冷———一种本能的节省能量的方式。

白天吃多一点，她在晚上就不会感觉饿，有力气在下午 5 点左右去锻炼，并在夜里少吃些。

如果还担心食物会使你变胖，则请仔细思考并记住下面的理念。

- 你不会因为吃一顿丰盛的早餐或午餐增重，反而会有更多的能量去运动并且消耗热量。
- 如果早餐和午餐都吃了很多，那么你晚上就不会感到饥饿，可以在晚餐少吃点（喝点汤或吃些沙拉）。但是不要在中午喝汤或吃沙拉，因为这样摄取的能量是不够的。
- 如果你白天吃得很少且晚上感到饥饿，你很可能本能地去吃很多食物。

尽量熟悉你平日里所吃食物含有的热量，并合理地将它们消耗掉。确保自己能够粗略地估计摄入了多少热量，来帮助你决定可以摄入多少食物来填饱肚子，同时又不会吃撑。

想要了解自己的身体需要多少食物会感到满足，进行热量计算是很有帮助的。久而久之，你就能够通过身体发出的饥饿与饱腹信号来享用美味，而不需要再去计算热量。毕竟计算热量不应该成为你生活里的一种负担。你更应该倾听自己身体发出的声音。

罗伯塔是热量计算方面的专家。事实上，她对这种近乎神经质的热量计算感到恐惧。我提醒她：听从自己身体的需求。例如摄入 2400 千焦热量身体是什么样的感觉，她可以用这种感觉作为参考，通过身体发出的信号，她可以了解自己能吃下多少食物，从而在餐馆里从容地进食。

第 3 节　减重的 10 个步骤

现在你知道需要摄入多少热量就能够减重了，但还要知道如何恰当地摄入这些热量。这里有 10 个步骤可让你成功减肥。

（1）记录下来。准确记录下 3 天内所吃的每一口食物。研究显示记录食物摄入的人们更容易成功减重。一个简便的记录方式为记录在你的手机上。

记下你为何要吃。是因为饥饿、压力还是无聊？当然也记录下你锻炼的时间和频率。评估自己是否存在潜在的易造成肥胖的习惯：例如早饭吃得很少，白天不敢吃而夜晚却大吃特吃，或因为无聊拿食物解闷，因压力大而拿巧克力减压？

关注你吃东西时的心情。罗伯塔发现很多时候比起食物带来的慰藉，一个拥抱或安慰的力量要大很多。她承认一袋爆米花能够暂时减少她的孤独或焦躁，转移她的注意力，但对实际问题的解决并没有任何帮助。

如果你不是要获取热量，而是因为其他原因才吃东西，你需要转变思路。食物不应该像毒品一样让人上瘾。当你吃东西是为了娱乐、慰藉或减压时，食物就会更容易转变成脂肪。要知道吃再多的食物也无法帮助你解决实际的问题。因此，在你试图吃额外的食物时，问问自己，你的身体真的需要它吗？

（2）提早摄入热量。如果白天吃很少而晚上吃很多，试着调整为早餐午餐多吃点，晚餐少吃点。我认为罗伯塔早上只吃谷物和脱脂牛奶实在是太少了。她却觉得很惊讶，认为节食应该从早餐就开始了。我告诉她晚餐可以少吃一点早餐可以多吃点，毕竟她需要足够的能量来维持一整天的日常活动。

（3）细嚼慢咽。与正常人比起来，肥胖者吃得更快。因为大脑需要 20 分钟才能接收到饱腹感，吃慢点可以减少你摄入多余的食物。试着放慢进食的节奏，这样你会吃得少点，也可帮你避免快速进食带来的身体不适。例如，在餐厅吃饭时首先可以喝一碗热汤作为前菜。热汤会让你进食时间变长，并且减少你的食欲。你也会因为一顿清淡的晚餐感到满足。

罗伯塔习惯吃得很快。她吃饭时几乎没有停顿，像完成任务似的，而不是尽情享受美食。我鼓励她在吃饭时，不时地放下叉子，细细地品尝食物。毕竟，食物的精华在于它的美味。

因为罗伯塔总是吃得很快，我建议她尝试一天中尽情慢慢享用其中的一餐。然后渐渐增加到一天两餐再到一天三餐。她也发现当自己细嚼慢咽地去吃东西时，身体更放松了，也更加享受吃饭本身带来的愉悦感。也正因此，她的食欲得到满足，不会再想要晚上吃甜点了。

（4）享受你喜欢的食物。如果不允许自己吃真正想吃的食物，你很可能会暴食。但如果允许自己吃适量喜爱的美味，你就不太可能放弃自己的膳食计划。如果你喜欢吃巧克力甜甜圈，那么一周吃1到2回是没有问题的。你只需要搜索并计算一下甜甜圈的热量，再相应地去设计你的饮食计划即可。当你吃这些东西时，记住慢慢咀嚼，尽情享受它的味道。这样做可以避免你一次想吃很多甜甜圈。

罗伯塔最爱的食物是巧克力豆曲奇饼干。"我可以4天不吃饼干，但是最后总是一发不可收拾。"我鼓励她一周两次至少在午餐时吃1到2块饼干，这样可以避免不必要的放纵。这么做之后，她发现自己对饼干的欲望不是那么强烈了，因为她不再压抑自己对饼干的渴望。吃一顿丰盛的早餐也能减少对饼干的渴望。通过防止自己过度饥饿，她也就不再那么想吃甜食了（参见第5章）。

（5）拒绝诱惑。不看、不想、不吃。如果花很多时间在厨房里，当你想放松的时候，你也许更想待在其他地方；在聚会时，尽可能多地去社交，远离自助区和零食区；在逛超市时，不去饼干区。

罗伯塔以前散步会路过面包店，也难怪她控制不了面包的诱惑。我建议她走另一条路。一个大问题就这么轻松地解决了。早些时候，她回家会经过厨房门口，习惯性地打开冰箱环视一圈。现在她试着每天回到家后就直接穿过前门，立刻上楼换好衣服尽情放松。

（6）在你无聊、孤单、疲惫或紧张时，为自己准备多样的娱乐活动。食物是能量，它不是娱乐工具，也不是缓解压力的"药物"。你可以打电话给朋友，查看邮件，浇花，在烛光下听音乐、上网、思考、散步、小睡、与孩子玩耍或冥想。

当罗伯塔感到劳累或有压力时，她会吃东西。我鼓励她在吃之前问问自己：我饿吗？或我只是感到压力大且太累了吗？我的身体真的需要这些能量吗？如果她只是累了，那不妨早点去睡觉。如果是压力太大，她必须意识到食物并不能解决问题，而应给朋友打个电话或写写日记。

当压力大时，吃东西的行为只是想对自己好点，让身体产生一时的愉悦感。但这最后会导致体重的增加，这种不恰当的处理方式可能会让你更加沮丧，更有压力。

你可以采取更明智的措施来减压，而不是通过食物。你可以深呼吸三次，平静地吸气呼气来解压。瑜伽和冥想同样也能有所帮助。你可以以舒服的姿势坐着试图平复心情，并且心中想着大海，慢慢吸气，慢慢吐气。过不了多久你的脑海中就会浮现出海上波浪连连的场面，这可帮助你缓解压力，同时有助于减少热量的摄入。

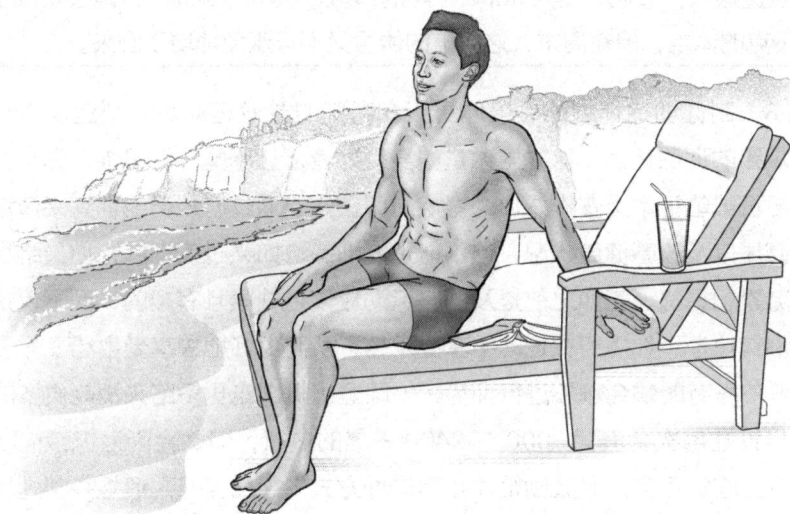

（7）制订一个实际的饮食计划。你不需要天天减少体重。相反，每一天，你都可以自主选择减重、维持或增加体重。当你日程忙碌并且不知道怎么缓解压力时，放松你对饮食的苛求，这一天只要维持体重就好了，因为你需要能量来帮助你处理这些问题。如果你要去参加一个盛大的婚礼，并且想好好享受一份丰盛的晚餐，那么尽情享用吧。有时候体重暂时的增加也是正常饮食的一部分。身体在第二天不会感到很饿，那么你可以选择吃少点作为补偿（注意：不要为了丰盛的晚餐而在白天吃很少；这样做往往会事与愿违）。

罗伯塔会一直坚持节食直到她达到理想的体重。我建议她根据当天身体的能量状态将减少体重作为一个选择。我同时推荐她定期犒劳自己。就像人们工作也需要休假一样，节食者也一样。她也承认一想到周六早餐可以吃一顿丰盛的，这一整周的饮食计划我都能很好地执行。

真相揭秘

吃得越少，就会越瘦

事实：通常你吃得越少，节食计划越容易被打破。你会因为饥饿而暴食，最终导致体重升高。如果你每天少摄入 400 千焦的热量（大概是 2 块奥利奥饼干或一大勺冰淇淋的热量），理论上坚持一年你可以减掉 5 千克的脂肪，因为 0.5 千克脂肪的热量大概是 14000 千焦。如果你每天比正常情况下少摄入 2000 千焦的热量，那你 1 周就能减掉 0.5 千克体重。格蕾琴是狂热的健身房常驻者，试图吃得尽可能少，她缩减了 4000 千焦的热量摄入，每天只摄入 4800 千焦的热量。从周一到周四，她很快减了 1 千克的体重，但在周末，这减下的体重又不可避免地增了回来。

（8）制订训练计划。如果你是正在减肥的专业运动员，则建议你最好制订规律的训练计划。但如果你是健身爱好者，且不能持续锻炼，你也许需要在手机或笔记本上安排好你的锻炼时间。你要通过有规律地训练来塑造肌肉、减压以及改善健康状况，但不能过度训练。如果过度训练，你最终会受伤、劳累和易怒。正如之前提及的，运动应该是健康且有趣的，而不仅是单纯地消耗热量。你需要在运动中享受乐趣，从而更好地去享受生活。

罗伯塔有时候会额外进行训练——踩登山机或走更多路来消耗更多的热量。尽管她每次会消耗 2000 ～ 2400 千焦的热量，但她会因为饥饿而不得不在晚上吃得更多。我鼓励她停止用这种方式来惩罚自己。锻炼是帮她增强体质和身体机能的。记住，只有一天中消耗的热量大于摄入时，才能达到减重效果。

我的客户总是问我："运动到什么程度是足够的？"那么我需要他们先回答以下问题：足够干什么？足够去减重？如果是减重的话，你不需要锻炼，只要摄入更少的热量就可以了。足够去强身健体？美国运动医学会推荐一周中的大多数日子，可以至少运动 30 分钟（每天消耗 600 千焦的热量，或每周消耗 4000 千焦的热量）。那些每周通过运动消耗 4000 千焦热量的人患心血管疾病的概率普遍大大降低了。

（9）重视睡眠。缺乏睡眠会让你感到更加饥饿。当身体很累时，大脑发出的饱腹信号也会变弱，但想吃更多的信号会更强烈。罗伯塔发现如果她很迟才睡，会感到又累又饿。后来她学会早点睡觉，而且她知道自己一旦开始吃东西，就会停不下来。

（10）想象健康匀称的自己。每天早晨起床之前，想象更苗条匀称的自己。这个画面能让你以积极的心态开始新的一天。如果你告诉自己，吃得更加健康可以帮自己减掉更多的肉，你会更容易坚持下来。积极的自我暗示对你的幸福也十分重要。

罗伯塔常常提醒自己不要吃太多，这样她会更健康更苗条。她吃得很少。她制订计划并实行。下班回家的路上，她计划吃一顿美味（但量少）的晚餐，细嚼慢咽，尽情享受食物的味道，吃完饭之后不是吃饼干，而是看一本书作为放松。她遵循自己的饮食计划。不久后发现通过这种积极的行动，她可以更好地执行自己的饮食计划了。

罗伯塔也发现当吃得很好的时候，自己会感觉更好，运动状态也更好了。在经历多年的失败节食后，她终于体会到一种成功的感觉，这种感觉甚至比变得更瘦还要棒。

第 4 节　节食减肥法

每个节食者都想快速减重。的确，让人快速减重的节食减肥法很吸引眼球。但不幸的是节食减肥只在短期内有效，因为若是长期剥夺或压抑自己的食欲，你总有一天会感到厌倦。你真正需要知道的是如何合理膳食，而不是从一个节食方法换到另一个。你要知道如何管理食物的摄入，而不是在饮食中限制食物摄入。

我有一些客户，他们放弃了平衡适度的饮食方案，想要更快速与更简单地减肥。1 到 2 年后，他们无一不重回我的办公室，并且带着比他们第一次来见我更胖的身躯。这里有一些他们试过的流行节食减肥方法，其中的一些你们可能也试过。

- 阿特金斯饮食法。这个饮食法完全不适合运动员，因为它彻底阻断了碳水化合物的摄入。当碳水化合物缺少到一定程度时，身体会得酮症。酮症是当身体无法从碳水化合物中获得能量时，转而利用酮来供能的一种机制。酮症会抑制食欲。

表面成功的阿特金斯饮食法揭示了：大量摄入蛋白质和健康的脂肪可以减重。因为这些食物比含碳水化合物的食物更能让人满足。当不饿的时候，你就不太会去摄入多余的热量，从而减重。

但坏消息是，运动员一般都需要更多的碳水化合物去刺激肌肉以达到更高的运动水平。你不能做到一边不摄入提供基础热量的碳水化合物，一边还想要日复一日地进行高强度训练。如果你是个业余的健身者，你当然可以选择减少碳水化合物的摄入，同时维持正常的训练计划。但是你真的希望余生再也没有意大利面、面包和贝果吗？

- 原始人饮食法。此饮食法摒除了白糖和面粉等一系列精加工的食品，选择像原始人一样的饮食。这没什么问题。但我担心的是，这同时也排除了全谷类、豆类和乳制品这些食物。

如果你是一名业余运动员，你可以为自己的训练摄入水果、蔬菜中的碳水化合物。但如果你是需要更多的碳水化合物的专业运动员，你可能需要改进这种饮食方法，减少精加工食品，加入燕麦、糙米、低脂酸奶、豆类和其他奶制品。当然，你真能一辈子不吃意大利面和面包吗？

- 低糖饮食法。这套饮食法的理论是高糖分的食物会让人变胖。因为高糖食物会促进血糖升高，刺激身体分泌更多的胰岛素，从而促进脂肪的存储。对于运动员和健身爱好者来说，这不太可能发生。因为他们的胰岛素反应会比正常人慢。而且每个人对于碳水化合物的反应是不一样的，所以你需要注意的是，多吃一些未精细加工的食物（参见第 6 章）。

- 阶段性断食（也称隔日禁食）。针对动物的研究发现：选择性的延长进食时间（如 8 小时或 24 小时）可能对身体有好处，并且能减重。但这项发现缺少长期的人体试验。还有一个问题：你听从自己身体发出的信号去吃饭了吗？没有。你确定余生想要维持这样的饮食方式吗？我持怀疑态度。一旦你减重了，接下来会发生什么？你还是会回到从前的饮食习惯，然后体重又回到原先的时候吗？没错。那我建议你别试了！

- 双重任务锻炼计划。让你的锻炼加倍，从而燃烧更多的能量，消耗更多的脂肪，这听起来不错。但是正常情况是，你练得越多，吃得也就越多。你可能会多消耗 1600 千焦的热量，但会摄入提供 2000 千焦热量的食物。或者你可以做到限制热量的摄入，但你的身体会由于严重的热量不足，受到"饥荒"的威胁，而自行节约能量。此外，你在运动过程中也更容易受伤，常感到筋疲力尽和感冒发烧。运动应该是一种享受，而不是自我惩罚。

　　如果你想通过高强度锻炼来塑形，可以尝试高强度间歇有氧训练（HIIT）。在一项对年轻男性的研究中，那些使用室内脚踏车全速冲刺（8秒全速冲刺，休息12秒。每次坚持20分钟，每周3次，坚持12周）的人的腹部赘肉减少了，并觉得这种锻炼方式很有意思。

• 运用小餐具。一个简单有效不用节食减肥的方法是运用定量份额的餐盘。一项研究指出，不运动的肥胖者使用此类特殊餐具吃饭，可摄入建议份额的蛋白质、淀粉和蔬菜。对比只被口头告知需减少食物摄入的人，他们也会减去更多的体重。不过对于健身人士，这个标准量有点过少，你可以根据实际的运动量，尝试吃双份的量。

　　学会适度饮食，而不是压抑或克制食欲，这是成功饮食的关键。你的目的是学会通过吃适量的经常吃（想吃）的食物，从而达到减重的目的。那种拒绝美食的节食法的效果是短期的。此外，你不需要因为多吃了一个面包就有负罪感。因多吃一个面包活在愧疚和自责中，会有益身体健康吗？我持怀疑态度。在我的价值体系里，进食不是罪恶的事。

第 5 节　关于减重的事实和谬论

　　减重远比增加运动量和限定脂肪的摄入要复杂得多。研究人员也容易将运动员、健身爱好者、肥胖者的最佳减肥方式混为一谈。适合所有人减肥的饮食方式是不存在的，因为不同的人有不同的身体情况。一些肥胖者是遗传性肥胖，而一些人是遗传性消瘦，其中有男有女。一些人是最近才胖起来的，而有些人已经和肥胖斗争很多年了。一些人从小就能合理饮食，而一些人是为了控制负面情绪而进食。

　　除了以上所说的关于减肥的复杂因素外，人们在寻找一种轻松、可以永久性减掉额外脂肪的方法。接下来这一部分我将要探讨：运动员和健身爱好者都很关注的关于减肥的一些错误观念。

碳水化合物会让人变胖吗？

不会！正如我在第 6 章谈到：多余的热量才会使人发胖。热量来自碳水

化合物（16000 千焦／千克），蛋白质（16000 千焦／千克），酒精（2800
千焦／千克）和脂肪（36000 千焦／千克）。因此，脂肪有可能是提供多余
热量的罪魁祸首。你的身体可以轻易存储额外的脂肪，然而你更可能错误地
认为碳水化合物才是提供额外热量的罪魁祸首。

酒精中多余的热量，以及伴随酒精摄入的高脂肪零食中的热量，也能增
加身体内脂肪的存储量。而且你的身体会更愿意消耗碳水化合物来供能，而
不是将它们变为脂肪存储起来。

如果你想减重，高蛋白质和低碳水化合物的饮食结构是否为最佳的选择呢？

如果想要减重，你最好在晚上少吃点，从而制造热量的缺口。至于热量
是从蛋白质还是碳水化合物中获得并不重要。在一项 6 个月的研究中，一组
人员每天吃大量碳水化合物和蛋白质，另一组人员每天摄入脂肪。最终他们
都减了相同的重量。在另一项研究中，调整志愿者的饮食结构，包含大量的
碳水化合物、蛋白质和脂肪。他们也减了差不多的重量。最重要的是所有摄
入的热量都被人体消耗了。

高蛋白质低碳水化合物的饮食结构看上去有效，是由于以下几个原因：
节食者减的重量是体内的水分。在肌肉中，碳水化合物拥有储水的功能。当
你在锻炼中消耗碳水化合物时，你的身体也会减少水分。你感觉到体重明显
减少了，这只不过是消耗的水分的重量，而不是脂肪。当人们少吃碳水化合
物时，他们也少摄入了很多热量。你可能由于不吃一个烤土豆的同时，也避
免了摄入两小块黄油，从而带来热量缺口。也因为蛋白质存在于胃中的时间
更长，所以它们（或脂肪）比碳水化合物更顶饿。比吃高碳水化合物的果酱
面包，早餐吃含高蛋白质的鸡蛋和培根更管饱。因为不饿，你也更容易减少
热量的摄入。

高蛋白质低碳水化合物的饮食结构没有用的最大的原因在于节食者不能
坚持很长时间。请记住：如果不能在余生中坚持此种饮食习惯，你就不要试
着开始这一饮食计划。

当节食者减重时他们减的都是脂肪吗？

人体减重，减少的不仅仅是脂肪，还有 25% ～ 30% 是肌肉。你可以做
以下的事情来避免肌肉的减少：让你摄入与消耗的热量缺口不要太大（不要
因极度饥饿而暴食），选择富含蛋白质的食物和小零食，每周增加两次力量
训练。

力量训练可以帮助你维持肌肉的质量，并尽可能减少肌肉流失，但只减少脂肪是不可能的。

如果摄入脂肪，你会变胖。

如果摄入多余的热量，你会变胖。体重管理不仅依赖于控制脂肪的摄入，还需控制热量的摄入。在你的热量预算中，摄入油腻类食物并不意味着增胖。如果在 8000 千焦的热量预算内，你选择将 1200 千焦分配给高脂肪的花生酱，而不是无脂奶酪，你依然可以成功减重。

那些只吃无脂肪食物的节食者其实是自欺欺人。莎伦是位私人教练，她说自己能吃下一整盒无脂的椒盐卷饼。马克斯是一位健美运动员，他平常会喝 2 升的无脂酸奶。南希是游泳运动员，她曾经每天至少吃 6 个无脂的贝果面包。难怪他们即使不摄入脂肪体重也减不下来。因为他们摄入了太多热量。而多余的热量，不论其是否来自脂肪，最终都会被身体储存为脂肪。

通过不吃脂肪来减重的方法或许对超重者来说最适用，他们因为减少了热量的摄入从而减重。例如，埃利奥特现在早餐不再吃含 2800 千焦热量的培根、鸡蛋和黄油吐司，而改吃含 1600 千焦热量的麦片、低脂牛奶和香蕉，他现在已经成功减了 23 千克。因为日积月累的热量缺口，所以他成功减肥。

晚上 8 点后吃东西，在睡觉时会让身体变胖？

关于晚上吃东西是否一定会使人发胖，至今还没有明确的结论。一些白天吃得很苛刻，晚上大吃一顿的体操运动员和跑者（比合理膳食的运动员）的体脂含量相对更高些。

如果你晚上实在太饿，你应该正视饥饿并且补充些能量。但是我仍然建议你白天合理饮食，这样晚上 8 点后也不会感到饥饿。你不仅能在训练中保持充足的体能，而且晚上也能避免摄入过量的食物。记住，在人体过度饥饿时，就很容易吃多。这是人的生理本能，与意志力没有太大关系。

为了消耗更多的脂肪，你应该饿肚子训练吗？

消耗脂肪和减掉脂肪不同。我的意思是你在睡觉之前少吃，创造热量缺口，这样可以让你在睡觉的时候减重，而不是在训练期间。不要让饥饿成为高质训练的障碍。关于运动前吃东西的重要性，详见第 9 章。

运动可以降低你的食欲吗？

高强度运动可以暂时降低你的食欲，但接下来的 2 至 3 小时，饥饿感会随之而来。在某种程度上，体温可能会影响你的食欲。因此，如果锻炼后感到很热，你可能会暂时没有食欲。但如果体温变冷，例如游泳之后，你可能会感到非常饥饿。

运动对食欲的影响也和性别有关。坚持运动的男性更可能因降低他们的食欲而降低体重。但女性反而会因坚持运动而增加食欲，导致体重不会下降。运动使食物对于女性更具吸引力。

运动后的食欲也和身体内的脂肪含量有关。对于肥胖女性的研究表明：那些原本不怎么动的肥胖女性在适度运动后并不会吃更多，因此她们体重下降。针对男性的饮食和锻炼的研究表明：对于将节食与运动结合起来的男性，他们原先的体重越高，减掉的体重也越多（与相对较瘦的男性相比）。

你越胖，你摄入的能量就应该越少吗？

这完全是错的。就像一辆大型卡车比小型汽车需要更多的燃料一样，大块头所需的能量也比小块头多很多。与普通人的认知相反，肥胖者的代谢并不慢，并且他们需要大量的食物。一个 113 千克的人每天需要 12000 ～ 16000 千焦的热量来维持体重。一个合理的节食计划是摄入 9600 ～ 12800 千焦的热量。这比那些一天之内只摄入 3200 ～ 4000 千焦热量的减脂效果很快的饮食计划（最终会以失败告终）要可行得多。

很多肥胖的客户和我说，他们没有时间吃早餐，经常空腹工作到中午。其实他们只是跳过了早餐而已。他们觉得不需要吃。但其实白天吃得少，晚上就会吃很多。当然了，肥胖者的确爱吃。我的一个客户说："你是唯一一个告诉我吃东西没问题，只是要正确吃的人。"

第 6 节　限制体重的运动员

如果你是一名赛马选手、摔跤手、拳击手或划船手，你一定不会超重。但为了你的运动生涯或避免无法参与比赛，你可能会通过减重来达到更低的重量级别。这里提供的方法会对你进行健康减重有帮助。与一般方法不同，你不需要通过使自己饥饿来减重。

如果担心严苛的饮食会阻碍你青少年期身体的成长，记住在比赛季结束之后你可以赶上来。很多摔跤手身形短小，不是因为营养不良，而是因为遗传。他们的父母可能就不高。矮小的人通常会选择低体重的运动，因为比起篮球足球，这更适合他们。

达到理想重量级别的第一步是制订一个现实的计划。你可以通过测量体脂率来确定你需要减多少体重（参见第 14 章）。如果你无法测量体脂率，则可以采用一些不是特别专业的测量方法。如果你可以在自己的臀部或肩胛骨上夹起超过 1.5 厘米厚度的肥肉，则说明你可以再减点体重。

男性的绝对最小体脂率是 5%，女性是 12%。一般摔跤选手的最低体脂率推荐在 7%。如果可以的话，不要通过挨饿消耗你的肌肉或减掉身体内的水分来减重。不切实际的减重计划是很难成功的，不仅会伤害你的身体，还会让你显得衰老。

其次，比起在赛季早期，最好在赛季开始前就减重。这样你将拥有足够的时间来慢慢减重（0.25 ～ 0.5 千克 / 周），也不会有不适感。你的目标是使体重达到并保持在健康范围内。

无论你减多少重量，都不要摄入少于你静息代谢率的热量。为了获得维生素、矿物质、蛋白质，大多数运动员需要至少摄入 6000 千焦热量的食物。不要错过任何补充营养的机会。在大赛开始前的 1 到 2 天，可选择低纤维食物来减少肠胃里食物的质量，并可通过限制盐的摄入来减少水分的摄入。

记住水分不是额外的重量。你的身体会以微妙且平衡的方式储水。如果破坏了这种平衡，你在训练中就不会达到最佳状态。通过利尿剂、桑拿来脱水是非常危险的。在训练之后补充水分的同时，记住运动型饮料、软饮料、果汁都是有热量的。在运动之后补充能量的同时，要大量限制这些饮料的摄入。

比赛前减重过快往往会对比赛结果不利。如果你这么做了，肌肉中糖原的耗尽和缺水会让你付出代价。和正常饮食的摔跤手相比，节食的摔跤手在比赛中的失败率更高。

在一项针对摔跤手的研究中，那些快速减重 3.8 千克的摔跤手（占他们体重的 4.5%）做 6 分钟曲臂训练的效果比以前要差。这些结果表明：在赛前体重快速的降低，不会对运动员有好处，反而可能会损害他们的健康。同时，你在赛前称重后应使用一个积极的能量补充计划，这样可以使身体机能所受的伤害减到最小。你可以选择高碳水化合物、高盐分的食物，并喝大量的水，例如喝果汁、吃椒盐脆饼。值得注意的是，不要吃得太撑。

第 17 章
节食的岔路：饮食障碍与食物困扰

对很多健身爱好者来说，"eat"（吃）的"e"代表着"enjoyment"（享受）。但对于一些人而言，"e"代表着"evil"（罪恶），他们视食物为仇敌。那些一吃多就胖的训练者，整日整夜想着怎么才能不吃过多的食物。他们常常担心吃什么、什么时候吃、怎么吃，如果和朋友出去吃饭的话会胖多少，需要锻炼多久才能消耗这部分热量。如果他们一顿吃多了，接下来要少吃多少顿饭等等。他们一直纠结着食物、体重、运动量和节食这些问题。而且其中一些人不知道，他们的焦虑其实是不正常的。

这里有 5 个简单的问题，可以帮助你分辨出你与食物之间的关系是否平衡。当你回答"是"的时候，得 1 分。如果你得分大于等于 2 分，你最好找个运动营养师咨询一下，以便获得专业的指导。

（1）你会不会因为吃多了不舒服，而去催吐？

（2）你是否因无法控制食量而困扰很久？

（3）你近期是否在 3 个月的时间里减掉 6.5 千克甚至更多的体重？

（4）即使别人说你太瘦的时候，你还是觉自己太胖？

（5）你会觉得食物支配着你的生活吗？

第 1 节 为什么会产生饮食障碍

一些自尊心匮乏的人会产生饮食障碍，例如厌食症或暴食症患者。他们认为自己"不够好"，觉得变瘦可以让他们变得更好更完美。然而事实上，更瘦的身材只会让人更瘦小，而不是更完美。你还是原来的你——执着、孤僻且疲惫。当你严厉地克制食物的摄入时，你会失去肌肉、力量和毅力。这可不是让你变得更受欢迎的方法。

当一个自尊心很强的运动员苛求完美、吹毛求疵的时候，无论他（她）长得再美，饮食障碍所导致的危害都会急剧上升。设想一个场景，一位母亲有食物和体重的困扰，她的女儿也往往会被饮食障碍类的问题所困扰。

被饮食问题困扰的运动员，他们的朋友很少。毕竟，当一个人不停锻炼，不停计算热量（每餐摄入了多少热量，锻炼中消耗了多少热量，不吃午饭可以少摄入多少热量，晚上吃饭要摄入多少热量），同时还计算仰卧起坐消耗的热量时，他便没有精力去处理更重要的事，例如生活中的人际关系。厌食症或暴食症只是表面问题，往往掩盖了人们生活中更深层的问题。

让饮食恢复正常的一个途径是将饮食障碍视为你生活的"一部分"。它试图保护你避免感觉孤单、被拒绝或感到不完美。失调的饮食，可以暂时帮你排解痛苦、恐惧和害怕的情绪，或是让你变得麻木。这会让你感觉能控制自己的生活，但其实是使你的生活变得更糟。

什么是厌食症？

厌食症和暴食症患者总是要么限制食物摄入，要么暴饮暴食后催吐。美国精神病协会概括了厌食症的以下症状。

- 对于增重或变胖有着强烈的恐惧，即使你的体重实际是偏轻的。
- 对于自己的体重或体形的要求很极端，无论是胖是瘦（即使本身很消瘦，依然认为自己过胖）。
- 减到了正常体重的 85%，或者在成长期，未达到预期体重的 85%。
- 未能维持本年龄和身高应有正常体重的最低值。
- 忽视近来体重过轻的严重性。

从前，人们认为超过连续 3 个月不来月经是厌食症症状之一。但这一观点在 2013 年被推翻了。一些得了厌食症的运动员，依然能维持正常的月经，因此未得到本该得到的帮助。

如果你怀疑自己或某个人得了厌食症，可对照以下症状和特征来加以判断。

- 明显的体重降低
- 月经失常
- 掉头发
- 体毛生长旺盛，特别是脸部和手臂
- 手脚冰凉，对气温极度敏感
- 即使在很热的时候也穿保暖的衣服，因为总是感觉很冷
- 穿宽松的衣服来掩饰身体的瘦弱（同时为了保暖）
- 头晕目眩
- 注意力不集中
- 低血压
- 多动，强迫自己进行大量的运动
- 经常受伤，如应力性骨折
- 对肥胖充满恐惧
- 看重进食仪式，比如把食物弄成一小块一小块的或摆弄食物
- 饭点时十分恐惧、避免出现在公共场合或和朋友一起吃饭
- 逃避社交、远离家庭和朋友
- 过度工作或学习
- 情绪变化极端：伤心、紧张、敏感和不安

什么是暴食症？

那些抠喉催吐，滥用泻药、利尿剂的人容易患精神性暴食症。在暴食后，这类人用不恰当的方式来避免体重的增加，如过度锻炼。美国精神病研究中心是这样定义暴食症的。

- 不停地进食，有以下两种行为。
  - （1）吃东西。不停地（例如在2小时中）吃，所吃的量比普通人在同一时间所能吃的量要大得多。
  - （2）在吃东西时不受控制（停不下来或控制不了吃多少）。
- 在吃多以后为了避免体重的增加，会做一些弥补性的行为，如催吐、滥用泻药、灌肠剂或其他药物；或过度运动。
- 通过身形与体重来评价自我的价值。
- 吃多了就清肠，平均下来3个月里至少一周一次。

如果怀疑自己或某个人得了暴食症，可对照以下症状和特征。

- 虚弱、头疼、头晕
- 由于交替的暴食和禁食，体重起伏不定
- 腺体肿胀导致花栗鼠样的外貌
- 难以吞咽食物；喉咙损伤
- 经常性呕吐
- 呕吐导致胃酸涌入口腔，损伤牙釉质
- 偷钱去买食物，有疯狂的食物购买欲
- 遮遮掩掩地进食行为
- 吃完饭后就消失了；美其名曰去"洗个澡"
- 在厕所里用冲水的声音去掩盖呕吐的声音
- 对自己的体重、外表过度在意
- 有吃很多体重却不会重的能力
- 运动量比正常人多很多
- 抑郁
- 眼部充血

第 2 节　健身爱好者的饮食障碍

经常运动的人患有饮食障碍的概率正大幅上升。健身中心的工作人员对他们的客户十分担心，就像跑步、体操、摔跤这类运动员的教练担心体重超标的运动员那样。一项调查表明，运动员患上饮食障碍这一疾病是普遍存在的情况。一项研究表明，15% ~ 30% 的女大学生运动员的饮食习惯比较混乱，有厌食、贪食、滥用泻药、过度运动、节食，或其他不健康的减脂方式。这些习惯会导致她们有饮食障碍的危险。大多数有饮食障碍的人，要么会强制运动，要么减少热量的摄入来让自己变得更瘦，要么会在大吃大喝后消耗更多的能量。一些人因为缺少热量而长期手脚冰冷，他们会利用锻炼让自己变得暖和起来。

大约有一半的节食者有暴饮暴食的习惯。很多节食者会为了控制体重而过度运动。表面看上去他们是健康的运动员，而事实上他们更应该被称为强迫型的锻炼者。很多害怕变胖的人，会不断通过限制他们的食量来减重。他们的生活里充斥着混乱的饮食结构，并没有善待自己的身体。

我估计，我客户中至少有40%～50%的人对食物十分痴迷，只有少数人会去了解营养学的知识。他们中的大多数，在寻求帮助前，已经与食物斗争很多年了。他们因无法控制食物的平衡摄入而感到十分困窘。一位65岁经常健身的女士说，这是她近50年以来第一次和别人谈起她的暴食症。

对于这些人来说，食物不是能量的来源，而是让他们变瘦的阻碍。他们的目标是变成"完美"的瘦人。但这个目标往往使他们付出其他代价，如愧疚、羞耻、精神痛苦、身体疲劳，无法治愈的来自身体上的伤痛、贫血、骨骼脆弱以及运动能力受损等。他们吃得很差，所以这些运动员的运动效果欠佳。一个高中跑者每天只吃1根香蕉，这样的饮食方式是无法激发她的潜能的。她觉得在课堂上打瞌睡的原因是每天熬夜学习，而不是因为自己饮食很差。

如果你正在和厌食症或暴食症作斗争，我建议你向一个专业且有经验的顾问寻求帮助，你也可以从注册营养师那里获得帮助。你（或者你爱的人）不应该一个人战斗。寻求帮助是明智的决定。严重的饮食障碍者在日常生活中往往无法适应日复一日的压力。

一位慈善组织中负责筹集资金的女性，通过回家后自己烘烤巧克力薄片饼干来释放压力。这的确可以转移她的注意力，但是问题并没有解决。因为害怕增重，她进行大量运动来消耗热量。后来由于在高强度的运动中受伤，她无法再锻炼，就会试着不吃东西。此后她变得非常饥饿，导致暴饮暴食。因为无法再像以前那样锻炼减重，她只好通过催吐来减少热量的获取。因为食物的困扰，她找到了我。我告诉她，她同时也需要找心理医生来解决压力过大与精神失控的问题。

　　饮食障碍折磨了各类人群，无论是专业还是非专业的运动员，无论是男性还是女性。甚至你身边的朋友可能也深受其害。大约 4% 的女性运动员受到厌食症的困扰，39% 的女性运动员在与暴食症作斗争。男性运动员中的 1.5% 患有厌食症，14% 患有暴食症。这些数字还只是保守估计。毕竟没有人愿意承认自己有不好的饮食习惯。

　　这个数字还排除了与厌食症诊断不相符（因为他们的体重看上去还是正常的）的人士，但他们也有厌食倾向、花很多时间在食物与体重上。他们每天只吃一点点食物，试图变得更瘦。

　　通过与有潜在饮食障碍倾向的女性进行深度访谈之后，了解到这些女性会有以下饮食特征。

- 她们为了减重会限制热量的摄入，并重复吃同样的食物。
- 她们严格遵循饮食规则，当破坏规则时会感到内疚与自责。
- 她们限制"坏食物"的摄入，通常选择低热量或无脂肪食物。

　　她们中几乎所有的人都有这样的习惯：一旦意识到体重稍有上升，满脑子都纠结于体重的问题。

真相揭秘

有潜在饮食障碍的女士比正常饮食的人更瘦

　　事实：令人吃惊的是，不！尽管她们比一般人练得更多、吃得更少，但她们的体脂率更高。她们也比正常人摄入更少的脂肪。这些发现违背了两个正常的认知：练得越多，瘦得越多；避免饮食上的摄入能帮助你减少身体中的脂肪。

　　女性健身爱好者看上去适应了这种高消耗低摄入的模式。身体的天性会感知这种热量亏损为"饥荒"，因此身体会尽可能地储存能量（和动物冬眠很像）。研究者建议那些饮食不规律，但体重还维持在稳定数值的女性应摄入她们身体原本所需的能量。

　　如果你觉得身体休眠了，或者你觉得自己吃的比所需的热量要少得多，你应该增加日均能量摄入到一个合适的水平，停止这种能量的亏损，放弃暴饮暴食。你可以循序渐进，在前 4 天，每天增加 0.4 千焦的热量，在接下来的 4 天，再增加 0.4 千焦，直到达到第 16 章所推荐的每日正常所需的能量。在这个过程中，注册营养师能给你提供很多帮助。

第3节　饥饿：身体需要热量的简单信号

身体不会无时无刻都感到饥饿，而是在需要热量时才会让你察觉到饥饿。饥饿是一种想要进食的强有力的生理活动。不幸的是，在我们这个以瘦为美的时代，很多人因为害怕变胖，忽视了身体这种简单的需求。关于吃东西的想法引发一种恐慌："噢，如果我吃东西，我就会发胖。但如果我就这么饿着，我肯定不会长胖。"这是不健康的心态。

毕竟食物最终会转化为能量，运动量大的运动员多吃些并不会发胖。但当一个人感到饥饿却拒绝吃东西，或当饥饿成为一个人生活的常态时，问题就升级了（例如严格控制食物的摄入）。这将使人进入一种不健康的生理状态，人们称之为"挨饿"。

很多人曾挨过饿，包括在发展中国家遭受饥荒的人们、月末没钱买食物的贫穷人士以及第二次世界大战中困在集中营的受害者。这种绝食挨饿的情况，在想要减重的锻炼者身上也普遍存在。

挨饿的代价是什么？当限制食物的摄入、体重不正常地下降时，身体将会怎么样呢？1950年，安塞尔·凯斯和他明尼苏达大学的同事，研究了挨饿的生理学特征。他们监测了36名男性青壮年，要求他们在6个月中每天摄入正常热量的一半（大概和节食或有厌食症的人摄入的量差不多）。在半饥饿饮食开始前的3个月，调查者们仔细研究了每个人的行为、个性和饮食习惯。

当他们的体重下降25%以下时，研究者观察到厌食或暴食的症状开始出现。最大的改变是对食物高度的关注。就像节食者或患有厌食症的人一样，他们会时刻谈论、阅读以及想象与食物相关的一切信息。他们甚至会搜集食谱。他们大量地喝咖啡或茶，过度地嚼口香糖。他们变得失落，心情起伏不定，同时变得格外烦躁、愤怒且焦虑。此外，他们还会变得孤僻并丧失幽默感。他们的手脚冰凉、头昏脑胀、羸弱不堪，并且还会掉头发。他们身体的基础代谢也降低了40%。也许这些变化对你来说听起来也很熟悉。

饥饿的程度

如果你花了很多年去节食，或在感到饥饿时却不补充能量，直到你减掉自己的小肚子后，才恢复正常的饮食，你可能会在选择饮食上遇到困难。表 17.1 饥饿量表可以帮助你回到正常的直觉性的饮食（就像个孩子一样吃东西）。在一天的生活中，请留心观察自己身体餐前餐后的饥饿、疲惫和满足感的程度。当孩子饿的时候会吃，当他们感到有饱腹感之后就会停止。

表 17.1　饥饿量表

1	3	5	7	10
饥饿	不确定是否饥饿	满足	很满	吃太饱
头晕	喜怒无常，手脚冰冷	吃得愉快	不舒服	撑得难受
胃在咕咕叫	无法集中注意力	满足	吃太多	非常不舒服
	感到无聊			

胃咕咕叫，是太饿的信号。你要在这之前就吃东西。你可能注意到，在胃有反应之前，大脑就会告诉你饿了。杰西（Jessie）是一位计算机程序员，她抱怨下午的时候会感到无聊，然后就会吃一点小零食。她没有意识到，感到无聊、无法集中注意力其实就是身体需要能量的信号。我建议她，当感到无聊的时候吃两块全麦花生夹心饼干。很快她变得更加活跃也更开心，且在余下的时间里的工作效率也更高。

你的任务就是听从身体发出的信号，当你感觉满足，吃得很愉悦时，就不要再吃了。而不要因为觉得还饿，就渴望吃更多食物。吃得适当的最佳方式是吃慢一点、用心去品尝，享受一种胃口得满足的愉悦感，那是一种基于饥饿与撑之间的感受。

在这项调查中，有些人不能控制自己的食欲从而过度进食。他们一有机会就会疯狂大吃。很多人会连续大量地吃零食。一些人会吃到撑得不舒服，直到呕吐为止。这些不正常的饮食行为会持续 5 个月之久。8 个月之后，大多数人恢复了正常的饮食习惯。一开始他们的体重增加了 10%，但之后他们渐渐地又减了下去，并恢复到正常的体重。

那么我们在这项研究中了解到了什么呢？

- 过分关注食物是你身体太饿的信号。饥饿会促使你产生强烈的想吃东西的生理渴望。
- 暴食源于挨饿。如果担心一旦开始吃东西就无法停止的话，你一定是太饿了。那就多吃点吧！
- 体重远不是意志力所能控制的。如果快速减重了，你的身体还是会回到基因决定的正常体重水平。
- 那些限制自己饮食，总是处于半饥饿状态的节食者一般都会复胖到原先的体重，甚至更重。如果你要减肥，请慢慢来，且不要靠饥饿来减肥。

为了防止饥饿感来袭，你需要知道自己的身体需要多少能量来维持正常生活所需（参见第 16 章）。这样，下一次狂吃东西并吃太多的时候，或想知道是不是处于暴食症边缘的时候，你可以对比一下身体正常所需的能量。你很可能会发现所摄入的能量和身体所需要的能量有很大的差异。饥饿感是强大的。一定要避免过于饥饿！

第 4 节　不惜一切代价变瘦

不论你是业余健身爱好者还是专业运动员，为了更瘦而去限制食物的摄入会导致健康问题。限制食物会使你减少维生素、矿物质、蛋白质和碳水化合物的摄入，并让你的身体有营养不良的危险，也会导致其他健康问题，如慢性疲劳、免疫系统失调、伤口愈合速度变慢、贫血、电解质失衡、月经失调、骨密度下降（应力性骨折的危险比一般人高 4 倍）。

那些有饮食障碍的运动员，心里抱有希望：只要变得更瘦一点，他们的运动能力就会更好（生活质量会变高）。我却不这么认为。他们不惜一切代价努力变瘦，反而会让他们精力下降。如果吃得更好，他们的运动能力会变得更出色。自行车运动员芭芭拉总向我抱怨说她减不了 2.3 千克的体重："如果我能减掉这些多余的脂肪，我就能用更快的速度登山。"因此她严格控制食物的摄入。我告诉她与应该摄入的量比起来，她现在摄入的量太少了。一次比赛中，在充分补充能量后，她发现自己超过了其他选手，这是因为食物给了她能量！

日常告诫自己的话

如果下定决心想要改善饮食，你会发现这比说起来要难得多。以下这些正确的观点，已经帮助了很多我的客户，他们现在已经能合理摄入食物了。

- 我饿了，也就是说我已经把我吃的东西消耗完了。现在我需要更多的能量。饥饿是身体需要能量的一个简单信号。
- 食物是人体基本所需，不是"额外的"物质，也不是"增肥的"物质。
- 一餐是不会毁了我的生活的。
- 我需要更加灵活一点。如果有必要的话，我可以回到我以前的方式。
- 当我饮食更好时，身体也会更强壮。我会变成更好的运动员。
- 我需要的是好的饮食，而不是变得"完美"。
- 饥饿解决不了我面临的任何问题。
- 愉悦和健康才是生活里最重要的事情。
- 我要考虑清楚是希望成为有厌食症的病人还是精力充沛的运动员？
- 所有事情都会变好的。我只需要专注于一件事——健康。

以下都是我的客户真实的体验。你也许可从他们身上找到自己的影子。如何保持食物与运动之间的平衡，从下面这些例子你可能会得到些启发。

疯狂在爬楼梯机上锻炼的女老师

艾丽西亚是一名 41 岁的老师。在她前 39 年的人生中从来没有关心过自己的体重，也从没想过要节食。但在近两年，因为新工作带的压力，让她的体重增加了很多。因为不想再胖下去，她决定办一张健身房的会员卡。她每天早晨上班前，要在爬楼梯机上锻炼 60 分钟。她白天吃得很少，但在回家路上却会吃很多东西。"我吃完薄脆饼干与椒盐薄饼这些垃圾食品后，会感到十分愧疚。吃完这些东西之后，我就不会再吃晚餐，并选择直接去健身房消耗多余的脂肪。我总是感到十分劳累，总想对学生发火。无法减掉几千克体重，这使我十分沮丧。我甚至无法保持正常饮食。我不是感到饥饿，就是感到饱的发撑。我不知道是该去咨询你还是去看医生。"

为了帮助艾丽西亚平衡食物与锻炼之间的关系，并且规范她的饮食，我计算了她身体每天所需的能量。她每天的静息代谢是4800千焦，日常活动所需的热量是2400千焦，运动所需的热量是2400千焦。总共一天所需的能量是9200千焦。我也测了她的体脂率，以判断她是否需要减脂。测量结果显示她是"精瘦"级别的（18%的体脂率），于是她决定给自己一个假期，来稳固她的饮食习惯。

和我其他客户一样，她严格控制饮食，不切实际地限定每天摄入的热量。她可以在健身房消耗2000千焦的热量，直到中午才吃一点东西。也仅仅只是吃一点冷冻食品，从而只摄入1000千焦的热量。也难怪她在回家之后会感到饥饿。我建议她停止节食，每天都要吃早饭和午饭，再去享用放学后的第二顿午餐。

艾丽西亚听从我的建议，每天分4顿摄入9200千焦的热量：早餐、午餐、下午茶（下班后）和晚餐。当她这样坚持两周之后过来复诊时，微笑着和我说："我现在回家之后，不会在厨房里抓到什么就往嘴里塞了。我觉得好多了，因为不暴饮暴食，我甚至减掉了几千克体重。每天吃早餐和午餐让我感觉更好，更有精力去面对学生。我不再那么暴躁了，又重新变回了那个快乐的自己。最重要的是，我重新掌握了对食物的控制权。"艾丽西亚从前认为节食能帮她减重，但她现在认为保持正常、健康的饮食习惯才是体重管理的正确之路。

运动成瘾

比尔是一家电脑公司的大区经理。他对于锻炼有着谜之热情。他曾经每天早晨5：15起床，在6点钟健身房开门时准时到达。他在6点到7点之间上动感单车课，7点到8点举重。午餐时间他会在公司健身房里上健美操课。工作结束后，他会游泳1小时。因为在三个不同的地方锻炼，除了他的家人和妻子，很少有人知道他究竟花多少时间在锻炼上。家人常常抱怨比尔总不回家。

到了节假日，这种抱怨就更加严重。当比尔宣布他要在圣诞节那天跑步2小时时，他8岁的女儿抱怨："为什么连圣诞节的早晨你都要锻炼呢？"他家人都知道，如果比尔不跑步的话，他会变得非常暴躁。所以他们总是耐心等待他跑步回来后再拆圣诞礼物。

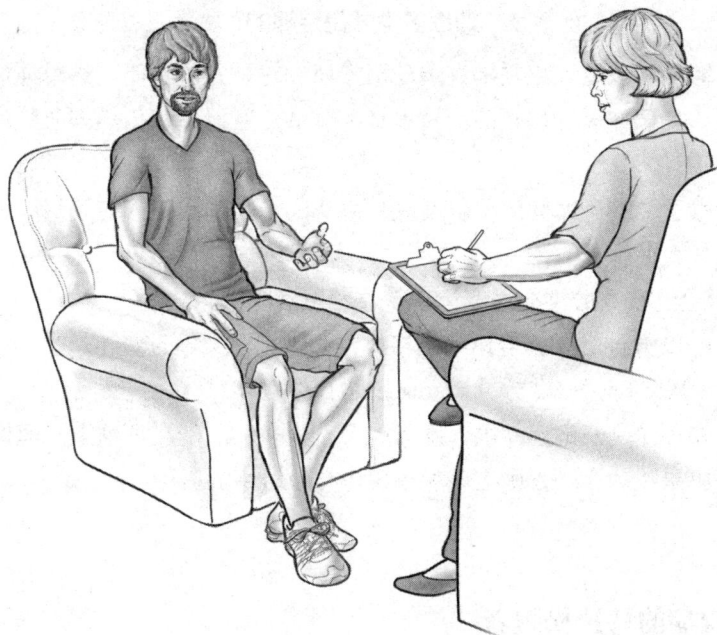

　　毫无疑问，比尔患上了运动成瘾症。如果 1 天运动不满 4 小时，他会感到十分烦躁、内疚以及失落。为了维持生理和情绪的双重亢奋，他需要不断增加运动量。即使在受伤生病的情况下，他都会坚持运动。显然，他在剩余的时间里没有一点精力去关心自己的家人。因为在工作中经常缺席，他同时很怕会失业。

　　最终由于持续的背部疼痛，他停止了锻炼。背痛甚至让他无法走路。见完医生以后，他承认自己需要帮助。"我不能像以前那样锻炼了，这让我害怕变胖。因为我不能运动了，我现在尝试着不吃东西。但是仍戒不掉零食——例如偷吃我女儿的糖果。"于是医生建议他来找我。在我看来，和正常人所定义的胖不同，他离胖还有很长的一段距离。他身高 178 厘米体重 59 千克，但是我感受到了他的恐惧。我提醒他，住院的病人都很少或从不运动，他们也吃东西，但并没有变胖；事实上，他们体重还会降低。

　　我帮助比尔规范他的饮食，制订训练计划，建议他读一些与运动上瘾相关的资料，说服他寻求专业顾问的帮助，从而让他活得更开心一点。通过医生、治疗师、营养师组成的专业治疗团队的帮助，以及妻儿对他的关爱，他重新变得快乐起来。他学着去诉说自己的需求，很快就从问题中走出来了。他渐渐了解到，以前认为自己不够好都是误解。和爱他的人一样，他开始喜欢并接受自己。

锻炼多少才是足够的？

锻炼应该是训练并提高运动员素质的一种方式，而不是单纯地消耗热量。如果你因为暴食症而过度训练，请注意以下来自美国心脏病协会的建议。

为了你的身体健康，以及减少患病的风险，成年人应该每周进行以下的体育锻炼：

- 至少30分钟的适度运动以避免患慢性病。
- 60分钟的中强度运动维持体重，避免在中年时变胖。
- 坚持60～90分钟运动可以防止你复胖。

如果你是一位运动员，那可能会花更多的时间在训练上。但如果你的动机是消耗脂肪，则应该考虑寻求专业教练的指导。

患暴食症的马拉松跑者

29岁的学生卡罗琳自从两年前开始准备MBA考试后，增重了5.4千克。当课业堆积如山时，她就会吃很多东西，因为她觉得自己无法完成期望的事。"我晚上吃很多东西，然后吐掉，再跑步很长时间。我总是很乏力，除了想要暴饮暴食，其余的任何事情都不想去思考。我不再和朋友们吃饭，因为我害怕自己会吃太多。我将所有时间都花在学习和进行马拉松训练上。我希望通过增加训练量来减重。但我是一个贪吃的人。当我跑完步，不可避免地会到拐角的商店买至少两个松饼，好好享受一下。我感觉自己无法控制摄入食物的量。"

听完卡罗琳的情况后，我觉得她不仅对食物上瘾，也对锻炼和课业上瘾。她不断挑战自己的极限。她总是感到压力过大，并超负荷工作。她的健康受到了损害。

我询问卡罗琳家里的亲人是否有酗酒的不良嗜好。她迅速承认说她妈妈就酗酒。对于这一家庭秘密，她一直羞于坦白。在我那些有饮食障碍的客户中，至少1/3的人是在机能失调的家庭中长大的，大部都是家庭成员有酗酒的问题。他们本人也许不会酗酒，但其中一些也可能会酗酒或吸毒。另外，他们通过加班、暴食和过度运动来体现其他成瘾行为。表17.2的一些特征是那些在酗酒家庭或其他机能不健全家庭成长的人的一些特征。

表 17.2 家庭机能不健全时人们的常见心理特征

特征	一般表现
追求完美	我已经超过两年每天锻炼 1 小时了
控制欲望	晚上七点后我不会吃东西
强迫性的行为	即使我不得不早晨 4 点起床，我每天也要锻炼 2 小时
感到不满	如果减重更多，骑单车时会骑得更快
难以感到快乐	谢谢你邀请我去看电影，但是我必须去健身房锻炼 1 小时
有人际关系方面的问题	我的另一半抱怨我花太多时间锻炼，没空陪家里人

卡罗琳符合表 17.2 中所有的特征。她特别追求完美，有很强的控制欲。从小时候开始，她就想让自己变得完美，来弥补家庭的缺陷。现在，她试着完美的饮食，获得完美的体重，提升自己的职业，完成完美的训练时刻表。除了下雨、下雪或生病、疲劳，她每天跑 16 千米。她只摄入无热量的咖啡、苏打水和无脂食物，直到极度饥饿超出了她的意志力，于是她又吃很多食物。暴食之后，她会将食物全部吐掉，重新回到有控制的生活，弥补她不完美的进食。

通过测量卡罗琳的体脂率（16%），我帮助她制订了一个更好的目标来减重。我问她其他人是怎么评价她的身材的，她说："他们全都认为我狂热地想要减重。"关于改变她对身材的扭曲的观念（参见第 14 章），我们探讨了很多。问题的关键不是身材，而是她与身体之间的关系。

卡罗琳决定在一位教练的指导下训练。他可以帮助她制订更合理的训练计划。她表现出兴趣，并开始阅读关于防止成人酗酒的书籍。

在过去的两年里，我试过不吃东西，认为这会带来脂肪。我现在了解到食物不是问题所在。不能很好地排遣压力才是问题的根源。现在我对自己很宽容。我不再努力成为一个完美的学生了。例如，我每周会抽出 3 天去学校和我的朋友们一起跑步或滑雪！我现在吃得很好，且训练合理，而不是像惩罚我自己一样，跑个几十千米去消耗脂肪。我感觉好多了，已能与自己的身体和平共处。

什么是正常的饮食习惯?

正常的饮食习惯就是感到饿就吃，吃到满足就停。你可以选择吃你爱吃的食物，并吃到感觉满足的地步——而不要觉得应该停下来不吃了。正常的饮食习惯，是有选择食物并获得营养的能力，而不是谨慎限制摄入你爱吃的食物。正常的饮食习惯是当你有时候感到开心、悲伤或无聊的时候，甚至只是因为它很好吃，而多吃几口。正常的饮食习惯一般是一日三餐，或四、五餐，吃的时候细细咀嚼。你可以剩下点饼干明天再吃。或者也可以因为它很好吃而多吃一点。正常的饮食也可以偶尔吃得过多，感到很撑不舒服。也可以有时候少吃点。正常的饮食就是相信你的身体可以弥补你在吃上犯的错误。它可以占有你一部分的时间与精力，但也只是其中的一件重要的事情而已，绝不是你生活的全部。

总而言之，正常的饮食是灵活的。它可以根据你的饥饿、时间、对食物的喜爱程度、甚至是你的感觉，有多种可能性。

有厌食症的花样滑冰运动员

16岁的艾米莉现在是竞技花样滑冰队的成员。她是被教练带着来见我的，她的妈妈帮她预约了我。因为她总是拼命去挑战自己的极限，渐渐变得疲劳。艾米莉见到我的第一面就对我说："我的教练和妈妈逼我来你这儿。他们认为我吃的太少了。"

艾米莉重42千克，160厘米高。一年前，她重50千克，她合适的体重应该是52千克。她每天正常所需的热量是7200千焦，但她每天仅摄入4000千焦的热量。因为吃的太少了，她的月经已经很久不来了（不健康的第一个信号），此外她的皮肤变得粗糙发灰（第二个信号）。

通过支持团队（儿科医生、理疗师和我）的鼓励，艾米莉逐渐增加她的饮食摄入量。她用心选择食物，吃得更加健康，这样让她滑得也更好了。她在恢复阶段的心理咨询也起了关键的帮助作用。我着手于治疗她的饮食障碍，心理医生面谈了她的家人。最终她学会表达自己的需求，而不是一言不发，不吃东西挨饿，也不再感到无助。

在3个月里，艾米莉每天摄入7200千焦的热量，她的月经也正常了，这是她身体开始好转的标志。完美的身材可带来完美的人生这种想法她已经抛在脑后了。"我曾经以为变得更瘦，会更加开心，但这个想法是错的。现在我知道，快乐源自自己，而不是外界。"

运动员和停经

如果你认为停经只是因为自己太瘦或运动量太大，那就错了。研究显示，女性运动员月经正常与否和体脂没有关系。但是问题还是没有得到解决：当你停经时，为什么和你运动量差不多、体脂率差不多的女运动员却没有停经呢？

你可能由于饮食上的过度苛刻导致身体营养不良而停经。不要忽视这个严重的问题。请阅读第 12 章，了解如何避免停经以及女性运动员应如何做的相关内容。

第 5 节　如何才能提供帮助

也许你身边的朋友、家人或队友正在节食，你很想知道如何才能帮助他们解决这些问题。看着自己爱的人变得日渐衰弱是件悲伤且可怕的事。一般这很难界定一个人是在与饮食问题斗争，或只是敬业而已。即使专业的教练也很难辨别一个人是瘦还是有厌食症。

有厌食症的运动员一般害怕自己增重，强迫自己进行高强度的训练，不给自己时间休息。与之对比，敬业的运动员通过训练提高运动能力，他们在不训练的日子也能享受生活。这两类人都在试图让自己更完美——拥有完美的身体和完美的运动能力。不幸的是，太多教练、父母、朋友和队友无法看出，有些运动员饱受巨大的压力导致极度瘦弱。毕竟，谁会想到那些训练刻苦，看上去快乐的运动员会患病呢？

如果怀疑自己的朋友、训练伙伴、孩子、队友有饮食问题，不要一味等待医生来指出他的问题。而应和他们交谈。厌食症或暴食症有时候会危及生命，不能忽视。这里有 10 个方法可以帮你验证人们是否存在这种问题。

（1）多留心。你可能注意到一些有厌食症的人更喜欢穿宽松的衣服，来掩饰他们不正常的瘦弱，或者他们摄入食物的量远远不及他们所需的量。有厌食症的跑者，在跑完 16 千米后，晚餐只喝一杯酸奶。也许你从来不会看见他们在公共场合或和朋友一起去吃东西。或者他们看上去在吃，实际只是将食物挪到盘子的另一边，让你以为他们在吃东西。你也可能会注意到其他行为，例如过度学习或过度工作。

暴食行为一般并不明显。运动员可能会吃大量的食物，然后到卫生间把它们全都吐掉。他们可能会用马桶冲水的声音来掩饰自己呕吐的声音。这种人会身藏泻药或说出一些奇怪的减肥方式。他可能眼睛充血，腺体肿大，手指淤青（由于呕吐）。

（2）耐心地表达你的担心。温柔地靠近这类人群。告诉他们你很担心他们的健康："我担心你一旦伤害需要很久才能愈合。"和他们说你所看到的："我注意到你看上去很累，跑步花的时间变得越来越多。"给他们证据来证明你为什么觉得他们在与食物和运动作斗争，询问他们是否需要和你讨论一下。

患有厌食症或暴食症的人通常会否认，坚持说他们很好。你要继续和他说出你的担心，比如缺乏注意力、轻微的头痛或慢性疲劳。这些健康问题很可能成为运动员获得良好运动表现的绊脚石。

（3）不要讨论体重或饮食习惯。运动员对完美的体重感到自豪，可能会认为你的关心是因为嫉妒。避免提到挨饿或暴食这样的问题。尽可能多关注生活本身，而不是饮食。

（4）暗示不高兴可以作为寻求帮助的理由。指出他近期的焦虑、劳累和烦躁，强调他本来没有必要到这种境地。

（5）表示支持，同情地倾听。不要期待他们会立刻承认。给点时间，持续地告诉朋友你对他的信任。你的支持在他的治疗中会有很大的帮助。

（6）照顾好你自己。向专业的医生寻求建议。你可能想要和别人倾诉你的感受。记住你不需要对别人的健康负责。你只需要试着去提供帮助。你也可以询问教练、营养师或其他专业人员。

你的职责是帮助朋友或爱人获得专业的指导。这意味着要寻求在运动营养学和饮食障碍领域有很多经验的注册营养师的帮助。

（7）对寻求帮助者敞开心扉。尽管运动员会否认你说的问题，但他会在将来的某一天承认这个问题。如果你不知道心理辅导员在饮食障碍治疗中的作用，你可以寻求心理医生或营养师的帮助。

（8）降低你的期待。你一个人是无法解决所有问题的。这不仅仅是关于食物和运动的问题，更是生活习惯的问题。你可能会对不能帮助朋友解决问题感到沮丧。

当你的朋友瘦了之后，你应该说什么？

当有人减重成功后，你的反应可能会是惊叹的，"哇哦，你看起来真棒！"这个赞美应该是积极的，但它其实意味着：

（1）这个节食者以前的长相十分糟糕；

（2）外表比健康更重要；

（3）因为减重这个人更好也更有价值了。

不论减了 1 千克还是 10 千克，更好的认可减重的方式不是关注体重，而是转移到值得称赞的方面：例如更好的健康状况。这里分享在你朋友瘦身成功后，你可以对他们说的话。

- "你看上去付出了很多努力来减重。"节食者就准备告诉你他花了多少努力去减重。倾听他的经历，保证他采用的是健康的减重方式。
- "你看上去更瘦了……是遇到什么事情了吗？"这意味着你的朋友不是因为减重而更好了，只是更瘦了。
- "看上去你很满意自己的体重了，来谈谈你现在觉得怎么样？"他可能感觉更健康更有活力了，但你也有可能听到他抱怨自己还没有到达最佳体重。
- "你看上去身材很正常。你是怎么锻炼的？你现在锻炼到哪个级别了？你觉得怎么样？"如果你的朋友是合理减重的，他会感到很棒。
- "你似乎把你的脂肪变成了肌肉。"承认你所看到的，但并没有暗示节食会让他变得更好。

不论他们的回答是什么，你的目标是为了帮助减重者欣赏自己的价值。真正的美丽是真诚的微笑、友谊以及积极的品质，而不仅是体形变苗条了。人们需要知道被爱是从内到外的，而不仅是外表上的评判。他们并不会因为节食而变得更好或更可爱。通过恰当的饮食方式，他们会更健康、更强壮、更有活力，并能从减肥中体会到更多好处。

你可能会想，"只要我的朋友吃的正常，所有事都会变好的。"并不是这样的。食物只是一种象征。真正的问题是他自己不开心。提醒你的朋友，体重再好也不会创造快乐。快乐源于内在，而不是体重秤上的数字。

和别人分享你的问题。向你信赖的家人、专业的医生寻找帮助。不要试着自己一个人解决问题，特别是在毫无头绪的时候，不然你会加速自我"毁灭"的进程。

（9）意识到你可能是反应过度。可能他并不是饮食障碍。也许他为了提高自己的运动技能而特意变瘦。但是你如何辨别？为此，坚持让他去进行评估。如果有必要，为他安排一个预约，亲自带他去评估一下。只有到那时，运动员才能了解自己客观的情况。

（10）要有耐心。要知道治愈的过程是艰巨的，会有很多的挫折与反复。但你可以给一个人的生活带来巨大的变化。有些人是会因为厌食症或暴食症而死亡的。

第6节 预防饮食障碍

很多人相信或被迫相信：严格控制饮食来减重可使他们练得更好、看上去更美，并提升他们的整体气质。正如我在第16章所提到的，节食之后很可能会复胖、饮食紊乱，最终导致饮食障碍。因此，节食是危险的，并不是解决肥胖的好办法。

我们必须消除"节食很有用，以及瘦等于幸福和成功"这样的念头。消除"最瘦的运动员是最佳的运动员"这样的观念，去热爱我们现在的身体，而不是因为我们的身体没有什么变化而去讨厌它。比起更瘦，身材正常、身体健康才是更合适的目标。

第四部分

运动营养食谱

第 18 章
面包和早餐

　　一个好的运动食谱应从早餐开始，可以包括美味的面包。愿这一章的食谱给你一个充满活力的开始。

面包

　　刚出炉的面包是运动人士最喜欢的碳水化合物类食品。这里有一些烘焙技巧，可帮助你准备最美味的面包。

- 想要轻松做出松软的面包、松饼和烤饼的秘诀是轻轻地搅拌面粉 20 秒。不要管面疙瘩！如果你面糊打发过度，其中的蛋白质就会使面团变硬。
- 用全麦面粉制作的面包相对较重。总的来说，半白半全麦面粉是一个不错的选择。以下食谱中有许多食物都是按照这个比例做出来的。你也可以随意改变面粉的比例。在其他食谱中，可以用 3/4 杯（105 克）全麦面粉代替 1 杯（140 克）白面粉。
- 大多数食谱中都降低了糖的含量。为了降低你自己食谱的糖含量，使用比标准含糖量少 1/3 到 1/2 糖会更好。你可将白糖替换为蜂蜜、红糖或糖蜜。另外，每 2 杯（280 克）面粉只用 1/2 勺发酵粉和 1/2 勺小苏打。这样烤出的面包也会很好吃。
- 大多数便捷面包食谱会建议你把发酵粉和面粉筛在一起。这种方法能做出最轻最好的面包。在一些食谱中，我建议你把发酵粉和酱料混合起来，然后加入面粉。我的方法更简单，可以制作美味的面包，还节省了时间。

- 为了不让面包粘锅，使用不粘烤盘，或在倒面糊前在烤盘里放一张蜡纸是不错的选择。我发现用蜡纸是万无一失的。面包烤好后，让它冷却五分钟，把它从锅里倒出来，然后把纸剥下来即可。
- 为了加快烹饪速度，烤面包时可用一个20厘米×20厘米的正方形平底锅烤盘代替吐司烤盘（烤制时间会减少一半）。你也可以把松饼放在吐司烤盘或方形的平底锅里烤，这样就不会有那些难以清洗的松饼烤盘了。

燕麦片

刚出炉的燕麦片，不仅是有益的运动饮食，也是有助于消化的早餐。许多人喜欢在长跑、体育馆锻炼、游泳训练或其他锻炼前吃些麦片或其他热谷物。以下食物搭配燕麦片将为你的早餐增加多样性。

- 杏仁、蜂蜜和少许肉豆蔻
- 葡萄干和肉桂
- 香蕉片（与燕麦片一起煮）、红糖和花生酱
- 干蔓越莓、蜂蜜和切碎的山核桃
- 切碎的苹果（与燕麦片一起煮）或苹果酱和枫糖浆

有些人不往燕麦片里加甜味的辅料，而是加一点盐，把燕麦片当作主食来吃，而不是甜点。因为运动人士的饮食中可以添加一些盐来弥补汗水中的钠流失，所以吃盐燕麦片当然是一个可接受的做法——而且大多数运动员发现加盐的燕麦片味道更好。

食谱列表	
香蕉面包	早餐水果沙拉配果酱酸奶
枣仁面包	格兰诺拉燕麦片
橙子烤饼	法式吐司
胡萝卜葡萄干松饼	燕麦煎饼
亚麻籽糖蜜松饼	白干酪煎饼
煎蛋卷	

香蕉面包

成功做出面包的关键是使用有棕色斑点的熟香蕉。香蕉面包是跑马拉松跑者、长途自行车骑行者和徒步旅行者最爱的零食。加一些花生酱，你就能吃到美味的三明治，这会让你长时间精力充沛。

所需食材：

> 3 根成熟的香蕉
> 1 个鸡蛋（或替代品）或 2 个蛋白
> 2 勺油，最好是油菜籽
> 1/3 杯（80 毫升）牛奶
> 1/3 到 1/2 杯（65 ～ 100 克）糖
> 1 勺盐
> 1 勺小苏打
> 半茶匙发酵粉
> 半杯（210 克）面粉

操作步骤：

（1）预热烤箱至 180 摄氏度。

（2）把香蕉捣碎。

（3）加入鸡蛋、油、牛奶、糖、盐、小苏打和泡打粉，搅拌好。

（4）把面粉轻轻倒入碗里与香蕉混合。搅拌 20 秒或直到面粉变湿润。

（5）倒入有层油的 10 厘米 ×20 厘米的吐司盘中，可事先放层蜡纸。

（6）烤 45 分钟。

（7）冷却 5 分钟后再从锅中取出。

产量：12 片。

营养信息：总热量 6480 千焦。每片 540 千焦，24 克碳水化合物，3 克蛋白质，3 克脂肪。

枣仁面包

枣是一种未被重视的水果。枣的营养很丰富，富含抗炎症的生物活性化合物。它们是运动饮食的好选择！

每年圣诞节，我妈妈都会做各种各样的枣仁面包。也许你也想和你的朋友和家人一起分享这顿大餐。

所需食材：

240 克枣，切碎
半杯沸水
2 勺油
1 个鸡蛋
半杯糖
半杯核桃，切碎
1 勺盐
2 勺小苏打
2 杯半面粉（350 克），最好是半全麦的

操作步骤：

（1）把枣放在碗里，用开水浇在上面，静置至冷却。

（2）预热烤箱至 180 摄氏度。

（3）加入油、鸡蛋、糖、盐和核桃，搅拌好。

（4）把小苏打和面粉混合在一起，轻轻搅入混合物中。

（5）倒入涂了油的吐司盘中烤 45 ~ 50 分钟。

产量：一个大面包，可切成 16 片。

营养信息：总热量 11200 千焦。每片 700 千焦（1/16 片面包），32 克碳水化合物，
3 克蛋白质，4 克脂肪。

橙子烤饼

这些美味的烤饼（搭配水果、奶酪和拿铁）不仅可以作为早餐，也可以作为锻炼前的点心。你可以额外再加一点糖霜。这个食谱最难的部分是将橙子皮磨碎（通常产量很少）。为了降低饱和脂肪的摄入量，我用菜籽油而不是黄油做烤饼。烤饼有些像蛋糕，但还是可以接受的。

所需食材：

磨碎的橙子皮
1 杯（140 克）面粉，最好是半全麦的
半杯（40 克）生燕麦
1/4 杯（50 克）红糖
2 勺发酵粉
1/4 勺盐
3 勺冷黄油或菜籽油
半杯（120 毫升）牛奶

操作步骤：

（1）使用磨粉器把橙子表皮磨碎。

（2）预热烤炉到 200 摄氏度。可放入些蜡纸或羊皮纸（或者用烹饪喷雾喷在倒面糊的地方，否则清理起来很困难）。

（3）将面粉、燕麦、红糖、泡打粉、盐和磨碎的橙子皮放入一个碗中。

（4）把黄油与面粉混合在一起；然后用你的手指将它们搅拌均匀。

（5）在一个小碗里，把鸡蛋和牛奶搅匀，然后加入面粉与黄油的混合物中。搅拌到刚刚湿润，小心不要搅拌过度（否则烤饼会很硬）。

（6）烤 11～12 分钟，直到烤饼有弹性即可，可以再撒上些糖霜。

产量：8 个烤饼。

营养信息：总热量 4600 千焦。每个烤饼 575 千焦，22 克碳水化合物，3 克蛋白质，5 克脂肪。

胡萝卜葡萄干松饼

这些松饼是运动营养学家伊夫琳·崔伯（Evelyn Tribole）的最爱。这个口味的松饼用烤箱烤出来很美味，放到第二天吃味道更好。如果你喜欢零脂肪的松饼，用 1/3 杯（76 克）苹果酱代替菜籽油，用 6 个蛋清代替整个鸡蛋即可。

所需食材：

1 杯（140 克）全麦面粉
1 杯（140 克）白色的面粉
3/4 杯（150 克）糖
2 勺发酵粉
1 勺盐
2 勺肉桂
半勺小苏打
3 个鸡蛋（或其他替代品）
半杯（120 毫升）脱脂牛奶（或半杯牛奶与半茶匙醋混合，静置 5 分钟）
1/3 杯（80 毫升）油，最好是菜籽油
2 茶匙香草精
2 杯（220 克）切碎的胡萝卜
1 个中等大小的苹果，去皮
半杯（80 克）葡萄干
半杯（60 克）剁碎的坚果

操作步骤：

（1）预热烤箱至 180 摄氏度。准备 12 个松饼纸杯。

（2）在一个大碗里，把面粉、糖、发酵粉、盐、肉桂粉和小苏打搅拌在一起。

（3）在另一个碗里搅拌鸡蛋、酪乳、黄油，然后加入胡萝卜、苹果、葡萄干和坚果，最后加入面粉搅拌均匀。

（4）把面糊倒入松饼杯。烤大约 30 分钟。

产量：12 个松饼。

营养信息：总热量 11000 千焦。每个松饼 917 千焦，37 克碳水化合物，5 克蛋白质，
　　　　　7 克脂肪。

亚麻籽糖蜜松饼

亚麻籽已被证明富含可以预防心脏病和癌症的物质。它的味道很淡，可混合在松饼和面包中，也可以撒在谷物上。你也可在早餐和零食中加入一汤匙亚麻籽。

所需食材：

1 个鸡蛋（或其他替代品：如 2 个蛋白）

1/3 杯（115 克）糖蜜

1 杯（240 毫升）脱脂牛奶（或 1 杯加 1 茶匙醋的牛奶）

3/4 杯（120 克）亚麻仁粉

1/2 茶匙盐

1 杯（175 克）剁碎的枣

1 杯（210 克）面粉，最好是半全麦的

1 茶匙小苏打

可选食材：半茶匙肉桂；1 茶匙磨碎的橙子皮；1 茶匙香草精

操作步骤：

（1）预热烤箱至 180 摄氏度，并准备 12 个松饼纸杯。

（2）在一个大碗里，把鸡蛋、糖浆、脱脂牛奶、亚麻仁粉和盐混合在一起，然后把枣子加入面糊中。

（3）在一个单独的碗里，混合面粉和小苏打（和肉桂粉）。

（4）轻轻搅拌混合好的面粉（和橙皮及香草精）并加入鸡蛋。

（5）把松饼纸杯装满 2/3。烤 18 ～ 20 分钟。

产量：12 个松饼。

营养信息：总热量 8000 千焦。每个松饼 667 千焦，30 克碳水化合物，4 克蛋白质，3 克脂肪。

煎蛋卷

这是铁人三项教练盖尔·伯恩哈特的最爱。使它成为"运动员"煎蛋卷的是碳水化合物（大米），以及所有四种食物提供的丰富的营养物质。你可以按照你的习惯改进煎蛋卷，比如可加入切丁的熟土豆而不是米饭；加入所有随手可得的蔬菜（如洋葱、西蓝花、蘑菇）；加入松软的干酪、火腿丁或豆腐来增加蛋白质的含量。

在你深入研究这个煎蛋卷的做法之前，你需要提前煮一些糙米，然后冷藏（盖尔建议你买冷冻的糙米）。糙米冷冻后做出的煎蛋卷会更有嚼劲。早餐、午餐、晚餐和恢复餐都可以吃煎蛋卷。

所需食材：

1 茶匙橄榄油
1 个大鸡蛋和 2 个蛋清
1/2 杯糙米（预煮和冷冻）
1/2 个西红柿，切丁
1 把新鲜菠菜
1/4 个黄色甜椒，切丁
盐和胡椒粉
可选食材：1/4 杯（60 克）芝士

操作步骤：
（1）在小煎锅底部轻轻涂上橄榄油。
（2）把鸡蛋和蛋白搅拌在一起放在一边备用。
（3）用中火将蔬菜轻轻煎熟，直到变脆为止。
（4）同时加入鸡蛋，米饭（和奶酪）。把混合物煎熟，直到鸡蛋变硬（不要太硬）。你可以把混合好的混合物做成"煎饼"。

产量：1 份。

营养信息：总热量 1000 千焦（不含奶酪），28 克碳水化合物，15 克蛋白质，
　　　　　9 克脂肪。

早餐水果沙拉配果酱酸奶

这种水果沙拉可以由新鲜的（或罐装的）水果混合制成。要想更有创意的话，可以买一些不常吃的水果——芒果、木瓜或猕猴桃。

至于调料，希腊酸奶是不错的选择，因为它比普通酸奶更稠、更甜，口感也更柔滑。香草味的酸奶也是不错的选择。

所需食材：

> 3 杯你喜欢的水果：
>
> 　　苹果
>
> 　　香蕉
>
> 　　芒果
>
> 　　菠萝（新鲜或罐装）
>
> 　　浆果
>
> 　　杏干
>
> 1/2 杯（115 克）纯低脂酸奶，最好是希腊酸奶
>
> 1 汤匙橘子果酱
>
> 可选食材：少量肉豆蔻或肉桂；杏仁片或核桃碎

操作步骤：

（1）在一个小碗里，混合切碎的水果。

（2）把酸奶和果酱混合在一起。

（3）将酸奶和水果混合（加入调味料和坚果），即可食用。

产量：2 份。

营养信息：辅料的总热量 480 千焦。每份 240 千焦，8 克碳水化合物，5 克蛋白质，1 克脂肪。

　　　　水果的总热量 1280～1760 千焦。每份 33～48 克碳水化合物，5 克蛋白质，1 克脂肪。

格兰诺拉燕麦片

可混合富含碳水化合物的燕麦片、干果以及其他你选择的添加物来增加口感和营养。

这个食谱提供了一个美味和健康的方式来开启早晨或锻炼后的美味一餐。奶粉和坚果可以增加蛋白质的摄入。

所需食材：

3 杯（240 克）燕麦片（不是速溶燕麦片）

1 杯（120 克）碎杏仁

2 茶匙肉桂

1 杯（120 克）奶粉

1/3 杯（115 克）蜂蜜

1/3 杯（80 毫升）菜籽油

1 杯（160 克）干果（如葡萄干、干蔓越莓、切碎的枣）

可选食材：1 茶匙盐；半杯（60 克）芝麻（未烤）；半杯（60 克）葵花籽（无盐，未烤）；半杯（60 克）小麦胚芽；半杯（80 克）亚麻仁粉

操作步骤：

（1）在大碗里，混合燕麦、杏仁、肉桂和奶粉（以及盐、芝麻和葵花籽，依个人口味添加）。

（2）将蜂蜜和油混合在平底锅或微波炉碗中，加热到几乎沸腾。把蜂蜜混合物倒在燕麦粉上，搅拌均匀。

（3）将混合物涂在两个大的烤盘上。

（4）在 150 摄氏度的烤炉中烤 20 ～ 25 分钟，每 5 分钟搅拌 1 次。

（5）在格兰诺拉麦片冷却后，加入干果（或小麦胚芽、亚麻籽粉，依个人口味添加）。

产量：10 个半杯。

营养信息：总热量 13200 千焦。每半杯 1320 千焦，40 克碳水化合物，10 克蛋白质，14 克脂肪。

法式吐司

在你去长跑或晨练之前准备好一个早餐烤盘，当你回来的时候把它放进烤箱里即可。法式吐司是一种美味的食品，有多种口味。你可以在制作时加入葡萄干和肉桂、蓝莓和肉豆蔻、罐装或新鲜的桃子和杏仁片、切丁的火腿和奶酪。

所需食材：

6 片面包，最好是全麦面包，切成 2.5 厘米的小方块
1/4 杯（60 毫升）枫糖浆
1 杯（240 毫升）牛奶（低脂或脱脂）
4 个鸡蛋或其他替代品
1/2 茶匙盐
可选食材：葡萄干、蓝莓、桃丁、肉桂、肉豆蔻

操作步骤：

（1）在 20 厘米的方形烤盘上放上蜡纸，然后把面包（和水果）放在烤盘里。

（2）把牛奶、鸡蛋、枫糖浆、盐（肉桂或肉豆蔻）放在一起搅拌，然后倒在面包上。

（3）在 180 摄氏度的烤箱中烤 25 ～ 35 分钟，取出后冷却 5 分钟。

产量：3 份。

营养信息：总热量 4400 千焦。每份 1470 千焦，60 克碳水化合物，12 克蛋白质，9 克脂肪。

燕麦煎饼

燕麦煎饼非常轻软，可为人体提供丰富的碳水化合物，适合剧烈运动后的恢复期食用。为了达到最好的口感，在烹饪前让面糊静置 5 分钟。

所需食材：

1/2 杯（40 克）生燕麦
1/2 杯（115 克）原味酸奶，脱脂牛奶，或混合 1/2 茶匙醋的牛奶
1/2 ～ 3/4 杯（120 ～ 180 毫升）牛奶
1 个鸡蛋或 2 个蛋白，打匀
1 汤匙油，最好是菜籽油
2 汤匙红糖
1/2 茶匙盐
1 茶匙发酵粉
1 杯（140 克）面粉
可选食材：肉桂粉

操作步骤：

（1）在一个中等大小的碗里，混合燕麦、酸奶和牛奶。放置 15 到 20 分钟，让燕麦变软。

（2）燕麦泡好后，加入鸡蛋和油搅拌均匀，加入糖和盐（和肉桂）；然后放入发酵粉和面粉，搅拌均匀。

（3）刷层热油或选用不粘烤盘，放入 190 摄氏度电煎锅中煎。

（4）对于每个煎饼，倒大约 1/4 杯面糊到煎锅里。

（5）当顶部被气泡覆盖，边缘看起来像煮熟的时候旋转一次。

（6）搭配糖浆、蜂蜜、苹果酱、酸奶或其他你喜欢的配料一起食用。

产量：4 个 15 厘米的薄煎饼。

营养信息：总热量 4000 千焦。每份 1000 千焦，57 克碳水化合物，10 克蛋白质，7 克脂肪。

白干酪煎饼

白干酪煎饼是一种为富含碳水化合物的运动早餐添加蛋白质的食物。尽管松软的干酪听起来像是煎饼里不常用的添加物，你甚至都不会注意到它。小麦胚芽可为人体补充维生素 E 和纤维素。

所需食材：

半杯（115 克）白干酪，最好是低脂的
半杯（60 克）小麦胚芽
2～4 汤匙红糖或蜂蜜
1 个或 2 个蛋清
1 到 2 汤匙油，最好是菜籽油
1 杯（240 毫升）牛奶，最好是低脂的
1 茶匙香草精
1 茶匙发酵粉
半茶匙小苏打
1 杯（140 克）面粉
可选食材：1/2 茶匙肉桂或 1/4 茶匙肉豆蔻

操作步骤：

（1）在一个中等大小的碗里，把白干酪、小麦胚芽、红糖、鸡蛋、油、牛奶和香草精搅匀。

（2）在另一个碗里，把面粉、发酵粉和小苏打（以及肉桂粉或肉豆蔻粉）混合在一起。放到松软干酪混合物中轻轻搅拌。

（3）对于每个煎饼，倒大约 1/4 杯面糊在热煎锅上。直到煎饼边缘烤熟，翻一下，将另一面也煎至金黄色。

（4）可搭配枫糖浆、苹果酱或酸奶。

产量：3 个煎饼。

营养信息：总热量 4800 千焦。每份 1600 千焦，54 克碳水化合物，19 克蛋白质，12 克脂肪。

第 19 章
意大利面、土豆、米饭

　　尽管一些在乎自己体重的人晚饭不吃含淀粉的食物（如意大利面、米饭和土豆），但是富含碳水化合物的食物对需要高能量的运动员是很重要的。接下来所讲的烹饪技巧和食谱会帮助你在健康的运动饮食和高淀粉食物间找到正确的平衡。

意大利面

　　当你试着去决定一顿饭吃哪种意大利面时，我的经验是选择带肉丁并淋有咖喱汁的意大利面。

　　正如意大利人所说，煮得完美的意大利面既嫩又硬。这里有一些烹饪意大利面的小技巧。

- 每 480 克意大利面用 4 升水来煮。在加入意大利面前要有 10 分钟让水煮沸。（如果赶时间，你可以少用些水来煮，这样更短的时间就可以煮好。）一次不能煮超过 1 千克的意大利面，不然你可能会把意大利面煮成一团。
- 可加一汤匙油到水里面。
- 加入少量意大利面，以免水冷得太快让面团成块。用带长柄的勺子搅拌一下锅里的意大利面。
- 如果水停止沸腾了，就盖上锅盖再加热，尽快将水再次煮沸。
- 烹饪时间取决于意大利面的形状。意大利面煮至看起来不透明时就表示煮熟了。要判断它是否已经煮熟，就用叉子从沸水中取出一块，等它稍微冷一点，然后小心地捏或者咬一口即可，千万不要烫伤自己。煮熟的意大利面应该是表面黏滑，但内部仍然有点硬硬的。

- 当意大利面煮好后，用漏勺舀出意大利面，可通过摇动漏勺来去除多余的水分；然后将它放入碗中。
- 为了防止意大利面在冷却时粘在一起，可加入少量油或酱汁把舀出的意大利面搅拌一下。

土豆

土豆是一种富含碳水化合物的蔬菜，与普通米饭或意大利面相比可提供更多的维生素和矿物质。为了帮助你在运动饮食中添加更多土豆，这里有一些建议。

- 土豆有不同的种类。有些品种最适合烘烤（赤褐色），其他品种适合煮（红色或白色）。在买土豆时要向杂货店的人问清楚。
- 土豆最好的储存方式是放在通风良好、凉爽、潮湿（但不是特别潮）的地方，如酒窖。不要将土豆冷藏，因为它们会发芽并变色。
- 不要将土豆去皮（这样会把一些纤维丢失掉）。煮土豆时要带着皮。即使是土豆泥也可以用未剥皮的土豆来做。
- 480 克土豆可提供 800 千焦的热量。
- 要在烤箱中烤土豆，在 200 摄氏度的温度下放入中等大小的土豆大约需要 40 分钟，大的土豆要烤约 1 小时。
- 当可以用叉子轻松刺穿土豆时，表明已经烤好了。
- 要在微波炉中烹饪土豆的话，可先用叉子在土豆上刺几下。如果是中等大小，就烹饪 4 分钟左右，如果是大的，就烹饪 6 ～ 10 分钟。烹饪时间根据土豆的大小，微波炉的功率以及烹饪的土豆数量而有所不同。在烹饪的过程中要将土豆翻一下。将土豆从微波炉中取出后，要用毛巾包好，然后把它放在微波炉外冷却 3 至 5 分钟。

米饭

除小麦和玉米外，稻米是世界上第三大谷物。当在加工过程中除去富含纤维的麸皮后，糙米就变成了白米。你可以通过吃其他全谷物（如全麦面包）来弥补这种损失（如果你更喜欢糙米而不是白米的话）。学习享用糙米是一件容易的事。

以下是烹饪米饭的一些建议。

- 1 杯（200 克）大米，配 2 杯（480 毫升）水和 1 茶匙盐。煮沸，然后盖好盖子并将火调小一点。让米饭不受干扰地煮，直到它变软，所有的水都被吸收了。然后，用叉子轻轻搅拌（用力搅拌的话可能会让米黏在一起）。这种方法可以保留糙米中的维生素。
- 由于其坚韧的麸皮和胚芽，糙米需要约 45 至 50 分钟来烹饪；白米只需要 20 ～ 30 分钟。
- 在你准备工作时，可考虑早上煮些米饭，这样下班回家后只需要重新加热一下即可。
- 煮米饭时可多煮些，然后将多出的一些冷藏起来。

煮饭时请使用以下热量指标。

　　　　1 杯（200 克）生白米饭 = 3 杯煮熟的白米饭 = 2800 千焦

　　　　1 杯（200 克）生糙米 = 3 至 4 杯煮熟的糙米饭 = 2800 千焦

食谱列表	
快速简便的意大利面佐料	简便的马铃薯浇头
奶油白酱意大利面	烤薯条
宽面条	鳄梨土豆沙拉
素的宽面条	快速简便的创意米饭
低脂奶酪通心粉	米豆沙拉
蘑菇芦笋意大利面	

快速简便的意大利面佐料

制作以下意大利面佐料是比直接从罐中倒番茄酱的速度还要快的。

- 蒸切碎的西蓝花。
- 莎莎酱（普通或加热），然后与干酪混合。
- 红辣椒片。
- 低脂沙拉酱。
- （低脂）意大利沙拉酱配酱油，切碎的大蒜和水煮蔬菜。
- 低脂酸奶油或希腊酸奶。
- 意大利调味料和奶酪或芝士。
- 炒鸡胸肉。
- 扁豆汤（浓稠）。
- 意大利面酱和一汤匙葡萄酱。
- 意大利面酱搭配额外的蛋白质：罐装鸡肉或罐装金枪鱼、豆腐块、豆类罐头、奶酪、碎牛肉或火鸡。
- 意大利面酱，加入新鲜番茄丁和欧芹。

奶油白酱意大利面

谁说奶油白酱只能搭配意大利宽面呢？你也可以用细面来缩短烹饪时间。请搭配沙拉或绿色蔬菜和烤鸡肉来食用。

所需食材：

1/4 盒（110 克）细意大利面
1/3 杯（75 克）希腊酸奶
1/3 杯（35 克）帕玛森芝士
盐和胡椒调味
可选食材：牛至叶；大蒜，煮熟的蔬菜（如西蓝花或蘑菇）

操作步骤：

（1）水煮沸，加入细意大利面，煮至再次沸腾，约 4 分钟。

（2）如果需要的话，沥干意大利面，稍加一点煮面的水，让酱汁变稀。

（3）将帕玛森芝士撒在意大利面上，然后加些希腊酸奶。根据需要加入调味料（盐、胡椒、牛至、大蒜、盐、煮熟的蔬菜）。

产量：1 大份，作为主菜（或 2 小份作为配菜）。

营养信息：总热量 2320 千焦。86 克碳水化合物，34 克蛋白质，11 克脂肪。

宽面条

这是经典意大利烤宽面条的快速做法。因为制作起来非常简单，所以你会更喜欢吃烤宽面条。对于素食者，用碎豆腐代替碎牛肉即可。为了给你的肌肉提供更多的碳水化合物（只有一半的热量来自碳水化合物），可选硬皮全麦蛋卷和水果作为甜点。

所需食材：

240 ～ 480 克瘦牛肉或土耳其烤肉

1 罐（780 毫升）意大利面酱

240 克鸡蛋面，未煮过

3 杯（720 毫升）水

1 杯（230 克）干酪，优选低脂 1/4 杯（25 克）磨碎的帕玛森芝士

120 ～ 240 克切碎的脱脂马苏里拉奶酪

操作步骤：

（1）在一个大锅里把碎牛肉煮成棕色，然后把水倒出。

（2）加入意大利面酱和 3 杯水，煮沸。

（3）加入未煮过的面条，煮沸，偶尔搅拌。若想减少热量流失，可盖上盖子煮约 10 分钟。

（4）加入白干酪和马苏里拉奶酪，轻轻搅拌。盖上盖子再煮 5 分钟。

（5）可额外在上菜前再撒上些马苏里拉奶酪。

产量：4 大份宽面条。

营养信息：总热量 4800 千焦。每份 1200 千焦，60 克碳水化合物，35 克蛋白质，16 克脂肪。

素的宽面条

这种素的宽面条非常美味。

所需食材：

15 克宽面条

1/2 杯（60 克）松子（坚果）

8 至 9 个晒干的西红柿

1 至 3 瓣大蒜，去皮，切碎

1 茶匙油，最好是橄榄油或菜籽油

480 克意大利乳清干酪，部分脱脂或脱脂

120 ～ 240 克切碎的低脂莫扎里拉奶酪

1 至 2 粒破碎肉豆蔻

1/4 茶匙牛至

1 包（300 克）的冷冻菠菜，解冻并沥干

1 罐（840 毫升）意大利面酱

可选食材：1/4 杯（25 克）磨碎的帕玛森芝士

操作步骤：

（1）根据包装说明，将宽面条放入一大锅开水中煮。煮好后，倒掉热水并用冷水冲洗，然后放在一边备用。

（2）将松子放在不粘锅中，加热 2 至 3 分钟。

（3）将晒干的西红柿放入一个小碗中，浇上开水，浸泡 5 分钟，排掉水，冷却，切碎。

（4）将大蒜用油炒香，不要让它变褐。

（5）在一个大搅拌碗中，将意大利乳清干酪、马苏里拉奶酪、肉豆蔻奶油、牛至、菠菜、晒干的西红柿、松子和大蒜搅拌在一起。

（6）将足够的番茄酱倒入 23 厘米 ×33 厘米的锅中，上面放五层宽面条，然后加入 1/3 的意大利乳清干酪混合物，再加入剩余的意大利面酱的 1/3。重复两次，放入三层意大利乳清干酪。在最后一层，再加入宽面条和番茄酱。如果需要，可撒上些巴马干酪。

（7）用箔纸覆盖，烘烤 30 ～ 40 分钟。

产量：8 份素的宽面条。

营养信息：总热量 14400 千焦。每份 1800 千焦，53 克碳水化合物，21 克蛋白质，17 克脂肪。

低脂奶酪通心粉

如果你没有时间烘烤芝士通心粉和奶酪，就请跳过这些说明。它不烤的时候味道也很好。因为这个食谱包括切丁和研磨等工序，所以你可以邀请家人或朋友来帮忙。当你制作酱汁时，有人可以研磨奶酪，而另一个人可以将花椰菜切成小丁。我加入了切成块的花椰菜，即便是孩子也不太可能注意到这种差异。

所需食材：

> 2 杯（240 克）未煮过的生意大利面
>
> 2 杯花椰菜
>
> 2 杯（480 毫升）牛奶
>
> 3 汤匙面粉
>
> 1/4 茶匙干芥末
>
> 1/4 茶匙大蒜粉
>
> 盐和胡椒粉等调味
>
> 150 克切碎的低脂切达干酪
>
> 可选食材：2 汤匙低脂奶油芝士

操作步骤：

（1）在面锅中加水并煮沸。在水加热的同时，将花椰菜切成小丁。

（2）将意大利面加入沸水中，煮约 5 分钟，然后加入切丁的花椰菜。4 分钟后将意大利面和花椰菜沥干水分。

（3）在一个大锅里，将面粉和牛奶混合在一起，用中火煮沸，期间须不断搅拌。

（4）加入芥末、大蒜粉、辣椒、低脂奶油芝士、盐和胡椒粉，混合均匀。

（5）加入磨碎的切达干酪，搅拌至融化，然后加入意大利面和花椰菜。

（6）直接食用，或将混合物倒入 20 厘米 ×20 厘米的烤盘中烘烤 20 分钟或直至表面起泡。

产量：5 份（作为配菜）。

营养信息：总热量5000 千焦。每份1000 千焦，43 克碳水化合物，11 克蛋白质，4 克脂肪。

蘑菇芦笋意大利面

蘑菇可为一顿饭带来像肉一样的口感，并且是一种悄悄减少肉类摄入量而不会被察觉的方法。放置在阳光下的蘑菇也可以产生维生素 D。冬季要做这道菜就要考虑将蘑菇在太阳下晒干。

所需食材：

> 2 杯（240 克）生意大利面
> 480 克芦笋
> 1 汤匙橄榄油
> 240 克蘑菇
> 1/4 杯香蒜酱
> 1/2 杯热水（或冷水）
> 可选食材：磨碎的帕尔玛奶酪

操作步骤：

（1）烧水，将芦笋根部较硬的部分去掉，然后将剩下的部分切成 2.5 厘米长的小丁。

（2）开始煮意大利面，在 5 分钟后加入芦笋。

（3）同时，在一个小炒锅中加入橄榄油和切片的蘑菇，煎大约 7 分钟后关火。

（4）当面煮嫩时，沥干水分，然后将意大利面和芦笋与半杯热水一起放到锅里。

（5）将香蒜酱和蘑菇混合均匀。

可选食材：撒上些帕尔玛奶酪。

产量：5 份（作为配菜）。

营养信息：总热量 5200 千焦。每份 1040 千焦，38 克碳水化合物，7 克蛋白质，9 克脂肪。

简便的马铃薯浇头

为了给你的马铃薯调味，可尝试下面的配料。

- 纯酸奶或希腊酸奶。
- 低脂酸奶、切碎的洋葱、磨碎的低脂切达干酪。
- 低脂奶酪和大蒜粉或莎莎酱。
- 辣椒和磨碎的低脂切达干酪。
- 煮熟的菠菜和切碎的奶酪。
- 加入汤汁或牛奶后捣碎做成马铃薯泥。
- 芥末。
- 醋或低脂沙拉酱。
- 酱油。
- 香蒜。
- 蒸西蓝花或其他熟蔬菜。
- 切碎的墨西哥辣椒。
- 菜豆泥或扁豆汤。
- 苹果酱。

烤薯条

这一法式餐点是最受欢迎的家庭料理——没有人会意识到它是低脂肪的美味。为了增加风味，可将薯条浸泡在莎莎酱里，或浸泡在与新鲜香草或番茄酱混合的脱脂酸奶中。

所需食材：

1 个大马铃薯，清洗干净（不去皮）

1 茶匙油，最好是油菜或橄榄

盐和胡椒粉调味

可选食材：红辣椒片、干罗勒、牛至、蒜末、帕尔玛干酪

操作步骤：

（1）将土豆纵向切成 10 ～ 12 块，放入一个大碗中，并加入冷水，静置 15 ～ 20 分钟（浸泡可以缩短烹饪时间并改善食物的口感）。

（2）将马铃薯块沥干，然后放入碗中。淋上油，并根据个人口味撒上盐和胡椒粉。

（3）将马铃薯均匀地放在不粘的浅烤盘上。

（4）在 220 摄氏度下烘烤 15 分钟。将马铃薯翻过来，根据需要撒上调味料，继续烘烤 10 ～ 15 分钟。取出后即可食用。小心此时的马铃薯会很烫。

产量：1 份。

营养信息：总热量 1040 千焦。52 克碳水化合物，4 克蛋白质，4 克脂肪。

鳄梨土豆沙拉

这份食谱可以为你提供一种享用鳄梨的简单方法，同时有助于你摄入更多对心脏健康有益的不饱和脂肪。

所需食材：

480 克马铃薯，最好是红皮的
1/2 杯（115 克）蛋黄酱，低脂肪或不含脂肪
1 汤匙苹果醋
1 茶匙芥末
1 个大鳄梨
盐和胡椒，适量
可选食材：1/4 杯葱花，切丁

操作步骤：

（1）将马铃薯切丁，然后煮或蒸 15 分钟，在大的搅拌碗中沥干并冷却。

（2）在一个小碗里，将蛋黄酱、醋、盐和胡椒（和切成丁的葱花）混合在一起。

（3）将蛋黄酱的混合物倒入马铃薯中，搅拌均匀。

（4）将鳄梨切成丁。

（5）将土豆沙拉放入冰箱中，冷藏。

产量：4 份。

营养信息：总热量3600千焦。每份900千焦，27克碳水化合物，2克蛋白质，12克脂肪。

快速简便的创意米饭

这里有些给需要补充能量的饥饿运动员的创意米饭做法。

• 鸡肉汤或牛肉汤。

• 橙汁或苹果汁。

• 含调味料的水：肉桂、酱油、牛至、咖喱、辣椒粉或其他调味料。

你也可以在米饭中加入这些食物。

• 辣椒。

• 烤芝麻和切碎的坚果。

• 蒸蔬菜。

• 切碎的蘑菇和青椒，无论是生的还是炒的。

• 低脂酸奶油、葡萄干、金枪鱼和咖喱粉。

• 葡萄干、肉桂和苹果酱

• 酱油和葱丁。

• 蜂蜜、葡萄干和烤杏仁片。

米豆沙拉

　　这是吃烤鸡肉时很棒的配菜。如果您手边没有橙汁，也可以使用柠檬汁、米醋或白醋。

所需食材：

> 2 杯熟米饭，冷却
> 425 克罐装黑豆
> 1 个大番茄，切碎
> 85 克低脂切达干酪，切成小丁
>
> 辅料：
> 1 汤匙油，最好是橄榄油或菜籽油
> 2 汤匙橙汁，也可用柠檬汁或醋
> 1 汤匙炸玉米饼调味料（或 1 茶匙小茴香和 1/8 茶匙辣椒）
> 可选食材：2 汤匙切碎的香菜，1/4 杯切碎的洋葱，盐和胡椒

操作步骤：

　　（1）在一个大碗里，将煮熟的米饭、黑豆、番茄和切达干酪（以及香菜和洋葱）混合在一起。

　　（2）在一个小碗里，将油、橙汁和炸玉米饼调味料搅拌在一起。倒入米饭混合物并充分拌匀，然后冷藏。

　　产量：4 份（作为配菜）。

　　营养信息：总热量 3840 千焦。每份 960 千焦，27 克碳水化合物，15 克蛋白质，12 克脂肪。

第 20 章
蔬菜和沙拉

　　蔬菜不用调味就已经很美味了，所以你在这个部分不会找到太多有关蔬菜的食谱。烹饪蔬菜时，只需等到蔬菜微软就可以出锅了，这样才可以保持蔬菜的新鲜口感。烹煮过度的蔬菜就不那么美味了，而且营养价值也不高。

　　对于大部分蔬菜来说，虽然蛋白质和脂肪含量很少，但是包含很多碳水化合物、膳食纤维和丰富的维生素与矿物质。如果想提高人体的维生素摄入量，那么吃蔬菜是极佳的选择，比直接服用维生素药片更有效。

　　本章中前五个食谱提供关于烹饪方法的基础建议。因为在之前的食谱中已经涉及一些蔬菜组合并且提供了相应的营养信息，所以本章仅提供之前未涉及的食谱的营养信息。

食谱列表	
蒸蔬菜	甜辣菠菜沙拉
炒蔬菜	亚洲风味菠菜沙拉
烘焙蔬菜	烤甜菜
微波蔬菜	蜜烤红薯
烤蔬菜	

蒸蔬菜

通过蒸的方式可以尽可能保存食物里的维生素和矿物质，避免这些营养物质流失进水里（如果用水煮菜的话）。蒸出来的蔬菜不仅更美味也更具有营养价值。以下是一些可供蒸煮的蔬菜。

所需食材：

西蓝花

菠菜

胡萝卜

绿豆

甘蓝

可选食材：烹饪之前或之后，在蔬菜上撒上些香料。在南瓜中加入罗勒和牛至，把姜加进胡萝卜里，把咖喱粉加进绿豆里。想要有新意的话，就加一茶匙蜂蜜进胡萝卜里！

操作步骤：

（1）洗净蔬菜，把它们切成想要的形状。

（2）在平底锅底部放上 1 厘米深的水，盖紧盖子并且烧开。然后加入蔬菜，再次盖上盖子。或者你也可以把蔬菜放进蒸篮，然后把蒸篮放进深平底锅，再放上约 2.5 厘米深的水（注意不要放太多，防止烧开时水溢出），盖紧盖子直到水烧开。

（3）用中火加热直到蔬菜微软，这个过程大概需要 3 到 10 分钟，不同类型和大小的蔬菜煮熟需要的时间不同。

（4）水烧开后，捞出蔬菜，保留一点刚刚加热的水用来做汤。

炒蔬菜

　　一个大的不粘锅可为炒制蔬菜带来很多便利。它的主要好处就是在烹饪过程中，可以更容易使蔬菜达到微软微脆的完美状态，且同时最大化保持蔬菜新鲜原味。如果混合两种或三种蔬菜，你可以品尝到更多独特美好的味道。同时，用不粘锅也大大节约烹饪时间。

　　橄榄油是炒菜用油的最健康的选择之一。为了使味道更好，你可以加一些芝麻油（一般在超市的食品区就可以买到）。如果担心脂肪超标，那你只需要加少量的油。以下是一些常见的食谱组合。

所需食材：

> 胡萝卜、西蓝花和蘑菇
> 洋葱、西葫芦和西红柿
> 大白菜和荸荠
> 蜜豆、豌豆和青豆
> 可选食材：烤芝麻，坚果，橘子，菠萝

操作步骤：

　　（1）洗净蔬菜并把水过滤干净（防止蔬菜入锅时油溅出来）。把蔬菜切到适合食用的大小（约 0.3 厘米厚）。条件允许的话，把蔬菜对角切片增加与煮锅接触的表面积，这样蔬菜更容易熟。注意尽可能将蔬菜切成差不多大小，这样才可以更均匀地受热。

　　（2）点火加热锅底（不粘锅，普通炒菜用锅或大的煎锅都行）。加热到锅底很烫的时候加入 1 ～ 3 茶匙的橄榄油或者芝麻油——只要加到足够覆盖锅底的量就行了。为了味道更独特，可以尝试在油里加一片姜片或蒜泥。煎炒一分钟使油入味。

　　（3）首先加入蔬菜并炒较长的一段时间（胡萝卜、花椰菜和西蓝花）；几分钟后，加入剩下的蔬菜（蘑菇、豆芽、包菜、菠菜等）。注意不要一直不断地搅动它们，每次翻炒之间可以相隔约 30 秒的时间，这样才能让蔬菜充分受热。在翻炒的过程中时刻调整油温防止炒焦。

　　（4）一次不要炒太多的食物，每次只炒适量的蔬菜。炒到蔬菜微微柔软但是仍有嘎吱脆的口感需要 2 ～ 5 分钟。

　　（5）可参考选项：后期为了装饰，可以撒上些芝麻或烤坚果粒（杏仁、腰果或花生），也可加入几瓣橘子或菠萝块。

烘焙蔬菜

如果之前烘焙马铃薯、鸡肉或其他菜后烤箱还有余温，那么我们可利用好此时烤箱的余温来烘焙蔬菜。烤的过程中蔬菜会蒸发掉许多水分，口感变甜。下面是一些常见的组合。

所需食材：

茄子切半并撒上大蒜粉
西葫芦或南瓜切片并且撒上洋葱片
胡萝卜片
红薯片和苹果

操作步骤：

（1）把烤箱架放在烤箱中间，然后加热烤箱到 200 摄氏度。

（2）烤箱加热时，把蔬菜切成大小相等的小块，抹上一层菜籽油或橄榄油，然后铺在一烤盘上面。

（3）为了达到最好的效果，可用箔纸把蔬菜裹紧先蒸，然后烤 15 分钟，最后再等 20～30 分钟，用于冷却蔬菜。

或者也可以这样操作。

（1）用箔纸把蔬菜包起来，或者把它们放在有盖的烤盘里并加入少量的水（实际上，这是蒸而不是烤）。

（2）在 180 摄氏度的温度下烤 20～30 分钟（取决于蔬菜块的大小），直到微软微脆。

（3）当你打开箔纸时，要小心蒸汽逸出烫伤手指。

微波蔬菜

使用微波炉烹饪蔬菜是理想的选择，因为它可以加快烹饪速度，且无须用水，比传统方法保留更多的营养成分。所有的蔬菜在微波炉里都能变成美味，以下是一些不错的选择。

所需食材：

绿豆
豌豆
西蓝花
菜花
胡萝卜
可选食材：在蔬菜中撒上香草（罗勒、欧芹、牛至或蒜粉）、酱油或任何符合你口味的东西

操作步骤：

（1）蔬菜洗净，切成小块。

（2）把它们放在微波炉里，用保鲜膜覆盖。如果蔬菜的厚度不一样（就像西蓝花梗一样），可把它们围成一个圈，并把较厚的部分放在盘子外面。

（3）微波加热直到蔬菜达到微脆微软的程度。时间长短取决于你烹饪蔬菜的数量。你可以反复试验几次。开始时，每次 3 分钟；量大需要更长的时间。

烤蔬菜

当烤制你的主菜时，也要计划着为烤制蔬菜留出时间。烤蔬菜会产生一种奇妙的味道；加之热量蒸发了它们的水分，在这个过程中，它们的味道变得更加浓厚。理想情况下，应该用中火烤蔬菜，热气小到你应该能够将手放在离烤架13厘米高的地方4秒。以下是一些不错的选择。

所需食材：

芦笋
茄子
蘑菇
洋葱
胡椒

操作步骤：

（1）把一些蔬菜，如西葫芦、辣椒、土豆和茄子切成"牛排"状。对于小块的蔬菜（圣女果、洋葱块、蘑菇），可以用烤串串起来后放在烤架上烤。

（2）为了防止蔬菜外部被烤焦，首先用微波炉加热切好的蔬菜1～2分钟；然后刷上橄榄油。

（3）放置在烤架上，翻动烤串直到蔬菜变软。

甜辣菠菜沙拉

菠菜富含钾、叶酸、胡萝卜素和其他营养元素。你可以很容易地把更多的菠菜加到美味的菠菜沙拉当中。

所需食材：

300 克新鲜菠菜，洗净切碎

可选食材：1 杯（70 克）蘑菇片；2 个新鲜番茄，切成楔形；2 个煮熟的鸡蛋，切片；半杯（60 克）核桃碎

甜辣酱

3 汤匙橄榄油

2 汤匙醋

1 汤匙糖

1 茶匙盐

1 汤匙番茄酱

操作步骤：

（1）把菠菜放在沙拉碗里（和蘑菇、西红柿一起搅拌）。

（2）在一个罐子里放入橄榄油、醋、糖、盐和番茄酱，盖上盖子，摇匀。

（3）将调料倒在沙拉上，搅拌均匀，然后根据个人口味用鸡蛋或核桃碎进行装饰。

产量：4 大份沙拉。

营养信息：总热量 1920 千焦。每份 480 千焦，7 克碳水化合物，2 克蛋白质，9 克脂肪。

亚洲风味菠菜沙拉

这个食谱很适合搭配简单的烤鱼或鸡肉饭和一些新鲜的全麦面包一起食用。

所需食材：

300 克新鲜菠菜，洗净切碎
240 克香菇，切片
240 克豆芽
1 罐（310 克）橘子
半茶匙烤芝麻
可选食材：125 克荸荠，切片
亚洲风味的酱料：
1 汤匙酱油
60 毫升醋，最好是米醋
2 茶匙新鲜柠檬汁（或 2 茶匙醋）
1 茶匙糖
半茶匙磨碎的姜
1/4 茶匙蒜粉
2 汤匙香油

操作步骤：

（1）将菠菜放入沙拉碗中（与荸荠、蘑菇、豆芽和橘子混合均匀）。

（2）把酱油、醋、柠檬汁、糖、姜、蒜粉和香油放在一个罐子里，盖上盖子，摇匀。

（3）把调料倒在沙拉上，搅拌均匀。

（4）按个人口味撒上芝麻进行装饰。

产量：4 大份沙拉。

营养信息：总热量 1280 千焦。每份 320 千焦，4 克碳水化合物，2 克蛋白质，6 克脂肪。

烤甜菜

甜菜含有丰富的硝酸盐，有助于增强 1 至 2 小时内有氧运动的表现（参见第 11 章）。虽然有些运动员觉得甜菜根汁很苦，但仍建议烤 480 克的甜菜作为一种更愉快的摄入硝酸盐的方式。烤甜菜味道甜美，就像在吃对你有好处的糖果一样。

所需食材：

480 克甜菜	2～3 茶匙橄榄油

操作步骤：

（1）切去甜菜的根部，然后用毛巾擦干甜菜。

（2）根据甜菜的大小，把它们切成 4 等份或 8 等份。

（3）在有边缘的烤盘上衬上箔纸，然后把甜菜放在箔纸上。淋上橄榄油，然后把它们混合在一起，确保它们被均匀覆盖。也可把甜菜放在一个大塑料袋里，加入油并摇匀。

（4）放到烤箱中，然后加热到 200 摄氏度，烤 30 分钟。

（5）取出，等稍凉一点就开吃吧！

产量：2 份。

营养信息：总热量 1000 千焦。每份 500 千焦，23 克碳水化合物，4 克蛋白质，4 克脂肪。

蜜烤红薯

红薯含有丰富的碳水化合物，颜色鲜艳，提供了大量有益健康的胡萝卜素。享受红薯与鸡肉、鱼肉和牛肉的搭配，并试着多做一些，这样你就有多余的冷菜作为锻炼前的零食了。红薯比饼干更健康，且同样很甜！

所需食材：

1 千克红薯（约 4 个中等大小的）

1/4 杯（60 毫升）水

2 汤匙红糖

2 汤匙蜂蜜

1 汤匙橄榄油

操作步骤：

（1）预热烤箱至 190 摄氏度。

（2）喷薄薄一层烹饪喷雾在 23 厘米 ×33 厘米的烤盘底部和旁边，备用。

（3）削皮（依个人喜好），把红薯切成 2 厘米厚的小块。

（4）在一个小碗里，放入水、红糖、蜂蜜和橄榄油后搅拌均匀。

（5）把红薯放到烤盘上，铺成一层。把酱汁倒在红薯上，确保红薯被完全覆盖。

（6）盖上箔纸，烤 30 ～ 45 分钟，期间轻轻搅拌两次。

（7）当红薯变软后，取出箔纸，再烤 15 分钟。

产量：4 份蜜烤红薯。

营养信息：总热量 4200 千焦。每份 1050 千焦，55 克碳水化合物，3 克蛋白质，3 克脂肪。

第21章
鸡和火鸡肉

    鸡肉和火鸡肉的白肉和红肉对肌肉生理学来说是极好的例子。它们代表两种类型的肌肉纤维。白色的胸脯肉主要由快速收缩的肌肉纤维组成，这些肌肉纤维被用来产生能量。像优秀的体操运动员、篮球运动员和其他短跑运动员都有很高比例的快速肌纤维。

    鸡腿部和翅膀上的红肉主要是由缓慢收缩的肌肉纤维组成的。这些肌肉纤维对耐力运动有益。精英马拉松运动员、长距离自行车骑手和其他成功的耐力运动员都有很高比例的慢肌纤维。家禽的红肉比白肉含有更多的脂肪，因为脂肪提供了更多的能量。红肉比白肉含有更多的脂肪。

90 克鸡肉或火鸡胸脯肉（白肉）= 480 千焦

90 克鸡肉或火鸡大腿（深色肉）= 600 千焦

红肉还含有更多的铁、锌、维生素 B 和其他营养成分。

    我建议不吃牛肉的运动员选择鸡肉中去皮的红肉来增加对这些重要营养素的摄入。因为鸡肉中脂肪的最高来源是皮，所以在烹饪前一定要去掉皮，这就消除了很大一部分想吃它的欲望了。

食谱列表	
便捷的鸡肉餐	鸡肉黑豆汤
炸鸡	鸡肉配白豆
蘑菇洋葱炒鸡肉	墨西哥烤鸡配花豆

续表

食谱列表	
鸡肉配意大利面和菠菜	火鸡肉苹果卷
墨西哥式绿辣味鸡砂锅	辣花生炖火鸡肉
鸡肉沙拉加杏仁和柑橘	火鸡肉丸配浓蔓越莓酱

便捷的鸡肉餐

现在准备一顿基本的鸡肉大餐，在平底锅中加入略高于 1 厘米的水，加入鸡肉块，盖紧盖子，煮至沸腾。调小火，用中火慢炖 20 ～ 25 分钟，或者直到用叉子戳鸡肉时，肉汁可以到流干的程度。你可能更喜欢把无皮鸡肉放在烤盘的架子上。不盖盖子在 180 摄氏度下烤 20 ～ 30 分钟，或者直到用叉子戳肉时汁液可流干。在烤鸡肉时，为了便于清理，可以使用不粘锅或喷有烹饪喷雾的普通烤盘，或者在烤盘上放上箔纸。

这里有一些方法可以为你的鸡肉餐增加多样性。

- 在水中加入调味料：低盐酱油、咖喱、罗勒或百里香。
- 在最后 5 分钟里，把米饭和鸡肉一起煮（加水），再加些蔬菜。
- 用鸡汤和烤鸡混合制成馅料。
- 把煮好的鸡肉切成小块，用沙拉、生菜丝和磨碎的低脂奶酪裹成圆饼。
- 在生鸡肉上洒上一茶匙芥末酱，加入大量的帕尔玛奶酪，然后烘烤。
- 在生鸡肉上洒一茶匙蜂蜜；然后撒上咖喱粉，烘烤。
- 在一块纵向切成两半、用牙签固定的细纹奶酪周围裹上一块生鸡胸肉，然后烘烤。
- 将鸡肉放入密封袋中，用酱油、姜粉、芥末粉和蒜粉搅拌均匀；然后烤或炒。
- 蘸上橄榄油或菜籽油，然后加入芝麻、饼干屑或玉米片屑，烘烤或炒。
- 将鸡胸肉放在箔纸上，盖上蔬菜和你喜欢的调味料。折叠箔纸的边缘，然后在 190 摄氏度下烤 20 分钟。当你打开箔纸时，小心手指被蒸汽烫伤。

炸鸡

炸鸡很受运动员的欢迎，但它肯定不是最健康的运动食品。这个食谱提供了一种低脂肪的替代品，即使是挑剔的食客也会对它竖起大拇指。金属丝架允许空气在四周循环；会让你吃到更脆的鸡肉，而且你不用在烹饪时翻面。与此同时，箔纸会节约你的饭后清理厨具的时间。

所需食材：

> 1盒（150克）梅尔巴吐司
> 2～4汤匙橄榄油或菜籽油
> 2个蛋白或1个鸡蛋
> 4块去骨去皮的鸡胸肉
> 可选食材：1汤匙芥末；按需添加盐和胡椒粉

操作步骤：

（1）烤箱预热到200摄氏度。

（2）把铁丝架放在衬有箔纸的浅烤盘里。

（3）将梅尔巴吐司放入一个结实的塑料袋中，密封，然后用擀面杖（或其他硬物）将其碾碎成玉米粒大小的面包屑。

（4）把面包屑倒进浅盘里，再把油淋在上面，搅拌均匀。

（5）把鸡蛋放在碗里打匀，并加入芥末、盐和胡椒粉。

（6）将每一片鸡肉浸入打匀的鸡蛋中，让多余的部分滴下来，然后将每一片鸡胸肉放入面包屑中。把面包屑撒在鸡肉上，然后把面包屑压进去。抖掉多余的面包屑，把鸡肉放在架子上。

（7）烤40分钟。肉皮应该变为深棕色，肉汁切的时候应该是清澈可见的。

产量：4份。

营养信息：总热量4800千焦。每份1200千焦，12克碳水化合物，40克蛋白质，10克脂肪。

蘑菇洋葱炒鸡肉

这个简单的食谱对于即兴的美味晚餐来说已经足够了。它包含了一些易于储存的食材：（冷冻的）鸡胸肉、（罐装的）蘑菇、洋葱、低脂奶酪和葡萄酒。配上米饭、硬皮全麦卷和绿色蔬菜食用味道更佳。

所需食材：

> 1～2汤匙油，最好是橄榄油或菜籽油
>
> 4块去骨去皮的鸡胸肉
>
> 1个洋葱，切丁
>
> 1杯（240毫升）干白葡萄酒
>
> 2个180克的蘑菇罐头
>
> 60克低脂奶酪
>
> 可选食材：1～2瓣大蒜，切碎；或1茶匙百里香

操作步骤：

（1）在一个大的不粘锅中，加热油，加入鸡胸肉和洋葱（和大蒜）。每面煎5分钟左右。

（2）加入干白葡萄酒、蘑菇片和百里香。

（3）盖上盖子，小火炖10分钟，直到鸡肉煮熟，用刀切肉时，肉汁可流干即可。

（4）将15克的奶酪放在熟的鸡胸肉上，然后盖上锅盖再炖3分钟，直到奶酪融化。

（5）最后，把鸡肉放在铺好的蘑菇上就可以了。

产量：4份。

营养信息：总热量4800千焦。每份1200千焦，10克碳水化合物，42克蛋白质，10克脂肪。

鸡肉配意大利面和菠菜

这个食谱不仅简单便捷，还包括以下3种食材——谷物、蛋白质和蔬菜。食物的多样性可以帮助你保持身体健康。

所需食材：

> 500克意大利面
> 2汤匙油，最好是橄榄油或菜籽油
> 500克无骨无皮鸡胸肉，切成薄片
> 1～4瓣大蒜，切碎，或1/4～1茶匙大蒜粉
> 1罐（300毫升）的鸡汤
> 500克新鲜菠菜，洗净，沥干并切碎
> 用盐和胡椒调味
> 可选食材：300克蘑菇，切片；1/4杯（25克）帕尔玛奶酪

操作步骤：

（1）按照包装说明烹饪意大利面。

（2）在烹饪意大利面时，于另一个大煎锅里加热油，将鸡胸肉炒30秒。

（3）加入大蒜（和蘑菇）搅拌均匀，炒5分钟。

（4）倒入鸡汤，然后用文火慢炖。加入菠菜，搅拌直到菠菜变软。

（5）把意大利面沥干，放回锅内，倒入鸡肉和菠菜后搅拌均匀，再加热2分钟。

（6）根据个人口味放盐、胡椒和帕尔玛奶酪调味。

产量：5份。

营养信息：总热量11200千焦。每份2240千焦，75克碳水化合物，40克蛋白质，11克脂肪。

墨西哥式绿辣味鸡砂锅

这道菜做起来很容易，吃起来也很美味。青椒酱里的青椒与传统的红辣椒酱相比，增添了一种特殊的风味。

所需食材：

700 克无骨无皮鸡胸肉
1 个中等大小的洋葱，切碎
1 大罐（840 毫升）绿色辣椒辣酱
1 罐（135 克）绿色辣椒，切丁
半杯酸奶油，无脂或低脂
1 杯（120 克）低脂切达奶酪，磨碎
12 个玉米饼（直径约 15 厘米）

操作步骤：

（1）在一个中等大小的平底锅中加入 2.5 厘米高的水，加入鸡胸肉，盖上盖子，煮沸。用小火慢炖 10 分钟，或者等到用叉子扎起来时汁液可以流干。把肉汤沥干，让鸡肉稍微冷却一下。

（2）煮鸡肉的时候，把洋葱切成小块，然后用微波炉加热 2 分钟。

（3）在一个中等大小的碗里，把洋葱、辣椒酱（360 毫升）、酸奶油、青椒和磨碎的奶酪（60 克）混合在一起。

（4）预热烤箱至 180 摄氏度，放入 23 厘米 ×33 厘米的烤盘。

（5）在平底烤盘里放 4 个玉米饼，把它们撕成碎片，填满所有的空间。

（6）在玉米饼上面加入一半的鸡肉混合物，再加一层玉米饼，上面放上剩余的鸡肉混合物和剩下的 4 个玉米饼。

（7）把剩下的辣椒酱倒在上面，不盖盖子烤 30 ～ 40 分钟。最后，在上面放上剩余的碎奶酪，再放回烤箱烤 5 分钟。

产量：4 份。

营养信息：总热量 7200 千焦。每份 1800 千焦，55 克碳水化合物，35 克蛋白质，10 克脂肪。

鸡肉沙拉加杏仁和柑橘

与含有众多绿色蔬菜的沙拉和全麦面包一起食用会更美味。

所需食材：

480 克去骨去皮鸡胸肉

30 至 60 克切片杏仁

1 罐（310 克）橘子，沥干水分

可选食材：1 罐（240 克）菠萝；180 克的马蹄片罐头；80 克葡萄干或切碎的枣

柠檬酱：

115 至 230 克低脂柠檬酸奶

亚洲风味酱：

2 汤匙海鲜酱

2 大汤匙橘子汁

4 汤匙低脂蛋黄酱

可选：1/2 茶匙干芥末；1/4 茶匙大蒜粉

替代酱：

115 克低脂蛋黄酱

操作步骤：

（1）将鸡肉和一杯（240 毫升）水放入平底锅中，盖上盖子炖 20 分钟，或者用叉子叉住鸡肉，直到会有鸡肉汁流出来。静置冷却后切成丁，放入一个大碗里，加入杏仁和橙子（还有菠萝、荸荠、葡萄干或枣子）。

（2）调制柠檬酱：加入柠檬酸奶，搅拌均匀。调制亚洲风味酱：在一个小碗里，混合海鲜酱、橘子汁、低脂蛋黄酱（芥末和大蒜）。

（3）如果时间允许，冷却后再食用。

产量：4 份。

营养信息：加柠檬酱汁的总热量 4400 千焦。每份 1100 千焦，12 克碳水化合物，40 克蛋白质，7 克脂肪。

加亚洲风味酱料的总热量 4800 千焦。每份 1200 千焦，17 克碳水化合物，40 克蛋白质，8 克脂肪。

鸡肉黑豆汤

健身爱好者兼大厨彼得·赫尔曼给了我这个简单美味又营养的食谱。这是一种加入更多富含纤维的豆类的一种美味的饮食方式。你可以加入煮熟的意大利面，让它吃起来更美味。

所需食材：

> 4 块去骨去皮的鸡胸肉
>
> 5 杯（1.2 升）鸡汤或水
>
> 胡萝卜去皮切片
>
> 2 个西红柿，切片
>
> 半个洋葱，切碎
>
> 3 至 5 瓣大蒜，压碎
>
> 2 罐（480 克）黑豆，洗净沥干
>
> 1 汤匙新鲜牛至叶或 1 茶匙干牛至
>
> 可选食材：1/2 杯（120 毫升）红酒；2 ～ 4 杯煮熟的意大利面；60 克磨碎的切达干酪；红辣椒

操作步骤：

（1）在锅里放入鸡胸肉、肉汤（或水）、胡萝卜、西红柿、洋葱、大蒜、黑豆和其他调味料。盖上锅盖煮至沸腾，关小火，煨一会儿（大约 20 分钟）。

（2）将鸡肉从肉汤中取出，放在一边冷却。用小火加热肉汤。（可选操作：加入煮熟的意大利面。）

（3）把鸡切成小块，然后放回汤里加热。

（4）如果需要，可以用磨碎的奶酪和红辣椒片进行装饰。

产量：4 份。

营养信息：总热量 4800 千焦。每份 1200 千焦，33 克碳水化合物，35 克蛋白质，3 克脂肪。

鸡肉配白豆

这个菜谱提供了一种美味的碳水化合物—蛋白质的组合。食用者可以从豆类中摄取碳水化合物，而且鸡肉、豆类、奶酪中的蛋白质可帮助人体修复身体的肌肉。

所需食材：

720 克无骨无皮鸡胸肉或鸡腿肉
1 罐（450 毫升）鸡汤
1 汤匙橄榄油
1 个小洋葱，切碎
1/4 茶匙蒜粉或 1 瓣蒜末
1 罐（120 克）切碎的青椒
1 茶匙孜然粉
2 个（450 克）未排水白豆罐头
1/2 杯（120 克）磨碎的低脂奶酪
切达干酪
可选食材：墨西哥胡椒 1 粒，磨碎；1 点丁香；1 点辣椒粉

操作步骤：

（1）鸡肉在鸡汤中炖 10 分钟。

（2）煮鸡肉的时候，在一个大锅中用中火加热橄榄油。加入切碎的洋葱，煎 5～7 分钟，直到洋葱变软。

（3）加入大蒜、青辣椒、孜然（墨西哥胡椒、丁香和辣椒）后继续煮，搅拌 3 分钟。

（4）在鸡汤中加入洋葱和辣椒的混合物，然后加入白豆煮沸。

（5）关小火，不盖盖子炖 10 分钟，偶尔搅拌。为了使肉汤更浓，可用捣碎机把一半的白豆捣碎。

（6）撒上碎奶酪。如果需要，可以用香菜、切碎的番茄、葱、鳄梨或鳄梨酱来装饰。为了更好的口感，可配上新鲜的热玉米饼食用。

产量：4 份。

营养信息：总热量 6800 千焦。每份 1700 千焦，38 克碳水化合物，42 克蛋白质，12 克脂肪。

墨西哥烤鸡配花豆

这是喜辣者的最爱！自己做饭的时候，我会把一片鸡肉、四分之一罐豆子和 120 克萨尔萨酱包在锡纸里，用烤箱烤。这样做出来的菜又美味又可以省去洗碗的麻烦。

所需食材：

2 罐（480 克）豆罐头
4 块鸡肉，去皮
1 杯萨尔萨调味酱

操作步骤：
（1）把豆子沥干，放在烤盘的底部。
（2）把去皮的鸡肉放在上面，把萨尔萨酱倒在豆子和鸡肉上。
（3）盖上盖子在 180 摄氏度的烤箱里烤 25 ～ 30 分钟。

如果需要的话，可以在最后 10 分钟不盖盖子烘烤，使烤盘里的汁液变稠。

产量：4 份。

营养信息：总热量 5400 千焦。每份 1350 千焦，31 克碳水化合物，45 克蛋白质，4 克脂肪。

火鸡肉苹果卷

这款小食制作简单，味道独特，是我最爱的午餐或晚餐。你可以用皮塔饼、硬皮全麦面包或切片面包来做。这是一种完美的康复食品——蛋白质、碳水化合物和美味的完美结合。把它放进微波炉里烤一会儿食用，简直美味至极。

所需食材：

> 1～2汤匙蔓越莓酱
> 2片全麦面包
> 30克切达奶酪切片，最好是低脂的
> 60克火鸡胸肉，切片
> 1/4个苹果，切成薄片

操作步骤：

（1）把蔓越莓酱涂在面包的表皮上。

（2）加入切片奶酪、火鸡胸肉和非常薄的苹果片。

（3）把面包卷起来。

（4）如果需要，可以在微波炉中短暂加热。

产量：1份。

营养信息：总热量1600千焦。每份400千焦，60克碳水化合物，25克蛋白质，6克脂肪。

辣花生炖火鸡肉

这个食谱就是我所说的给"饥肠辘辘的人"的食物。它能够满足一个饥肠辘辘的运动员的胃口。它很好吃，也很容易做。

你可以添加任何你想要的蔬菜，并根据个人口味放香料。例如，如果你没有孜然或咖喱酱，则可以用红辣椒片或辣油代替。配上糙米饭和沙拉吃味道更佳。

所需食材：

480 克火鸡肉，切碎

1 杯冷冻豌豆

1/2 杯（130 克）花生酱

240 ～ 360 毫升水

2 至 3 茶匙咖喱酱（或少许红辣椒片，根据个人口味添加）

2 至 3 茶匙孜然

1 汤匙红糖

盐和胡椒粉，根据个人口味添加

操作步骤：

（1）在一个大的不粘锅里，把火鸡磨碎，直到它的颜色变得不再粉嫩，然后加入冷冻的豌豆。煮 3 至 5 分钟，偶尔搅拌。

（2）加入 240 毫升水，咖喱酱（或红辣椒片）、孜然和红糖，拌匀。

（3）加入花生酱搅拌均匀。根据需要加入适量的水。

（4）与（糙米）一起食用。

产量：5 份。

营养信息：总热量 6400 千焦（不含米饭）。每份 1280 千焦，12 克碳水化合物，26 克蛋白质，18 克脂肪。

火鸡肉丸配浓蔓越莓酱

作为开胃菜这些火鸡肉丸子真的很好吃！一旦上桌很快就会被吃完。如果你想把它们和一顿饭搭配在一起，可以考虑配上糙米和一种绿色蔬菜。

这个食谱来自 Hy-Vee 商店的营养师。他们经常在烹饪课中使用这个食谱来教人们如何用火鸡肉（或鸡肉）来代替更油腻的汉堡。

所需食材：

480 克火鸡肉，切碎

60 克调味面包屑

一个大鸡蛋或两个蛋白

1 罐（420 克）全浆果蔓越莓酱

1 罐（240 毫升）番茄酱

1～2 汤匙辣椒酱

1 汤匙伍斯特酱汁

1 汤匙柠檬汁

操作步骤：

（1）把火鸡肉、面包屑和鸡蛋在碗里混合均匀。

（2）捏成 2.5 厘米的小球。

（3）将肉丸放入不粘锅中，中火加热约 10 分钟，翻动一到两次。你也可以在 180 摄氏度的烤箱中将肉丸烤 20 分钟。

（4）加入蔓越莓酱、番茄酱、辣椒酱、伍斯特酱汁和柠檬汁，搅拌均匀，注意不要损坏肉丸。

（5）加热至沸腾后调小火，不盖锅盖炖大约 10 分钟，偶尔搅拌。

产量：30 个小肉丸。

营养信息：总热量 6000 千焦。每份 1200 千焦（包括 6 个肉丸，1/5 的酱汁），
40 克碳水化合物，18 克蛋白质，7 克脂肪。

第 22 章
鱼和海产品

　　鱼在餐馆里比在家里更受欢迎，因为许多人不知道如何购买或烹饪鱼。下面的小技巧可以帮你解开烹饪鱼的神秘面纱。鱼实际上是最容易处理的食材之一。

　　新鲜的鱼，如果处理得当，无论是生的还是熟的，都不会有鱼腥味。气味实际是长时间放置后细菌污染的结果。如果可以的话，尽量要求商家让你闻一闻你想买的鱼。买了新鲜的鱼后，要尽快食用，最好是在一天之内享用。存放时把它放在冰箱最冷的地方。

　　在购买超市的冷冻鱼时，要确保盒子是坚固的、方形的，没有解冻和再冷冻的迹象。要解冻，可以在冰箱或微波炉中解冻。解冻后就不要再次冰冻它们了。

　　一人份的话，可选 480 克未煮熟的整条鱼（如鳟鱼或鲭鱼）或 158～240 克未煮熟的鱼片（如鲑鱼、旗鱼、大比目鱼或比目鱼）。为了去除手上的鱼腥味，可以用柠檬汁或醋搓手。

　　下面是一些建议。

- 如果可能，在盘中烹煮鱼。鱼是易碎的，越鲜活，越少处理，就越美味。
- 与鱼搭配的调味品包括柠檬、莳萝、罗勒、迷迭香和欧芹，另可加辣椒粉上色。
- 为了测试熟度，可用叉子轻轻把肉分开。熟的鱼肉应该容易剥落，而不是半透明不易剥落的状态。
- 可将剩下的鱼肉（不管是热的还是冷的），放在三明治里代替鸡肉或火鸡肉。

下面是四种烹饪鱼的方法。

- 烤。将鱼放在已稍微上油或用烹饪喷雾剂处理过的烤盘上，以防粘住。洒上少许橄榄油和调味料（如果需要的话），或者用等量低脂蛋黄酱和芥末酱混合均匀。放置在离热源 10 ~ 15 厘米的地方。薄鱼片可于 5 分钟内煮熟且无须翻动；较厚的鱼片（如鲑鱼和剑鱼）每片大约需要烤 5 到 6 分钟。

- 烘烤。把鱼放入烤盘中，放入少许油或烹饪喷雾，根据需要，在 200 摄氏度的烤箱中烤 15 ~ 20 分钟。具体用时取决于鱼的厚度。

- 水煮。将鱼放入不粘锅中，加水、白葡萄酒或牛奶覆盖鱼肉。根据需要加入香草和大蒜调味，盖上锅盖，在炉子上慢炖 10 分钟左右，加入葱和少许酱油即可食用。

- 放进微波炉里。如果条件允许的话，将鱼片最厚的部分放在盘子外面，重叠放置薄的部分，防止烹饪过度。根据个人口味放调味料，用蜡纸覆盖，用微波炉加热最少的时间，以防止鱼肉变硬变干。在鱼完全熟了之前，把它从微波炉里拿出来，等 5 分钟后再端上桌。

食谱列表	
烤鲑鱼配芥末与枫糖	金枪鱼通心粉沙拉
鲑鱼肉饼	虾仁拌海员式沙司
烤鱼和菠菜	墨西哥风味烤鱼
虾仁意大利面	

烤鲑鱼配芥末与枫糖

这种简单的配料可以很好地与三文鱼搭配，也可以与鸡肉搭配。在烹饪前把鲑鱼切成两片，这样上桌后更方便食用。

所需食材：

480 克鲑鱼
1 汤匙芥末
1 汤匙枫糖浆
可选食材：半汤匙柠檬汁；蒜粉

操作步骤：

（1）预热烤焙用具。将鲑鱼片放在烤盘上，内衬箔纸（便于清理烤盘）。

（2）在一个小碗里，将芥末和枫糖浆（及柠檬汁和大蒜粉）搅匀，然后撒在鲑鱼片上。

（3）烤 5 ~ 8 分钟（取决于鲑鱼片的厚度），直到鲑鱼完全熟透。

产量：3 份。

营养信息：总热量 3000 千焦。每份 1000 千焦，4 克碳水化合物，32 克蛋白质，14 克脂肪。

鲑鱼肉饼

这些鲑鱼肉饼是用罐装鲑鱼做的。它是一种便宜且有益于人体健康的食物。配上蘑菇和芦笋的意大利面（见第 19 章），或者糙米和绿色蔬菜可使饮食更均衡美味。

所需食材：

1罐（420克）鲑鱼，沥干并切片（去皮，但保留骨骼以补充钙质）

1杯（120克）全麦咸饼干或面包屑

1个鸡蛋或替代品，稍微打散

1杯（150克）青椒丁，绿色或红色

75克洋葱丁，最好是甜洋葱

1/4杯（60毫升）牛奶，最好是低脂牛奶

柠檬，胡椒，按照个人口味添加

1至2汤匙橄榄油或菜籽油，用于烹饪

可选食材：1茶匙酱油；少许辣椒酱；1/2茶匙干莳萝或2茶匙鲜莳萝

操作步骤：

（1）在一个大碗里，搅拌鲑鱼片、饼干（或面包屑）、鸡蛋、青椒和洋葱。加入牛奶（以及酱油和辣椒酱）、胡椒（和莳萝）后搅拌均匀，然后轻轻地把混合物压成 8 块馅饼。

（2）在一个大煎锅中用中火加热油。油热了之后，把肉饼放在平底锅里，两面煎 3～5 分钟，直到表面变黄为止。

产量：4份（8块）。

营养信息：总热量4800千焦。每份1200千焦（2个馅饼），24克碳水化合物，27克蛋白质，11克脂肪。

烤鱼和菠菜

　　这个食谱与米饭和硬皮全麦面包搭配更美味。如果你想要一个更好的膳食结构，炒 1/2 茶匙蒜末，240 克切片的蘑菇，1/4 茶匙牛至并加入少许橄榄油；然后把它加到菠菜里，再放到烤盘里烤制。

所需食材：

1 盒（300 克）冷冻菠菜，切碎
60 克碎奶酪
480 克鱼片
盐、胡椒和柠檬汁

操作步骤：

（1）预热烤箱至 200 摄氏度。
（2）将菠菜解冻，挤出多余的水分，然后把它铺在一个小烤盘的底部。
（3）撒上芝士和鱼片。
（4）盖上箔纸烤 20 分钟或直到鱼肉容易剥落。

产量：2 份。

营养信息：总热量 2240 千焦。每份 1120 千焦，6 克碳水化合物，50 克蛋白质，
　　　　　6 克脂肪。

虾仁意大利面

这是一个快捷的赛前餐。一些运动员在比赛前会选择它，因为它纤维含量低，易于消化，味道温和。不太可能让你不舒服。（你当然可以加一点红辣椒，让它更"美味"！）配以青菜（或豌豆、青豆、花椰菜），可利用煮意大利面的时间蒸熟它们。

所需食材：

> 175 克意大利面
> 1 汤匙人造黄油或橄榄油
> 1 包（250 克）虾肉，去皮
> 1/2 茶匙鸡精或 1/2 茶匙盐
> 1 大汤匙玉米淀粉
> 1 杯牛奶，最好是低脂的
> 2 至 4 汤匙磨碎的奶酪
> 可选食材：1 瓣蒜，切碎，或 1/8 茶匙蒜粉；2 汤匙白酒；配菜用西红柿和欧芹

操作步骤：

（1）在一个大锅里，按照包装说明煮意大利面。

（2）煮意大利面的时候，加热一个大的不粘锅，加入人造黄油，然后加入虾肉和鸡精（或盐和大蒜），炒 3 ～ 4 分钟，或直至虾变成粉红色。

（3）把玉米淀粉搅拌到牛奶里，然后把混合物倒入煮熟的虾肉里。不断搅拌，直到黏稠起泡。加入奶酪（和葡萄酒，按口味添加）。

（4）加入煮熟、沥干的意大利面，搅拌均匀。根据需要，可以用更多的奶酪、西红柿和欧芹来装饰。

产量：2 份。

营养信息：总热量 4400 千焦。每份 2200 千焦，70 克碳水化合物，40 克蛋白质，12 克脂肪。

金枪鱼通心粉沙拉

这是一款经典的美食，非常适合作为夏季聚会上的菜品或自带午餐。你可以根据自己的喜好调整配料，少加点洋葱，多加点意大利面等。如果沙拉变干了，可加一些牛奶以使其保持湿润。

所需食材：

2.5 杯生意大利面

152 ~ 230 克淡蛋黄酱

300 克冷冻小豌豆

1 罐（340 克）金枪鱼

1 杯芹菜丁

1 杯（240 克）低脂奶酪丝

40 ~ 80 克切碎的洋葱，最好是红洋葱

2 汤匙切碎的甜泡菜

盐和胡椒粉，按口味添加

操作步骤：

（1）按照说明煮意大利面。沥干，用冷水冲一下。

（2）在一个大碗里，将蛋黄酱、青豆（在准备过程中会解冻）、金枪鱼、芹菜、磨碎的奶酪、洋葱、切碎的泡菜、盐和胡椒粉按需要混合在一起。

（3）加入沥干的意大利面，充分搅拌，冷藏，取出后加热即可食用。

产量：4 份作为主菜（8 份作为配菜）。

营养信息：总热量 7200 千焦。每份 1800 千焦，45 克碳水化合物，34 克蛋白质，15 克脂肪。

虾仁拌海员式沙司

我从运动营养学家艾琳·迈尔斯那里学到了这个食谱。它很清淡且很容易消化。

艾琳建议炖大约25分钟，以让番茄酱变稠。冷却5分钟，然后搭配沙拉和全麦卷食用味道最佳。

所需食材：

840克西红柿丁，可加入罗勒、大蒜和牛至调味

1/4茶匙红辣椒

3汤匙橄榄油

480克生虾

360克意大利面，最好是全麦的

可选食材：1～2瓣蒜末；2汤匙欧芹，切细切好

操作步骤：

（1）根据包装说明煮意大利面。

（2）当意大利面沸腾时，在一个大平底锅中加入橄榄油、红辣椒和番茄丁，并用小火加热，在煮意大利面的时候把这些酱料炖5～25分钟。

（3）加入虾仁炒至粉红色即可，也可以根据需要用欧芹进行装饰。

产量：4份。

营养信息：总热量9600千焦。每份2400千焦，82克碳水化合物，35克蛋白质，12克脂肪。

只有酱汁时的总热量4400千焦。每份1100千焦，20克碳水化合物，25克蛋白质，11克脂肪。

墨西哥风味烤鱼

鱼用箔纸烹调时，总是湿润且味道鲜美的。这种方法也适用于烹调去骨去皮的鸡胸肉。

这道菜的分量是两份。如果你是做给一家人吃的，一定要加大分量。

所需食材：

2 片箔纸

480 克白鱼片

1/2 杯莎莎酱

可选食材：1 个青椒和 1 个小洋葱，用 1 茶匙橄榄油炒制；1/8 茶匙大蒜粉；盐和胡椒；切碎的低脂奶酪

操作步骤：

（1）如果需要，可以用橄榄油煎洋葱和青椒。

（2）在每片箔纸中间放 240 克白鱼片。洒上 1/4 杯莎莎酱（根据需要加入辣椒、洋葱和其他配料或调味料）。

（3）将箔纸的两条边合在一起，把它们叠起来，然后把两端叠起来，再把边缘卷起来。

（4）烤 15 ~ 20 分钟，用铲子铲起，小心地打开，注意不要让逸出的蒸汽烫伤自己。

产量：2 份。

营养信息：总热量 1600 千焦。每份 800 千焦，4 克碳水化合物，42 克蛋白质，2 克脂肪。

第 23 章
牛肉和猪肉

尽管人们普遍认为，精瘦的牛肉和猪肉可以成为健康饮食的一部分。它们富含蛋白质、铁和锌——对每个人都是很重要的营养元素，尤其是运动员。但它们也富含脂肪，解决的办法是选择瘦肉少吃肥肉。

最精瘦的牛肉如下。
- 后腿肉
- 眼肉
- 里脊与牛排
- 牛腩、后腿

下面是最精瘦的猪肉。
- 排骨
- 猪腰排
- 猪腰肉
- 里脊

食谱列表	
肉丸	甜橙汁牛肉
墨西哥玉米卷饼	蜜汁猪排
墨西哥煎锅饭	水果炒猪肉

肉丸

来自北卡罗来纳州夏洛特市的运动营养师苏·卢克喜欢在冰箱里放这些肉丸。当没有晚餐时，用现成的意大利面和肉丸配着切碎的辣椒和小胡萝卜或沙拉做成晚餐。

所需食材：

1 千克牛肉或火鸡肉

4 个鸡蛋，稍微搅拌

180 克调味面包屑

2 个中等大小的洋葱，切碎

2 汤匙意大利面调味料

1 茶匙胡椒

可选食材：2～6 瓣蒜，切碎

操作步骤：

（1）把所有的原料放在一个大碗里。

（2）洗手，然后用手混合配料。

（3）做成你想要大小的肉丸。

（4）将肉丸放入 180 摄氏度的烤箱里烤 25～30 分钟。

（5）冷却。放入至少 3 升大的冷冻袋中冷冻。

（6）当你准备吃肉丸时，拿出你需要的数量。用微波炉加热或放在炖着面的锅里解冻。

产量：28 个肉丸。

营养信息：总热量 11200 千焦。每份 800 千焦（2 个丸子），10 克碳水化合物，22 克蛋白质，8 克脂肪。

墨西哥玉米卷饼

这是每个家庭成员的最爱。这个特别的食谱是用牛肉做的，但是你也可以很容易地用火鸡肉做，也可用切块的豆腐或四季豆来做。为了增加口感，可在砂锅里放上些切好的辣椒。

所需食材：

480 克瘦牛肉

1 罐（840 克）切成小块的西红柿，沥干水分，或切碎的新鲜西红柿

300 毫升辣椒酱

480 克回锅煎炸的豆泥，最好是低脂的

180 克烤玉米片

120 克切碎的奶酪，最好是脱脂的

可选食材：1 个中等大小的洋葱，切碎；1 茶匙辣椒粉；半茶匙干罗勒；1 个青椒，切丁

操作步骤：

（1）在一个中等大小的不粘锅里把牛肉（和洋葱）煎成棕色。

（2）倒掉多余的油脂，然后加入切好的西红柿、辣酱和炸过的豆子（还有辣椒粉和罗勒，如果需要的话），加热直到冒泡。

（3）预热烤箱至 180 摄氏度。把一杯粉碎的玉米片铺满 23 厘米 ×33 厘米的烤盘底部。

（4）将牛肉和辣椒粉混合在一起，然后倒在玉米片上。

（5）把奶酪磨碎，撒在上面。再撒上一杯玉米片（如果需要的话，可撒上些青椒丁）。

（6）烤 15 分钟或者直到奶酪融化。

产量：6 份。

营养信息：总热量 11200 千焦。每份约含 1867 千焦，52 克碳水化合物，30 克蛋白质，16 克脂肪。

墨西哥煎锅饭

墨西哥煎锅饭制作简单，味道独特，是你居家烹饪的最佳选择。

所需食材：

1 杯（200 克）生白米

480 克精瘦牛肉或火鸡肉，切碎

1 包（45 克）墨西哥玉米卷调料

1 瓶（480 克）莎莎酱

1 罐（480 克）黑豆或红豆，冲洗后沥干

120 到 240 毫升水

可选食材：150 克青椒，切丁；1 罐（330 克）玉米粒；磨碎的低脂奶酪作为装饰

操作步骤：

（1）根据包装说明煮米饭。

（2）煮米饭时，用不粘锅（如果需要的话，还可以加上辣椒）把瘦牛肉炒成棕色，并倒掉多余油脂，然后在牛肉上撒些墨西哥玉米卷调味料。

（3）在同一个平底锅里加入莎莎酱、豆子（和玉米）和水，煮 3～5 分钟，然后加入煮熟的米饭。如果需要，可以用磨碎的低脂奶酪来装饰。

产量：4 份。

营养信息：总热量 8000 千焦。每份 2000 千焦，60 克碳水化合物，30 克蛋白质，15 克脂肪。

甜橙汁牛肉

在你运动后想要吃些又甜又健康的食物，这款是很适合的，这道菜和煮熟的胡萝卜、豌豆搭配会更美味。

所需食材：

1杯（200克）生米
480克瘦牛肉
1/4杯（57克）橙子果酱
1/4茶匙红辣椒片或少许辣椒粉
可选成分：熟豌豆、芹菜丁、青椒、菠萝块

操作步骤：

（1）根据包装说明煮米饭。

（2）在煎锅里，把牛肉炒至棕色，倒掉多余的油脂。

（3）在牛肉中加入橘子果酱、红辣椒片和米饭，拌匀。

产量：3份。

营养信息：总热量6000千焦。每份2000千焦，70克碳水化合物，42克蛋白质，6克脂肪。

蜜汁猪排

使用蜂蜜、肉桂和苹果酱能烹饪出美味的猪排。

所需食材：

4 块精瘦的猪排，切好

蜂蜜釉

2 汤匙蜂蜜

57 克苹果酱

1/4 茶匙肉桂

盐和胡椒（依个人口味添加）

操作步骤：

（1）将蜂蜜、苹果酱、肉桂（盐和胡椒依个人口味添加）混合均匀。

（2）加热不粘锅，然后把猪排的一面煎 3 分钟。

（3）用勺子把釉料浇在猪排上面，盖上盖子煎 3 分钟。

（4）揭开锅盖，用中低火煎 10 分钟直到熟，翻个面。

（5）把猪肉和米饭一起端上桌，在米饭和猪肉上都浇上一层蜂蜜釉。

产量：4 份。

营养信息：总热量 4000 千焦。每份 1000 千焦，10 克碳水化合物，30 克蛋白质，10 克脂肪。

水果炒猪肉

这是一道老少皆宜的美食。与菠萝和柑橘搭配食用味道更佳。

所需食材：

1 茶匙油

480 克去骨猪肉，切成细条

120 毫升水

1/4 杯（60 毫升）醋

2 汤匙糖浆或蜂蜜

2 汤匙酱油

1 罐（330 克）橘子果酱，1 汤匙玉米淀粉

1 汤匙水

可选食材：125 克菠萝块；1 个青椒，切块；1 个中等大小的苹果，切丁；40 克葡萄干；30 克切好的烤坚果

操作步骤：

（1）在一个大的不粘锅里，热油后放入猪肉条，炒至褐色。

（2）加水、醋、糖浆、酱油、橘子果酱（或菠萝，青椒，苹果和葡萄干，依个人口味添加）。

（3）煮沸，盖上盖子炖5分钟。

（4）慢慢地加入调料，直到达到想要的稠度。

（5）依个人口味添加碎坚果。

产量：4 份。

营养信息：总热量4800千焦。每份1200千焦，30克碳水化合物，25克蛋白质，8克脂肪。

第 24 章
豆类和豆腐

当我在 1990 年写本书的第一版时，豆类和豆腐在最受欢迎的食物中排名靠后。如今，随着越来越多的人选择素食，豆类和豆腐成为主流。这里有一些食谱可以供你参考。

豆子

豆类是大自然中最伟大的食物之一。它们富含蛋白质，不含脂肪，不含胆固醇。它们有助于降低血液胆固醇，控制血糖，对抗癌症，减少便秘问题。

因为豆类是蛋白质和碳水化合物的健康来源，辣椒豆子餐、鹰嘴豆泥，以及其他豆类餐食是运动饮食的完美选择。如果豆子是唯一的蛋白质来源，一定要吃很多来摄取足够的蛋白质（见第 7 章）。如果你想多吃些蔬菜，可用豆类代替部分或全部的肉，如用芸豆取代牛肉。

豆腐

豆腐，是用黄豆制成的。它是一种包含所有必需氨基酸和健康脂肪的完整蛋白质。豆腐不含胆固醇，低热量且低钠。它是一种很受欢迎的肉类替代品，对于乳制品摄入量较少的人来说，它也是钙元素的最佳来源之一。

豆腐在大多数超市的冷冻区都能找到。你可以买到用水包装的软软的或硬的豆腐，务必检查日期并购买最新鲜的。软软的或丝质的豆腐更适合混合成光滑的豆腐泥；而硬豆腐则更容易捣碎或切片。

豆腐本身没什么味道，但它会呈现出调味料的味道。例如，豆腐与酱油的混合呈现出酱油的味道；同样，与辣椒也是。由于豆腐的这一特性，它适用于许多食谱：意大利面、沙拉、炒菜，甚至可用来制作沙拉酱。

食谱列表	
创意豆料理	菠菜鹰嘴豆意大利面
酸甜豆腐	咖喱花生酱汤加鹰嘴豆
番茄意大利面和白豆汤	豆腐炒饭
简易辣豆酱	豆腐卷饼

创意豆料理

这儿有一些给你进行创意豆料理的建议。

• 在搅拌机中加入黑豆（或斑豆）、莎莎酱和奶酪。用微波炉加热，可以蘸着吃，也可以放在玉米饼上面吃。

• 将蒜头和洋葱放入少许油，加入罐装豆子（泥）后加热，可以配米饭或玉米饼。

• 在沙拉、意大利面酱、汤、炖菜中加入豆子，可以增加菜品蛋白质的含量。

• 在一个大的玉米饼里，包上一些热的豆酱，一些奶酪，一些莎莎酱，以及切碎的生菜和西红柿即可做出美味的玉米卷饼。

• 把黑豆和莎莎酱混合在一起用勺子舀一点到玉米饼上品尝也非常美味。

• 在烤玉米片上撒上豆子、莎莎酱、奶酪和其他你喜欢的食材（如鸡肉丝、番茄丁、牛肉碎），然后放入烤箱里加热直到奶酪融化即可食用。

酸甜豆腐

那些说自己不喜欢豆腐的大人和孩子们最后都很喜欢这道菜。它可以搭配米饭和绿色蔬菜来食用。这个食谱来自朱莉·尼格林。

所需食材：

1块（420～480克）豆腐（硬的或特别硬的）
1汤匙菜籽油
4汤匙酱油
4汤匙枫糖浆
4勺水

操作步骤：

（1）把豆腐里的水沥干，并用干净的布包裹豆腐至少10分钟，以吸收余留的水分（你可以在上面放一个沉重的盘子或平底锅，以加速这个过程）。去除水分后，可把豆腐切成2.5厘米大小的方块。

（2）用中火在一个大而宽的煎锅中加入油，然后加入豆腐煎10分钟左右，期间频繁地翻动豆腐，让每一块都变成金黄色，且带一点酥脆的口感。

（3）在烹饪豆腐的同时，把酱油、枫糖浆和水在一个小碗里搅拌均匀。

（4）把酱汁倒在豆腐上，继续煮，直到大部分酱汁被豆腐吸收，12～15分钟后关火把豆腐倒入碗里。

产量：4份开胃菜，或2份可配米饭吃的主菜。

营养信息：总热量2800千焦。每份700千焦，15克碳水化合物，10克蛋白质，8克脂肪。

番茄意大利面和白豆汤

番茄意大利面和白豆汤很美味，如果愿意的话，可在汤里加些豆子或鸡丁。

所需食材：

> 1 汤匙油，最好是橄榄油或菜籽油
> 1 个大洋葱，切丁
> 1 个中等大小的胡萝卜，切丁
> 1/4 ~ 1/2 茶匙红辣椒片
> 1 罐（360 克）白豆，沥干水分
> 5 杯（1.2 升）鸡肉汤或蔬菜肉汤，自制或罐装的均可
> 90 克意大利面
> 1/3 杯（35 克）晒干的番茄，切丁
> 盐和胡椒粉，依个人口味添加
> 3 汤匙新鲜欧芹
> 可选食材：1 瓣蒜，切碎，或 1/4 茶匙蒜粉；1 片月桂叶；磨碎的奶酪

操作步骤：

（1）在一个大的不粘锅里，用中火加热油，然后把洋葱、胡萝卜、红辣椒片（和大蒜）炒一下。

（2）盖上盖子，煮 10 分钟，期间偶尔搅拌一下。

（3）倒入肉汤，加入豆子（和月桂叶）后把汤煮沸，然后调到小火，慢炖 10 分钟。

（4）加入意大利面和晒干的番茄，小火慢炖 10 分钟（或者直到意大利面变软）。

（5）用盐和胡椒粉调味，并加入欧芹。

（6）也可再加些切碎的奶酪。

产量：4 份。

营养信息：总热量 3600 千焦。每份 900 千焦，38 克碳水化合物，9 克蛋白质，4 克脂肪。

简易辣豆酱

这是一般家庭都喜欢的菜品。尽管使用整包的辣椒调味料看起来像是偷懒，但它实际上简化了烹饪过程，而且可提高你做菜的效率。加入2份豆子，少放些肉，这道菜的碳水化合物含量就更高了。如果需要的话，你也可以去掉牛肉和火鸡肉，而改用豆腐。

所需食材：

480克牛肉或火鸡肉

480克番茄

480克豆子，也可用四季豆或斑豆

1包辣椒调料，辣的或者微辣

2/3杯（330克）生米

可选食材：1罐（330克）玉米，沥干；1个青椒，切丁

操作步骤：

（1）在一个比较大的煎锅里，把牛肉或火鸡肉煎至棕色，取出后把油沥干。

（2）加入番茄、豆子和辣椒调味料（还有玉米和青椒）后将它们煮沸，然后调为小火。

（3）炖5～50分钟，这取决于你有多少时间。

（4）在炖辣豆酱的时候，根据包装说明烹饪米饭。

（5）把辣豆酱放在米饭上即可食用。

产量：6份。

营养信息：不含米饭的总热量6600千焦。每份1100千焦，20克碳水化合物，24克蛋白质，11克脂肪。

米饭总热量1920千焦，64克碳水化合物，27克蛋白质，13克脂肪。

菠菜鹰嘴豆意大利面

这个运动餐的食材容易获取吃起来也很美味。这是一份均衡的由 4 种常见食材组成的素食餐。非素食者可以按照自己的口味与鸡肉一起煮着吃。

所需食材：

> 3 至 6 茶匙橄榄油
>
> 1 个大洋葱，切碎
>
> 1～4 瓣蒜瓣，切碎，或 1/8～1/2 茶匙大蒜粉
>
> 420 毫升鸡汤，普通或低钠
>
> 1 罐（450 克）鹰嘴豆，清洗后沥干
>
> 1 袋（300 克）冷冻菠菜，解冻后去除水分，或 1 袋新鲜菠菜
>
> 360 克意大利面
>
> 盐和胡椒粉
>
> 1/4 杯（25 克）磨碎的奶酪
>
> 可选食材：鸡肉丁

操作步骤：

（1）根据包装说明烹任意大利面。

（2）煮意大利面时，在另一个不粘锅里滴入一两滴油并加入洋葱和大蒜炒至洋葱变软，约 10 分钟。

（3）加入鸡汤，文火慢炖至汤汁减半，约 4 分钟。

（4）加入鹰嘴豆和菠菜后再煮 1 分钟，然后倒入大碗中。

（5）加入意大利面，将剩下的 2～4 茶匙橄榄油淋在意大利面上，搅拌均匀。

（6）撒上适量的盐，搅拌均匀。

产量：4 份。

营养信息：总热量 8000 千焦。每份 2000 千焦，87 克碳水化合物，20 克蛋白质，8 克脂肪。

咖喱花生酱汤加鹰嘴豆

不像很多汤需要煮上几小时，你可以把汤和你手头现有的食材混在一起，几分钟后就可以吃了。这似乎是一个奇怪的组合，但它的味道令人惊讶！想要得到更美味的汤，可以用鸡汤来煮，也可加一些剩下的鸡丁或豆腐。你也可以加入些米饭（或者用米饭代替鹰嘴豆）。

感谢谢丽尔·哈里斯提供本食谱。

所需食材：

> 420毫升罐装肉汤、鸡汤或蔬菜汤
> 420克罐装番茄
> 半杯（130克）花生酱或其他坚果酱
> 1汤匙咖喱粉
> 1盒（300克）冷冻菠菜（在微波炉中解冻）或480克切碎的新鲜羽衣甘蓝
> 1罐450克鹰嘴豆，沥干
> 可选食材：1/2茶匙生姜（或1茶匙鲜姜末）；柠檬汁

操作步骤：

（1）在一个大锅里，把肉汤、西红柿、花生酱、咖喱粉（和姜末）混合在一起，煮沸。如果你有耐心，可多煮几分钟让味道更浓厚些。

（2）加入沥干的鹰嘴豆和菠菜（或你喜欢的其他绿色蔬菜），炖到蔬菜熟即可。

产量：4份。

营养信息：总热量5200千焦。每份1300千焦，26克碳水化合物，14克蛋白质，18克脂肪。

豆腐炒饭

如果冰箱里有剩余的米饭，我推荐你试着为自己做一份豆腐炒饭。你可以根据个人口味添加各种蔬菜和各种富含蛋白质的食材（鸡肉、瘦牛肉、虾）。

所需食材：

> 2 汤匙菜籽油
> 1 个洋葱，切碎
> 1/4 茶匙蒜粉或 1 至 2 瓣蒜，切碎
> 3 杯什锦蔬菜，新鲜或冷冻的（如切成小块的清蒸新鲜胡萝卜、冷冻豌豆和冷冻玉米）
> 4 碗米饭
> 420 ～ 480 克硬豆腐，切成小方块
> 2 个鸡蛋，轻轻搅匀
> 酱油、芝麻油，依个人口味添加

操作步骤：

（1）在锅里加入菜籽油，然后加入鸡蛋翻炒，1 分钟后取出炒好的鸡蛋备用。

（2）把豆腐切成 1.3 厘米的方块。

（3）加入大蒜和洋葱，炒到洋葱半透明后加入什锦蔬菜（可以使用冷冻蔬菜），炒至略熟。

（4）加入切好的豆腐、米饭、鸡蛋后用酱油或麻油调味。

产量：4 份丰盛的正餐（作为主菜）。

营养信息：总热量 8400 千焦。每份 2100 千焦，70 克碳水化合物，23 克蛋白质，16 克脂肪。

豆腐卷饼

这是一道简单的午餐、晚餐甚至是早餐。我喜欢在里面加一些鹰嘴豆泥。

所需食材：

2 茶匙植物油或橄榄油

1 个小洋葱，切丁

1 个青椒，切丁

420 克豆腐

4 个玉米饼

盐、胡椒，根据个人口味添加

可选食材：葡萄干、核桃粉、咖喱粉、芝麻、芝麻油、酱油、大蒜粉、鹰嘴豆泥

操作步骤：

（1）在不粘锅中加入植物油，然后加入洋葱和青椒炒至变软。

（2）加入捣碎的豆腐和所需的调味料后继续加热。

（3）用薄煎饼配炒好的食物味道更佳。

产量：4 份。

营养信息：总热量4800千焦。每份1200千焦，40克碳水化合物，15克蛋白质，9克脂肪。

第 25 章
饮料和冰沙

　　饮料不仅可以解渴和补充水分，也可以提供碳水化合物和蛋白质来补充肌肉所需的能量。一些冰沙可以是一顿快餐，你可以把它倒进便携式咖啡杯中在上班的路上喝一小口。

　　为了激发你的创造力，这里有一些制作冰沙的建议。如果你手边没有冷冻的水果，则可以在冰沙中加入些冰块，这样会有一种清凉的感觉。

- 冷冻草莓、香蕉、奶粉和橙汁。
- 香草酸奶、速溶咖啡粉（无咖啡因或普通咖啡）和冰块。
- 冷冻覆盆子、软豆腐、蔓越莓汁和蜂蜜。
- 冷冻香蕉块、橙汁、菠萝汁和蛋白粉。
- 豆奶、桃子和低脂冷冻酸奶。
- 橙汁、哈密瓜块和香草酸奶。

食谱列表	
自制运动饮料	蛋白质奶昔
枫糖运动饮料	浓稠的冰奶昔
水果冰沙	瑞斯奶昔
戴安娜的植物奶昔	热可可

自制运动饮料

超市中运动饮料的营养成分通常为每240毫升包含200～280千焦的热量，以及110毫克钠。下面是一个简单的配方，用它可做出比商店里昂贵的运动饮料便宜得多的自制运动饮料，而且没有任何添加剂、色素或防腐剂。

你不需要柠檬汁就可以做这种饮料，只是味道会比较淡。不要害怕创新，你可以把各种果汁（如蔓越莓和柠檬水）稀释到240毫升含200千焦的热量后再加少量盐。更准确地说，每升饮料加1/4茶匙盐。有些人用不含糖的柠檬水等调味料来增加饮料的味道，但每240毫升的热量却在200～280千焦之间。诀窍就是平常经常试着做。当你又热又渴的时候肯定希望能喝一瓶自制的运动饮料。

所需食材：

> 1/4杯（50克）糖
>
> 1/4茶匙盐
>
> 1/4杯（60毫升）热水
>
> 1/4杯（60毫升）橙汁，加上2汤匙柠檬汁
>
> 840毫升冷水

操作步骤：

（1）在热水壶里溶解糖和盐。

（2）加入果汁和剩余的水，冷却。

（3）它非常解渴！

产量：1升运动饮料。

营养信息：总热量800千焦。每240毫升200千焦，12克碳水化合物，110毫克钠。

枫糖运动饮料

这种易于制作的枫糖运动饮料很美味而且不酸，所以很适合日常喝。当你锻炼超过一小时后，享受这种纯天然的运动饮料会让你的身体充满活力。

所需食材：

900 毫升冷水

1/4 杯（60 毫升）纯枫糖浆

1/4 茶匙盐

操作步骤：

（1）将所有原料混合在一个 1 升的瓶子里。

（2）摇匀，尽情享用吧！

产量：1 升枫糖运动饮料。

营养信息：每 240 毫升 200 千焦，12 克碳水化合物，0 克蛋白质，0 克脂肪，110 毫克钠。

水果冰沙

水果冰沙是很受欢迎的早餐。配料可以根据个人口味的不同而有所不同。一些组合是香蕉、草莓与橙汁，以及甜瓜、菠萝与菠萝汁。

如果你想要一种浓稠冰凉的口感，那就可以加入些用冰冻过的水果。要想让水果溶入冰沙中，只需将成熟新鲜的水果（否则可能会变质）切成大块，然后把大块的水果冻在一块平板上。冷冻后，把它们装进密封袋。（如果把它们放在袋子里冻，你最终会得到一大块很难分开的冰冻水果。）

所需食材：

1/2 杯（115 克）低脂酸奶
1 杯（240 毫升）果汁
1/2 ～ 1 杯（80 ～ 160 克）新鲜、冷冻或罐装水果
可选食材：1/4 杯（30 克）奶粉；奇亚籽、亚麻粉、干燕麦片、全麦饼干、花生酱、肉桂或肉豆蔻；甜味剂

操作步骤：

（1）把所有食材放入料理机中。

（2）盖上盖子，打至顺滑后即可享用。

产量：1 份水果冰沙。

营养资料：每份含 880 ～ 1160 千焦的热量，50 ～ 60 克碳水化合物，5 克蛋白质，0 至 3 克脂肪。

戴安娜的植物奶昔

戴安娜·戴尔是一位营养学家，曾 3 次战胜癌症，她对这款奶昔赞不绝口。它富含维生素、矿物质、纤维素、钙和其他有益身体健康的物质。戴安娜每天早餐都享受它。她拌着全麦面包圈很快就可以喝下半杯奶昔。然后她把剩下的奶昔放进保温咖啡杯里，随身携带。她将这款奶昔推荐给了很多人。

所需食材：

> 3/4 杯（180 毫升）豆奶，最好是含钙的
>
> 3/4 杯（180 毫升）橙汁，最好是高钙的
>
> 1 至 2 汤匙小麦
>
> 1 至 2 汤匙小麦胚芽
>
> 1 至 2 汤匙亚麻仁粉
>
> 60 ～ 90 克软豆腐
>
> 6 ～ 8 个小胡萝卜，切碎
>
> 3/4 杯（120 克）新鲜或冷冻的水果

操作步骤：

（1）把豆奶和果汁倒进搅拌机，然后加入小麦、麦芽和亚麻仁粉（这样可以防止干的亚麻仁粉粘在搅拌机的内壁上）。

（2）关掉搅拌机，加入豆腐、胡萝卜和水果后盖上盖子，搅拌均匀。

（3）如果太浓，可用酒、豆浆、牛奶、水甚至冰绿茶来稀释一下。

产量：约 3 杯（720 毫升）戴安娜的植物奶昔。

营养信息：总热量约 1800 千焦，65 克碳水化合物，25 克蛋白质，10 克脂肪。

蛋白质奶昔

这种奶昔不仅可以使人体增加蛋白质和钙的摄入量，还可以增加对健康有益的豆腐的摄入量。蛋白质奶昔是用嫩豆腐做成的。较硬的豆腐含有更多的蛋白质，但不好吃。

所需食材：

120 克嫩豆腐

1/3 杯（40 克）奶粉

1 杯（240 毫升）低脂牛奶

2 汤匙巧克力奶粉或巧克力糖浆

操作步骤：

（1）把所有食材倒入搅拌机。

（2）盖上盖子，搅拌 1 分钟即可。

产量：1 份。

营养信息：总热量 1400 千焦，52 克碳水化合物，26 克蛋白质，4 克脂肪。

浓稠的冰奶昔

这种浓稠可口的奶昔比冰淇淋更健康。速溶布丁粉增加了一层厚实的口感，冰块使它有冰爽的口感。我喜欢为孩子们做奶昔——一种增加他们蛋白质和钙摄入量的愉快方式。

通过改变布丁的味道（香草、柠檬、巧克力），你可以制作出许多不同口味的奶昔。你也可以添加水果（最好是冷冻的）来获得额外的营养元素。如果奶昔里还残留着冰块，请不用担心——它只会让奶昔保持冰爽。

所需食材：

1 杯（240 毫升）低脂牛奶
1/4 杯（35 克）即溶布丁粉
1/4 杯（30 克）奶粉
3 块冰块
可选食材：半杯到 1 杯（80 ～ 160 克）冷冻水果

操作步骤：

（1）把所有食材放入搅拌机中。

（2）搅拌到顺滑即可。

产量：1 份。

营养信息：总热量 1120 千焦，55 克碳水化合物，15 克蛋白质。

瑞斯奶昔

如果你喜欢花生酱，那你一定会喜欢这种奶昔的！这是一种口味清淡、提神醒脑的奶昔，含有 1/4 杯花生酱（64 克）和巧克力糖浆（60 克）。

所需食材：

2 杯（480 毫升）牛奶，最好是低脂或脱脂的
1/2 杯（60 克）奶粉
1/4 ～ 1/2 杯（65 ～ 130 克）花生酱
1/4 ～ 1/2 杯（60 ～ 125 毫升）巧克力糖浆
可选食材：奇亚籽，亚麻粉

操作步骤：

（1）把所有的食材放在搅拌机里。
（2）盖上盖子，搅拌 1 分钟即可。

产量：1 份。

营养信息：总热量 3560 ～ 6000 千焦，105 ～ 170 克碳水化合物，45 ～ 60 克蛋白质，32 ～ 64 克脂肪。

热可可

虽然在温暖的天气里，一大口冷巧克力牛奶是一种极好的冷饮，但在寒冷的天气里跑步、徒步旅行或滑冰后，一大口热气腾腾的热可可则是一种很受欢迎的暖身饮品。按照如下步骤，自己做热可可很简单。轻松享受一杯热可可吧！

所需食材：

> 1 杯（240 毫升）牛奶，低脂或脱脂
>
> 1 汤匙可可粉
>
> 1 汤匙你喜欢的红糖或甜味剂
>
> 可选食材：少许盐

操作步骤：

（1）在一个 360 毫升的杯子里，放入可可粉、红糖和牛奶。注意：可可粉不会溶解在冷牛奶中，所以现在还不用搅拌。

（2）在微波炉中加热一分钟，然后搅拌直到混合均匀。

（3）加热到所需的温度，注意不要煮沸，否则牛奶会凝结。

（4）享受热可可吧！

产量：1 份。

营养信息：总热量 600 千焦，25 克碳水化合物，8 克蛋白质，2 克脂肪。

第26章
零食和甜点

　　许多运动员喜欢把零食和甜点作为日常饮食的一部分。最好选新鲜水果，但是也可以选择其他甜点。诀窍是选择低饱和脂肪和富含有益健康的碳水化合物的零食和甜点。

食谱列表	
简易花生酱零食	苹果酥
非烘烤式花生酱小点心	香蕉冰淇淋
香甜酥脆的杏仁棒	桃子姜饼圣代
椒盐脆饼	胡萝卜蛋糕
可可杏仁爆米花	巧克力蛋糕

简易花生酱零食

花生酱和其他坚果是运动员的常备零食。花生酱中的脂肪可为你提供许多热量，是健康运动饮食的好选择。如果你喜欢吃花生酱，则可以把它涂在面包、玉米饼或饼干上，然后加入以下任何一种配料，来丰富你的运动零食。

- 果冻
- 蜂蜜
- 肉桂或肉桂糖
- 苹果酱
- 葡萄干
- 香蕉片
- 苹果片
- 豆芽
- 燕麦片或葵花籽
- 奶酪
- 黄瓜片

你也可以根据自己的需要做一杯牛奶奶昔。只需将一杯（240 毫升）牛奶、一根香蕉、一汤匙花生酱和甜味剂混合在一起即可做出一杯牛奶奶昔。

非烘烤式花生酱小点心

这是一种非常适合下午茶时吃的小点心。也适合放学回家后饥饿的孩子，或运动后饥饿的运动员食用。我敢打赌你不会只吃一个！

所需食材：

1/2 杯（130 克）花生酱
1/3 杯（30 克）糖粉
1/4 茶匙香草
1/4 杯燕麦片
1/4 杯（30 克）全麦饼干屑
可选食材：1/4 杯巧克力脆片

操作步骤：

（1）在一个中等大小的碗里，用勺子把花生酱、糖粉和香草精混合在一起，拌匀。

（2）加入燕麦片（和巧克力脆片）。

（3）把它做成一个大球，去掉碎片，捏成 15 个直径约 2.5 厘米的小球。

（4）压碎全麦饼干，把面包屑放在一个浅碗里。为小球轻轻裹上面包屑。

（5）将小球常温保存在密闭容器中。

产量：15 个。

营养信息：总热量 4500 千焦。每个小球含 300 千焦，6 克碳水化合物，2 克蛋白质，5 克脂肪。

香甜酥脆的杏仁棒

无论是跑步前的早餐，运动前的小吃，还是下午茶，你都会喜欢这些杏仁棒的。

所需食材：

> 2 杯（160 克）燕麦片
> 2 杯香米饼
> 1 杯（120 克）杏仁片
> 1/2 杯（170 克）蜂蜜
> 1/2 杯（130 克）杏仁酱
> 可选食材：1/2 茶匙盐

操作步骤：

（1）在一个 23 厘米 ×33 厘米的烤盘上洒些油。

（2）在一个大碗里，把燕麦片、香米饼和杏仁片混合在一起。

（3）混合蜂蜜和杏仁酱后，微波加热 2 至 3 分钟，偶尔搅拌。

（4）慢慢地把杏仁蜂蜜酱倒在燕麦片上，搅拌到所有的配料都混合均匀。

（5）将混合物倒入准备好的平底锅中，在加热的同时用力按压（在手指上涂上黄油，这样混合物就不会粘在手指上了）。

（6）切成 20 块，存放在密封容器中。

产量：20 份。

营养信息：总热量 13600 千焦。每份 680 千焦，24 克碳水化合物，5 克蛋白质，
　　　　　6 克脂肪。

椒盐脆饼

香农·维德霍尔特喜欢把椒盐脆饼作为一种零食，旅途中，家里或者在工作的时候都可以享用它。把它装在可密封的塑料袋里，放在抽屉里或健身袋里，这样你就可以随时享用它了。

所需食材：

3 杯（165 克）燕麦片

3 杯（165 克）椒盐卷饼，按你自己的口味加盐或其他配料

2 汤匙黄油，融化

1 汤匙红糖

1/2 茶匙肉桂

1 杯（160 克）水果片或葡萄干

操作步骤：

（1）预热烤箱至 160 摄氏度。

（2）把燕麦片和椒盐卷饼放在一个可密封的大塑料袋里或一个带盖子的塑料容器里，放在一边备用。

（3）用微波炉熔化黄油。

（4）在黄油中加入红糖和肉桂，搅拌均匀。

（5）将肉桂和红糖的混合物倒在麦片和椒盐卷饼上，封好袋子。轻轻摇动，直到混合均匀，然后倒在烤盘上，均匀铺开。

（6）烤 15 ～ 20 分钟，其间搅拌一到两次。

（7）从烤箱中取出，冷却，然后加入水果干。

（8）储存在密闭容器或一次性的可密封袋中。

产量：10 份。

营养信息：总热量 8000 千焦。每份 800 千焦，40 克碳水化合物，5 克蛋白质，2 克脂肪。

可可杏仁爆米花

将爆米花与可促进心脏健康的杏仁和可可混合在一起就是一道美味。
感谢米齐·都兰提供本食谱。

所需食材：

6 杯爆米花

2 杯（240 克）杏仁

1 汤匙黄油

1/2 杯（170 克）蜂蜜

3 汤匙可可粉

1 茶匙盐

1 茶匙香草

操作步骤：

（1）将 6 杯爆米花倒入一个大碗中，然后加入杏仁。

（2）在一个过热的小平底锅中，将黄油、蜂蜜、可可粉、盐和香草混合均匀。

（3）煮沸，不断搅拌 4～5 分钟，或者直到混合物变得非常黏稠。

（4）把混合物倒在爆米花和杏仁上。拌匀后冷却即可。

产量：12 份。

营养信息：总热量 9600 千焦。每份 800 千焦，18 克碳水化合物，5 克蛋白质，
　　　　　12 克脂肪。

苹果酥

在做苹果酥时，我喜欢不削苹果皮，这样可以增加纤维素的摄入。加入少量的香料可使苹果的味道在"脆"中散发出来。

所需食材：

> 4 至 5 个苹果
> 1/4 杯（50 克）糖
> 1/2 杯（70 克）面粉
> 1/3 ～ 1/2 杯（65 到 100 克）糖，最好是一半白砂糖，一半红糖
> 1/4 茶匙肉桂
> 3 至 4 汤匙黄油
> 可选食材：3/4 杯切碎的杏仁或山核桃；1/4 茶匙肉豆蔻；1/4 茶匙盐

操作步骤：

（1）将苹果去核，切片，放在一个 20 厘米 ×20 厘米的烤盘上，然后在上面放 1/4 杯（50 克）糖。

（2）预热烤箱到 190 摄氏度。

（3）将面粉、糖、肉桂（和肉豆蔻、盐）混合均匀，然后加入黄油，并用手指把它捏入面粉中，直到它看起来像湿沙。根据个人口味添加一些坚果。

（4）把配料均匀地撒在苹果片上。

（5）烤 40 分钟。如果你想让苹果酥更脆，可把烤箱加热到 200 摄氏度，再烤 5 分钟。

产量：6 份。

营养信息：总热量 6240 千焦。每份 1040 千焦，50 克碳水化合物，1 克蛋白质，6 克脂肪。

香蕉冰淇淋

香蕉冷冻后尝起来就像冰淇淋。下次当你买了太多成熟的香蕉时，可将它们去皮后切成 1.3 厘米厚的薄片，然后放在冰箱里 1 小时左右。一旦冷冻，就可以将它们做成香蕉冰淇淋。

加入花生酱、蜂蜜或冷冻的浆果。

撒上切碎的核桃、巧克力脆片或新鲜的浆果。

制作"冷冻香蕉酸奶"，将一些希腊酸奶在冰块托盘中冷冻，然后将一些冰块和香蕉一起倒入搅拌机中搅拌即可。

所需食材：

1 个大香蕉，切片冷冻
可选食材：巧克力脆片、碎核桃、切片的杏仁、新鲜浆果、冷冻的希腊酸奶

操作步骤：

（1）将冷冻香蕉放入料理机里搅拌均匀。

（2）可根据个人口味加入些冷冻的希腊酸奶块。

（3）盛到盘中，撒上你喜欢的配料（巧克力片、核桃碎、杏仁片），也可把它们混合到冰淇淋里吃。

产量：1 份。

营养信息：总热量 600 千焦，37 克碳水化合物，1 克蛋白质，0 克脂肪。

桃子姜饼圣代

这是一款非常受孩子们欢迎的零食，也是公司晚宴上很容易吃到的甜点。你可以提前准备酸奶和姜饼，在食用之前加入温热的桃子。你可以很容易地记住这个食谱，然后有时间时给自己做一份。

所需食材：

1 大匙黄油

1 个（450 克）桃子，新鲜或冷冻均可

2 汤匙红糖

1/4 茶匙肉桂

12 个姜饼曲奇

175 克香草；或桃子酸奶，低脂或脱脂

操作步骤：

（1）将黄油倒入平底锅中，开中火让黄油慢慢熔化。

（2）加入桃子、红糖和肉桂煮热 2 至 5 分钟，偶尔搅拌一下。

（3）当烹饪水果时，将姜饼放入一个结实的塑料袋中，然后用擀面杖（或其他硬物）敲碎。

（4）用勺子把酸奶舀进 4 个碗里，然后在上面撒上一层碎姜饼，然后在上面撒上些温热的桃子。

产量：4 份。

营养信息：总热量 4400 千焦。每份 1100 千焦，47 克碳水化合物，8 克蛋白质，
6 克脂肪。

胡萝卜蛋糕

运动营养学家珍妮·海格曼建议，如果你非要吃蛋糕，请首选有水果、蔬菜和坚果的蛋糕。这个胡萝卜蛋糕正好符合这个要求。与大多数高脂肪的普通蛋糕不同，珍妮提供了一种低脂肪的蛋糕供你选择。

所需食材：

1/2 杯糖（300 克）	2 茶匙香草精	1 茶匙盐
3/4 杯（180 毫升）菜籽油	1 茶匙肉桂	1 茶匙发酵粉
3 个鸡蛋或 6 个蛋清	1/2 茶匙小苏打	
2 杯（220 克）胡萝卜碎	1 /2 杯（350 克）面粉	
1 杯（250 克）菠萝罐头		

可选食材：1 杯（120 克）核桃碎；1 杯（160 克）葡萄干

制作糖霜

125 克低脂奶油芝士，放在室温下

1/2 杯（250 克）糖果店的糖，过筛

1 茶匙香草精或 2 茶匙碎橘皮

1 至 2 茶匙牛奶或橙汁

操作步骤：

（1）在 23 厘米 ×33 厘米的烤盘上喷些烹饪喷雾，或铺一张蜡纸。预热烤箱至 180 摄氏度。

（2）在一个中等大小的碗里把糖和油搅拌均匀，然后加入鸡蛋。

（3）加入磨碎的胡萝卜、菠萝汁和香草后拌匀。

（4）再加入盐、肉桂粉、发酵粉和小苏打（如果需要的话，还可以加入坚果和葡萄干）。轻轻地加入些面粉，注意不要搅拌过头。

（5）将面糊倒入准备好的平底锅中烤 35 ～ 40 分钟后取出来冷却一下。

（6）在一个小碗里，搅拌奶油芝士和糖并加入香草和牛奶（或橙汁和磨碎的橘皮），搅拌均匀后撒在蛋糕上。

产量：24 块。

营养信息：不加糖霜的总热量 16800 千焦。每份 700 千焦，26 克碳水化合物，2 克蛋白质，7 克脂肪。

含糖霜的总热量 22000 千焦。每份 917 千焦，37 克碳水化合物，3 克蛋白质，8 克脂肪。

巧克力蛋糕

我喜欢这种巧克力蛋糕的原因是，对于那些想吃巧克力的人来说，它是一种低脂且美味的食物。它在烘烤过程中会形成酱汁。

所需食材：

1 杯（140 克）面粉

3/4 杯（150 克）糖

2 汤匙无糖的干可可

2 茶匙泡打粉

1 茶匙盐

1/2 杯（120 毫升）牛奶

2 汤匙油，最好是菜籽油

2 茶匙香草

3/4 杯（150 克）红糖

1/4 杯（35 克）无糖干可可

420 毫升热水

可选食材：60 克切碎的坚果

操作步骤：

（1）预热烤箱至 180 摄氏度。

（2）将面粉、白糖、干可可、泡打粉和盐放入碗中搅拌均匀，然后加入牛奶、油和香草（和坚果）后再进行搅拌。

（3）倒入一个 20 厘米 ×20 厘米的正方形不粘锅中。

（4）将红糖、1/4 杯干可可和热水混合均匀，然后将混合物轻轻倒在平底锅中的面糊上。

（5）烤 40 分钟。

产量：8 份。

营养信息：总热量 8400 千焦。每份 1050 千焦，46 克碳水化合物，3 克蛋白质，4 克脂肪。